GESTES CRITIQUES

Georges Didi-Huberman

# GESTES CRITIQUES

Paris
Klincksieck
2024

ISBN : 978-2-252-04752-1

« Une image de la critique : transplanter les fleurs du jardin de l'art dans la terre étrangère du savoir pour saisir attentivement les changements de couleur et de forme qui se manifestent. Essentielle est la délicatesse de la prise, la précaution avec laquelle on prélève l'œuvre avec ses racines qui, ensuite, soulèveront la terre du savoir. »

WALTER BENJAMIN,
*Fragment fr. 132* (1929-1930).

« Je ne peux m'empêcher de penser à une critique qui ne chercherait pas à juger, mais à faire exister une œuvre, un livre, une phrase, une idée ; elle allumerait des feux, regarderait l'herbe pousser, écouterait le vent et saisirait l'écume au vol pour l'éparpiller. Elle multiplierait non les jugements, mais les figures d'existence ; elle les appellerait, les tirerait de leur sommeil. Elle les inventerait parfois ? Tant mieux, tant mieux. La critique par sentence m'endort ; j'aimerais une critique par scintillements imaginatifs. Elle ne serait pas souveraine ni vêtue de rouge. Elle porterait l'éclair des orages possibles. »

MICHEL FOUCAULT,
« Le philosophe masqué » (1980).

« L'utopie fait partie intégrante de la théorie critique. [...] La négation déterminée de ce qui est ne peut s'effectuer que grâce à un recours à l'imagination qui peut anticiper une formation sociale supérieure, la liberté future, en franchissant les limites de l'existence. »

MIGUEL ABENSOUR,
« L'homme est un animal utopique » (2006)

# I

# ESQUISSES
# EN FORME DE COMÈTES :
# QUELQUES GESTES D'INSERVITUDE

# LA CRITIQUE
# À L'ÉPOQUE DE SA BRUTALISATION

Critiquer : geste nécessaire, toujours urgent, à reconduire inlassablement. Geste pour mieux regarder ce que l'on voit, pour mieux connaître son propre désir, pour mieux se soulever contre ce qui, comme on dit, nous « sort par les yeux ». Et pour mieux imaginer les possibles émancipateurs dans les temps qui viennent. Geste primordial, en somme : ce par quoi tout va pouvoir recommencer. Il incarne sans doute ce que la pensée occidentale aura fait de mieux : c'est lorsque Antigone conteste les ordonnances politiques à court terme du tyran Créon, au nom d'une exigence éthique plus élevée ; c'est lorsque Montaigne, au moment où se met en place la grande entreprise coloniale, ose affirmer que les « sauvages » amérindiens se révèlent bien moins « barbares » que leurs *conquistadores* ; c'est lorsque Kant pose la question — dite *critique,* justement — du sujet de la connaissance au moment même où la science objective met en place ses plus grandes certitudes ; c'est lorsque Marx, au moment du développement industriel européen, déconstruit — tout en les analysant — les fondements mêmes de l'économie capitaliste ; c'est lorsque Freud déloge le « moi » de sa position dominante dans le psychisme humain.

Une formule consacrée énonce pourtant que la critique est « aisée » quand l'art est « difficile ». Tout le monde sait critiquer : du moins à ce qu'il paraît. Ne suffit-il pas de détester et de savoir le dire ? Et bien fort, si possible ? Ne suffit-il pas de chercher noise, de *dire du mal* ? De prendre parti dès le départ en se plaçant au-dessous d'une bannière brandie avant tout examen ? De désigner frontalement ce que l'on rejette, ce que l'on voue au statut d'ennemi ou de rebut, ce dont on veut faire bon débarras une fois pour toutes, « sans discussion » ? Eh bien non, cela ne suffit pas. C'est de tout autre chose qu'il s'agit. La critique engage, elle aussi, un « art difficile ». Une tâche — une façon de travailler, l'assomption d'une pensée — aussi délicate que nécessaire, par conséquent. Mais en quel sens ?

*

La critique est un *geste délicat* au sens, d'abord, où il lui faut constamment franchir des obstacles — et dans deux directions symétriques où se révèle combien elle se heurte à une *brutalisation* qui tend, soit à l'anesthésier (façon de lui faire perdre son acuité, son efficience), soit à la fanatiser (façon de lui faire perdre sa subtilité, sa pertinence). Le consensus non débattu, l'unanimité qui fait bloc ou le conformisme des opinions non discutées, tout cela ne fait bien sûr qu'aplanir ou aplatir la critique : manière de la nier en tant qu'émergence d'une discontinuité dans la pensée. Il arrive donc que l'unanimisme ou le conformisme ambiant — par exemple l'obligation d'utiliser un certain vocabulaire ou, inversement, l'interdiction de prononcer certains mots — fonctionnent comme autant de brutalisations pour l'exercice de la pensée critique. Symétriquement, le dissensus systématique, dogmatique, purement antagonique (c'est-à-dire non dialectique) finit lui aussi par brutaliser le geste critique en tant qu'examen ou montage d'hypothèses rationnellement soupesées.

L'autre jour — c'était le 17 février 2023 —, le catalogue général de la Bibliothèque nationale de France indiquait que ses collections comportaient environ deux cent cinquante trois mille ouvrages ayant un rapport avec le mot « critique ». On pourrait en déduire que l'exercice de la critique se porte bien. Ou, au contraire, que sa prolifération apparaît comme le symptôme d'une grande contagion du *pathos* querelleur. Nous le savons d'expérience quotidienne : il suffit que dans une même assemblée un seul individu se mette à débiter ou à « délirer » ses récriminations pour que presque tous deviennent également paranoïaques, mus par une féroce rivalité mimétique devant laquelle deux ou trois minoritaires ne pourront que s'effarer avant d'être eux-mêmes soumis à accusation. Alors que la critique suspend les jugements péremptoires, la querelle les fait proliférer en polémiques toujours plus brutales. Alors que la critique est un *geste dialectique,* la querelle ne se développe que sous la forme d'une *relation duelle* (relation que Jacques Lacan caractérisait comme « méconnaissance » et « captation »). Dans la querelle, c'est-à-dire dans la critique mal entendue, chacun veut « avoir raison », quand la raison est justement ce que nul ne peut se targuer de posséder, de saisir, d'immobiliser une fois pour toutes : elle qui — au fil du geste critique, justement — ne cesse de cheminer, de *devenir.*

Le grand historien George Mosse a décrit sous le terme de « brutalisation du champ politique » ce phénomène qui, au sortir de la Grande Guerre, conduisit les sociétés européennes au fascisme et au nazisme[1]. Phénomène qui associait justement l'anesthésie du consensus (nationaliste, en l'espèce) au paroxysme du fanatisme (la haine de l'autre). Aujourd'hui, Achille Mbembe emploie le terme de « brutalisme » pour qualifier les « manières antagonistes » et les « appropriations exclusives » qui règnent sur l'écosystème mondial[2]. Or ce que Mosse disait des comportements politiques dans l'Allemagne pré-nazie et ce que Mbembe affirme du sort réservé par le capitalisme tardif au milieu naturel peut s'observer d'abord sur le langage lui-même. *C'est le langage que l'on brutalise d'abord,* comme si la brutalisation des faits et gestes, des choses et des êtres en découlait directement.

Il aura fallu le philologue Victor Klemperer pour en observer exemplairement la logique — et d'abord le langage,

1. G. L. Mosse, *De la Grande Guerre au totalitarisme. La brutalisation des sociétés européennes* (1990), trad. E. Magyar, Paris, Hachette Littératures, 1999, p. 181-206.

2. A. Mbembe, *Brutalisme,* Paris, La Découverte, 2020, p. 236-237.

aussi maltraitant que maltraité — durant la période de persécution nazie[3]. Au même moment, Theodor Adorno et Max Horkheimer, exilés en Amérique, prolongeaient cette critique du langage en critique de la raison : « Ce que nous nous étions proposé de faire n'était en effet rien de moins que la tentative de comprendre pourquoi l'humanité, au lieu de s'engager dans des conditions vraiment humaines, sombrait dans une nouvelle forme de barbarie. [...] L'aporie à laquelle nous nous trouvâmes confrontés durant notre travail se révéla être ainsi le premier objet que nous devions examiner : l'autodestruction de la Raison[4]. »

Mais il fut accablant pour Adorno et ses amis, une fois défait le régime nazi, de constater que la brutalisation du langage et de la pensée ne connaissait pas de véritable répit. D'où l'interrogation, développée à la fin des années 1940 — et aujourd'hui plus que jamais brûlante — devant ce qui fut nommé un « fascisme potentiel » : « Nous n'eûmes pas de difficulté à trouver des sujets dont la vision du monde était de nature à indiquer qu'ils auraient été prêts à accepter le fascisme au cas où il serait devenu un mouvement social puissant ou respectable[5]. » Époque où d'autres sociologues, sur le terrain même de la société « libérale » nord-américaine, repéraient déjà clairement les phénomènes de complotisme d'extrême-droite, avec ce que Leo Löwenthal et Norbert Guterman ont nommé les « prophètes du mensonge », puis ce que Richard Hofstadter a bien qualifié de « style paranoïaque[6] ».

---

3. V. Klemperer, *LTI, la langue du III^e^ Reich. Carnets d'un philologue* (1947), trad. É. Guillot, Paris, Albin Michel, 1996.
4. T. W. Adorno et M. Horkheimer, *La Dialectique de la Raison. Fragments philosophiques* (1944), trad. É. Kaufholz, Paris, Gallimard, 1974 (éd. 1983), p. 13 et 15.
5. T. W. Adorno, *Études sur la personnalité autoritaire* (1950), trad. H. Frappat, Paris, Éditions Allia, 2007, p. 7. Cf. M. Cohen-Halimi, « Qu'est-ce qu'un "potentiel fasciste" ? Réflexions à partir des *Études sur la personnalité autoritaire* de Adorno », *Prismes. Théorie critique,* n° 1, 2018, p. 165-188.
6. L. Löwenthal et N. Guterman, *Les Prophètes du mensonge. Étude sur l'agitation fasciste aux États-Unis* (1949), trad. V. Platini et É. Martini,

Le langage n'a donc pas cessé d'être brutalisé. D'où la nécessité de prolonger certains gestes critiques exemplaires où cette brutalisation fut mise en perspective et analysée pour être mieux déconstruite. Les prolonger, notamment, à l'endroit de ces phénomènes contemporains — mais pas si nouveaux qu'on le dit couramment — de *fake news* ou de « post-vérité[7] ». Or ce genre de phénomènes innerve toute la profondeur anthropologique de nos sociétés : en sorte que la brutalisation du langage entraîne celle des affects, eux aussi « anesthésiés » jusqu'à l'indifférence ou, au contraire, « fanatisés » dans l'ordre des « passions tristes » au premier rang desquelles se trouve le ressentiment, avec l'impuissance caractéristique de sa rumination, sa structure de démenti et sa vocation au racisme[8]. Le temps lui-même se voit brutalisé par les phénomènes aliénants d'accélération technique et sociale, ainsi qu'Hartmut Rosa en a fait le centre de sa sociologie critique[9]. Que faire, dans ces conditions, entre le *rien* d'une critique anesthésiée et la *rage* de la critique fanatisée, unilatéralement négative, voire nihiliste ? Entre la récupération

---

Paris, La Découverte, 2019. R. Hofstadter, *Le Style paranoïaque. Théories du complot et droite radicale en Amérique* (1963), trad. J. Charnay, Paris, Françoise Bourin, 2012.

7. Cf. notamment G. Muhlmann, *Du journalisme en démocratie,* Paris, Payot, 2004 (rééd. Paris, Klincksiek, 2017), p. XVI-XXXIX (préface à l'édition de 2017). M. Revault d'Allonnes, *La Faiblesse du vrai. Ce que la post-vérité fait à notre monde commun,* Paris, Le Seuil, 2018.

8. Cf. notamment M. Scheler, *L'Homme du ressentiment* (1912), trad. J. Lacoste, Paris, Gallimard, 1970 (rééd. revue et corrigée, Paris, Bartillat, 2022), p. 62. M. Benasayag et G. Schmit, *Les Passions tristes. Souffrance psychique et crise sociale,* Paris, La Découverte, 2003 (éd. 2006), p. 24-26. A. Vincent-Buffault, *L'Éclipse de la sensibilité. Éléments d'une histoire de l'indifférence,* Lyon, Parangon/Vs, 2009. F. Dubet, *Le Temps des passions tristes. Inégalités et populisme,* Paris, Le Seuil-La République des idées, 2019. C. Fleury, *Ci-gît l'amer. Guérir du ressentiment,* Paris, Gallimard, 2020, p. 11-196. L. Boni et S. Mendelsohn, *La Vie psychique du racisme, 1. L'empire du démenti,* Paris, La Découverte, 2021, p. 157-240.

9. H. Rosa, *Accélération. Une critique sociale du temps* (2005), trad. D. Renault, Paris, La Découverte, 2011 (éd. 2013), notamment p. 164-180 et 241-255. *Id., Aliénation et accélération. Vers une théorie critique de la modernité tardive* (2010), trad. T. Chaumont, Paris, La Découverte, 2012.

capitaliste de la critique et l'impuissance éventuelle de son feu d'artifice messianique[10] ?

*

On comprend, à relire certains textes cruciaux de la bien-nommée Théorie critique — née depuis le cœur même de la « brutalisation » totalitaire des années 1920-1930 —, que celle-ci fut beaucoup plus qu'une simple *posture* intellectuelle et un peu moins, sans doute — comme travail de savoir, d'écriture, de pensée philosophique —, qu'une *action* politique au sens traditionnel du terme. C'était un *geste,* plutôt[11]. C'est-à-dire un *mouvement qui manifeste* concrètement vers autrui ce qu'il veut exprimer depuis son for intérieur. On lit tout cela dès la formulation proposée dans le texte-seuil de 1937, « Théorie traditionnelle et théorie critique », où Max Horkheimer affirmait la teneur « dialectique » et matérialiste — marxienne donc, non idéaliste — de ce qu'il entendait par « critique[12] ».

Un geste n'est ni un état, ni un État. Ce n'est ni un « quant à soi », ni une prise de pouvoir. C'est, plus simplement et dynamiquement, un *mouvement pour aller voir,* pour interroger l'autre, la différence, l'altérité. Geste, donc, pour avoir une chance de dévoiler ce qui n'était pas aperçu jusque-là : « La théorie qu'élabore la pensée critique, écrit Horkheimer, ne travaille pas au service d'une réalité déjà donnée, elle en dévoile seulement la

10. Cf. L. Boltanski et È. Chiapello, *Le Nouvel Esprit du capitalisme,* Paris, Gallimard, 1999 (éd. 2011 avec une préface inédite), p. 555-713. L. Boltanski, *De la critique. Précis de sociologie de l'émancipation,* Paris, Gallimard, 2009, p. 129-173 et 236.

11. Cf. G. Didi-Huberman, « Image (de la) critique » (2015), *Bulletin de la Société française de philosophie,* CX, 2016, n° 2, p. 1-37. Repris dans *Désirer désobéir. Ce qui nous soulève, 1,* Paris, Les Éditions de Minuit, 2019, p. 97-107 et 281-292 (sous les titres « Qu'est-ce qu'un geste critique ? » et « Images, puissances critiques »).

12. M. Horkheimer, « Théorie traditionnelle et théorie critique » (1937), trad. C. Maillard et S. Muller, *Théorie traditionnelle et théorie critique,* Paris, Gallimard, 1974, p. 38.

face cachée[13]. » Le geste critique se révèle donc bien *dialectique* en ce sens qu'il examine une réalité en la confrontant à ses propres — ou à nos propres — impensés. Voilà pourquoi, d'ailleurs, la théorie énerve, fait peur, engendre si souvent la détestation : « L'hostilité qui sévit actuellement dans la vie publique à l'encontre de tout ce qui relève de la théorie est en fait dirigée contre l'activité révolutionnaire liée à la pensée critique. Dès que l'on ne se borne plus à constater et à ordonner selon des catégories aussi neutres que possible, c'est-à-dire indispensables à la praxis de la vie dans les formes actuellement données, on voit poindre la résistance. Chez la grande majorité des gouvernés, on se heurte à la crainte inconsciente que la pensée théorique puisse faire apparaître comme absurde et superflu l'effort péniblement accompli d'adaptation à la réalité ; chez les profiteurs du système se développe une suspicion généralisée à l'égard de toute autonomie intellectuelle. La tendance à considérer la théorie comme l'opposé de la réalité est si forte qu'elle atteint parfois jusqu'à la théorie traditionnelle pourtant bien inoffensive[14]. »

Le geste inhérent à ce qu'Horkheimer nomme « théorie critique » est donc un *mouvement pour ouvrir la pensée* et la connaissance : créer des passages concrets tout en s'ouvrant soi-même. La « théorie traditionnelle » se caractérise, à l'inverse, par sa clôture, sa hauteur, sa prétention au système. Cela semble déjà évident chez Descartes et ses « règles de la méthode », se prolongeant notamment chez Husserl, pour qui une théorie n'est rien d'autre qu'un « système de propositions fermé sur soi[15] ». Ces conceptions de la théorie sont littéralement *abstraites* : c'est-à-dire retirées — « abs-traites » — du monde historique, matériel et social d'où, pourtant, elles reçoivent une grande part de leur signification : « Cette conception [abstraite, idéaliste] ne fait pas apparaître la fonction réelle de la science dans la société, ce que la théorie signifie dans la vie des hommes, mais seulement le sens qu'elle a dans la sphère isolée où elle est produite.

13. *Ibid.*, p. 50.
14. *Ibid.*, p. 68-69.
15. *Ibid.*, p. 16-17.

[Or] la façon dont l'observation sépare et réunit les éléments de son objet néglige certains d'entre eux, met certains autres en relief, est déterminée tout autant par le mode de production moderne que la perception du chasseur ou du pêcheur dans une quelconque tribu primitive l'est par ses conditions de vie — et à vrai dire aussi par l'objet lui-même. [C'est une] erreur de concevoir la pensée comme une activité spécialisée et isolée de tout contexte[16]. »

Le geste critique est donc un *mouvement pour prendre position* : pour penser toute chose, toute œuvre, toute activité selon sa prise de position dans une histoire, un contexte, une relation à autrui. Il se distingue donc autant de la solitude surplombante du métaphysicien idéaliste que de l'engagement unilatéral — la pure et simple *prise de parti* — que le marxisme militant exige de ses défenseurs : « L'avant-garde a besoin dans son combat d'intelligence politique, et non pas de se voir enseigner doctement dans quel camp elle doit se ranger[17]. » Geste dialectique, la critique apparaît donc, fondamentalement, comme un *mouvement pour s'inquiéter* : à la fois pour voir en toute chose le *côté sombre* (c'est le fameux « pessimisme » dans lequel on a trop vite fait d'enfermer Horkheimer et, surtout, Adorno) et pour extraire de toute situation le *côté désirant,* voire utopique : « in-quiet » en ce qu'il n'arrêtera jamais de sortir de soi et de vouloir s'en aller quelque part où d'autres possibilités seraient pensables.

Un geste inquiet, c'est d'abord un geste pour entrevoir tous les risques, mais qui refuse aussi de s'arrêter, de se fixer ou de s'établir dans quelque règne assuré ou quelque domaine protégé que ce soit. Horkheimer écrit que « dans une période historique comme la nôtre, la théorie vraie est moins affirmative que critique, de même que l'action conforme à la théorie ne peut

---

16. *Ibid.,* p. 26, 31 et 44.

17. *Ibid.,* p. 57 (sur la notion de critique envisagée au prisme de la différence entre « prise de parti » et « prise de position » — à propos de Bertolt Brecht et de Walter Benjamin —, cf. G. Didi-Huberman, *Quand les images prennent position. L'œil de l'histoire, 1,* Paris, Les Éditions de Minuit, 2009, p. 107-126).

être "productive[18]" [au sens du marxisme orthodoxe comme au sens du pragmatisme capitaliste] ». Cela ne signifie rien d'autre qu'un perpétuel *refus du conformisme* dont Horkheimer fera, justement, la conclusion de son essai : « S'abandonner au conformisme intellectuel, s'obstiner à croire que la pensée est en elle-même une profession, un domaine autonome et clos à l'intérieur du corps social, c'est renier, c'est trahir la nature spécifique de la pensée[19]. » Ce qui ne veut justement pas dire que la pensée critique doive se soumettre à l'actualité des moyens sociaux et de leurs fins tactiques, mais qu'elle ne devrait pas cesser, inquiète, de *sortir d'elle-même* pour aller faire face à ses altérités, à ses altérations, aux défis conjugués de la mémoire historique et de l'espérance politique. « C'est pourquoi toute philosophie qui pense trouver la paix en elle-même, dans une quelconque vérité, n'a rien à voir avec la théorie critique[20]. »

*

L'inquiétude ne cesse jamais pour la pensée critique. Lorsqu'Adorno et Horkheimer eurent à préfacer la réédition, un quart de siècle plus tard, de leur *Dialektik der Aufklärung,* ils savaient bien que leur diagnostic des années de guerre n'avait pas à être corrigé par quelque « guérison » que ce fût. Et même, d'une certaine façon, ce qui avait été dit en 1944 — « lorsque la vie publique a atteint un stade où la pensée se transforme inéluctablement en une marchandise et où le langage n'est qu'un moyen de promouvoir cette marchandise, la tentative de mettre à nu une telle dépravation doit refuser d'obéir aux exigences linguistiques et théoriques actuelles[21] » — semblait plus pertinent encore en 1969. Il fallait, décidément, persister dans le geste critique en tant qu'effectuation libre de cette « imagination théorique » *(theoretische Einbildungskraft)* dont la censure

18. *Ibid.,* p. 80-81.
19. *Ibid.,* p. 81.
20. *Ibid.,* p. 92 (« Appendice » de 1937).
21. T. W. Adorno et M. Horkheimer, *La Dialectique de la Raison, op. cit.,* p. 14.

sociale ne fait qu'« ouvrir la voie à la folie politique[22] ». Voilà pourquoi la préface de 1969 persistait dans son constat historique (sur « les horreurs [qui] continuent ») et philosophique (sur la domination du positivisme comme « mythe de ce qui existe », de *ce qui est,* mais aussi du dogmatisme comme mythe de *ce qui doit être*)[23].

En 1968, Horkheimer rédigea une préface pour la réédition de *Traditionelle und kritische Theorie.* En accord avec la contestation étudiante d'alors, il insista d'emblée sur le fait que le fascisme historique avait laissé la place libre à quelque chose qui était, au fond, la même chose, mais avec un masque ou un autre visage : un « fascisme [au] visage d'honorabilité[24] ». La lutte à mener contre ce type de domination n'avait donc rien perdu, au cœur même du « monde libéral », de son acuité, de son actualité. Mais le geste critique se prolongeait aussi à l'endroit du « matérialisme dialectique » tel qu'il se trouvait pratiqué dans l'ombre des régimes néo-staliniens, dès lors « transformé en [pur] instrument de manipulation politique[25] ». Et cela jusque dans le discours de l'extrême gauche en République fédérale d'Allemagne, dont l'appel à la violence — c'était l'époque des premiers attentats de la Fraction armée rouge — ne semblait, aux yeux du philosophe, que l'expression d'une « impuissance » politique et d'un « comportement pseudo-révolutionnaire [tendant à] la destruction de tout ce qui n'est pas lui-même[26] ».

Dans les fragments de pensées réunis sous le titre *Notes critiques sur le temps présent,* Horkheimer est revenu plus d'une fois, dans les années 1966-1969, sur le danger totalitaire inhérent à toute pensée qui ne verrait le « mal » qu'à partir d'un « bien » dogmatiquement postulé à l'avance : le « bien », dit-il en substance, ne saurait être qu'une inférence par défaut, une

22. *Ibid.,* p. 15.
23. *Ibid.,* p. 9-10 (« Préface » de 1969).
24. M. Horkheimer, « Théorie traditionnelle et théorie critique », art. cit., p. 8 (« Préface » de 1968).
25. *Ibid.,* p. 9.
26. *Ibid.,* p. 11.

orientation et non une entité, bref quelque chose d'hypothétique et de consécutif à l'analyse critique des « maux » ou des malheurs politiques concrètement observés[27]. On le voit : le mot *critique* s'oppose avant tout au mot *totalitaire,* Horkheimer poussant le raisonnement jusqu'à reconnaître une pensée de type « totalitaire » *aussi* dans l'« extrémisme de gauche » de son temps : « L'attaque contre le capitalisme, aujourd'hui, doit assumer en même temps la réflexion sur le risque totalitaire en deux sens. Tout autant que la tendance au fascisme dans les États capitalistes, il faut qu'elle soit consciente du basculement de l'opposition extrémiste de gauche dans un totalitarisme de la terreur[28]. »

Au plan du langage et de la pensée politique, *critique* s'opposera donc à *conformiste* puisque c'est par un conformisme abstrait de la pensée, un postulat révolutionnaire fossilisé en « mot magique » et impératif de *conformité*, que la raison est capable de s'autodétruire en tyrannie, comme dans le cas du stalinisme et, même, de tous les sectarismes de gauche, quels qu'ils soient. Il ne faut pas s'étonner que l'ultime fragment des *Notes critiques* ait été justement consacré à un éloge du « non-conformisme » inhérent à toute théorie critique[29]. En 1970, accablé par la mort récente de son ami Adorno, Horkheimer parachèvera sa longue trajectoire philosophique avec une réflexion sur ce « pessimisme théorique » qui lui aura fait tourner le dos, pour finir, au marxisme de son temps. Quitte à s'interroger sur ce que pourrait être un « optimisme [...] malgré tout cela[30] » (*trotz alledem*).

Qu'en est-il donc de ce *malgré tout* ? On comprend qu'il ait été arraché d'une situation historique menaçante de tous côtés. La parole critique devait, en effet, maintenir son exigence jusqu'au bout : ce qui l'obligeait à cheminer constamment sur

27. *Id., Notes critiques sur le temps présent, 1949-1969* (1974), trad. S. Cornille et P. Ivernel, Paris, Payot, 1993 (éd. 2009), p. 297.
28. *Ibid.,* p. 291.
29. *Ibid.,* p. 302.
30. *Id.,* « La théorie critique hier et aujourd'hui » (1970), trad. L. Ferry, *Théorie critique,* Paris, Payot, 1978 (éd. 2009), p. 341.

le fil d'un rasoir. Née d'une fuite hors de la brutalisation nazie, elle ne s'était pas — loin s'en faut — contentée d'un acquiescement devant l'univers matériel de la marchandise capitaliste et devant l'univers langagier du positivisme pragmatiste inhérents à la société américaine. D'un autre côté, le point de vue d'Adorno et Horkheimer, ayant puisé aux sources du marxisme et de la psychanalyse pour déconstruire les conformismes inhérents à la philosophie traditionnelle et à l'organisation occidentale de la société, aura refusé de se soumettre au dogmatisme marxiste et à ses « conformismes de gauche » éprouvés, alors, comme autant de brutalisations pour la pensée critique.

Mais que s'est-il passé ensuite ? Et particulièrement dans la reprise de cette tradition critique par Jürgen Habermas puis Axel Honneth ? En 1960, Habermas commentait encore la teneur critique du marxisme tout en avançant un éventail d'arguments contradictoires[31]. Puis, en 1968, il voulut surmonter la notion de *critique comme crise* à l'aide d'une conception — faisant retour, depuis Marx, vers Kant et Fichte — de la *critique comme unification,* « unité de la connaissance et de l'intérêt[32] ». S'agissait-il là d'un mouvement de « métacritique », terme employé autrefois par Herder à l'égard du kantisme et remis en usage par Garbis Kortian[33] ? Ou plutôt, comme on le découvre dans le travail ultérieur d'Axel Honneth, d'une recherche de normativité sociale fondée sur la notion de « reconnaissance[34] » ? Mais n'était-ce pas, du coup, penser la *critique comme normalisation,* cette contradiction dans les termes ? N'était-ce pas tenter

31. J. Habermas, « Entre science et philosophie : le marxisme comme critique » (1960), trad. G. Raulet, *Théorie et pratique,* Paris, Payot, 1975 (éd. 2006), p. 239-301.
32. *Id., Connaissance et intérêt* (1968-1973), trad. G. Clémençon et J.-M. Brohm, Paris, Gallimard, 1976, p. 33-97 et 221-331.
33. Cf. J. G. Herder, *Une métacritique de la « Critique de la raison pure »* (1799), trad. M. Espagne, Paris, PUF, 2022. G. Kortian, *Métacritique,* Paris, Les Éditions de Minuit, 1979.
34. Cf. A. Honneth, *La Lutte pour la reconnaissance* (1992), trad. P. Rusch, Paris, Le Cerf, 2000 (rééd. Paris, Gallimard, 2013). *Id., La Reconnaissance. Histoire européenne d'une idée* (2018), trad. P. Rusch, Paris, Gallimard, 2020.

d'effacer l'inquiétude — si cela est possible — dans la sérénité d'une normativité éthique ?

*

Un jugement beaucoup plus sévère — concernant Habermas et Honneth mais, avant eux, Horkheimer lui-même — a été prononcé par Stathis Kouvélakis dans un ouvrage précis et volumineux intitulé *La Critique défaite. Émergence et domestication de la Théorie critique*. La critique selon Honneth y est tenue pour une simple entreprise d'« intégration » et de « stabilisation de l'ordre social[35] ». Celle d'Habermas pour une pure « normalisation » aboutissant à un « réformisme impuissant » et à une idée de « démocratie sans le peuple[36] ». Alors, remontant plus haut, on est amené à soupçonner que le « ver » (de la bourgeoisie, du réformisme, de la compromission) était déjà dans le « fruit » (de la révolution). Kouvélakis entend ainsi analyser « le gouffre qui sépare le projet d'avant-guerre de tout ce qui s'est fait sous le vocable de "Théorie critique" au cours de la période qui a suivi[37] » — formulation très radicale, on le voit, et déjà contestable sur le plan de ce « tout » dont parle un auteur qui a choisi d'exclure de sa perspective une analyse un tant soit peu attentive de la pensée adornienne.

C'est ainsi, pourtant, que le destin de la Théorie critique se trouve résumé : « Pour le tandem emblématique Horkheimer-Adorno, l'abandon de la perspective révolutionnaire s'est fait avec beaucoup de mauvaise conscience. Il en a résulté une mélancolie, devenue la "marque de fabrique" du courant francfortois, qui n'a pas empêché le premier d'opter pour un ralliement résigné au camp occidental, tandis que le second a persisté dans une attitude hautement idiosyncratique, solitaire et élitiste,

35. S. Kouvélakis, *La Critique défaite. Émergence et domestication de la Théorie critique : Horkheimer, Habermas, Honneth*, Paris, Éditions Amsterdam, 2019, p. 444-518.
36. *Ibid.*, p. 250-443.
37. *Ibid.*, p. 19.

de refus intransigeant avec l'ordre existant. [...] Évacuant l'antagonisme, la "critique" se condamne dès lors à une position de subalternité à l'égard des visions dominantes et d'impuissance face à un monde qui refuse de se soumettre à leur interprétation rationnelle[38]. » Dans la conclusion de son ouvrage, Kouvélakis parlera d'une critique ayant « vacillé et fini par se déliter[39] ». Ce qui a été perdu entretemps ? Rien de moins que le projet révolutionnaire : la *radicalité* au sens marxiste du terme, qui suppose une « immanence à l'histoire » et un « jeu d'antagonismes » dont Adorno comme Horkheimer, et plus encore Habermas et Honneth, auraient fini par ignorer, justement, la valeur politique et *critique*[40].

L'analyse de Kouvélakis entend donc souligner comment la Théorie critique, surtout dans sa deuxième génération, aura trahi la notion même de « critique » en la réduisant à une simple adaptation éthique aux exigences de l'ordre politique existant. Et quand la Théorie critique cherche d'autres *normes,* c'est encore pour ignorer l'historicité politique comme telle, à savoir sa structure de *conflits* : par exemple lorsque, chez Axel Honneth, la critique n'est pensée que comme une « thérapeutique du social ayant pour objectif de réparer un monde que l'on a renoncé à transformer[41] ». Mais ce qu'un tel diagnostic gagne en radicalité (au plan de la *prise de parti*), il le perd en point de vue dialectique (au plan d'une *prise de position*). Car il ne fait, somme toute, qu'appeler à un remplacement de la théorie *critique* par un projet de pratique *conflictuelle* au sens révolutionnaire, strictement marxiste, du terme.

À celui qui considère toute chose sous l'angle de la pratique conflictuelle — une guerre politique duelle, front contre front, bloc contre bloc —, l'écriture critique ne saurait, en effet, qu'être jugée négativement, comme l'impouvoir d'une théorie sans effet historique immédiat dans les luttes à mener concrètement.

38. *Ibid.,* p. 20-21 et 23.
39. *Ibid.,* p. 521.
40. *Ibid.,* p. 521.
41. *Ibid.,* p. 4 de couverture.

Le vocabulaire de Kouvélakis est significatif à cet égard, par exemple lorsqu'il parle, comme je l'ai cité plus haut, de Horkheimer comme penseur « résigné au camp occidental » : l'auteur refusant là d'imaginer un Horkheimer *prenant position entre* le fascisme des uns et le sectarisme des autres. Il ne voit là qu'un transfuge, un traître à la révolution *prenant parti pour* le « camp » du néofascisme occidental… ce qui est un comble si l'on songe au destin du philosophe.

D'autre part, Kouvélakis fustige très injustement l'ignorance de la Théorie critique à l'égard de l'« immanence de l'histoire ». Citant une lettre d'Adorno à Horkheimer du 5 août 1940, dans laquelle il était dit que « tout ce que nous avons été habitués à voir comme incarnant le prolétariat s'est effroyablement concentré sur les Juifs », il entend délégitimer cette réflexion sur le nazisme au prétexte qu'elle placerait abstraitement « les Juifs à la place du prolétariat[42] ». Oubliant déjà que le parti de Hitler était bien un « parti des travailleurs » ayant reçu le soutien des masses, il s'épargne la tâche nécessaire, concernant cette histoire et son « immanence » singulière, d'un réajustement du critère de la lutte des classes telle que l'avaient entendue les théoriciens du XIX^e siècle. Mettre « les Juifs à la place du prolétariat » ne pouvait être, aux yeux de Kouvélakis, que « le fait d'intellectuels en exil dépourvus de liens organiques avec le mouvement ouvrier » : des bourgeois pour tout dire, à ce titre théoriciens d'une « raison anhistorique [faite] d'universalisme abstrait », dépourvue par conséquent de toute « historicité et de son caractère partisan[43] ».

Qu'il y ait eu chez les penseurs de la Théorie critique — comme chez Hannah Arendt, notamment —, un recours à « la raison de type kantien » cela ne dénote, aux yeux de Kouvélakis, qu'une aveugle et obsolète adhésion à l'esprit des Lumières, doublée d'une incapacité foncière à la *décision* politique : celle-ci n'étant définie, répète-t-il, que par son « caractère

42. *Ibid.,* p. 240.
43. *Ibid.,* p. 522.

partisan[44] ». Ce faisant, il fait l'impasse sur la négativité qu'analysait justement *La Dialectique de la Raison* et, surtout, entérine brutalement l'identité, à ses yeux, du geste *critique* et de l'action *partisane.* Cette confusion, qui a produit nombre de déchirements politiques — par exemple, dans les années 1950, entre un Jean-Paul Sartre *partisan* qui savait où devait être sa place et un Merleau-Ponty *critique* qui tentait de dialectiser sa position[45] —, consacre l'idée selon laquelle Adorno se serait laissé glisser vers une simple résignation à l'ordre capitaliste. Ce qui est complètement faux, notamment si l'on tient compte du fait qu'Adorno n'a jamais cessé de nommer clairement tout ce contre quoi il protestait, ce monde capitaliste au premier chef. Mais, argumente Kouvélakis, il ne l'aura fait qu'à se retirer — comme Horkheimer lui-même — sur une « ultime ligne de défense de l'autonomie [pensée] à une échelle strictement individuelle, une activité a-sociale donc, ou plus exactement anti-sociale : l'art[46] ».

Voilà bien où gît l'ultime reproche adressé à la Théorie crique : dans cette « imagination théorique » mise en exergue aux premières pages de *La Dialectique de la Raison*[47]. C'est dans l'imagination, l'image et l'imaginaire que résiderait donc cette véritable « défaite de la critique ». Exergue contre exergue, Kouvélakis aura voulu placer, en ouverture de son propre livre, le rejet par Karl Marx de toutes les « fleurs imaginaires » de la critique utopique, fût-elle de gauche et bien intentionnée[48]. Selon ce schéma, une *prise de position* qui se contente d'imaginer des possibles n'a rien à dire de sérieux et doit laisser place à une *prise de parti* capable de concrétiser ses victoires politiques sur l'ennemi de classe. « Renouer aujourd'hui avec la radicalité de la critique » consisterait donc à choisir son camp sur un *Kampfplatz* — un champ de bataille — purement politique et

44. *Ibid.,* p. 522-523.
45. Cf. M. Merleau-Ponty, *Les Aventures de la dialectique,* Paris, Gallimard, 1955 (éd. 2000), p. 136-322.
46. S. Kouvélakis, *La Critique défaite, op. cit.,* p. 236.
47. T. W. Adorno et M. Horkheimer, *La Dialectique de la Raison, op. cit.,* p. 15.
48. S. Kouvélakis, *La Critique défaite, op. cit.,* p. 13.

agonistique, c'est-à-dire loin de tous les faux-semblants caractéristiques de « ces temps de dépolitisation et de culturalisation à outrance des contradictions[49] ».

C'est ainsi que l'éthique d'Adorno et d'Horkheimer se voit renvoyée au statut de pure « théologie négative » innervée de tradition juive et d'imagination artistique : productrice, à ce titre, de rien d'autre que d'un « ressassement mélancolique » ayant consommé l'« autoliquidation » de son propre pouvoir critique[50]. Le fait d'engager l'imagination — ou les images de l'art, de la littérature, de la tradition culturelle en général — dans la sphère de la critique ne serait qu'*esthétiser la politique* : à savoir, selon une formule de Benjamin que l'on utilise beaucoup aujourd'hui à la va-vite, verser du côté fasciste[51]. Contre la figure philosophique « solitaire et élitiste » d'Adorno — ses refus et ses intransigeances alors considérées, non comme des propositions politiques, mais comme de simples gestes a-sociaux —, Kouvélakis en appelle à une posture clairement antagonique et partisane : « La lutte pour l'hégémonie [en tant qu'elle] n'est pas réductible à une bataille "culturelle" [...], en tant qu'acte à travers lequel la théorie comprend son propre caractère pratique [incarné dans] l'invention de formes organisationnelles », à savoir l'organisation d'un parti révolutionnaire[52].

Cet appel à la conflictualité hégémonique est issu, on le sait, de Lénine, de Gramsci et de la reprise de ces thèmes par Ernesto

49. *Ibid.*, p. 529.
50. *Ibid.*, p. 246-249.
51. C'est par exemple l'un des reproches que m'a adressés Enzo Traverso dans un échange de lettres publié par le site *AOC* entre mai et octobre 2022 : y abondent les motifs de l'« égarement » idéologique, de l'« esthétisation de la politique », de l'« élitisme » à la Adorno, de l'emprise imaginaire ou « déni de la réalité historique »... dans un argumentaire ayant pour point de départ une photographie de Gilles Caron que Traverso interprète comme étant celle d'un « soulèvement de droite », protestant irlandais, en 1969. Guillaume Blanc-Marianne a établi sans aucune ambiguïté, sur le même site en avril 2023, que les deux manifestants n'étaient pas les « fascistes protestants » que croyait Traverso, mais bien des catholiques.
52. S. Kouvélakis, *La Critique défaite*, *op. cit.*, p. 530.

Laclau et Chantal Mouffe : modèle dit « stratégique », destiné à orienter l'action politique selon des modalités militantes ou militaires pour assurer la « création d'un ordre » nouveau, comme l'écrit Chantal Mouffe en particulier[53]. Que le mot grec *hègémôn* n'ait d'autre traduction que celle de « chef absolu » ou de « guide suprême » — un *duce* ou un *Führer,* en somme —, voilà qui nous renvoie à la notion, semblable quoique rivale, du « dictateur », du « partisan » et du modèle agonistique (amis-ennemis, « eux »-« nous ») élaborés par Carl Schmitt[54]. Le geste critique apparaît justement comme la possibilité de n'être pas asservi à l'alternative pratique selon laquelle tout ce qui n'est pas guerre serait consensus, et où tout ce qui n'est pas antipathie radicale serait apathie, compromission ou soumission.

Pourquoi, dans ce contexte, persister à voir dans la critique un « art difficile », un « geste délicat » ? Parce que la délicatesse suppose fragilité, sensibilité mais aussi exigence (un emploi du mot que l'on trouve initialement chez Montaigne), et qu'elle concerne avant tout un exercice du langage et de la pensée. Le geste critique se bat et se débat sans rien gouverner. Sa puissance n'est pas faite pour prendre quelque pouvoir que ce soit. Il n'y a donc aucun sens à parler d'une « défaite » à propos de la critique, car la « victoire » n'entre pas dans son propos (au contraire des systèmes ou des doctrines qui veulent être « victorieuses » dans l'opinion). Un geste critique ne cesse jamais d'exercer sa vertu de *mise en question articulée*. Il n'y a personne à vaincre mais tout à comprendre, à déconstruire, à imaginer en bifurcations

---

53. E. Laclau et C. Mouffe, *Hégémonie et stratégie socialiste. Vers une politique démocratique radicale* (1985-2001), trad. J. Abriel, Besançon, Les Solitaires intempestifs, 2009, p. 177-259. C. Mouffe, *Agonistique. Penser politiquement le monde* (2013), trad. D. Beaulieu, Paris, Beaux-Arts de Paris Éditions, 2014, p. 23-24 et 148-149. Pour une critique de ce modèle, cf. notamment J. Bidet, *« Eux » et « nous » ? Une alternative au populisme de gauche,* Paris, Kimé, 2018.

54. Cf. C. Schmitt, *La Dictature* (1921), trad. M. Köller et D. Séglard, Paris, Le Seuil, 2000 (éd. 2015). *Id., La Notion de politique* (1932), suivi de *Théorie du partisan* (1962), trad. M.-L. Steinhauser, Paris, Calmann-Lévy, 1972 (rééd. Paris, Flammarion, 1992), p. 84-94 et 294-305.

capables de déjouer tout ce qui se donnait sous l'espèce de l'emprise, de l'empire, de l'état « naturel » ou du destin « fatal ». Qui entreprend de critiquer tente simplement, par-delà le plat consensus ou le pur antagonisme, de répondre à toute brutalisation par questionnement, exigence et délicatesse mêlées.

## COMPARAÎTRE ET SE MÉSENTENDRE (GESTE PARTAGÉ)

Un geste critique n'est donc pas fait pour anéantir ou « vaincre » ce sur quoi il s'exerce : il est fait pour le *comprendre selon ses limites,* ses symptômes, son impensé, ses conséquences. Sans oublier que l'on ne comprend rien si l'on n'inclut pas toutes les nuances, les contradictions ou les paradoxes, bref toute la richesse de ce qui est critiqué. Première délicatesse. De plus, tout geste critique est appelé en même temps à *se comprendre* soi-même — à tenter de comprendre ses propres symptômes — pour *se donner* à la compréhension d'autrui, de façon à ce que soit offerte l'occasion, au geste critique, de *se retourner,* de se remettre en question : deuxième délicatesse. Le geste critique met donc l'autre en question sans s'exclure soi-même du questionnement : il est dialogique ou *dialogal* autant que dialectique. Il observe, en lui-même comme en l'autre, des événements avec leurs failles ou leurs coulisses. C'est là son premier sens en tant que *geste* : s'adressant à l'autre pour faire apparaître désaccords ou discordances, avant toute action réconciliatrice ou, au contraire, avant toute rupture irrémédiable. La critique précède toute paix en tant que débat, devance toute guerre en tant que dialogue.

Art d'écouter les dissonances et d'en trouver le langage exact, la critique les *fait apparaître* depuis une analyse immanente — c'est-à-dire non surplombante — tout en rendant manifeste son intervention dans l'espace commun : elle *comparaît* donc, au sens où Jean-Luc Nancy employait ce mot pour désigner ce qui a lieu *entre* les sujets, là où le *commun* en même temps se forme et se partage. Le geste critique *se partage* : il se donne à autrui tout en prenant sur soi, contre soi, la propre puissance et l'inquiétude inhérentes à son mouvement déconstructif. Il ne « partage » pas à la façon d'un roi Salomon qui, pour juger, se proposerait de couper en deux le corps d'un nouveau-né : il partage au sens que Nancy veut donner au mot allemand du « jugement », *Urteil* : « Nous sommes exposés à un critère d'avant tout critère, à un critère qui dissout tout modèle de critère sans défaire le fait [...] du *krinein,* de la séparation, du jugement. [N'est-ce pas là] l'*Ur-Teil,* le jugement comme origine, la division au principe *parce que* la division du principe[1] ? »

À tous les sens du mot — sens de ce qui sépare et sens de ce qui se met en commun —, le geste critique serait donc un *geste de partage* autant que d'inquiétude : on met en pièces une évidence et on propose ce démontage à autrui tout en précisant en quoi cette opération de mise en partage atteint l'auteur de la critique, le divise, le partage au plus profond et transforme, de la sorte, les conditions d'un dialogue de pensée à pensée. Le geste critique serait donc, comme l'écrivait Nancy dans *Le Partage des voix,* une exemplaire « tâche à l'égard de la communauté : ni sa réunion, ni sa division, ni son assomption, ni sa dispersion, mais son *partage*[2] ». Critiquer : partager une voix elle-même refendue par l'inquiétude. Et transmettre celle-ci comme occasion de reformuler certains énoncés, de recommencer à neuf certaines opérations théoriques fossilisées dans le conformisme.

*

Le geste critique se tient à la charnière dialectique d'une *mésentente* et d'un *partage* : deux notions à travers lesquelles, on le sait, se meut toute la pensée politique de Jacques Rancière. L'une de ses grandes vertus consiste à avoir reconnu — par-delà les diatribes des conformistes de gauche contre

1. J.-L. Nancy, « La comparution. De l'existence du "communisme" à la communauté de l'"existence" » (1990), *La Comparution. Politique à venir* (avec J.-C. Bailly), Paris, Christian Bourgois, 1991, p. 51-52.

2. *Id., Le Partage des voix,* Paris, Galilée, 1982, p. 90.

l'« esthétisation de la politique » chez un Adorno, voire chez Benjamin lui-même — la teneur fondamentalement *esthétique* du champ politique comme tel, envisagé par Rancière sous l'angle d'un *partage du sensible* : « La politique n'a pas subi à une date récente le malheur d'être esthétisée ou spectacularisée. La configuration esthétique où s'inscrit la parole de l'être parlant a toujours été l'enjeu même du litige que la politique vient inscrire dans l'ordre policier. C'est dire combien il est faux d'identifier l'"esthétique" au domaine de l'"autoréférentialité" qui dérouterait la logique de l'interlocution. L'"esthétique" est au contraire ce qui met en communication des régimes séparés d'expression. [...] Il n'y a donc pas eu "esthétisation" de la politique, parce que celle-ci est esthétique en son principe[3]. »

Ici encore, la brutalisation de la politique lui vient de deux processus symétriques : d'un côté la police, lorsqu'elle tape sur tout geste de soulèvement politique, et d'un autre côté le consensus qui veut en aplanir le sens et la transmission, autre façon de l'aplatir ou de croire la terrasser[4]. Si la politique est bien cette « activité qui a pour principe l'égalité », alors il faut tenir compte du fait que « ce principe de l'égalité se transforme en répartition des parts de communauté sur le mode de l'embarras : de quelles choses y a-t-il et n'y a-t-il pas égalité entre quels et quels ? Que sont ces "quelles", qui sont ces "quels" ? Comment l'égalité consiste-t-elle en égalité *et* inégalité[5] ? » C'est là, répondra Rancière, que le « partage » a quelque chance d'intervenir efficacement : « Lorsque la rencontre trouve son point de mésentente[6]. »

La mésentente serait ce *point de crise* ou, littéralement parlant, ce « point critique » d'une situation de parole *partagée,* clivée, « où l'un des interlocuteurs à la fois entend et n'entend pas ce que dit l'autre. La mésentente n'est pas le conflit entre

3. J. Rancière, *La Mésentente. Politique et philosophie,* Paris, Galilée, 1995, p. 87-88.
4. *Ibid.,* p. 41-67 (police) et 133-165 (consensus).
5. *Ibid.,* p. 11-12.
6. *Ibid.,* p. 12.

celui qui dit blanc et celui qui dit noir. Elle est le conflit entre celui qui dit blanc et celui qui dit blanc mais n'entend point la même chose[7] ». Alors que « se répand l'opinion désenchantée qu'il y a peu à délibérer et que les décisions s'imposent d'elles-mêmes[8] », le *geste critique* consisterait justement à réintroduire la délibération — et avec elle le dissensus — dans la question politique en tant que telle : la question du « mécompte fondateur de la politique, [ce] mauvais compte dans les parties du tout, [...] cette impossible égalité du multiple et du tout que produit l'appropriation de la liberté comme propre du peuple[9] ».

Jacques Rancière, dans ces lignes de *La Mésentente,* parlait certes moins de la « critique » que du « litige ». Les deux termes, cependant, se révèlent fondamentalement liés. Dans ses « Dix thèses sur la politique », en 1996, le philosophe réaffirmait sa position en ces termes : « La politique est d'abord une intervention sur le visible et l'énonçable. [Elle] consiste à transformer l'espace de circulation [quadrillé et gouverné par la police] en espace de manifestation d'un sujet : le peuple, les travailleurs, les citoyens. Elle consiste à refigurer l'espace, ce qu'il y a à y faire, à y voir, à y nommer. Elle est le litige institué sur le partage du sensible[10]. » Et, quelques lignes plus loin : « L'essence de la politique est le dissensus. Le dissensus n'est pas la confrontation des intérêts ou des opinions. Il est la manifestation d'un écart du sensible à lui-même. La manifestation politique fait voir ce qui n'avait pas de raisons d'être vu, elle loge un monde dans un autre, par exemple un monde où l'usine est un lieu public dans celui où elle est un lieu privé, le monde où les travailleurs parlent, et parlent de la communauté, dans celui où ils crient pour exprimer leur seule douleur[11]. »

---

7. *Ibid.,* p. 12.
8. *Ibid.,* p. 10.
9. *Ibid.,* p. 29-30.
10. *Id., Aux bords du politique,* Paris, Osiris, 1990 (nouvelle éd. Paris, La Fabrique Éditions, 1998, rééd. Paris, Gallimard, 2004), p. 241-242.
11. *Ibid.,* p. 244.

Toute cette réflexion sur le partage et le litige, la mésentente et le dissensus, fait signe chez Rancière vers un terrain d'origine qui n'est autre que celui de la tradition critique. Dans sa préface à la nouvelle édition de *Aux bords du politique,* le philosophe nommait clairement l'*exigence critique* inhérente à son projet philosophique : « Entre les satisfaits de la dépolitisation et les nostalgiques de la dénonciation du mensonge politique, il s'agissait de définir une troisième voie, passant par la critique des identifications et des oppositions régnantes[12]. » Si la politique est avant tout « refiguration dissensuelle du partage du sensible[13] », cela ne signifie-t-il pas qu'elle agit constamment de façon critique ? Si, comme le dit encore Rancière, elle accepte le paradoxe de sa position subjective *partagée* — « un sujet défini par sa participation à des contraires [selon] un type d'action paradoxal[14] » —, alors sa nature de *geste* n'apparaît-il pas au grand jour ? Si la politique, enfin, suppose un processus de subjectivation « entre deux », cela n'implique-t-il pas que son geste se soutiendra d'une *hétérologie,* comme Rancière la nomme exactement, à savoir « une logique de l'autre », altérante et altérée tout à la fois[15] ?

Il ne faut pas s'étonner, dans ces conditions, que l'exigence critique ait soutenu la pensée de Jacques Rancière dans la longue durée de son développement. Car c'est bien du « concept de critique » chez Marx — entre les *Manuscrits de 1844* et *Le Capital* — qu'il était parti en 1965 avant de retrouver, une quarantaine d'années plus tard, l'inquiétude inhérente à son diagnostic décapant sur ce qu'il aura nommé « Les mésaventures de la pensée critique[16] ». Or Rancière commençait bien par y affirmer la pertinence de la *tradition critique* comme telle et,

12. *Ibid.,* p. 11.
13. *Ibid.,* p. 17.
14. *Ibid.,* p. 226.
15. *Ibid.,* p. 121 (cf. également p. 202-220).
16. *Id.,* « Le concept de critique et la critique de l'économie politique des *Manuscrits de 1844* au *Capital* », *Lire* Le Capital, dir. L. Althusser, Paris, Maspero, 1965 (rééd. Paris, PUF, 1996), p. 81-199. *Id., Le Spectateur émancipé,* Paris, La Fabrique Éditions, 2008, p. 30-55.

donc, de sa persistance en dépit d'un usage trop fréquemment dévoyé : « Les concepts et procédures de la tradition critique ne sont aucunement désuets. Ils fonctionnent toujours très bien, jusque dans le discours de ceux qui en déclarent la péremption. Mais leur usage présent témoigne d'un complet renversement de leur orientation et de leurs fins supposées[17]. » Il faudra donc, contre un tel « renversement », reformuler l'exigence critique et redire sa capacité à faire du litige ou du dissensus une chance de « subjectivation politique [venant] fendre l'unité du donné et l'évidence du visible pour dessiner une nouvelle topographie du possible[18] ».

*

Ce que vise directement Jacques Rancière dans ces analyses n'est autre que ce qu'il nomme « la politique en son âge nihiliste[19] ». Or l'éventail de ce nihilisme se révèle malheureusement, à ses yeux, fort étendu : il va de la pensée négationniste… à cette pensée du négationnisme que Jean-François Lyotard tenta d'élaborer avec de bonnes intentions, mais avec pour effet d'hyperboliser une générale « impuissance de la pensée », rien de moins[20]. On retrouve ici toute la distance qui sépare la *mésentente* selon Rancière et le *différend* selon Lyotard : dans celui-ci aura été anéantie toute possibilité de mise en commun de la pensée puisque règne alors « l'hétérogénéité des régimes de phrases [et] l'absence d'une règle pour juger des genres de discours hétérogènes[21] ». Dans le « sublime politique » prôné par Lyotard, le commun du langage disparaît au profit d'une *impossibilité de la critique* où les parties — ou partis — en

17. *Id., Le Spectateur émancipé, op. cit.,* p. 30.
18. *Ibid.,* p. 55.
19. *Id., La Mésentente, op. cit.,* p. 167-188.
20. *Ibid.,* p. 182.
21. *Ibid.,* p. 14. Cf. J.-F. Lyotard, *Le Différend,* Paris, Les Éditions de Minuit, 1983, p. 16-17.

présence n'ont plus rien à se dire, dans l'incommensurable de toute parole affrontée.

Cette position indialectique a connu sa variante « cynique » chez Peter Sloterdijk. Dès 1983, dans *Critique de la raison cynique,* le philosophe inférait de la situation supposée de notre « désespoir moderne » une réflexion sur *l'inutilité de la critique* à l'égard de nos conditions d'existence : « *Sapere aude !* [...] Kant avait formulé le mot d'ordre de la raison moderne et subjective qui était encore sûre d'elle-même. [...] Le pouvoir-savoir-soi-même, auquel Kant a appelé, s'appuie sur la qualité vitale d'un courage auquel le désespoir moderne devant les "conditions d'existence" est étranger[22]. » C'est ainsi que, selon Rancière, procède un mouvement « anticritique » qui, du cynisme de gauche, vire aisément vers des formes de pensée « entièrement déconnectées de [tout] horizon d'émancipation, [voire] clairement tournées contre son rêve[23] ». C'est alors que l'éventuelle « mélancolie [de la gauche] se nourrit de sa propre impuissance » et que « le regard désenchanté sur un monde où l'interprétation critique du système est devenue un élément du système lui-même » vire quelquefois à une véritable « fureur de droite qui reformule la dénonciation du marché, des médias et du spectacle comme dénonciation des ravages de l'individu démocratique[24] ». C'est là que Jean Baudrillard peut rejoindre Guy Debord dans l'hyperbole d'un monde unilatéralement composé de simulacres — là, donc, où il n'y aura même plus rien à critiquer[25].

Une autre voie « métacritique » — comme on dirait « métaphysique » — consiste à produire une sorte d'*hyperbolisation de la critique* elle-même : à la radicaliser par-delà tout examen dialectique, notamment en la reversant tout entière du côté d'une construction théologico-politique telle qu'on la trouve, notamment, chez Giorgio Agamben, avec son ancrage dans

---

22. P. Sloterdijk, *Critique de la raison cynique* (1983), trad. H. Hildenbrand, Paris, Christian Bourgois, 1987, p. 660.
23. J. Rancière, *Le Spectateur émancipé, op. cit.,* p. 38.
24. *Ibid.,* p. 43.
25. *Ibid.,* p. 50-52.

une tradition eschatologique qui court de saint Paul à Martin Heidegger et Carl Schmitt[26]. Position récemment — et âprement — discutée par Géraldine Muhlmann dans *L'Imposture du théologico-politique,* sorte d'appel philosophique à une « délicatesse dialectique » que le point de vue théologico-politique brutalise à la fois sur le plan de la pensée (en tant que dogmatique) comme sur celui du réel (en tant qu'indifférence à l'histoire[27]). La conclusion de ce livre, justement intitulé « Pour la critique », invoque les figures de Cornelius Castoriadis ou de Miguel Abensour mais, avant eux, de Theodor Adorno : lui qui « disait qu'il faut se préoccuper de "ce qui est opprimé, méprisé, rejeté par les concepts". Il pensait même que la préoccupation essentielle de la rationalité conceptuelle devait être de rectifier à l'infini, dialectiquement, le mal qu'elle fait aux objets dont elle traite, c'est-à-dire de prendre sur elle, d'une certaine manière, la "douleur" que son propre travail est susceptible de leur infliger[28] ».

Dans un tout autre espace théorique, enfin, a vu le jour un mouvement consacrant l'*obsolescence de la critique* et son remplacement par quelque chose nommé, en toute logique, *postcritique* (un *post* destiné, comme l'exige un usage académique fort répandu, à *postuler* une opération de remplacement intégral, bien loin du mot *after* dans l'expression *after-life* ou du *nach* dans le verbe *nachleben*). Le courant postcritique trouve sa source principale dans l'épistémologie — et la politique — de Bruno Latour. Celui-ci arguait déjà, dans *Nous n'avons jamais été modernes,* d'une « crise de la critique » incarnée selon lui, dans les sciences humaines et la philosophie, par les noms

26. Cf. G. Agamben, *Ce qui reste d'Auschwitz. L'archive et le témoin. Homo Sacer, III* (1998), trad. P. Alferi, Paris, Rivages, 1999. *Id., Le Temps qui reste. Un commentaire de l'Épître aux Romains* (2000), trad. J. Revel, Paris, Payot & Rivages, 2000. Cf. mes remarques critiques dans *Survivance des lucioles,* Paris, Les Éditions de Minuit, 2009, et *Désirer désobéir. Ce qui nous soulève, I,* Paris, Les Éditions de Minuit, 2019, p. 137-151.

27. G. Muhlmann, *L'Imposture du théologico-politique,* Paris, Les Belles Lettres, 2022, p. 155-213 et 401-413.

28. *Ibid.,* p. 404-405.

de Pierre Bourdieu et de Jacques Derrida[29]. Il s'agissait, plus encore, de tourner le dos à la « puissance de la critique », comme l'écrivait Latour, et cela dans le cadre d'une réflexion très politique sur le concept de la liberté[30]. On sait que la réponse viendra du côté du libéralisme et, même, de sa concomitante « fabrique du consentement » théorisée par Walter Lippmann et introduite en France par Latour lui-même[31].

On considère généralement que le texte-seuil du mouvement « postcritique » fut une conférence prononcée par Bruno Latour en 2003 à l'université de Stanford, publiée l'année suivante dans *Critical Inquiry* et intitulée « Why Has Critique Run out of Steam ? » Il fallait, selon Latour, non seulement prendre acte d'un « essoufflement de la critique », mais pousser la constatation jusqu'au vœu qu'elle puisse, une fois pour toutes, « expirer ». Or la première contradiction de ce texte très *polémique* réside dans son lamento initial sur le motif de la guerre : « Guerres. Tant de guerres. Guerres en-dehors et guerres en-dedans *(Wars. So many wars. Wars outside and wars inside)* »... Pourquoi, dès lors, « ajouter de la déconstruction à la destruction » *(add deconstruction to destruction)* ? se demandait Latour[32].

Que la « déconstruction », opération critique exemplaire, soit ramenée à une « destruction » de plus — et sans que rien de la réelle teneur du travail de Jacques Derrida n'ait été évoqué, pas même son nom —, voilà qui autorisait Latour à parer la *critique* du masque apeurant de la *guerre.* Cela est d'autant plus étonnant que, par une deuxième contradiction, Latour s'en remettait, pour appuyer son argument quelques mots plus loin, à l'image des « experts militaires » : comme eux, il faudrait que

29. B. Latour, *Nous n'avons jamais été modernes. Essai d'anthropologie symétrique,* Paris, La Découverte, 1991 (éd. 1997), p. 13-17.
30. *Ibid.,* p. 53-56.
31. *Id.,* « Le fantôme de l'esprit public. Des illusions de la démocratie aux réalités de ses apparitions », préface à W. Lippmann, *Le Public fantôme* (1925), trad. L. Decréau, Paris, Demopolis, 2008, p. 3-44.
32. *Id.,* « Why Has Critique Run out of Steam? From Matters of Facts to Matters of Concern », *Critical Inquiry,* XXX, 2004, n° 2, p. 225.

la pensée se tienne prête à constamment adopter de nouvelles stratégies pour les situations nouvelles, à inventer de nouvelles technologies, de nouvelles bombes, de nouveaux missiles, etc., cela pour affirmer que les sciences humaines et la philosophie doivent, aujourd'hui, savoir changer de cible — comprendre quelle est la « bonne cible » *(the right target*[33]*).* Il y a trop de guerres ? Cessons donc toute critique, toute « déconstruction ». Mais visons les nouvelles cibles avec de nouveaux missiles. C'est-à-dire : réinventons la guerre.

Le texte de Latour demeure entièrement innervé de ces contradictions initiales. Il faut changer de guerre, dit-il, sans voir que c'est la meilleure façon de persister dans une *logique de guerre.* Pour réduire à toute force la « déconstruction » et la critique à une guerre, Latour n'aura su que donner, caricaturalement, l'exemple le moins élaboré qui soit : Jean Baudrillard, promu au rang de « maréchal de la critique » *(marshal of critique)* avec sa théorie selon laquelle les Twin Towers de New York se seraient avant tout écroulées sous leur propre poids de capitalisme[34]... Occasion, pour Latour, de parler de « barbarie critique » *(critical barbarity),* tout en continuant lui-même à diviser le monde, bloc contre bloc, entre « ennemis » et « alliés[35] ». Pour finir, la critique se verra significativement comparée à un « empire soviétique » en tant qu'idole de la totalité trahie par ses « pieds d'argile[36] ». Et le « complot » paranoïaque du barbare anticapitaliste se trouvera remplacé par la bonne stratégie, à savoir la machine de Turing — encore une machine de guerre — et sa capacité automatique à opérer une « surcritique » scientifiquement programmée[37].

33. *Ibid.,* p. 225.
34. *Ibid.,* p. 228.
35. *Ibid.,* p. 231 et 240.
36. *Ibid.,* p. 243.
37. *Ibid.,* p. 247-248. Sur Latour, Turing et la notion de « surcritique », cf. M. Alizart, « Pour une surcritique », *Postcritique,* dir. L. de Sutter, Paris, PUF, 2019, p. 41-64. Pour un point de vue critique sur ce paradigme « postcritique », cf. A. Minzetanu, « Comment sortir de la "barbarie critique" ? Bruno Latour, prophète de la postcritique », *Critique,* n° 886, 2021, p. 267-283.

Le mouvement « postcritique » né de ces réflexions apparaît avant tout comme une tentative de redistribution du domaine universitaire nord-américain dans lequel, il est vrai, « critiquer » revient très souvent à « polémiquer » brutalement — non dialectiquement —, c'est-à-dire à mener des guerres sur tous les fronts des enjeux de pouvoir académique : à vouloir anéantir ses « ennemis ». On ne parlera plus, dès lors, de « tradition critique » — celle qui allait de Platon à Spinoza et de Kant à Derrida — mais, simplement, de « critique paranoïaque » contemporaine appelant la réaction d'une « lecture acritique » *(uncritical reading)* des textes, des pensées et des sociétés[38]. Façon brutale de tourner le dos à tout « soupçon » critique en le délogeant de sa place jugée exorbitante ou « dominante » dans le champ des études littéraires, philosophiques, sociales et historiques[39].

*

La tradition critique n'est pas tant une « tradition cachée » qu'une tradition discontinue, accidentée. Le geste qu'elle réinvente à chaque fois ne cesse jamais, quel que soit son renouvellement, de reposer la question même de la tradition et de ses « survivances ». Personne sans doute n'en a mieux formulé l'exigence que Walter Benjamin lorsque, face à la concomitance des « documents de culture » et des « documents de barbarie », il en appelait à ce geste de départ : « À chaque époque, il faut chercher à arracher de nouveau la tradition au conformisme qui

38. M. Warner, « Uncritical Reading », *Polemic: Critical or Uncritical,* dir. J. Gallop, New York-Londres, Routledge, 2004, p. 13-38. Cf. A. Blok et C. B. Jensen, « Redistributing Critique », *Latour and the Humanities,* dir. R. Felski et S. Muecke, Baltimore, Johns Hopkins University Press, 2020, p. 132-157.
39. Cf. R. Felski, *The Limits of Critique,* Chicago-Londres, The University of Chicago Press, 2015, p. 14-51 et 117-150. E. S. Anker et R. Felski, « Introduction », *Critique and Postcritique,* Durham-Londres, Duke University Press, 2017, p. 1-28.

est sur le point de la subjuguer[40]. » La « postcritique » actuelle propose un tout autre geste : elle entend arracher la tradition elle-même de tout terreau, et cela en se légitimant d'un nouveau conformisme — le conformisme d'une nouveauté typique de l'âge « postmoderne ».

Ce nouveau conformisme, qui voit dans la critique une « force » à la fois hégémonique et obsolète, issue des Lumières — la « victoire critique sur l'obscurité » —, prétendra s'en « libérer[41] » sur deux fronts contradictoires évoquant quelque chose comme une politique du « ni droite ni gauche ». D'un côté, il fustige une tradition de penseurs, tels Horkheimer ou Adorno, ayant critiqué la domination sans prétendre au pouvoir réel, façon de « légitime[r] une révolution différée » c'est-à-dire, finalement, « trahie » par une pensée considérée comme élitiste, esthète et bourgeoise[42]. D'un autre côté, le même mouvement « postcritique » entérinera plaisamment un monde capitaliste capable, à son point culminant, de produire « l'équivalence entre le Bien et les biens[43] ». Mais dès qu'il s'agira de nuancer les choses — comme dans le texte de Tristan Garcia pour le recueil *Postcritique* —, on retrouvera, non par hasard, l'évocation ou l'invocation du « passé » de la critique.

De la critique, affirme Garcia avec honnêteté, « on espère conserver la possibilité. […] Après avoir construit une figure caricaturale de la pensée critique, que nous avons outrée jusqu'à en faire une condition cauchemardesque qui devenait une impasse pour la pensée, figurons-nous un passage [qui serait] non plus une pensée conditionnante et conditionnée, mais positionnée et positionnante. Dans le portrait rêvé que nous souhaiterions en faire, elle se montrerait exemplaire par son aptitude à savoir *commencer* d'être critique et savoir *cesser* de l'être,

40. W. Benjamin, « Sur le concept d'histoire » (1940), trad. M. de Gandillac revue par P. Rusch, *Œuvres, III,* Paris, Gallimard, 2000, p. 431 et 433.
41. L. de Sutter, « Ouverture », *Postcritique, op. cit.,* p. 7-8.
42. A. Avanessian, « Pour une accélération » (2015), trad. C. Pacquet, *ibid.,* p. 17.
43. E. Coccia, « Pour un totémisme », *ibid.,* p. 91.

par sa souplesse, qui ne serait jamais une lâcheté mais qui lui permettrait d'alterner, à propos des mêmes représentations, une position à distance et une position rapprochée ; une position d'examen impitoyable et une position d'empathie irréfléchie ; une position qui rend tout coupable et une position qui rend tout innocent ; une position qui nous rend juge et une position qui suspend le jugement ; une position qui met sous condition et une position qui libère de toutes les conditions[44]. »

Or cette « souplesse » rêvée existe depuis longtemps. Il suffit de savoir la lire, par-delà toute caricature. Elle n'est jamais hégémonique, pas même majoritaire, sans doute, dans l'histoire des textes philosophiques. On découvre alors que les gestes critiques traversent le ciel des habitudes de pensée comme autant de discontinuités (qui créent une rupture) et de singularités (qui inventent un style). Comme lorsque, soudain, quelque chose apparaît dans le ciel de façon inattendue, fulgurante. Cela brûle ou brille très fort. Cela traverse la nuit, somptueusement mais fugacement. Il y a néanmoins une traînée lorsque cela passe, une traîne qui persiste quand cela est passé. C'est comme l'indication qu'une telle lueur ne disparaîtra pas tout à fait et que nous pourrons, d'une façon ou d'une autre, inscrire nos exigences futures dans ce qui vient, juste à l'instant, de traverser notre ciel.

Cela s'appelle une *comète.* Mot issu du grec *komè,* la chevelure. La comète est un astre qui apparaît de façon discontinue, dont la brillance laisse derrière elle une « chevelure » — telle une nymphe de passage — et qui, pour toutes ces raisons, appelle souvent la notion de destin, de *présage.* Il existe un jeu de cartes nommé « la comète ». Il existe, surtout, des pensées qui sont à la fois comètes et présages : ce sont elles qui inventent pour nous ce que le *geste critique* veut ou voudra dire. Donnons-en, loin de toute prétention à l'exhaustivité, quelques exemples — quelques esquisses.

44. T. Garcia, « Pour une métabolisation », *ibid.,* p. 287-289.

# DIALOGUER POUR DISCRIMINER (GESTE SOCRATIQUE)

Déjà Socrate critique. Il critique les opinions et croyances de ses contemporains comme de ses prédecesseurs. On ne devra donc pas s'étonner que ce soit dans les dialogues de Platon qu'apparaissent la dénomination et le concept de *kritikè téchnè,* la « technique » ou l'« art de la critique ». Léon Robin traduisait l'expression grecque par les mots de « discernement » ou de « discrimination[1] ». Comme il y a des techniques du corps, il y a des artisanats du langage et de la pensée. Dans le *Politique* il est dit, sur le modèle du tissage de la laine, que « pour toutes choses les deux grandes techniques [sont] les suivantes : celle de l'assemblage et celle relative à la séparation[2] ». Il faut *séparer* la toison emmêlée du mouton, la transformer en fils de laine ; puis il faut *réunir* à nouveau les fils, non pour un conglomérat informe, mais pour un tissu, c'est-à-dire un champ réglé de la chaîne et de la trame, toutes deux séparément agencées mais tressées pour pouvoir *consister*. C'est comme si toute technique ou tout art revenaient à séparer ce qui est mêlé, puis à relier ce qui est disjoint. Toujours on cadre (en tranchant dans le continu), puis on remonte (en ajointant ce qui est séparé). Ce qui est lié, on le sépare, ce qui est séparé, on le relie.

Donc l'« art critique » *(kritikè téchnè)* n'est pas une séparation pure et simple. Celle-ci suppose une « division » *(diaïrèsis),* celle-là exige une « discrimination » *(diakrisis),* qui ajoute à

1. L. Robin, *Platon,* Paris, Alcan, 1935 (rééd. Paris, PUF, 1968), p. 116-118, 122, 214, etc.

2. Platon, *Politique,* 282b, trad. L. Brisson et J.-F. Pradeau, *Œuvres complètes,* Paris, Flammarion, 2008, p. 1398.

la division comme telle tout un drame, tout un ensemble de processus particuliers où se distribue la polysémie du mot : il y a donc, dans la *diakrisis,* du « doute » et de l'« hésitation », puis de l'« interprétation » et de la « contestation », enfin du « jugement » et de la « décision ». Dans le débat du *Philèbe* sur les genres de l'être, Socrate rappelait que dans « toutes les choses qui existent [il y a] de l'illimité et de la limite » : ce sont les deux premiers genres. Puis un troisième, nommé le « mélange », qui fait couple avec le quatrième, la « cause de ce mélange ». Alors Protarque, l'interlocuteur de Socrate, s'interrogeait : « N'auras-tu pas encore besoin d'un cinquième [genre], qui ait pour capacité de dissocier ? » Et Socrate de répondre, car la question était épineuse : « Peut-être, mais pas pour l'instant[3]. »

La pensée, en tout cas, se met à douter, à hésiter, à dissocier, à interpréter, à contester, à décider... Et tout cela ensemble fera qu'elle critique. Socrate, dans le *Philèbe,* en venait même à comparer le métier de philosophe à celui du modeste portier qui « ouvre les portes » : mais pas à tout ni à tous, justement[4]. Il faut filtrer dans le chaos du monde pour qu'une idée juste puisse advenir. Mais comment filtrer ? Avec quoi ? Avec un *crible,* bien sûr : mot si proche, étymologiquement, de *critique.* La pépite retenue par le tamis aura traversé — action que dénote justement la racine **krei-* du mot grec — un matériau non encore différencié. Puis elle se sera singularisée, discernée du reste grâce à un *critère,* c'est-à-dire une propriété qui la rend *discriminable* de tout le reste. Or ce processus n'ira pas sans *crise,* moment *critique* par excellence : ce qu'on nomme en médecine la « phase décisive », aiguë mais capable de renversement, d'une affection ; ce qu'on appelle dans un conflit le dissentiment ou la contestation ; ce qu'on désigne dans un procès par l'acte de trancher, de juger la cause ; ce qu'on vise en politique sous le terme de décision... Et, curieusement, au milieu de tout cela, *krisis* dénote aussi — parce que le désir est toujours de la partie, sans doute — l'interprétation d'un rêve. *To kritikon,* dans

3. *Id., Philèbe,* 23c-d, trad. J.-F. Pradeau, *Œuvres complètes, op. cit.,* p. 1313.
4. *Ibid.,* 62c, trad. cit., p. 1359.

le *Politique* de Platon, se réfère, par-delà la faculté de « porter des jugements », à celle du penser philosophique lui-même[5].

*

Donc Socrate critique. Quoi exactement ? Le langage, d'abord. Socrate travaille à déconstruire le discours des beaux parleurs : celui des sophistes pour commencer, qui sont comme des professionnels de l'opinion publique. Celui, également, de tout un chacun avec ses opinions puisées dans la tradition, la croyance aux mythes ou même le simple bon sens. Or Socrate entend mener à bien cette critique des discours à travers l'exercice même du dialogue, avec sa fameuse puissance « maïeutique ». Première vertu de cette invention philosophique : *la critique est dialogale,* dialogique, bientôt *dialectique.* Voilà pourquoi le style socratique sera également nommé, par Platon, *diacritique.* Il s'agit, dira l'Étranger dans le *Sophiste,* de passer les discours de l'opinion au crible de la critique, ce qui suppose une technique bien particulière : un art nommé « technique de séparation » *(diaktitikè téchnè),* à partir de quoi langage et pensée auront subi, pour finir, l'opération d'une salutaire « purification[6] » *(kathartikon).*

Et tout cela par le seul moyen du dialogue et de la dialectique. Dans ce genre quasiment inaugural de l'examen critique en Occident, on comprend d'emblée que la vérité ne viendra pas d'en-haut, toute formée par le génie d'un maître absolu, la parole d'une pythie inspirée ou l'énoncé d'une norme mythique immémoriale. La vérité — fût-elle vérité des Idées, à savoir quelque chose de transcendant — émerge d'une immanence qui est celle de l'interlocution, du dialogue : elle se *partage* donc, et se constitue même, en tant que vérité, dans le « partage des voix », fût-ce dans l'échange au fond dissymétrique entre l'autorité de Socrate, le vieux maître malin, et la docilité innocente de

5. *Id., Politique,* 260c, trad. cit., p. 1372.
6. *Id., Sophiste,* 226c, trad. N. L. Cordero, *Œuvres complètes, op. cit.,* p. 1824.

ses jeunes disciples. Si domination il y a, elle n'est en tout cas pas verticale ni imposée : elle s'exerce — et se rend elle-même susceptible de critique — horizontalement, entre deux sujets que lie un rapport d'anamnèse *pédagogique* de la vérité. Occasion, pour Socrate, de toujours prendre soin de placer l'examen ou l'*analyse* de la chose discutée en amont de tout *jugement* sur quoi la délibération devrait s'achever : « Je ne vais certainement pas me mettre à critiquer vos lois avant de les avoir soumises à un examen aussi approfondi que possible ; je me bornerai plutôt à exprimer mes perplexités », dira-t-il subtilement dans le premier dialogue des *Lois*[7].

On comprend alors que la critique du discours n'allait sans doute pas, pour Socrate, sans une *critique des pouvoirs,* par exemple au moment où, dans le *Politique,* il est question de distinguer l'autorité de celui qui gouverne et « donne des ordres » d'avec l'autorité de celui qui « porte des jugements », selon la technique même du *kritikon*[8]. Bientôt il sera question de fonder la première autorité (de domination) sur la seconde (de discrimination) : ce qui ouvre l'espace d'une ambiguïté politique innervant tout l'idéalisme platonicien, et avec lui l'enjeu de sa *kritikè téchnè.* D'un côté, en effet, Platon s'attache notoirement à discriminer le *mythos* du *logos*[9]. Son entreprise a donné aux commentateurs modernes — tel Alexis Philonenko — l'occasion de s'exprimer en termes déjà « criticistes » et kantiens (en distribuant les dialogues de Platon en « écrits précritiques », traités de « logique transcendantale », d'« analytique métaphysique » ou de « dialectique transcendantale[10] »...). Son art de la critique aura été commenté par Cornelius Castoriadis dans les termes d'une « interprétation des positions » (paradigme critique)

7. *Id., Lois,* 635b, trad. L. Brisson et J.-F. Pradeau, *Œuvres complètes, op. cit., p.* 693.
8. *Id., Politique,* 260d, trad. cit., p. 1372.
9. Cf. L. Brisson, *Platon, les mots et les mythes. Comment et pourquoi Platon nomma le mythe ?,* Paris, Maspero, 1982 (rééd. revue et mise à jour, Paris, La Découverte, 1994), p. 107-167.
10. A. Philonenko, *Leçons platoniciennes,* Paris, Les Belles Lettres, 1997, p. 119-159, 161-169, 239-288 et 421-454.

plutôt que d'un simple exercice de la « réfutation » (paradigme polémique)[11].

Mais, d'un autre côté, la critique platonicienne ne *discrimine* que pour *purifier* à toute force : c'est qu'elle cherche des Idées pures. Sa pratique discriminante fait, certes, émerger des *différences* — « lorsqu'il s'agit du philosophe, écrivait ainsi Monique Dixsaut, la discrimination est définition. Le philosophe n'est pas ce à quoi la différence s'attribue, il est la différence même, la différence sujet, la différence qui se différencie, l'écart qui se prend[12] » —, mais ce sont des différences *idéales*, purifiées, abstraites. Henri Joly, dans *Le Renversement platonicien*, concluait sa remarquable étude avec l'affirmation que le platonisme aura représenté « la forme historique d'un rationalisme philosophique et critique sans précédent[13] » : critique de l'opinion et de la croyance, critique de l'empirie, critique du discours sophistique, critique de l'art et de la poésie... Mais tout cela au nom de ce que Joly aura bien nommé une « épistémologie de la pureté » faite de techniques dites par Platon d'« épuration » ou de « raffinage », de « triage » ou de « discrimination », d'« isolation » ou de « purgation[14] ». Comme s'il existait quelque chose en ce monde qui pût se nommer, strictement parlant, la « vérité pure »...

*

Il suffit d'observer un ouvrier agitant son tamis : la poussière et les rebuts tombent par terre, et les pépites, par différence, demeurent au-dessus de la grille discriminante. En serait-il de même avec les Idées, isolables grâce au crible de la critique ?

---

11. C. Castoriadis, *Sur le* Politique *de Platon* (1986), Paris, Le Seuil, 1999, p. 27.
12. M. Dixsaut, *Le Naturel philosophe. Essai sur les dialogues de Platon*, Paris, Les Belles Lettres-Vrin, 1985 (éd. 1994), p. 247-248.
13. H. Joly, *Le Renversement platonicien. Logos, épistèmè, polis*, Paris, Vrin, 1974, p. 383.
14. *Ibid.*, p. 70-78.

Mais regardons un peu plus longtemps l'ouvrier agitant son tamis : à la fin de la journée, il sera lui-même tout recouvert de la poussière et des rebuts dont il croit s'être débarrassé mais qui, pour ainsi dire, persistent à lui remonter au visage[15]. Façon de dire, du point de vue de l'immanence : toujours *l'impureté remonte.* Jamais on ne discrimine sans reste. Croire purifier, c'est croire que l'on va produire un « rien » — mais c'est croire au « tout » purifié, justement. Une critique conséquente, ou immanente, se devrait donc d'interroger l'*impureté survivante* au cœur de l'opération discriminante elle-même.

Cela, Aristote l'avait bien compris. Il avait d'emblée renoncé à ce que tout soit « purifié » — du moins en ce monde-ci —, et il ne craignait pas, contrairement à Platon, d'observer le rôle fondamental des images et de la sensibilité dans l'exercice de la pensée, donc de la critique philosophique elle-même. Il postula donc la notion d'une *critique sensible.* Au troisième livre de son traité *De l'âme,* il écrivait ainsi : « Chaque sens [...] juge des différences du sensible sur lequel il porte : par exemple la vue juge du blanc et du noir, le goût du doux et de l'amer[16]... » Plus loin, c'est l'âme en général qui était définie selon deux facultés fondamentales : le *mouvoir* et le *critiquer.* Jules Tricot, dans sa traduction classique, rendit ce vocabulaire de façon très kantienne : « faculté de mouvoir » et « faculté de juger », cette dernière expression pour rendre le mot grec *kritikon*[17]. Dans la traduction plus récente de Richard Bodéüs, le *kritikon* est traduit (en 426b) par « discernement » en tant qu'« instance qui prononce la différence », puis (en 432a) par « capacité de juger[18] ».

Dans ces conditions, le philosophe qui s'imaginait, à exercer son « art de la critique », obtenir l'irradiante pépite de son Idée pure risque de déchanter en se retrouvant lui-même, à la fin de

15. Cf. G. Didi-Huberman, *Désirer désobéir, op. cit.,* p. 97-107.

16. Aristote, *De l'âme,* III, 2, 426b, trad. J. Tricot, Paris, Vrin, 1934 (éd. revue 1972), p. 158.

17. *Ibid.,* III, 9, 432a, trad. cit., p. 198.

18. *Ibid.,* III, 2, 426b et III, 8, 432a, trad. R. Bodéüs, *Œuvres complètes,* dir. P. Pellegrin, Paris, Flammarion, 2014, p. 1021 et 1032.

la journée, tout couvert de poussière et de saletés. Le crible est méthodologique : il n'est efficace que pendant un temps donné et ne crée donc pas d'ontologie à sa mesure. Ce qu'il sépare n'existait pas séparé, a vocation à bientôt réexister ensemble. Même dans les chambres de trésors où dorment les pépites montées en couronnes, il y a de la poussière. Critiquer à bon escient reviendrait donc à mieux comprendre cette essentielle survivance de l'impureté — donc de la confusion, du mélange, du mixte, du composite — à travers l'opération même du discernement rationnel.

## LA LECTURE COMME INSUBORDINATION (GESTE PHILOLOGIQUE)

Comme les gestes de soulèvement — qu'ils précèdent et, bien souvent, accompagnent —, les gestes critiques apparaissent de façon imprévue, à la façon de comètes traversant le ciel ; ils semblent voués à disparaître quand le conformisme a recommencé de « subjuguer leur tradition » ; puis ils réapparaissent ailleurs, autrement, comme s'ils avaient migré en secret. On dit alors qu'ils « renaissent », par référence à cette grande époque de redécouverte de l'Antiquité que fut l'humanisme italien. Moment d'ardentes lectures et relectures, en effet. C'est l'époque où, lisant Dante, Pétrarque et Boccace, les lettrés du début du XV^e^ siècle relisaient non seulement Platon et Aristote, mais encore les hymnes homériques traduits par Politien, les poèmes matérialistes de Lucrèce ou les comédies satiriques de Plaute ; époque où Poggio Bracciolini et ses amis écumaient les bibliothèques des monastères occidentaux à la recherche de manuscrits anciens permettant de corriger les versions souvent fautives des copistes médiévaux ; époque où Niccolò Niccoli put constituer à Florence la première bibliothèque publique en Europe, installée par Cosme l'Ancien dans le couvent dominicain de San Marco, avec une architecture due à Michelozzo et non loin des cycles de fresques dues à Fra Angelico[1].

La bibliothèque réunie par Niccolò Niccoli n'était pas *publique* par hasard. Elle répondait, dans le cadre des incessantes luttes politiques florentines, à un courant *républicain*

1. Cf. B. Ullman et P. A. Stadter, *The Public Library of Renaissance Florence. Niccolò Niccoli, Cosimo de'Medici and the Library of San Marco,* Padoue, Antenore, 1972, p. 3-15.

lui-même traversé de nombreuses références textuelles, mais aussi figuratives, à l'ancienne République romaine : par exemple dans la résurgence d'une pratique des *imagines* romaines (effigies funéraires de prestige politique adaptées pour l'occasion à l'usage chrétien des ex-voto) ou dans un objet tel que le buste de Niccolò da Uzzano (personnalité républicaine de premier plan mort en 1431), œuvre intense et mystérieuse, pleine d'une *dignitas* que vénéraient les humanistes de ce temps[2]. Niccolò Niccoli, en toute logique, fit partie du cercle de lettrés du chancelier de la République florentine Coluccio Salutati, cercle où se retrouvaient Leonardo Bruni ou Poggio Bracciolini pour partager leurs lectures et, déjà, leurs critiques textuelles. On comprend alors, concernant cette époque exemplaire, à quel point un espace politique peut se fonder corrélativement sur un *partage du sensible* — particulièrement spectaculaire et admirable dans l'espace public florentin du XV^e^ siècle — et sur un *partage du lisible.*

*

On n'a, certes, jamais cessé de lire depuis l'Antiquité : pratique non homogène, cependant, puisque ses valeurs d'usage vont et viennent constamment entre ce que Walter Benjamin aura nommé le « conformisme subjuguant la tradition » et la bien différente « tradition renouvelée », librement recommencée, d'une approche critique, émancipée en somme. Les humanistes florentins n'oubliaient ni l'exégèse médiévale des « quatre sens de l'Écriture », ni l'aristotélisme scolastique, ni l'enseignement séculaire de la grammaire et de la rhétorique[3]. Mais ils auront

2. Cf. A. Warburg, « L'art du portrait et la bourgeoisie florentine. Domenico Ghirlandaio à Santa Trinita. Les portraits de Laurent de Médicis et de son entourage » (1902), trad. S. Muller, *Essais florentins,* Paris, Klincksieck, 1990, p. 101-135. G. Didi-Huberman, *L'Humanisme altéré. La ressemblance inquiète, I,* Paris, Gallimard, 2023, p. 7-77.
3. Cf. H. de Lubac, *Exégèse médiévale. Les quatre sens de l'Écriture,* Paris, Aubier, 1959-1963. P. O. Kristeller, « Humanism and Scholasticism in the

justement inventé une certaine *lecture critique* — et l'auront plus d'une fois manifesté sous la forme de véritables gestes politiques d'insubordination. Il s'agissait, d'abord, de comprendre les textes selon leur intégrité matérielle, leur authenticité et, si possible, leur « état d'origine » : ce qui supposait une nouvelle technique de lecture, de discernement — une nouvelle *kritikè téchnè* associant l'examen minutieux de la lettre, de la *matérialité* scripturale, à un questionnement inédit sur l'*historicité* même du texte considéré[4].

Cette nouvelle technique se nomme *philologie.* On vit alors fleurir tout un vocabulaire illustrant le souci méthodique de ces nouveaux lecteurs ou relecteurs des textes anciens : on se mit donc à parler de « leçon » *(lectio)* pour nommer l'état du texte dans telle ou telle version, tel ou tel manuscrit ; on tenta de juger si le texte était « intègre » *(integro)* ou « corrompu » *(corrotto)* ; on localisait les « lacunes » *(lacunae)* des textes « mutilés » *(mutili)* ; on procédait à la « correction » *(correctio, emendatio)* de passages mal transmis, mal recopiés au Moyen Âge[5]. Parmi les monuments les plus fameux de cette technique philologique, les travaux de Lorenzo Valla occupent une place de premier plan, notamment avec ses *Emendationes* aux éditions de Tite-Live et, surtout, avec son œuvre majeure datant de 1444, les *Elegantiae linguae latinae* : œuvre imprimée en 1471 et ayant connu une soixantaine d'éditions jusqu'aux premières décennies du XVI^e siècle[6]. C'est ainsi que le geste critique de Valla a souvent été considéré, par les historiens, comme le

Italian Renaissance » (1944), *Studies in Renaissance Thought and Letters,* Rome, Edizioni di Storia e Letteratura, 1956 (éd. 1969), p. 553-583.

4. Cf. A. Grafton, « Le lecteur humaniste » (1995), trad. J.-P. Bardos, *Histoire de la lecture dans le monde occidental,* dir. G. Cavallo et R. Chartier, Paris, Le Seuil, 1997 (éd. 2001), p. 221-263.

5. Cf. S. Rizzo, *Il lessico filologico degli umanisti,* Rome, Edizioni di Storia e Letteratura, 1973, p. 207-299.

6. Cf. G. Di Napoli, *Lorenzo Valla. Filosofia e religione nell'umanesimo italiano,* Rome, Edizioni di Storia e Letteratura, 1971, p. 9-136. S. Camporeale, *Lorenzo Valla. Umanesimo e teologia,* Florence, Istituto Nazionale di Studi sul Rinascimento, 1972, p. 33-146.

« premier triomphe de la philologie », selon l'expression d'Anthony Grafton qui aura fait de l'humaniste, par conséquent, le « fondateur de la recherche professionnelle » dans l'herméneutique ou la science des textes : le « créateur des méthodes pour la critique textuelle et historique » *(he created methods of textual and historical criticism),* auquel Érasme, parmi bien d'autres, reconnaîtra sa dette[7].

Vu d'aujourd'hui, le geste critique de Lorenzo Valla pourra sans doute nous sembler bien spécialisé, si ce n'est limité : ne concerne-t-il pas les problèmes de syntaxe et de vocabulaire latins dans certains textes devenus canoniques ? Mais qu'on ne s'y trompe pas, comme les contemporains de l'humaniste ne s'y sont d'ailleurs pas trompés : cette critique balayait d'un grand vent le champ tout entier de la pensée philosophique, de la théologie, et jusqu'aux positions politiques de son temps. C'est que la langue était pour lui le cristal — parce que lieu de *crise* — de toutes les tensions qui peuvent traverser la recherche de la vérité, raison pour laquelle sa critique *philologique* était en parfaite cohérence avec sa position *philosophique* : celle qui lui fit railler en 1431 (il avait vingt-six ans) l'ascétisme monastique dans le *De voluptate* ; ou celle qui lui fit défendre, en 1439, dans le *De libero arbitrio,* la libre volonté humaine contre toutes les normes fatidiques de l'obéissance à la règle religieuse[8].

Lorsque, au début du XVe siècle, un érudit commence à critiquer certains points de vocabulaire chez saint Augustin ou saint Thomas ; lorsqu'il émet quelques doutes sur le texte même de la Vulgate en appelant à un retour précis au texte grec ; lorsqu'il en vient à se demander si ce sont bien les apôtres du Christ qui ont

7. A. Grafton, *Joseph Scaliger. A Study in the History of Classical Scholarship, I. Textual Criticism and Exegesis,* Oxford, Clarendon Press, 1983, p. 9-13. *Id., Faussaires et critiques. Créativité et duplicité chez les érudits occidentaux* (1990), trad. M. Carlier, Paris, Les Belles Lettres, 1993, p. 38.

8. L. Valla, *Sur le plaisir* (1431), trad. L. Chauvel, La Versanne, Encre marine, 2004. *Id., Du libre-arbitre* (1439), trad. J. Chomarat, Paris, Vrin, 1983. Cf. L. Giard, « Lorenzo Valla : la langue comme lieu du vrai », *Histoire, épistémologie, langage,* IV, 1982, n° 2, p. 5-19.

rédigé les Actes des apôtres et compose sa propre *Collatio Novi Testamenti* en établissant les erreurs stylistiques des copistes médiévaux sur un texte tenu pour intouchable ; lorsqu'il affirme avec autorité que la fameuse « Lettre du Christ au roi Abgar » — fondatrice du culte du Mandylion — est écrite dans une langue totalement apocryphe… c'est bien tout le champ non seulement de la connaissance, mais encore de la politique, qui se trouve affecté par ces interventions critiques. D'autant plus que Valla, doué d'un esprit polémique acéré, semblait presque avoir plaisir à narguer frontalement une Inquisition qui ne tarda pas, d'ailleurs, à le menacer directement[9].

*

La grande affaire qui donna l'occasion à Lorenzo Valla de craindre pour sa vie mais, aussi, d'acquérir une renommée considérable dans toute l'Europe, ce fut l'affaire dite de la *Donation de Constantin.* L'horizon de cette affaire était explicitement politique, Valla assumant une position très ferme au sujet de la distribution des pouvoirs : il déniait à la papauté, centre du « pouvoir spirituel » de l'Église, la prérogative d'exercer aussi le « pouvoir temporel » — celui, par exemple, de lever des armées pour combattre, au nom des États pontificaux, les « infidèles » mais aussi les principautés qui, alors, composaient une mosaïque d'États différents sur le territoire italien. Or un document capital, « depuis toujours » (expression sous laquelle les historiens ont bien raison de suspecter une tricherie), justifiait la prétention de Rome à ce pouvoir temporel : c'était la *Donation de Constantin (Constitutum Constantini),* texte officiel par lequel l'empereur Constantin, nouvellement converti au

9. Cf. S. Camporeale, *Lorenzo Valla, op. cit.,* p. 105-108 et 302-311. L. D. Reynolds et N. G. Wilson, *D'Homère à Érasme. La transmission des classiques grecs et latins* (1968-2013), trad. C. Bertrand et P. Petitmenngin, revue et augmentée par L.-A. Sanchi et A. Cohen-Skalli, Paris, CNRS Éditions, 2021, p. 113-116. J.-C. Saladin, *La Bataille du grec à la Renaissance,* Paris, Les Belles Lettres, 2000, p. 145-156.

christianisme, aurait transmis au pape Sylvestre une partie de son autorité politique sur l'*imperium.* Le « berger du Christ », sur la base de ce document, pouvait donc à bon droit déclarer sa volonté de conquête « impérialiste ».

Comme l'a raconté Wolfram Setz, l'éditeur scientifique du brûlot de Valla, celui-ci décida d'exercer son « droit de critique » sur le texte de la *Donation* à propos duquel Nicolas de Cues avait déjà exprimé ses doutes[10]. C'est donc en 1442 que fut rendue publique la lecture critique de Valla, intitulée « Sur la Donation de Constantin à lui faussement attribuée et mensongère[11] » *(De falso credita et ementita Constantini donatione).* Son exorde établissait que l'évidence même du projet — « je ne veux que déraciner l'erreur de l'esprit des hommes » — l'exposait justement à se heurter au conformisme de la majorité d'entre eux et, plus encore, aux tenants du pouvoir le plus élevé (papal, s'entend) : « Dans presque tous les domaines du savoir, j'ai publié de nombreux livres où je m'écarte de l'opinion d'auteurs considérables et déjà consacrés par le temps. Comme certains s'indignent contre moi et me traitent de téméraire et de sacrilège, que doit-on croire qu'ils feront maintenant ? Dans quelle rage vont-ils entrer contre moi ? Et, si l'occasion leur est donnée, avec quelle ardeur et quel empressement vont-ils me traîner au supplice, moi qui écris non seulement contre les morts mais contre les vivants, non contre tel ou tel mais contre un grand nombre, non contre de simples particuliers mais contre des sommités ? Et quelles sommités ! Le souverain pontife, armé non seulement du glaive temporel, à la façon des rois et des princes, mais aussi du glaive spirituel auquel vous ne pouvez échapper[12]... »

10. W. Setz, *Lorenzo Vallas Schrift gegen die Konstantinische Schrenkung (De falso credita et ementita Constantini donatione). Zur Interpretation und Wirkungsgeschichte,* Tübingen, Niemeyer, 1975, p. 24-37.
11. L. Valla, *La Donation de Constantin (Sur la donation de Constantin, à lui faussement attribuée et mensongère)* (1442), trad. J.-B. Girard, Paris, Les Belles Lettres, 1993.
12. *Ibid.,* p. 17 et 19.

Bien que le ton soit quelque peu emphatique, il faut souligner que l'évocation du « supplice » encouru n'avait, en l'espèce, rien d'allégorique. Valla n'hésita pas, néanmoins, à entrer tambour battant dans le parcours irrésistible, implacable, d'un argumentaire dont il suffira ici de résumer les étapes principales. Le premier argument était *historique* : est-il pensable qu'un pape puisse revendiquer un empire ? Pas le moins du monde, car il n'entre pas dans la logique pastorale de capter un empire, de même qu'il n'entre pas dans la logique impériale d'en abandonner ne fût-ce qu'un morceau à autrui[13]. Le deuxième argument était *archéologique* : si le pape Sylvestre avait été promu à la dignité impériale, il n'eût pas manqué de faire battre monnaie à son effigie ; or, si les monnaies de Constantin ont traversé les siècles, on n'en trouve aucune trace à l'image de Sylvestre[14].

Le dernier argument, que Valla nomme « le coup de grâce[15] », sera donc *philologique* : il consiste à entrer dans la syntaxe et le vocabulaire de la pseudo-*Donation* pour en montrer toute la médiocrité, tous les défauts vis-à-vis des formes du latin classique. Ce n'est donc même pas du « bas latin » caractéristique de l'Antiquité tardive : c'est une langue carrément médiévale, bien postérieure, mérovingienne pour être précis, donc apocryphe de plusieurs siècles à ce qu'elle prétend être. « Ce texte présente des contradictions, des impossibilités, des barbarismes et des absurdités » tels, écrit Valla, qu'il se dévoile dans sa structure même et dans son style comme l'œuvre de quelque faussaire appointé par un pouvoir papal bien postérieur à celui de Sylvestre[16]. Enfin, pour bien marquer que cette *critique philologique* ne va pas sans une *position politique,* Valla terminera son discours en dissociant fermement l'autorité propre au « vicaire du Christ » et celle, proprement impériale, exercée par quelque « César » : façon de dire l'horreur — d'un point de vue théologique autant qu'humaniste — que représente à ses yeux un pape capable

13. *Ibid.,* p. 22-41.
14. *Ibid.,* p. 41-48.
15. *Ibid.,* p. 48.
16. *Ibid.,* p. 21 et 49-95.

de « fomenter des guerres », c'est-à-dire incapable d'assumer sa réelle mission, celle justement d'« apaiser [les guerres] que d'autres auront fomentées[17] ».

*

La lecture critique de la *Donation de Constantin* par Lorenzo Valla fut, sans surprise, considérée comme un geste patent d'insubordination vis-à-vis de l'autorité de l'Église : la polémique aboutit donc, en 1444, à un procès en hérésie qui obligea l'humaniste à chercher ailleurs le soutien de quelques contre-pouvoirs[18]. Comme tout geste critique, sans doute, l'analyse de Valla se sera révélée à la fois fragile et tenace. Fragile parce qu'étant passée comme une comète dans l'histoire politique de son temps, on chercha bien vite à l'oublier. Jean-Baptiste Giard écrit ainsi, dans la préface à sa traduction du texte de Valla : « En fait, la critique de Valla fut pour l'essentiel rapidement oubliée, effacée des mémoires, et l'image de Constantin, fondateur de la Rome chrétienne, s'imposa dans tous les esprits. Partout les artistes célébrèrent les victoires et les hauts faits de cet empereur qui s'était fait le serviteur de la papauté et lui permettait, désormais, de revendiquer son droit à restaurer la puissance temporelle et la grandeur de Rome[19]. »

Mais, d'un autre côté, ce geste de lecture « insubordonnée » aura laissé une trace indélébile et vivante pour les temps futurs : c'est qu'il inaugurait une *tradition critique* aussi durable que condamnée à demeurer minoritaire. Elle manifestait, en son temps, la reconnaissance du fait qu'il n'y a pas de politique sans un certain *art de la lecture,* un « partage de lisibilité » ou une technique de langage en général — retrouvant par là ce

17. *Ibid.,* p. 112.
18. Cf. G. Di Napoli, *Lorenzo Valla, op. cit.,* p. 279-312. G. Antonazzi, *Lorenzo Valla e la polemica sulla donazione di Costantino,* Rome, Edizioni di Storia e Letteratura, 1985.
19. J.-B. Giard, « Introduction » à L. Valla, *La Donation de Constantin, op. cit.,* p. 9-10. Cf. également W. Setz, *Lorenzo Vallas Schrift, op. cit.,* p. 90-188.

que l'Antiquité avait manifesté dans l'importance accordée, par Aristote, Cicéron ou Quintilien, à la rhétorique[20] —, ce que l'on retrouvera, après Lorenzo Valla, dans les œuvres décisives de Machiavel, d'Henri Estienne ou de Montaigne[21]. Le beau (et très benjaminien) paradoxe, c'est que Lorenzo Valla, en affirmant une « autorité du passé » contre le caractère apocryphe de la *Donation de Constantin,* parvenait, comme l'a indiqué Carlo Ginzburg, à une « attaque sans précédent contre le principe d'autorité[22] ».

Du coup, Valla démontrait cette *puissance d'anachronisme* inhérente à l'affirmation critique elle-même. C'est qu'à l'autorité présente fondée sur le conformisme d'un passé trafiqué il opposait l'autorité d'une *tradition autre* que n'aurait pas encore « subjuguée » ce conformisme. Si la critique textuelle est bien un geste politique, c'est dans la mesure où, comme Antigone devant Créon, elle oppose à la domination présente une autorité qui précède le fantasme d'origine où cette domination s'est construite. Elle met en question le pouvoir présent à travers une *violence de l'interprétation* qui déconstruit la violence réelle que ce pouvoir a exercée subrepticement sur notre « partage du lisible ». En cela sa tâche — la « tâche du critique », comme aimait dire Benjamin — se révèle à la fois « passée » ou « passante », telle une comète dans la nuit de l'histoire, et donc toujours à refaire, « à venir ». Ce qu'Anthony Grafton aura voulu comparer, sur un ton extrêmement warburgien, à l'infini

20. Cf. notamment D. Cantimori, « Rhetoric and Politics in Italian Humanism », trad. F. A. Yates, *Journal of the Warburg Institute,* I, 1937, n° 2, p. 83-102. N. S. Struever, *The Language of History in the Renaissance. Rhetoric and Historical Consciousness in Florentine Humanism,* Princeton, Princeton University Press, 1970, p. 63-82 (notamment p. 71 sur Valla). C. Ginzburg, « Lorenzo Valla et la donation de Constantin » (1994), trad. J.-P. Bardos, *Rapports de force. Histoire, rhétorique, preuve,* Paris, Gallimard-Le Seuil, 2003, p. 57-70.

21. Cf. J. Jehasse, *La Renaissance de la critique. L'essor de l'humanisme érudit de 1560 à 1614,* Paris, Honoré Champion, 2002.

22. C. Ginzburg, « Préface » à L. Valla, *La Donation de Constantin, op. cit.,* p. XXI.

d'un travail de psychanalyse : « Comme le psychanalyste, le critique entreprend de lutter contre les monstres qui fourmillent autour de nous dans ce long sommeil de la raison qu'est l'histoire humaine. Comme le psychanalyste, le critique brandit des armes fragiles et ne cesse d'être abusé par sa propre subjectivité. Mais, comme le psychanalyste, le critique exerce un métier vital autant qu'impossible[23]. » Là où l'attitude réaliste adopte l'affirmation selon laquelle « à l'impossible nul n'est tenu », le geste critique répond que, justement, c'est à l'impossible que nous sommes tenus — l'impossible d'une lutte perpétuelle contre nos propres *monstra.*

23. A. Grafton, *Faussaires et critiques, op. cit.*, p. 138.

## SE GLISSER ENTRE LES PASSIONS TRISTES (GESTE ÉTHIQUE)

Les gestes critiques en appellent à la joie des recommencements. Ils s'effectuent même, souvent, à travers une sorte de joie particulière : joie savante, attentive, audacieuse, délicate, joueuse, déconstructive. On détruit souvent avec de la haine, mais déconstruire suppose un *pathos* bien différent, qui ne va pas sans un certain enjambement par-dessus toutes les passions tristes. Disons qu'il y aurait désormais à penser unc *joie de la critique,* d'autant plus sensible qu'elle s'anime du *jeu avec les mots.* Nul mieux que Spinoza ne nous permet de le faire. D'abord, il a fait avec l'Ancien Testament hébreu ce que Lorenzo Valla avait précédemment fait avec la Vulgate latine : il en a déconstruit, très audacieusement, certaines assises ou certitudes fondamentales. Il a composé, de la sorte, une œuvre de philologue-philosophe : s'attachant à lire de près — passion du texte —, mais sans obéir aux conformismes de la tradition textuelle. Il a établi avec ce qu'il lisait un nouveau genre de distance qui fut bien vite considéré, on le sait, comme hérétique et scandaleux.

Spinoza s'interrogea d'abord, dans le *Traité théologico-politique,* sur la notion biblique de prophétie : une *parole* qu'anime l'*imagination* d'une alternative à la réalité présente. C'est donc un sensible enchâssé dans un lisible. Mais, du coup, la « certitude » qu'est supposé instaurer le texte ne saurait avoir rien d'assuré, rien de « certain » justement[1]. Tenir pour *certitude* ce

---

1. B. Spinoza, *Traité théologico-politique* (1670), II, trad. D. Arbib, *Œuvres complètes,* dir. B. Pautrat, Paris, Gallimard, 2022, p. 362-363 (et en général p. 345-379).

que le texte sacré raconte n'est alors rien d'autre qu'une *superstition* attachée à l'autorité de la tradition liturgique ou exégétique. Contre ceux qui « rêvent que les plus profonds mystères sont cachés dans les lettres sacrées et [qui] s'épuisent à mener l'investigation de ces mystères en elles[2] », Spinoza entendit réfuter toute espèce de conformisme — ou de croyance à priori, non critiquée — dans la tradition. Il faut lire la Bible, bien sûr : mais pas « superstitieusement ». Plutôt de façon *critique,* c'est-à-dire « à partir de son histoire » et non de sa nature absolue, transcendante, hors du temps[3]. C'est en scrutant le texte à même sa lettre que Spinoza, dès lors, prétendit « montre[r] que le Pentateuque et les livres de Josué, des Juges, de Ruth, de Samuel et des Rois ne sont pas autographes[4] ».

Il faut tenir compte, par exemple, du fait que dans le récit biblique, tel qu'on le lit aujourd'hui, toutes les voyelles — sous forme de points — ont été ajoutées après coup à un texte qui, au départ, était entièrement consonantique (et, par conséquent, beaucoup plus polysémique, flottant, pas encore « interprété »). Le texte que l'autorité rabbinique tient pour intemporel, donc intouchable se révèle, de fait, avoir une histoire : cela suppose qu'il a été touché et retouché par des hommes. Il n'est, par conséquent, ni ontologiquement « divin » dans sa signification intégrale ni philologiquement « intègre » dans le détail même de sa lettre. On comprend qu'une telle « critique immanente » du texte sacré ait pu bouleverser une bonne partie de ce sur quoi se fondaient le dogme, la croyance et le rituel religieux[5]. Rien n'est absolu si tout est historique.

2. *Ibid.,* VII, trad. cit., p. 440.
3. *Ibid.,* VII, trad. cit., p. 442.
4. *Ibid.,* VIII, trad. cit., p. 462.
5. Cf. notamment S. Zac, *Spinoza et l'interprétation de l'Écriture,* Paris, PUF, 1965, p. 42-63. Y. Yovel, *Spinoza et autres hérétiques* (1989), trad. É. Beaumatin et J. Lagrée, Paris, Le Seuil, 1991, p. 33-63. C. Sahel, « Spinoza : l'exégèse critique de la Bible. Une esthétique spinoziste ? », *À propos de « la critique »,* dir. D. Château, Paris, L'Harmattan, 1995, p. 41-58. M. Rovere, *Exister. Méthodes de Spinoza,* Paris, CNRS Éditions, 2010, p. 256-267.

Et parce que tout est historique, un regard sur nos repères culturels et notre condition politique — qui en dépend — ne saurait qu'être guidé par une *lecture critique.* Ce qui suppose une attention *philologique* aux variations, aux symptômes, aux accidents matériels et aux structures signifiantes de toute chose ; et une vigilance *philosophique* armée d'abord de la seule raison. C'est là où Spinoza finit par s'engager sur une voie explicitement *politique* : avant tout lorsqu'il affirmait que la pensée philosophique, en tant même qu'exercice critique, se sépare de la foi, et que la raison ne saurait en aucune façon s'asservir à — ou simplement « servir », comme il disait — la théologie[6]. Prendre l'Écriture sacrée comme repère absolu d'une vie individuelle ou sociale, c'est entrer dans une condition asservie de l'humanité de laquelle la raison philosophique travaille justement à nous libérer : « L'Écriture n'enseigne que des choses très simples et ne vise rien d'autre que l'obéissance », écrivait ainsi Spinoza au titre du chapitre XIII de son *Traité théologico-politique*[7].

*

Qu'est-ce alors qu'un geste critique, fût-il préoccupé de minuscules symptômes philologiques, si ce n'est un mouvement destiné à nous faire trouver ou *assumer une liberté perdue,* empêchée par le conformisme de quelque tradition fossilisée en pouvoir ? Il est frappant que l'ouvrage de Spinoza, qui avait débuté sur les thèmes très anciens du prophétisme et de la structure langagière du récit biblique, ait fleuri dans une critique de la superstition attachée à l'autorité de la foi, puis se soit développé dans une défense très contemporaine de la « liberté de philosopher » avant de se conclure sur un vibrant appel politique au futur d'un authentique *républicanisme,* la République étant comprise par le philosophe comme la seule institution capable de garantir la liberté en question[8]. Il faut rappeler que, comme

6. B. Spinoza, *Traité théologico-politique,* XIV-XV, trad. cit., p. 529-547.
7. *Ibid.,* XIII, trad. cit., p. 522-528.
8. *Ibid.,* XVI, trad. cit., p. 547-561.

pour Lorenzo Valla en 1444 ou Giordano Bruno en 1592, la question était pour Spinoza d'une très grande actualité, comme on le sait, non seulement par son excommunication de 1656, mais aussi par sa protestation désespérée *(« Ultimi Barbarorum ! »)* contre l'assassinat ignoble des deux frères républicains Jan et Cornelis de Witt en 1672.

« Personne ne peut céder sa liberté de jugement et d'avoir le sentiment qu'il veut », écrira Spinoza dans le dernier chapitre de son *Traité théologico-politique,* chapitre où se trouve avancée la thèse selon laquelle c'est uniquement « dans une libre république [qu']il est permis à chacun et d'avoir le sentiment qu'il veut et de dire son sentiment[9] ». Dans l'idée qu'en propose Spinoza, la république n'a donc pas vocation à entraver nos libertés — celles de sentiment, de jugement ou de parole —, car « sa fin ultime n'est pas de dominer ni de contenir les hommes par la crainte *(finem ejus ultimum non esse dominari, nec homines metu retinere)* et de faire qu'ils relèvent du droit d'autrui, mais, au contraire, de libérer chacun de la crainte pour qu'il vive en sécurité autant que faire se peut, c'est-à-dire pour qu'il conserve son droit naturel à exister et à opérer sans qu'il y ait dommage pour lui et pour autrui[10] ».

*

Le geste critique de Spinoza, on le voit, n'aura exercé son discernement philologique qu'en vue d'un jugement philosophique sur les conditions anthropologiques et politiques du libre « droit naturel [de chacun] à exister et à opérer » *(jus suum naturale ad existendum et operandum)*. Or c'est à la pensée éthique qu'il revient en fin de compte de questionner rationnellement les conditions de cette liberté. Qu'il soit philologique en amont ou politique en aval, de toute façon le geste critique sera, pour Spinoza, de *consistance éthique.* Ce qu'à la fin des années 1650

9. *Ibid.,* XX, trad. cit., p. 606 et 608.
10. *Ibid.,* XX, trad. cit., p. 608-609.

— donc plus de dix ans avant la publication du *Traité théologico-politique* — le philosophe avait confié à un premier manuscrit, inédit de son vivant et connu désormais sous le titre de *Court traité.* Bien qu'il soit juste d'« avoir le sentiment qu'on veut » et de pouvoir le dire, il est tout aussi nécessaire d'avoir un jugement clair sur ses propres affects. Il n'y a donc pas d'éthique sans la reconnaissance de nos passions et sans leur concomitante critique.

C'est ainsi que le *Court traité* réservait une place cruciale à la question de la haine, dont la puissance délétère est évidemment considérable dans la sphère éthique des relations intersubjectives. Il faut, certes, « écarter de nous quelque chose qui nous a causé du mal » ; mais il faut le faire « comme Socrate », précise Spinoza, c'est-à-dire sans être dominé par une passion de haine[11]. Et cela vaut surtout dans le domaine des opinions : « En ce qui concerne la haine qui provient de l'opinion, il est certain qu'elle ne doit pas avoir lieu en nous [...]. En usant bien de notre raison, nous ne pouvons avoir aucune haine ou aversion à l'égard d'une chose quelconque[12]. » C'est que la haine engendre en nous la pire des choses qui soit, à savoir l'impuissance liée au règne des *passions tristes* : « De la haine naît la tristesse ; et quand la haine est grande, elle produit la colère, laquelle non seulement s'efforce de fuir, comme la haine, la chose haïe, mais également de la détruire si cela est possible. De cette grande haine naît aussi l'envie, [ce qui] tend toujours à faire des ravages, à affaiblir et à anéantir, ce qui est l'imperfection même[13]. »

Voilà donc tout ce que l'*Éthique* allait exposer, comme on sait, avec sa fameuse rigueur d'exposition *« more geometrico ».* L'enjeu fondamental en demeurait le même : nous libérer de toutes les formes de servitude, que celle-ci fût l'œuvre d'une domination extérieure (politique, dogmatique, religieuse) ou

11. *Id., Court traité sur Dieu, l'homme et son bien-être* (1659-1662), II, 6, trad. C. Secretan, *Œuvres complètes, op. cit.,* p. 105.
12. *Ibid.,* II, 6, trad. cit., p. 106-107.
13. *Ibid.,* II, 6, trad. cit., p. 107-108.

intérieure (dans les passions non reconnues comme telles, non critiquées). Le cinquième livre de l'*Éthique* s'ouvrait donc ainsi : « Je passe enfin à cette autre partie de l'Éthique qui porte sur la manière ou voie qui mène à la Liberté. J'y traiterai donc de la puissance de la raison, montrant ce que la raison elle-même peut sur les affects, et ensuite ce qu'est la Liberté de l'Esprit[14]. » Bref, il faudra savoir, pour être libre, comprendre la raison de ses propres affects : « Un affect qui est une passion cesse d'être une passion sitôt que nous en formons une idée claire et distincte[15]. » Nous n'existons qu'à nous laisser *affecter*, sans doute, mais il nous revient d'être en mesure de *comprendre* nos passions afin de devenir capables de les — ou de nous — *critiquer* à bon escient.

Or cette compréhension critique ne saurait advenir dans la simple introspection psychologique des affects de chacun pris isolément. Les affects se déplacent : ils vont et viennent de sujet à sujet. Plus encore : ils diffèrent, ils discordent entre eux. « N'importe quel affect de chaque individu discorde de l'affect d'un autre autant que l'essence de l'un diffère de l'essence de l'autre[16]. » D'où la guerre politique et sociale, qui commence presque toujours par une guerre des passions discordantes : « En tant qu'ils sont en proie aux affects qui sont des passions, les hommes peuvent être contraires les uns aux autres[17]. » On en revient donc à la haine en tant que moteur agonistique, puis hégémonique, des relations entre sujets.

Pourquoi donc « la haine ne peut[-elle] jamais être bonne » aux yeux de Spinoza[18] ? Parce qu'elle est une passion triste[19]. Et que, en tant que telle, elle place le *pouvoir* sur autrui — avec la *servitude* de soi à l'égard de sa propre tristesse — là où il suffisait d'exercer sa propre *liberté* ou *puissance* « d'exister et

---

14. *Id., Éthique, démontrée selon l'ordre géométrique* (1677), V, « Préface », trad. B. Pautrat, *Œuvres complètes, op. cit.,* p. 865.
15. *Ibid.,* V, 3, trad. cit., p. 869.
16. *Ibid.,* III, 57, trad. cit., p. 770.
17. *Ibid.,* IV, 34, trad. cit., p. 817.
18. *Ibid.,* IV, 45, trad. cit., p. 830.
19. *Ibid.,* III, 26, trad. cit., p. 741.

d'opérer». C'est la boîte de Pandore d'où surgissent, sans qu'on puisse les maîtriser, colère, mépris, envie, vengeance, etc[20]. Sans oublier cette passion particulièrement perverse qu'est la «joie mauvaise[21] »... Mais s'il faut faire la différence entre puissance et pouvoir, ou bien entre liberté et servitude — que celle-ci soit imposée à autrui ou bien subie —, c'est parce que Spinoza veut opposer fermement «joie» et «tristesse»: celle-ci impuissante jusque dans sa volonté de pouvoir, celle-là puissante jusque dans son innocence et sa douceur. «Un désir qui naît de la joie est, toutes choses égales d'ailleurs, plus fort qu'un désir qui naît de la tristesse[22]. »

*

Un geste éthique sera donc un *geste d'inservitude* — pour soi-même comme pour autrui — capable de se glisser entre les passions tristes et de rendre ainsi toute sa puissance au désir qui forme pour Spinoza, en tout état de cause, l'«essence même de l'homme»: «Le Désir est l'essence même de l'homme *(ipsa hominis essentia)* en tant qu'on la conçoit déterminée, par suite d'une quelconque affection d'elle-même *(ex data quacunque ejus effectione),* à faire quelque chose[23]. » Le désir serait donc «parfait» — «la joie *(laetitia)* [étant] le passage de l'homme d'une moindre perfection à une plus grande», et «la tristesse *(tristitia)* [étant] le passage de l'homme d'une plus grande perfection à une moindre[24] ».

Il semble extraordinaire qu'un raisonnement aussi simple — voire aussi «innocent» dans son évidence — ait été reçu, à l'époque de Spinoza mais aussi pour plusieurs siècles par la suite, comme une attaque sans précédent contre toutes les autorités, tous les dogmes, tous les pouvoirs de ce temps. Il est

20. *Ibid.,* III, «Définition des affects», trad. cit., p. 780 et 785.
21. *Ibid.,* III, 20 et «Définition des affects», trad. cit., p. 737 et 777-778.
22. *Ibid.,* IV, 18, trad. cit., p. 807.
23. *Ibid.,* III, «Définition des affects», trad. cit., p. 774.
24. *Ibid.,* III, «Définition des affects», trad. cit., p. 775.

extraordinaire et, en même temps, tout à fait compréhensible qu'un geste éthique aussi cohérent ait été compris pour ce qu'il était exactement, à savoir un *geste critique.* Geste critique à l'endroit des conformismes sociaux, des dogmes religieux, des appareils de domination. Geste critique à l'égard de croyances établies depuis longtemps, mais aussi de systèmes philosophiques développés depuis peu : notamment la morale de *potestas* élaborée par Descartes ou la politique unilatéralement juridique proposée par Thomas Hobbes[25]. La pensée éthique de Spinoza ouvrait, tout au contraire, sur une politique qui ne cherchait pas à établir les moyens de légiférer, encore moins de dominer. Et, comme l'ont bien analysé Alexandre Matheron ou, plus récemment, Maxime Rovere, elle n'allait pas sans une *anthropologie politique* révolutionnaire de l'exister en commun[26]. La rigueur même de ses formulations éthiques exigeait que toute forme systématique se trouvât, comme a pu le dire Robert Misrahi, subordonnée à une joie[27].

Il s'agissait en cela d'un geste ouvert sur l'inservitude et l'émancipation : une philosophie de la liberté comme « cause de soi-même[28] ». Ou, dit autrement, une philosophie de l'immanence et une éthique du « transindividuel » au service d'une critique radicale de la domination, préludant de ce fait aux

---

25. Cf. J. Henry, *Spinoza, une anthropologie éthique. Variations affectives et historicité de l'existence,* Paris, Classiques Garnier, 2015, p. 373-402 (morale de Descartes). C. Lazzeri, *Droit, pouvoir et liberté : Spinoza, critique de Hobbes,* Paris, PUF, 1998.
26. Cf. A. Matheron, *Individu et communauté chez Spinoza,* Paris, Les Éditions de Minuit, 1969 (nouvelle éd., 1988). M. Rovere, *Exister. Méthodes de Spinoza, op. cit.,* p. 1-6 et *passim.*
27. R. Misrahi, « Le système et la joie dans la philosophie de Spinoza » (1977), *L'Être et la Joie. Perspectives synthétiques sur le spinozisme,* La Versanne, Encre marine, 1997, p. 309-330.
28. Cf. A. Tosel, *Spinoza et le crépuscule de la servitude. Essai sur le* Traité théologico-politique, Paris, Aubier Montaigne, 1984. P. Macherey, *Introduction à l'*Éthique *de Spinoza. La cinquième partie : les voies de la libération,* Paris, PUF, 1994 (éd. 1997).

critiques plus tard entreprises par Marx, Freud ou Adorno[29]. Il est frappant de lire, dans l'ouvrage si marquant de Gilles Deleuze *Spinoza et le problème de l'expression* — livre exactement contemporain des soulèvements de 1968 —, qu'« il n'y a pas de tristesse active [et que] seule la joie peut être active [car] produite par nous-mêmes, elle découle de notre puissance » propre[30]. Façon de redire que le spinozisme, cette pensée de l'immanence radicale, bouleversait toute une tradition philosophique ayant opposé sèchement la puissance à l'acte pour que la « puissance » ne soit, en fin de compte qu'une sorte d'« impuissance de l'acte » : « À la distinction de la puissance et de l'acte, [Spinoza] substituait la corrélation d'une puissance d'agir et d'une puissance de pâtir, toutes deux actuelles [en ce que] toute puissance entraîne un pouvoir d'être affecté qui lui correspond et en est inséparable[31]. »

Telle est donc la *puissance d'être* envisagée sous l'angle de son *acte critique*. Il faut savoir, à partir de là, ne plus demeurer asservis aux oppositions figées entre action et pensée, pratique et théorie, lutte politique et imagination philosophique… Voilà pourquoi Antonio Negri aura voulu, dans *L'Anomalie sauvage,* relire Spinoza à nouveaux frais pour y retrouver cette « fraîcheur révolutionnaire[32] », cette *puissance* non captive des stratégies inhérentes à la quête de *pouvoir* : « Le pouvoir est contingence. Le procès de l'être, l'affirmation toujours plus complexe de la puissance subjective, la construction de la nécessité de l'être, tout cela mine le pouvoir, pour le démolir. Le pouvoir est superstition, organisation de la peur, non-être. La puissance s'y oppose

29. Cf. É. Balibar, *Spinoza politique. Le transindividuel,* Paris, PUF, 2018, p. 285-332. P. Macherey, *Avec Spinoza. Études sur la doctrine et l'histoire du spinozisme,* Paris, PUF, 1992, p. 5-34 et 187-270.

30. G. Deleuze, *Spinoza et le problème de l'expression,* Paris, Les Éditions de Minuit, 1968, p. 253.

31. *Ibid.,* p. 82.

32. A. Negri, *L'Anomalie sauvage. Puissance et pouvoir chez Spinoza* (1981), trad. F. Matheron, Paris, PUF, 1982 (rééd. Paris, Éditions Amsterdam, 2007), p. 34.

en se constituant collectivement. [...] C'est par une critique de la théologie que la philosophie commence à creuser dans ce sens, à développer la subjectivité comme puissance de l'être[33]. »

Accordé à cette éthique de la puissance, le geste critique chez Spinoza s'est d'abord risqué à un examen philologique, puis à une lecture « athéologique » des discours dominants. Il aura fini par ouvrir cet horizon bouleversant : *libérer l'imagination* de toute chose dans l'histoire. « L'imagination court à travers tout le réel [...] : c'est la mer de l'existence même », écrivait bien Negri en suivant la leçon de Spinoza[34]. Elle participe donc à la constitution du monde et à sa possibilité d'émancipation — être constitué sans être dominé —, dans l'immanence et le devenir pluriel d'un geste toujours recommencé de « résistance[35] ». La critique philologique des mots et la critique philosophique des notions auront donc ouvert au désir politique les portes de l'imagination, donc celles des images : façon de prolonger le « partage du lisible » dans un nouveau « partage du sensible ». Un *sensible* où se profile déjà le rôle crucial — y compris au plan politique — que prendra bientôt, au XVIIIe siècle, le discours de l'*esthétique.*

33. *Ibid.,* p. 341.
34. *Ibid.,* p. 156.
35. *Id., Spinoza et nous* (2010), trad. J. Revel, Paris, Galilée, 2010, p. 9 et 19.

# AVEC L'AUDACE DU PLAISIR (GESTE SENSUEL)

L'emploi du terme *critique* pour désigner un genre philosophique à part entière apparaît en 1697 chez Pierre Bayle, auteur d'un fameux *Dictionnaire historique et critique* qui aura été lu et admiré par des générations de philosophes, à commencer par Leibniz, Shaftesbury, Hume ou Diderot — en attendant Emmanuel Kant, bien sûr[1]. Il ne faut pas s'étonner que Bayle ait voulu consacrer un long article, dans son *Dictionnaire,* à Lorenzo Valla comme *penseur critique* exemplaire : « Il se plut beaucoup à critiquer et à contredire, et il se donna là-dessus une liberté qui lui attira beaucoup d'ennemis[2]. » L'expression « se donner une liberté » nous dit déjà beaucoup, car elle semble faire signe vers ce qu'on nommera bientôt le *criticisme* kantien : *avoir* une liberté, c'est bien, mais *se la donner* relève d'un courage particulier. En « se donnant la liberté », le sujet ne la fonde sur aucune autorité extérieure, aucune légitimité supérieure : il affirme tout seul, souverainement — et souvent à ses risques et périls vis-à-vis des conformismes ambiants —, l'autonomie de sa raison.

Plus significative encore est la place éminente que Pierre Bayle accordait à Spinoza : son article très fouillé du *Dictionnaire* devra donc être lu à l'aune de toute la série de ses réflexions

1. P. Bayle, *Dictionnaire historique et critique,* Rotterdam, Leers, 1697 (rééd. Genève, Slatkine Reprints, 1969 [d'après l'édition de 1820-1824]). Cf. P. Henriot, « Criticisme », *Encyclopédie philosophique universelle, II. Les notions philosophiques, dictionnaire,* dir. S. Auroux, Paris, PUF, 1990, I, p. 514.

2. P. Bayle, *Dictionnaire historique et critique, op. cit.,* XIV, p. 314.

consacrées à l'auteur de l'*Éthique*[3]. On y comprend que l'association d'un questionnement *historique* et d'une pensée *critique* ne pouvait qu'orienter la manière *rigoureuse* de ses analyses vers une position *hérétique* ou hétérodoxe par rapport aux cadres d'intelligibilité ou de conformité jusqu'alors en usage[4]. Or telle fut justement la grande inquiétude qui finit par diviser les philosophes des Lumières autour de la pensée spinoziste et des notions cruciales comme la liberté, l'immanence, le désir, les affects ou l'organisation républicaine de la société, sans parler de l'idée révolutionnaire comme telle[5].

Jonathan Israel, dans une série d'ouvrages aussi précis qu'éclairants, a mis au jour cette grande querelle qui fractura toute la pensée des Lumières : d'un côté les « Lumières modérées », héritières de Locke, Leibniz ou Montesquieu, maintenaient la séparation métaphysique de l'âme et du corps et, comme conséquemment, la séparation politique de souverains « éclairés » — aristocrates et monarques — d'avec un peuple toujours maintenu dans son obscurantisme, et qu'il fallait donc bien « diriger » depuis le haut ; de l'autre, les « Lumières radicales », héritières de Spinoza et de Bayle, adoptaient un point de vue clairement immanentiste, matérialiste et, par voie de conséquence, républicain, démocratique puis révolutionnaire[6]. Toute la querelle entre Diderot et Voltaire — « modéré », proche des cours européennes, radicalement anti-spinoziste — s'inscrira

3. *Id., Écrits sur Spinoza* (1696-1704), éd. F. Charles-Daubert et P.-F. Moreau, Paris, Berg International, 1983 (l'article du *Dictionnaire historique et critique* est reproduit p. 19-110).

4. Cf. É. Labrousse, *Pierre Bayle : hétérodoxie et rigorisme,* La Haye, Nijhoff, 1964 (rééd. Paris, Albin Michel, 1996).

5. Cf. Y. Citton, *L'Envers de la liberté. L'invention d'un imaginaire spinoziste dans la France des Lumières,* Paris, Éditions Amsterdam, 2006.

6. J. Israel, *Les Lumières radicales. La Philosophie, Spinoza et la naissance de la modernité* (2001), trad. P. Hugues, C. Nordmann et J. Rosanvallon, Paris, Éditions Amsterdam, 2005 (éd. 2020). Cf. également *id., Democratic Enlightenment. Philosophy, Revolution, and Human Rights, 1750-1790,* Oxford, Oxford University Press, 2011.

bien sûr dans une telle situation de controverse philosophique et politique[7].

Cette dichotomie philosophique aura bien, comme le dit Jonathan Israel, « façonné toute l'histoire des Lumières[8] ». En son centre s'ouvrait la grande faille de la *question critique,* à savoir la question de ce qui devait être pensé avec Bayle et Spinoza, ou bien contre eux : « Dans la très volumineuse littérature qui, avant 1789, s'en prend à la pensée des "philosophes" radicaux, Bayle se voit presque toujours reconnaître une place prééminente comme source d'inspiration majeure, comme figure fondatrice et initiatrice des idées radicales [car] il a été l'un des premiers, et le plus efficace, à exiger la tolérance pleine et entière, et la séparation de la morale d'avec la théologie, à fonder la morale sur la seule raison, et à défendre l'idée qu'une société d'athées serait plus viable qu'une communauté chrétienne strictement ordonnée. [...] De la même façon, dans les discussions qui ont lieu, dans la seconde moitié du XVIII^e siècle, sur les origines des Lumières, sur l'athéisme, sur le naturalisme et le matérialisme, y compris dans la fameuse *Encyclopédie* de Diderot et d'Alembert, Spinoza se voit attribuer une position centrale. [...] Spinoza et Bayle ont [donc] été perçus comme la source des idées radicales, comme leurs auteurs. Ceci leur confère une importance qui est sans commune mesure avec celle de tout autre écrivain de l'époque[9]. »

*

L'article « Critique » de l'*Encyclopédie* a été rédigé par Jean-François Marmontel, un esprit si ouvert qu'on le définit tout à la fois comme écrivain et historien, conteur et encyclopédiste,

7. *Id., Une révolution des esprits. Les Lumières radicales et les origines intellectuelles de la démocratie moderne* (2010), trad. M. Dumont et J.-J. Rosat, Marseille, Agone, 2017, p. 197-216 (« Voltaire contre Spinoza. La dualité fondamentale des systèmes philosophiques »).
8. *Ibid.,* p. 233.
9. *Ibid.,* p. 233-234.

grammairien et romancier, dramaturge et poète sans compter, bien sûr, le « philosophe ». Issu d'une famille pauvre, il fut apprenti tailleur puis précepteur au service d'un aristocrate, avant d'être élu académicien en 1763, à l'âge de quarante ans. En 1789, il participa à la rédaction d'un cahier de doléances mais finit, en 1793, par exprimer des opinions plutôt contre-révolutionnaires dans le contexte d'une polémique visant les idées de Jean-Jacques Rousseau. Dans l'esprit de Marmontel, le mot *critique* semble ne se dire qu'au masculin. Il ne désigne pas tant l'activité discriminante comme telle que la personne même, homme de lettres ou penseur, adoptant le doute méthodique cartésien sur toute chose. Ce qui lui fait tenir une certaine position à exacte distance de la crédulité et du soupçon : « [Le] *critique* [doit être] bien circonspect dans ses décisions. La crédulité est le partage des ignorants ; l'incrédulité décidée, celle des semi-savants ; le doute méthodique, celui des sages. Dans les connaissances humaines, un philosophe démontre ce qu'il peut ; croit ce qui lui est démontré ; rejette ce qui y répugne et suspend son jugement sur tout le reste[10]. »

Le *critique,* à lire l'article de Marmontel, conquiert sa liberté à travers un double exercice qui est à la fois de modestie et d'audace. *Modestie* : il observe délicatement, en bon empiriste, les choses et leurs rapports ; il s'emploie à interroger avant toute opinion préalable, avant tout jugement préconçu ; il laisse la parole à ce qui peut surgir comme vérité venant des choses elles-mêmes. *Audace* : il ose dénoncer les erreurs d'observation et les jugements infondés ; il ose élever la voix, fût-ce contre la majorité, pour convaincre ses semblables de notre commune « faiblesse », l'esprit humain devant être constamment rectifié, critiqué dans ses croyances. Bref, *le critique ose dire qu'il faut être modeste* dans le chemin qui mène à la vérité : « Que doit donc faire le *critique* ? observer les faits connus ; en déterminer, s'il se peut, les rapports et les distances ; rectifier les faux calculs

10. J.-F. Marmontel, « Critique » (1751), *Encyclopédie ou dictionnaire raisonné des sciences, des arts et des métiers, I,* éd. A. Pons, Paris, Flammarion, 1986, p. 324-325.

et les observations défectueuses ; en un mot, convaincre l'esprit humain de sa faiblesse, pour lui faire employer utilement le peu de force qu'il épuise en vain ; et oser dire à celui qui veut plier l'expérience à ses idées : "Ton métier est d'interroger la nature, non de la faire parler." [...] C'est cette espèce de fermentation de l'esprit humain, cette digestion de nos connaissances, que le *critique* doit observer avec soin : suivre pas à pas la science dans ses progrès, marquer les obstacles qui l'ont retardée, comment ces obstacles ont été levés, et par quel enchaînement de difficultés et de solutions elle a passé du doute à la probabilité, de la probabilité à l'évidence[11]. »

*

Critiquer serait donc, avant toute chose, « se donner la liberté » de le faire. On s'accorde d'abord la *liberté d'observer* par-delà toute croyance, tout préjugé, toute prescription à voir ceci pour ne pas voir cela. D'où le rôle crucial de la philologie comme technique d'observation des discours, ainsi que des sciences naturelles comme techniques d'observation du monde physique. Mais ce n'est pas tout : la liberté de critiquer consiste tout aussi bien à se donner la *liberté d'imaginer* et d'articuler ainsi — comme le théorisera Kant — le « partage du sensible » sur le « partage de la raison », à savoir la *liberté de penser*. Il n'y aura donc pas d'expérience, de ce point de vue, sans la double puissance d'un regard qui observe et d'un regard qui imagine. Telle est la leçon de cette fameuse rencontre des sciences et des arts, cette union de l'*épistèmè* et de la *téchnè* dont Ernst Cassirer a reconnu l'origine humaniste jusque dans son déploiement spécifique au XVIII^e siècle, au cours de ce « siècle des Lumières » qui se déclarait lui-même « siècle de la critique[12] ».

Ces retrouvailles de l'épistémique et de l'esthétique auront bien sûr, selon Cassirer, « trouvé [leur] sommet et [leur]

---

11. *Ibid.,* p. 325-326.

12. E. Cassirer, *La Philosophie des Lumières* (1932), trad. P. Quillet, Paris, Fayard, 1966, p. 275-278.

conclusion dans la *Critique du jugement* de Kant[13] ». Mais il aura fallu, avant ce « sommet », passer par tous les chemins de ce que le philosophe nomme, avec justesse, une « émancipation de la sensibilité[14] » *(Emanzipation der Sinnlichkeit)* qui fut à l'œuvre, déjà, chez les auteurs anglais et français, chez Baumgarten en 1750 — dans son livre fondateur *Æsthetica*[15] —, ou encore chez des « critiques » moins connus, tels que Johann Jakob Breitinger, auteur en 1740 d'un « art poétique critique » *(Critische Dichtkunst*[16]*),* à propos duquel Ernst Cassirer écrit ceci : « L'émotion imaginative *(die Rührung der Phantasie)* doit plutôt ouvrir la voie à l'intuition rationnelle, la faire pénétrer dans l'esprit de l'auditeur [du poème]. Ce que ne permet ni le simple concept, ni la doctrine abstraite, doit être acquis par le juste choix des métaphores, des images *(Gleichnisse)* poétiques. C'est pourquoi l'image acquiert maintenant une importance décisive et devient le vrai centre de la poétique. Breitinger a composé lui-même un *Traité critique de la nature, des intentions et de l'usage des images* pour expliquer cet usage par des exemples tirés des écrits des plus célèbres auteurs anciens et modernes[17]. »

Cassirer, de façon très significative, aura voulu terminer son ouvrage sur la philosophie des Lumières avec la figure de Lessing, emblématique de cette triple liberté — d'observer, d'imaginer, de penser — qui apportait avec elle, au creux même de son geste critique, une sorte de grâce, de souplesse, de délicatesse dans la pensée : « Lessing libère *(befreit)* les idées et les théories de l'esthétique du XVIIIe siècle de ce danger de *raideur* : c'est le mérite que lui reconnaît d'emblée la jeune génération. On sait comment Goethe dépeint l'influence du *Laocoon* de Lessing

13. *Ibid.,* p. 323.
14. *Ibid.,* p. 341.
15. A. G. Baumgarten, *Esthétique,* précédée de *Méditations philosophiques sur quelques sujets se rapportant à l'essence du poème* (1735-1750), trad. J.-Y. Pranchère, Paris, L'Herne, 1988.
16. J. J. Breitinger, *Critische Dichtkunst,* éd. J. J. Bodmer, Zurich, Orell, 1740.
17. E. Cassirer, *La Philosophie des Lumières, op. cit.,* p. 326.

dans *Poésie et vérité*: il se voit d'un coup, par la majesté des "grandes et profondes idées" de Lessing, "enlevé de la région de l'indigente contemplation vers le libre champ de la pensée" *(in die freien Gefilde des Gedankens).* Cette force de ravissement que possède Lessing dans le domaine de la poésie, il l'a communiquée à toute la philosophie du siècle. Bien que le XVIIIe siècle se définisse dans une large mesure par le don de critique *(die Gabe der Kritik)* qui le pousse et le domine, il doit à Lessing de n'être pas tombé dans une interprétation purement négative de la critique, d'avoir su ramener la critique à la vie *(die Kritik wieder in Leben zurückzuwenden),* de l'avoir façonnée et maniée comme un outil indispensable à la vie, ainsi qu'au développement et à la constante rénovation de l'esprit[18] *(Selbsterneuerung des Geistes).* »

Sans avoir à reprendre l'argumentation du *Laocoon* — où Lessing avait voulu introduire son propos en évoquant les trois figures de l'« amateur », du « philosophe » et du « critique[19] » —, on peut rappeler que Goethe, dans *Poésie et vérité,* précisait son éloge de la « beauté de cette pensée » *(die Schönheit jenes Gedankens)* en rappelant comment chez Lessing, de façon exemplaire, « l'idée et l'intuition se fécondent mutuellement[20] » : manière radicale de *critiquer la domination* inhérente à ce qu'on nomme, justement, un « domaine » qui s'isolerait dans sa compétence exclusive, voire hégémonique : la philosophie pour l'idée et l'art pour l'intuition.

D'autre part, en aval de Cassirer, il faut rappeler l'hommage admirable rendu par Hannah Arendt à la pensée de Lessing, hommage où le thème de la *critique radicale,* au sens politique du terme, émergeait de l'éthique même où Lessing avait tenu le

---

18. *Ibid.,* p. 345.
19. G. E. Lessing, *Laocoon* (1766), trad. A. Courtin (1866) revue par J. Bialostocka, Paris, Hermann, 1990, p. 41. Cf. A. Beyer et J.-M. Valentin (dir.), *Lessing, la critique et les arts,* Paris, Éditions de la Maison des sciences de l'homme, 2014.
20. J. W. von Goethe, *Poésie et vérité. Souvenirs de ma vie* (1831), trad. P. du Colombier, Paris, Aubier, 1941 (éd. 1993), p. 205.

fil de toute sa vie et de toute sa pensée : « Son attitude envers le monde n'était ni positive ni négative, mais radicalement critique, et, en ce qui touche la vie publique, complètement révolutionnaire. Mais c'était aussi une attitude qui demeurait débitrice du monde, sans jamais quitter le sol du monde, ou s'envoler vers les extravagances de l'utopie. En Lessing, l'élément révolutionnaire s'alliait à une partialité singulière, qui s'accrochait aux détails concrets avec une méticulosité exagérée, presque pédante, et prêta à bien des malentendus. L'une des composantes de la grandeur de Lessing, c'est de n'avoir jamais permis à une prétendue objectivité de lui faire perdre de vue le véritable rapport au monde, et le véritable statut du monde des choses ou des gens qu'il attaquait ou louait. [...] Lessing n'a jamais fait la paix avec le monde dans lequel il vivait. Il prenait plaisir à "affronter les préjugés" et à "dire la vérité aux bien-en-cour". Si cher payait-il ses plaisirs, ils n'en étaient pas moins, à proprement parler, des plaisirs[21]. »

*

Il y a donc, fondamental, un *plaisir de la critique.* Comme en amont du fameux *sapere aude !,* « aie le courage de savoir ! », qui en 1784 allait ouvrir le texte de Kant sur les Lumières[22], il y aurait, chez le penseur ou l'écrivain pratiquant cet exercice — non seulement littéraire ou artistique, mais encore philosophique au sens le plus strict —, quelque chose appelant un *gaudere aude !,* « aie le courage de jouir, de te réjouir ! ». Critiquer, ce serait alors entrer dans une espèce de joie dialectique inhérente au regard porté sur toute chose, avec, pour bagage théorique, la rigoureuse et généreuse sagesse de l'*Éthique* spinoziste.

---

21. H. Arendt, « De l'humanité dans de "sombres temps". Réflexions sur Lessing » (1959), trad. B. Cassin et P. Lévy, *Vies politiques,* Paris, Gallimard, 1974 (éd. 1986), p. 13-14.
22. E. Kant, « Réponse à la question : qu'est-ce que les Lumières ? » (1784), trad. F. Proust et J.-F. Poirier, *Vers la paix perpétuelle [...] et autres textes,* Paris, Flammarion, 1991 (éd. 2006), p. 43.

D'où l'importance renouvelée, au XVIII^e siècle, d'une sagesse *esthétique* dont tout le vocabulaire tournera désormais autour du mot *critique,* comme dans l'exemple très précoce — peut-être même fondateur : c'était en 1719 — des *Réflexions critiques sur la poésie et sur la peinture* de Jean-Baptiste Du Bos[23].

On sait que Diderot, après avoir écrit un article théorique sur le « Beau » dans l'*Encyclopédie* en 1752, entreprit sept ans plus tard l'écriture au long cours — jusqu'en 1781 — des *Salons,* texte océanique appelé à servir d'horizon pour tout ce qu'on nommera, par la suite, la « critique d'art[24] ». Loin d'apparaître comme une « idée » au sens platonicien du terme, loin de s'imposer en tant que « norme » du goût, la beauté était envisagée par Diderot comme « ce qui réveille en nous l'idée de rapports », étant entendu qu'il y allait, dans cette notion même des *rapports,* d'une articulation problématique de la « faculté de sentir » et de la « faculté de penser[25] ». Or, affirmait Diderot, « le premier pas de la faculté de penser, c'est d'examiner ses perceptions, de les unir, de les comparer, de les combiner, d'apercevoir entre elles des rapports de convenance et de disconvenance, etc.[26] ».

Examiner sa propre faculté de sentir, unir ou comparer ses propres perceptions, les combiner, apercevoir entre elles certains rapports… c'est tout cela, en effet, qui fonde l'exercice de la critique bien entendue dont on comprend qu'elle relève à la fois

23. J.-B. Du Bos, *Réflexions critiques sur la poésie et sur la peinture* (1719), éd. D. Désirat, Paris, École nationale supérieure des beaux-arts, 1993. Cf. D. Dumouchel, « Les *Réflexions critiques* et la naissance de l'esthétique philosophique », *Vers l'esthétique. Penser avec les* Réflexions critiques sur la poésie et sur la peinture *(1719) de Jean-Baptiste Du Bos,* dir. D. Dauvois et D. Dumouchel, Paris, Hermann, 2015, p. 245-257.
24. D. Diderot, « Beau » (1752), *Encyclopédie ou dictionnaire raisonné des sciences, des arts et des métiers, I, op. cit.,* p. 271-281. *Id., Salons. Œuvres complètes,* éd. H. Dieckmann, J. Proust et J. Varloot, Paris, Hermann, 1984-1995. À partir de cette édition de référence en quatre volumes, on pourra utiliser l'anthologie très maniable des *Salons. Textes choisis,* éd. M. Delon, Paris, Gallimard, 2008.
25. *Id.,* « Beau », art. cit., p. 275.
26. *Ibid.,* p. 272.

d'une sorte de science (faculté de penser) et d'une sorte d'art (faculté de sentir). En 1776, Diderot voulut réunir, en marge de l'écriture des *Salons,* une série de « Pensées détachées sur la peinture, l'architecture et la poésie ». Dès le deuxième paragraphe, la question « De la critique » s'imposait au philosophe — et cela commençait sur un ton pour le moins ironique : « Je voudrais bien savoir où est l'école où l'on apprend à sentir[27]. » Ensuite de quoi Diderot s'employait à railler toute critique qui se développerait dans une perspective unilatéralement négative ou moraliste : « Pourquoi blâmes-tu toujours et ne loues-tu jamais ? [...] N'est-ce donc pas assez des inconvénients de l'esprit, sans y joindre ceux de la méchanceté[28] ? »

Critiquer, si ce mot peut avoir un sens intéressant, ce n'est pas exercer sa méchanceté. Ce n'est en rien — Spinoza n'ayant sans doute jamais quitté l'esprit de Diderot — un exercice des passions tristes. Il y aurait même, dans la critique « méchante et triste », quelque chose comme une perversité ou une perversion de l'intelligence : « Il est une certaine subtilité d'esprit très pernicieuse, elle sème le doute et l'incertitude. Ces amasseurs de nuages me déplaisent spécialement, ils ressemblent au vent qui remplit les yeux de poussière[29]. » C'est là, précisera Diderot, qu'il faut comprendre le gouffre, la « différence [qui sépare] un raisonneur et un homme raisonnable » : le raisonneur se caractérisant par le fait qu'il est spécialement bavard, qu'il « ne déparle pas[30] ». Si le critique est un simple rabat-joie, alors il faudra se moquer de sa propension à blâmer toute chose : « La sotte occupation que celle de nous empêcher sans cesse de prendre du plaisir ou de nous faire rougir de celui que nous avons pris ! C'est celle du critique[31]. »

27. *Id.,* « Pensées détachées sur la peinture, la sculpture, l'architecture et la poésie, pour servir de suite aux Salons » (1776), *Salons. Textes choisis, op. cit.,* p. 429.
28. *Ibid.,* p. 429.
29. *Ibid.,* p. 429-430.
30. *Ibid.,* p. 430.
31. *Ibid.,* p. 430.

Ce que Diderot met en question, chez celui qu'il appelle ici *le critique,* revient exactement au corporatisme académique dominant de son siècle et, donc, au conformisme de ce que Michel Foucault nommera, plus tard, « les petites activités polémico-professionnelles qui portent ce nom de critique »... cela au détriment de *la critique* elle-même, cette « attitude critique » dont la « haute entreprise kantienne », comme l'appelle Foucault, aura fourni l'exemple par excellence[32]. Quand *le critique* se professionnalise, brandit certains axiomes et se prend pour le juge officiel de ce qu'il a sous les yeux — art ou pas art, beau ou pas beau, bon ou pas bon, etc. —, c'est toute *la critique* qui se fossilise, se « conformise », perd sa joie, sa délicatesse, sa richesse heuristique. Ce fut l'erreur caractéristique de Michael Fried que d'avoir projeté le ton tranchant, judicatoire et sûr de lui du « critique d'art » professionnel — dont le modèle fut son propre maître, Clement Greenberg — sur la prose de Diderot hypostasiée en discours d'autorité, comme s'il était possible ou souhaitable d'assigner sa place au spectateur d'un tableau[33].

Ainsi Diderot n'aurait-il réinventé *la critique* d'art qu'à partir, précisément, d'une joyeuse déconstruction des discours sentencieux, « tristes » et « méchants » produits par *le critique* académique. Sans doute les « Pensées détachées » doivent-elles quelque chose au texte bien plus sage des *Betrachtungen über die Malerei* de Christian Ludwig von Hagedorn, publié en 1762 et traduit en 1775 par un ami de Diderot[34]. Mais rien dans le style de l'Allemand ne saurait se comparer à la hardiesse de style que Diderot faisait surgir, précisément, de son triple plaisir à regarder (faculté de sentir), à découvrir des rapports (faculté de penser) et à écrire tout cela ensemble (faculté de conter). On a quelquefois

32. M. Foucault, « Qu'est-ce que la critique ? » (1978), *Qu'est-ce que la critique ?* Suivi de *La culture de soi,* éd. H.-P. Fruchaud et D. Lorenzini, Paris, Vrin, 2015, p. 34.

33. M. Fried, *La Place du spectateur. Esthétique et origine de la peinture moderne* (1980), trad. C. Brunet, Paris, Gallimard, 1990, p. 9-22 et 113-165.

34. C. L. von Hagedorn, *Réflexions sur la peinture* (1762), trad. M. Huber, Leipzig, Gaspar Fritsch, 1775.

décelé dans les « Pensées détachées » de véritables procédures expérimentales à l'endroit de l'écriture critique[35]. On a insisté sur leur rejet de l'« esthétique » si, sous ce terme, on veut postuler une discipline dogmatique, voire spéculative, incapable de cette « critique inventive » pratiquée dans les *Salons*[36].

On a donc, très pertinemment, parlé d'une « érotique du regard critique » chez Diderot, ou encore du fait que l'émotion *sensuelle* éprouvée par lui devant certains tableaux prenait valeur — si, de plus, on n'oublie pas la puissance subversive du libertinage à cette époque — de critique *politique*[37]. Stéphane Lojkine, notamment, a souligné le fait que « l'atteinte intime qui envahit le spectateur prépare le retournement et la distanciation face à l'image, c'est-à-dire non seulement l'acte fondateur de toute représentation, mais la révolte constitutive de toute pensée[38] ». Il y aurait donc une « émergence de la révolte » dans cette écriture de la critique visuelle, émergence que Diderot cherchait lui-même dans l'espèce de « dialogue socratique » proposé par certains tableaux exemplaires à ses yeux[39]. « Dialogue » qui pourra s'entendre, également, comme une véritable « dialectique » immanente à l'image comme à sa pensée théorique[40].

Ce dialogue, en quelque sorte, n'a jamais cessé parmi les générations successives. Poètes et philosophes ont écouté

35. Cf. G. May, « Les "Pensées détachées sur la peinture" de Diderot et la tradition classique de la maxime et de la pensée », *Revue d'histoire littéraire de la France,* LXX, 1970, n° 1, p. 45-63.
36. Cf. E. M. Bukdahl, *Diderot, critique d'art. Théorie et pratique dans les « Salons » de Diderot* (1979), trad. J.-P. Faucher, Copenhague, Rosenkilde & Bagger, 1980, I, p. 297-394 et II, p. 17-160.
37. Cf. J. Starobinski, *Diderot dans l'espace des peintres,* suivi de *Le sacrifice en rêve,* Paris, Réunion des musées nationaux, 1991, p. 23. D. Cohn, « Pour une érotique du regard critique », *À propos de « la critique »,* dir. D. Chateau, Paris, L'Harmattan, 1995, p. 253-269.
38. S. Lojkine, *L'Œil révolté. Les* Salons *de Diderot,* Arles, Actes Sud-Jacqueline Chambon, 2007, p. 375.
39. *Ibid.,* p. 430-445.
40. Cf. P. Déan, *Diderot devant l'image,* Paris, L'Harmattan, 2000, p. 365-370. É. Pavy-Guilbert, *L'Image et la Langue. Diderot à l'épreuve du langage dans les* Salons, Paris, Classiques Garnier, 2014, p. 41-97 (« Le moment critique »).

— jusqu'à aujourd'hui — la grande leçon littéraire et théorique de Diderot. C'est ainsi qu'en 1799 Goethe rendit hommage, malgré ses désaccords philosophiques de fond, à la capacité qu'avait eue Diderot d'« inquiéter les représentants et amateurs de l'ancienne forme[41] ». Il ne voulut donc pas le quitter, c'est-à-dire s'en séparer théoriquement, avant de lui avoir adressé un amical et admiratif salut : « Au revoir, vénérable ombre, et merci à toi de nous inciter à disputer, à causer, à nous emporter et à nous calmer de nouveau. L'effet suprême que peut produire l'esprit, c'est de susciter l'esprit. Encore une fois, au revoir ! Nous nous reverrons dans le royaume des couleurs[42]. »

---

41. J. W. von Goethe, « L'*Essai sur la peinture* de Diderot » (1799), trad. J.-M. Schaeffer, *Écrits sur l'art,* Paris, Klincksieck, 1983, p. 166.
42. *Ibid.,* p. 185. Cf. R. Krebs, « Le dialogue avec Diderot », *Johann Wolfgang Goethe. L'Un, l'Autre et le Tout,* dir. J.-M. Valentin, Paris, Klincksieck, 2000, p. 113-129.

## LA CRITIQUE AVANT TOUTE SYNTHÈSE (GESTE DES LUMIÈRES)

La pensée critique, au sens philosophique du terme — soit à travers ce qu'on nomme le *criticisme* —, s'oppose au *dogmatisme* qui énonce des vérités toutes faites, des axiomes non questionnés rationnellement, des jugements imposés à l'avance, et qui ne dialogue jamais, préférant censurer ce avec quoi il n'est pas d'accord. Elle s'oppose symétriquement au *scepticisme* pris dans le sens moderne d'une attitude consistant à ne croire en rien du tout. La critique cherche à discerner — que ce soit dans le domaine de l'empirie, comme chez Hume[1], ou de la raison associée à la sensibilité, comme chez Kant — et vise par là quelque chose comme une méthode. Kant écrivait en 1793, dans son opuscule sur *Les Progrès de la métaphysique* : « Il y a trois stades que la philosophie devait parcourir dans son cheminement à la métaphysique. Le premier était le stade du dogmatisme ; le second, celui du scepticisme ; le troisième, celui du criticisme de la raison pure[2]. »

Or une méthode, ce n'est justement pas un système, ni même une synthèse du savoir. Le bricoleur a bien sa méthode, mais il serait bien en peine d'en faire une synthèse ou une règle universelle. De par son caractère essentiellement heuristique, la méthode précède donc tout système, ce qui faisait dire à Kant que la critique n'est en rien l'accomplissement d'une philosophie

1. Cf. D. Hume, *Traité de la nature humaine* (1739-1740), trad. A. Leroy, Paris, Aubier-Montaigne, 1946, I, p. 59 (qui définit les quatre territoires de la philosophie comme étant la logique, la morale, la politique et la critique).
2. E. Kant, *Les Progrès de la métaphysique en Allemagne depuis le temps de Leibniz et de Wolf* (1793), trad. L. Guillermit, Paris, Vrin, 1968, p. 15.

— seulement la formulation de ses conditions de possibilité ou d'une topographie de ses voies d'approche. On peut sans doute rêver d'un « système de la raison pure », comme Kant ne manque pas de le faire au début de la première *Critique*[3]. Mais, si *Critique* il y a, cela veut justement dire qu'elle ne constitue, au mieux, qu'une « propédeutique » pour ce système. « Non pas une *doctrine,* insiste Kant, mais seulement une *critique* » : c'est-à-dire un ensemble de questionnements, de conditions limitatives, voire négatives, dirigées vers l'élaboration du système en tant que tel : « Que cette Critique ne s'appelle pas déjà elle-même philosophie transcendantale, cela tient simplement à ce que, pour être un système complet, elle devrait contenir encore une analyse détaillée de toute la connaissance humaine *a priori*[4]. » La critique a lieu lorsque *tout* n'a *pas* été épuisé, ce qui est bien sûr notre situation la plus fréquente.

Dans l'exercice critique se problématise donc et s'annonce une philosophie à venir que l'on voudrait rêver aboutie. Mais par ce fait précisément la critique, comme dit Kant, n'est pas « cette science même[5] ». Elle n'en constitue que l'*exigence questionnante,* capable de discriminer ce qui lui convient de ce qui lui disconvient. Elle est perpétuellement en chemin, exploratoire, ouvrant des passages, traversant les frontières. Elle est mue par un désir de clarification manifestant par conséquent, comme Kant l'écrivait en 1790, une « défiance universelle vis-à-vis de toutes les propositions synthétiques[6] ». Sa nécessité est *logique* puisqu'elle entend remonter aux sources de tout énoncé, mais aussi bien *politique* puisqu'elle *exerce sa propre liberté* en libérant la pensée de ses contraintes non perçues, de ses préjugés, de ses automatismes, de ses conformismes. Dans la préface à la

3. *Id., Critique de la raison pure* (1781-1787), trad. A. Tremesaygues et B. Pacaud, Paris, PUF, 1944 (éd. 1971), p. 46.

4. *Ibid.,* p. 46 et 47-48.

5. *Ibid.,* p. 48.

6. *Id.,* « Sur une découverte selon laquelle toute nouvelle critique de la raison pure serait rendue superflue par une plus ancienne » (1790), trad. J.-L. Delamare, *Œuvres philosophiques, II. Des* Prolégomènes *aux écrits de 1791,* dir. F. Alquié, Paris, Gallimard, 1985, p. 1358.

seconde édition de la *Critique de la raison pure,* en 1787, Kant affirmait que « si les gouvernements trouvent bon de se mêler des affaires des savants, il serait plus conforme à leur sage souci pour les sciences aussi bien que pour les hommes de favoriser la liberté d'une telle critique qui seule est capable d'établir sur une base solide les travaux de la raison, que de soutenir le ridicule despotisme des écoles qui jettent des hauts cris sur un danger public quand on déchire leurs toiles d'araignée[7] ».

*

Peut-être commettons-nous un abus de langage lorsque nous parlons, comme Kant lui-même le fait souvent, de « soumettre à la critique » telle croyance ou telle proposition philosophique. Si la critique relève bien d'un *exercice de liberté,* c'est-à-dire de ce sursaut caractéristique que représente le *geste des Lumières* — « la sortie de l'homme hors de l'état de tutelle dont il est lui-même responsable, [à savoir] l'incapacité de se servir de son entendement sans la conduite d'un autre[8] » —, faut-il alors que quiconque y soit « soumis » comme à une contrainte extérieure ? Nullement. Se donner une liberté (puissance) ne saurait consister à empêcher celle d'autrui (pouvoir). On ne « soumet » pas quelque chose ou quelqu'un à la critique : l'exercice critique, bien plutôt, *interprète* quelque chose ou quelqu'un, c'est-à-dire le traverse, le lit, le déploie, le relie, le transforme. Dans la célèbre formule *sapere aude !,* ce que tente donc de signifier le point d'exclamation est un encouragement, sans doute, à la liberté, mais certainement pas un mot d'ordre pour tout « soumettre à la critique ».

Le geste critique manifeste avant tout l'*audace d'un désir* qui parvient à se dire librement — et publiquement, ce qui est souvent difficile. Il ne saurait naître d'une normativité du comportement de l'esprit, car ce serait là un dogmatisme au

7. *Id., Critique de la raison pure, op. cit.,* p. 26.

8. *Id.,* « Réponse à la question : qu'est-ce que les Lumières ? », art. cit., p. 43.

second degré : un « dogmatisme de l'anti-dogmatisme ». La critique surgit d'ailleurs bien souvent lorsque la liberté de penser se trouve, à quelque moment, menacée. C'est pourquoi il est bon de rappeler les tout premiers mots de la troisième *Critique* — dans la « Préface » de 1790 — où Kant réintroduisit la nécessité d'un « examen de la possibilité et des limites » de la raison elle-même : un mouvement de contre-pouvoir, en somme, puisqu'il « met un frein aux inquiétantes prétentions de l'entendement [lorsqu'il] semble enfermer dans ses limites la possibilité de toutes les choses en général[9] ». Bref, la critique bien entendue ne saurait être ni dogmatique ni purement et simplement antagonique. Elle ne saurait donc être mue par quelque volonté hégémonique que ce soit — ce qui correspond sans doute, plus ou moins directement, au fameux paradigme kantien de la « paix perpétuelle[10] » (paradigme à entendre de façon « républicaine », donc dissensuelle, et non simplement irénique ou consensuelle).

Du kantisme furent, ultérieurement, tirées toutes les leçons philosophiques possibles, les meilleures comme les moins bonnes. Il y eut des néokantismes autoritaires. On invoquait une entreprise de déconstruction de la métaphysique mais, tout aussi bien, le projet systématique de sa refondation[11]. On insistait sur le thème de la « métaphysique comme science » et sur la position « transcendantale » du criticisme kantien[12]. Ou, très différemment, sur les « limites de la synthèse » inhérentes au

9. *Id., Critique de la faculté de juger* (1790), trad. A. Philonenko, Paris, Vrin, 1965 (éd. 1979), p. 17.

10. *Id.,* « Vers la paix perpétuelle. Esquisse philosophique » (1795), trad. F. Proust et J.-F. Poirier, *Vers la paix perpétuelle [...] et autres textes, op. cit.,* p. 73-131.

11. Cf. notamment A. Renaut, *Kant aujourd'hui,* Paris, Aubier, 1997 (rééd. Paris, Flammarion, 1999), p. 53-122.

12. Cf. notamment R. Verneaux, *Critique de la* Critique de la raison pure *de Kant,* Paris, Aubier-Montaigne, 1972 (rééd. Paris, Les Presses universitaires de l'IPC, 2014), p. 15-43. A. Philonenko, *Métaphysique et politique chez Kant et Fichte,* Paris, Vrin, 1997, p. 167-176.

« geste critique » lui-même[13]. On s'est âprement interrogé sur la question de savoir de quelle manière le « jugement » *(Urteil)* issu d'une procédure critique pouvait prendre valeur d'émancipation ou, tout à l'inverse, de domination. Y aurait-il donc deux valeurs d'usage du jugement critique, l'une vouée à l'inservitude, l'autre à l'asservissement ?

*

Nous voici ramenés au problème du partage et de la division inhérente au mot *Urteil.* Si l'on rabat le geste de juger sur un acte qui légifère de façon universelle, on « soumet » en effet toute chose et toute personne à sa « critique » dominante. Si on laisse, au contraire, le jugement à son statut — fragile — de *geste critique,* on a une chance de voir se déployer la valeur émancipatrice d'un tel geste. C'est exactement le genre de problèmes qui occupèrent Hannah Arendt durant les dernières années de sa vie, et dont l'ouvrage posthume intitulé *Juger* porte la trace. Que la *Critique de la faculté de juger,* ce moment crucial dans l'histoire de la pensée *esthétique,* ait pu servir de paradigme à l'ultime réflexion *politique* d'Arendt, voilà qui devrait déjà donner à réfléchir.

Le jugement selon Arendt concerne autant la sphère politique que la question esthétique dans la mesure où, dans tous les cas, l'acte de juger échappe à la stricte juridiction des raisonnements logiques[14]. Ce sont bien des « sujets sensibles », pour reprendre l'expression de Jocelyn Benoist, qui se risquent à produire des gestes critiques et à émettre leurs jugements concomitants. On devra même prendre en considération le fait que la sphère politique en tant que « partage du sensible » doit compter avec cette « folie de la raison » qui gît au cœur même de l'anthropologie

13. Cf. J. Benoist, *Kant et les limites de la synthèse. Le sujet sensible,* Paris, PUF, 1996, p. 19-22.

14. H. Arendt, *Juger. Sur la philosophie politique de Kant* (1970-1975), trad. M. Revault d'Allonnes, Paris, Le Seuil, 1991, p. 18.

kantienne[15]. C'est en cela qu'un véritable jugement, loin de s'instituer comme règle universelle, devra se penser à travers l'audace typique des Lumières : le *courage de savoir*, sans doute, mais aussi cette prise de risque concernant plus directement notre sensibilité, à savoir le *courage d'imaginer.*

Le courage d'imaginer consiste à décider, dans une certaine configuration donnée, une façon renouvelée de produire la liaison entre sensibilité et entendement. Autant, remarque Arendt citant Kant, « dans la *Critique de la raison pure* l'imagination est au service de l'entendement, [autant] dans la *Critique de la faculté de juger* "l'entendement est au service de l'imagination" » — ce que Kant appelait aussi la « *libre légalité* de l'imagination[16] ». Occasion, pour Arendt, d'en revenir au jugement sous la figure, non pas de quelque « juge suprême » et universel, mais de l'historien au sens antique — et éthique — du terme : celui par qui, dit-elle, « nous recouvrerons peut-être notre dignité d'hommes[17] ».

C'est en cela seulement qu'un *jugement critique* peut assumer, avec son « courage d'imaginer », une fonction émancipatrice, ainsi que l'a souligné Myriam Revault d'Allonnes dans son commentaire du texte d'Arendt : « Les jugements politiques sont des jugements réfléchissants. Il y a donc une lecture politique du rôle de l'imagination dans l'aptitude à exercer la faculté de juger : l'imagination défait l'emprise des règles, des codes et des normes de conduite dont nous avons, depuis longtemps, oublié le "fondement existentiel" pour ne retenir que leur cohérence formelle et la sécurité qu'ils assurent. L'imagination peut au moins, quand tout est joué, détourner le moi de la catastrophe. Le manque d'imagination, l'incapacité d'avoir "présents devant

15. Cf. M. David-Ménard, *La Folie dans la raison pure. Kant lecteur de Swedenborg,* Paris, Vrin, 1990.

16. H. Arendt, *Juger, op. cit.,* p. 125. E. Kant, *Critique de la faculté de juger, op. cit.,* p. 80 et 82.

17. H. Arendt, *Juger, op. cit.,* p. 20.

les yeux et de prendre en considération les autres qu'on doit se représenter", mène en droite ligne à Eichmann[18]. »

*

On dirait que le criticisme kantien nous incite quelquefois, lorsque nous nous mettons à son écoute, à inventer autre chose que ce que Kant lui-même aura voulu construire. C'est pourquoi les ressaisies du texte de Kant — pensons, entre autres exemples fameux, au grand débat de fond qui opposa Ernst Cassirer et Martin Heidegger à partir de leurs interprétations respectives du kantisme — apparaissent souvent comme les recommencements d'un geste critique toujours à réinventer, dans un sens ou dans un autre. Jean-François Lyotard pensa, ainsi, revisiter la « faculté de juger » non moins que la philosophie kantienne de l'histoire à l'aune de son propre style d'imagination critique[19].

La trajectoire de Gilles Deleuze se révèle, à cet égard, plus exemplaire encore. Ayant publié en 1963 une monographie sur *La Philosophie critique de Kant*[20], il projeta toute sa pensée dans la tension créée dans le criticisme par la rencontre de son « amont » chez Spinoza et de son « aval » chez Nietzsche. Deux, puis trois décennies auront été nécessaires à Deleuze pour reconduire le geste critique à travers un mouvement très subversif, voire explosif vis-à-vis de la découverte kantienne telle qu'elle avait été envisagée jusque-là, notamment dans la tradition philosophique française.

En 1986, l'auteur de *Différence et répétition* écrivit un article qui s'amusait — très sérieusement cependant, très profondément même — à reconnaître un « résumé de la philosophie kantienne » dans quatre formules poétiques dues, respectivement,

18. M. Revault d'Allonnes, « Le courage de juger », postface à H. Arendt, *Juger, op. cit.*, p. 229.
19. J.-F. Lyotard (dir.), *La Faculté de juger*, Paris, Les Éditions de Minuit, 1985. *Id., L'Enthousiasme. La critique kantienne de l'histoire*, Paris, Galilée, 1986.
20. G. Deleuze, *La Philosophie critique de Kant (doctrine des facultés)*, Paris, PUF, 1963 (éd. 1971).

à Shakespeare (« le temps est hors de ses gonds »), Kafka (« quel supplice que d'être gouverné par des lois qu'on ne connaît pas !... Car le caractère de ces lois nécessite le secret sur leur contenu ») et Rimbaud (« Je est un autre » — « Arriver à l'inconnu par le dérèglement de tous les sens... un long, immense et raisonné dérèglement de tous les sens[21] »). Étrange « résumé », en vérité. Mais, tout aussi bien, une manière fulgurante de tirer sa propre leçon du *geste critique en tant qu'émancipation... de la dissonance,* ce dissensus musicalement déployé : « Tempête à l'intérieur d'un gouffre ouvert dans le sujet [par Kant]. L'émancipation de la dissonance, l'accord discordant, c'est la grande découverte de la *Critique du jugement,* le dernier renversement kantien. La séparation qui réunit était le premier thème de Kant, dans la *Critique de la raison pure.* Mais il découvre à la fin la discordance qui fait accord. Un exercice déréglé de toutes les facultés, qui va définir la philosophie future, comme pour Rimbaud le dérèglement de tous les sens devait définir la poésie de l'avenir[22]. »

En 1993, dans « Pour en finir avec le jugement », Deleuze reconduira avec Nietzsche, Lawrence, Artaud et — encore — Kafka cette façon de *déployer le geste critique* à nouveaux frais. C'est-à-dire au-delà des Lumières et de Kant lui-même dont la notion de jugement, bien loin de l'analyse qu'en proposait Arendt, se trouve désormais rabattue par Deleuze du côté d'un tribunal, fût-il « tribunal de la raison » : « Kant n'invente pas une véritable critique du jugement puisque ce livre au contraire érige un fantastique tribunal subjectif. En rupture avec la tradition judéo-chrétienne, c'est Spinoza qui mène la critique ; et il eut quatre grands disciples pour la reprendre et la relancer, Nietzsche, Lawrence, Kafka, Artaud. Les quatre eurent personnellement, singulièrement, à souffrir du jugement. Ils ont connu ce point où l'accusation, la délibération, le verdict se confondent

21. *Id.,* « Sur quatre formules poétiques qui pourraient résumer la philosophie kantienne » (1986), *Critique et clinique,* Paris, Les Éditions de Minuit, 1993, p. 40-49.
22. *Ibid.,* p. 49.

à l'infini. Nietzsche traverse en accusé toutes les pensions meublées auxquelles il oppose un grandiose défi. Lawrence vit dans l'accusation d'immoralisme et de pornographie qui rejaillit sur sa moindre aquarelle. Kafka se montre "diabolique en toute innocence" pour échapper au "tribunal à l'hôtel" où l'on juge de ses fiançailles infinies. Et Artaud-Van Gogh, qui a davantage souffert du jugement sous sa forme la plus dure, la terrible expertise psychiatrique[23] ? »

« Pour en finir avec le jugement »... Fallait-il donc à Deleuze ce coup d'éclat philosophique pour donner forme à son propre geste critique ? Sans doute. Mais cela ne pouvait se faire qu'à remettre en question sa propre généalogie kantienne. En 1993, il ne s'agira donc plus d'admirer dans le geste kantien un « exercice déréglé de toutes les facultés, qui va définir la philosophie future » : il faut désormais répudier même ce geste des Lumières, quitte à le rabattre sur ce que Deleuze nomme à présent, de façon évidemment péjorative, une « doctrine du jugement » n'appelant à rien d'autre qu'à un détestable « tribunal subjectif[24] ». Deleuze va donc établir, pour occasion, toute une série de lignes de partage énoncées avec véhémence (et, faut-il dire, avec un certain esprit antidialectique) : le « jugement » ne serait justement pas la « justice » ; il se révélerait, d'ailleurs, soit « faux », soit projeté fantasmatiquement comme « jugement de Dieu » ; il ne ferait que spéculer sur une « existence découpée en lots », ignorante du flux vivant des affects ; il supposerait une « organisation des organes », donc une fossilisation du devenir et de l'intensité des « corps sans organes » ; il fonctionnerait par sentences ou métaphores, jamais par authentiques « métamorphoses[25] ».

C'est donc sur le jugement kantien comme « mauvais objet » que Deleuze aura voulu reconduire sa — pourtant précieuse et, même, cruciale — distinction entre *pouvoir* et *puissance*, issue de Spinoza et prolongée jusque chez Nietzsche. Mais cela ne

23. *Id.*, « Pour en finir avec le jugement » (1993), *Critique et clinique, op. cit.*, p. 158.
24. *Ibid.*, p. 158.
25. *Ibid.*, p. 160-162, 164 et 167.

pouvait se faire, en l'occasion, qu'au prix de situer tout « jugement » du côté du pouvoir ou de la norme, opposable à la « décision » envisagée comme pure puissance d'exister (cela dit sans tenir compte du fait que la « critique », au sens grec de la *kritikè téchnè,* dénote à la fois un jugement et une décision). Si Deleuze, dans cette prise de position sans doute élaborée dans la proximité de Félix Guattari, renonce à faire de la critique kantienne la matrice de toute « philosophie future », mise en parallèle avec le geste rimbaldien comme départ pour toute « poésie de l'avenir », c'est parce que, désormais, il s'agit pour lui de penser la *puissance de la poésie* elle-même — Nietzsche inclus — en tant qu'*avenir de la philosophie.* Tout cela dans la radicalité d'un geste critique sacrifiant, pour finir, la rigueur kantienne (comme « doctrine du jugement ») à l'intensité poétique (comme « système des affects »).

## CRITIQUER EN POÈTE
## (GESTE ROMANTIQUE)

Un geste critique peut-il faire poème ? Un texte poétique peut-il nous soulever par sa puissance critique ? Y a-t-il une voie critique par-delà le criticisme kantien ? Une voie de traverse qui aurait bifurqué du ton de rigueur adopté par les philosophes et de ce culte du concept exact qui fait leur si grande obsession ? Bien avant que Gilles Deleuze ne veuille — avec l'aide de Nietzsche et de Kafka, d'Artaud et de Lawrence, mais aussi de Jean Vigo, de Pasolini, de Ghérasim Luca et de bien d'autres — « en finir avec le jugement » de la tradition kantienne, il y eut des poètes pour revendiquer hautement leurs gestes critiques. Ce sont les premiers romantiques allemands : Hölderlin et Hegel (qui, autour de l'année 1797, écrivait des poèmes), Novalis et les frères Schlegel, Schelling… À la même époque, Francisco Goya, dont la gravure célèbre sur le « sommeil de la raison » date de 1799, affirmait publiquement, fût-ce par la voie ou voix détournée d'un article anonyme dans le *Diario de Madrid*, la teneur exactement « critique » de ses allégories visuelles[1].

Philippe Lacoue-Labarthe et Jean-Luc Nancy, dans leur présentation au recueil de textes théoriques des premiers romantiques allemands, ont justifié leur entreprise anthologique par le

1. Cf. Anonyme espagnol [F. Goya ou inspiré par lui], « Une collection d'estampes à sujets de caprices, inventés et gravés à l'eau-forte par Don Francisco Goya » (1799), trad. J.-P. Dhainault, *Les Caprices,* Paris, L'Insulaire, 1999, p. 37-39. Cf. G. Didi-Huberman, *Atlas ou le gai savoir inquiet. L'œil de l'histoire, 3,* Paris, Les Éditions de Minuit, 2011, p. 115-137. A. J. Cascardi, *Francisco de Goya and the Art of Critique,* New York, Zone Books, 2022, 89-136, 187 et 269-300.

fait « que nous appartenions encore à l'époque que [le romantisme] a ouverte et que cette appartenance, qui nous définit (moyennant l'inévitable décalage de la répétition), soit précisément ce que ne cesse de dénier notre temps. Il y a aujourd'hui, décelable dans la plupart des grands motifs de notre "modernité", un véritable *inconscient* romantique[2] ». Bref, nous serions *encore* liés au romantisme tout en ne voulant pas nous en souvenir ou nous en rendre compte, comme si nous étions *déjà* passés à tout autre chose. Et pourquoi sommes-nous encore liés au romantisme ? Parce que nous nous interrogeons encore sur ce que *sujet* veut dire[3].

Or c'est la question, précisément, d'où était partie la philosophie critique de Kant : critiquer n'avait été rien d'autre, au départ, qu'une mise en question du sujet dans l'exercice de notre pensée, la production de notre savoir, la construction de nos concepts, la mise en forme de notre sensibilité. En cherchant un style et un contenu renouvelés pour leur geste critique, les romantiques allemands ne pouvaient donc que *revenir* à Kant, et cela aux fins mêmes de le *relever*[4] (selon la traduction derridienne, précise et concrète, du verbe *aufheben*). En somme, les romantiques auront fait à l'égard de Kant ce que Goethe avait fait dans son adresse à Diderot : prendre congé de lui tout en le remerciant sincèrement d'avoir, en quelque sorte, présidé à la genèse du « sujet esthétique » moderne[5].

En 1799, par exemple, Johann Gottfried Herder donna lecture d'une *Métacritique* de la critique kantienne : présentée comme une alternative anthropologique à la doctrine des facultés et à l'omnipotence de l'esthétique transcendantale, elle entendait rendre son rôle à l'immanence de la *sensibilité* d'une part et du

2. P. Lacoue-Labarthe et J.-L. Nancy (dir.), *L'Absolu littéraire. Théorie de la littérature du romantisme allemand,* Paris, Le Seuil, 1978, p. 26.
3. *Ibid.,* p. 43.
4. *Ibid.,* p. 376.
5. Cf. notamment D. Dumouchel, *Kant et la genèse de la subjectivité esthétique. Esthétique et philosophie avant la* Critique de la faculté de juger, Paris, Vrin, 1999.

*langage* d'autre part, deux paradigmes justement réunis dans la pratique poétique[6]. Quant à August Schlegel dans ses conférences sur *La Doctrine de l'art,* en 1801-1802, il ne voulut certes entendre la notion de « critique » qu'à partir d'une enquête de type kantien sur la validité des jugements esthétiques, mais pour finir par dire de Kant qu'« il affirme à l'excès et en termes secs qu'il ne saurait y avoir d'autre théorie ou science que sa critique de la faculté de juger. Nous sommes donc fixés et nous allons prendre congé de lui très poliment[7] ».

*

On dirait qu'en l'espace de quatre années environ, de 1796 à 1800, une comète poétique — ou une salve de plusieurs météores formant constellation — a traversé le ciel de la pensée européenne. Les sommaires de l'*Athenaeum* suffisent à donner le vertige devant l'*intensité critique* déployée par August et Friedrich Schlegel, Novalis et tous leurs amis[8]. Cette intensité critique pourrait être vue comme une réponse à l'*intensité de la crise* qui traversait effectivement, dans les dernières années du XVIIIe siècle, le monde social, politique, économique et moral, ce monde agité par les bouleversements et les espoirs nés de la Révolution française[9]. Ce que cherchaient

---

6. J. G. Herder, *Une métacritique de la « Critique de la raison pure », op. cit.*
7. A. W. Schlegel, *La Doctrine de l'art. Conférences sur les belles lettres et l'art* (1801-1802), trad. M. Géraud et M. Jimenez, Paris, Klincksieck, 2009, p. 24 et 72.
8. P. Lacoue-Labarthe et J.-L. Nancy (dir.), *L'Absolu littéraire, op. cit.,* p. 34-36 (sommaires de l'*Athenaeum*) et *passim.* Cf. également les anthologies plus récentes de D. Thouard (dir.), *Critique et herméneutique dans le premier romantisme allemand,* Villeneuve d'Ascq, Presses universitaires du Septentrion, 1996. F. Schlegel, *Fragments* (1797-1800), trad. C. Le Blanc, Paris, José Corti, 1996. C. Le Blanc, L. Margantin et O. Schefer (dir.), *La Forme poétique du monde. Anthologie du romantisme allemand,* Paris, José Corti, 2003.
9. Cf. H. Brunschwig, *La Crise de l'État prussien à la fin du XVIIIe siècle et la genèse de la mentalité romantique,* Paris, PUF, 1947 (rééd. augmentée, Paris, Flammarion, 1973).

les poètes de l'*Athenaeum* fut d'abord une *éthique de l'inservitude*, une libre façon de vivre et d'écrire : éthique à laquelle — comme le confiait Dorothea Schlegel dans une lettre à ses enfants — « aucune police et aucune institution d'éducation ne peut s'opposer[10] ».

C'est justement sur le mot « éthique » que s'ouvrait un bout de texte — découvert dans les archives de Hegel après sa mort — datant de 1796 ou 1797 et considéré comme le premier « manifeste » ou « programme systématique » des romantiques allemands. Il pourrait être de la main de Hölderlin, de Schelling ou de Hegel lui-même. L'éthique dont il était question faisait, d'emblée, référence au criticisme de Kant admis volontiers comme une étape essentielle, mais « sans rien épuiser » pour autant des possibilités nouvelles à imaginer. Ces possibilités concernent, toutes, la *liberté* civile : liberté de penser, d'imaginer, de publier, d'agir. Et la conséquence immédiate en était de ton plutôt anarchisant : « Nous devons donc dépasser l'État ! — car tout État est obligé de traiter l'homme libre comme un rouage mécanique[11]. » Or cette liberté s'obtient ou s'arrache autant par l'imagination que par la raison — d'où naissent les *idées* —, en sorte que « l'acte suprême de la raison, celui par lequel elle embrasse toutes les idées, est un acte *esthétique*[12] ».

Cette affirmation, esthétique autant que politique — le « partage du sensible », déjà —, impliquait qu'une nouvelle façon de penser et d'écrire vît le jour : un nouveau geste critique, en somme. Il est frappant de lire, dans l'ouvrage de Madame de Staël *De l'Allemagne,* paru en 1823, que la grande nouveauté du temps résidait bien dans le *style critique* plutôt que dans un

10. Cité par P. Lacoue-Labarthe et J.-L. Nancy (dir.), *L'Absolu littéraire, op. cit.,* p. 14.

11. F. Hölderlin ou G. W. F. Hegel ou F. W. J. Schelling, « Le plus ancien programme systématique de l'idéalisme allemand » (vers 1796-1797), trad. P. Lacoue-Labarthe, J.-L. Nancy et A.-M. Lang, *L'Absolu littéraire, op. cit.,* p. 53.

12. *Ibid.,* p. 54.

nouveau style romanesque, par exemple[13]. Cependant, comme l'écrivent Nancy et Lacoue-Labarthe, « l'*Athenaeum* ne s'érige pas en rupture : il ne prétend absolument pas à la table rase ni à l'instauration du nouveau. Il se distingue, bien au contraire, comme une volonté de *"reprise"* critique de ce qui est (d'où son rapport à Goethe, par exemple). Il n'a pas par hasard son origine dans la philologie et la critique [et il implique pour finir] une philosophie de l'histoire [doublée] d'un motif *constructif*[14] », c'est-à-dire formel. D'où, également, ce va-et-vient perpétuel entre une perception élégiaque de la poésie s'étant prêtée au geste critique (la *réflexion sur* envisagée comme « perte d'origine ») et la sensation exaltante que celui-ci a pour effet de parachever la poésie elle-même (la *réflexion dans* envisagée comme « retour à l'intérieur » de ce à quoi elle se substitue[15]).

Novalis, dans ses fragments du *Brouillon général* ou des *Semences* — qui datent des mêmes années 1797-1799 —, associait directement la notion de « critique » à celle de « liberté », imaginant de plus le « processus critique » comme un enchaînement *dialectique* de trois opérations nommées « thétique », « antithétique » et « synthétique[16] ». Ce qu'il résumait en parlant d'une « opération syncritique » où se débattraient, en un même mouvement, « de la théorie et de la contre-théorie[17] ». Tout cela pensé de façon à la fois poétique, impertinente et courageusement autoréflexive : « Ma première tâche doit être à présent [...] la critique de mon projet[18]. » Façon de mettre en abyme le geste critique lui-même en tant travail toujours plus approfondi — donc philosophique — sur la matière même du langage : « Critique de la

13. G. de Staël, *De l'Allemagne* (1823), Paris, Garnier-Flammarion, 1968, II, p. 162.
14. P. Lacoue-Labarthe et J.-L. Nancy (dir.), *L'Absolu littéraire, op. cit.*, p. 19-20 (je souligne).
15. *Ibid.*, p. 382-385.
16. Novalis, *Le Brouillon général* (1798-1799), trad. O. Schefer, Paris, Éditions Allia, 2000, p. 50 et 127.
17. *Ibid.*, p. 130.
18. *Ibid.*, p. 142.

critique = critique phil[osophique]. Perfectionnement d'une *critique à travers l'autre.* [...] Critique du langage[19]. »

On lira aussi dans les *Semences* de Novalis que « la critique [...] est une philosophie de la philosophie », pas moins : cela dit à propos de — et par-delà — la philosophie de Kant[20]. Par-delà, aussi, la trop simple opposition du scepticisme et du dogmatisme, là où Novalis entendra proposer, comme une sorte de dépassement des antagonismes triviaux, ce qu'il nomme des « prophétismes méthodiques[21] ». On sent alors, dans toutes ces formules exploratoires, l'intense *espoir philosophique lié à la notion de critique poétique* : « Celui qui est incapable d'écrire de la poésie la jugera également de manière négative. Il appartient au vrai critique de pouvoir produire par lui-même le produit à critiquer[22]. » Dans la magnifique page de 1798-1799 intitulée « Monologue », Novalis aura placé tout cet espoir philosophique dans la confiance faite au langage lui-même : à son « mystère », à sa « vérité » intrinsèque, mais aussi à sa capacité de jeu, à son « espièglerie » comme à sa primordiale faculté « expressive[23] ».

*

C'est donc en donnant forme nouvelle au langage — une forme poétique et libre jusque dans sa possibilité d'« espièglerie » — que l'on réfléchira au mieux sur lui. Tel sera le sens, radical et joyeux, fondamentalement *théorique,* du geste critique des romantiques allemands. Là où Goethe rendait hommage à la « beauté » tout à la fois poétique et philosophique du discours de Lessing, Friedrich Schlegel déclarait, dès 1797, qu'« il nous faudrait un nouveau *Laocoon* » afin de parachever une « théorie

19. *Ibid.,* p. 143 et 168.
20. *Id., Semences* (1797-1799), trad. O. Schefer, Paris, Éditions Allia, 2004, p. 59.
21. *Ibid.,* p. 129.
22. *Ibid.,* p. 131.
23. *Ibid.,* p. 265-266.

de l'art grammatical des sens[24]». Ce qui n'allait pas sans un éloge et une admiration de principe: «[Lessing] n'était en rien faiseur de système ni fondateur de secte, il était un critique. L'examen, un libre et attentif examen des opinions d'autrui, la réfutation de maint préjugé reçu, la défense et remise en œuvre de tel ou tel ancien paradoxe, souvent tombé en oubli, telle était la forme sous laquelle il aimait à exposer, le plus souvent de manière indirecte, ses propres opinions dans cette discipline[25].»

C'est en cela que la critique révèle toute sa *délicatesse.* C'est en cela qu'elle s'oppose à la si fréquente brutalisation du langage et, donc, à toute trivialité de la pensée. Schlegel écrivait à propos de ce qu'il considérait comme un langage dévoyé de la critique: «Maint journal de critique pèche par ce qu'on a tant reproché à la musique de Mozart: un emploi parfois immodéré des instruments à vent[26].» D'un autre côté, la posture hautaine du poète en face de son critique ne valait guère mieux selon lui: «Quand l'auteur ne sait plus que répondre au critique, il se plaît à lui dire: Tu ne saurais mieux faire. C'est comme si un philosophe dogmatique s'avisait de reprocher à un sceptique de ne savoir inventer un système[27].»

La critique se doit d'être délicate pour cette raison éthique, fondamentale aux yeux de Schlegel, que la liberté elle-même attend de nous cette délicatesse: être libre, ce serait savoir être *capable de nuances* dans les positions qu'on voudra adopter ici ou là. «Un homme vraiment libre et cultivé devrait pouvoir à son gré se mettre au diapason philosophique ou philologique, critique ou poétique, historique ou rhétorique, antique ou moderne, très arbitrairement, comme on accorde un instrument

24. F. Schlegel, «Fragments critiques» (1797), § 64, trad. P. Lacoue-Labarthe, J.-L. Nancy et A.-M. Lang, *L'Absolu littéraire, op. cit.,* p. 88.
25. *Id.,* «L'essence de la critique» (1804), trad. P. Lacoue-Labarthe, J.-L. Nancy et A.-M. Lang, *ibid., p.* 407. Cf. en général *id., L'Essence de la critique. Écrits sur Lessing* (1797-1804), trad. dirigée par P. Rabault, Villeneuve d'Ascq, Presses universitaires du Septentrion, 2005.
26. *Id.,* «Fragments critiques», § 5, trad. cit., p. 81.
27. *Id.,* «Fragments de l'*Athenaeum*» (1798), § 66, trad. P. Lacoue-Labarthe, J.-L. Nancy et A.-M. Lang, *L'Absolu littéraire, op. cit.,* p. 106.

au diapason ; et ceci à tout moment, à tout degré[28]. » Occasion, pour Schlegel, de fustiger une nouvelle fois la raideur conceptuelle du style kantien : « Je déplore que manque, chez Kant, dans l'arbre généalogique des concepts primitifs, la catégorie d'à-peu-près, qui pourtant, dans le monde et en littérature, a certes été aussi féconde et aussi nocive que toute autre catégorie. Elle nuance, dans l'esprit d'une nature sceptique, chaque concept et chaque intuition[29]. »

On comprend mieux, dès lors, l'importance du *Witz,* si souvent rappelée, dans cette idée d'une « poétique critique ». Le jeu d'esprit et l'ironie — ces « espiègleries » du langage — contribuent puissamment, en effet, à une perpétuelle *mise en nuance* qui est aussi *mise en question,* non seulement de ce que l'on critique, mais encore de ce que l'on dit soi-même en critiquant. La vraie critique n'irait donc pas sans un certain auto-sarcasme. Tel est cet « Esprit en devenir » par quoi Schlegel caractérise la modernité comme telle[30]. Et ce qu'on perdra en certitude et en *stase,* on le gagnera en *extase,* en geste artistique : là où « poésie et philosophie doivent être réunies [de façon à ce qu']un jugement sur l'art qui n'est pas lui-même une œuvre d'art [...] n'a pas droit de cité au royaume de l'art[31] ». Ce que, dans le — fameux — fragment 116 de l'*Athenaeum,* Schlegel nommera la « poésie universelle progressive » : « La poésie romantique est une poésie universelle progressive. Elle n'est pas seulement destinée à réunir tous les genres séparés de la poésie et à faire se toucher poésie, philosophie et rhétorique. Elle veut et doit aussi tantôt mêler et tantôt fondre ensemble poésie et prose, génialité et critique, poésie d'art et poésie naturelle, rendre la poésie vivante et sociale[32] »

*

28. *Id.,* « Fragments critiques », § 55, trad. cit., p. 87.
29. *Ibid.,* § 80, trad. cit., p. 90-91.
30. *Ibid.,* § 93, trad. cit., p. 92.
31. *Ibid.,* § 115 et 117, trad. cit., p. 95.
32. *Id.,* « Fragments de l'*Athenaeum* », § 116, trad. cit., p. 112.

« Rendre la poésie vivante et sociale... » Telle était donc la façon, pour Schlegel, de signifier l'*exigence critique* contenue dans l'expression de « poésie universelle progressive ». « Vivante et sociale », cela voulait dire : librement, en devenir. Immanente à l'*histoire* et se déployant comme *liberté.* « La poésie est un discours républicain », lit-on dans les fragments de l'*Athenaeum.* « [C'est] un discours qui est à lui-même sa propre loi et sa propre fin, et dont toutes les parties sont des citoyens libres ayant le droit de se prononcer pour s'accorder[33]. » Or cette *liberté politique* commence — comme chez Kant — par une interrogation du sujet sur lui-même quant à sa *liberté subjective* : « Le but de la critique est de former le lecteur ! — Que celui qui veut être formé veuille bien s'en charger lui-même[34]. »

Liberté politique, liberté subjective... La *liberté poétique* ne s'instaurerait-elle pas dans la conjonction des deux, et dans la critique de tout ce qui tend à contraindre le langage ? Il ne faudra donc pas avoir peur de critiquer la philosophie elle-même : « Puisque la philosophie critique aujourd'hui tout ce qui se présente à elle, une critique de la philosophie ne serait que juste représaille[35]. » Il faudra, dès lors, chercher de nouvelles voies par-delà les apories classiques de l'universel et du particulier : « Presque tous les jugements sur l'art sont trop universels ou trop particuliers. C'est là, dans leurs propres produits, que les critiques devraient se mettre en quête de la bonne mesure[36]. » Dans son recueil d'« Idées », en 1800, Schlegel écrira enfin, de façon presque spinoziste, que « la véritable universalité [...] est celle qui ferait que l'art, par exemple, devienne encore plus artistique qu'il l'est pris isolément, la poésie plus poétique, la critique plus critique, l'histoire plus historique, et ainsi de suite[37] ».

33. *Id.,* « Fragments critiques », § 65, trad. cit., p. 88.
34. *Ibid.,* § 86, trad. cit., p. 91.
35. *Id.,* « Fragments de l'*Athenaeum* », § 56, trad. cit., p. 105.
36. *Ibid.,* § 167, trad. cit., p. 120.
37. *Id.,* « Idées » (1800), § 123, trad. P. Lacoue-Labarthe, J.-L. Nancy et A.-M. Lang, *L'Absolu littéraire, op. cit.,* p. 218.

Être libre consiste donc, dans cette perspective, à *abonder dans son être.* C'est pourquoi la liberté critique n'a rien à voir avec l'instauration d'un tribunal, mais avec la faculté de discerner où se trouve la *puissance propre* d'une œuvre ou d'une pensée. C'est pourquoi Schlegel n'a pas cessé de fustiger la critique quand elle était conçue en termes de tribunal, comme s'il lui fallait à tout prix établir qui est bon et qui est mauvais, qui est coupable, et de quoi : « Ils ont coutume de se dénommer eux-mêmes la critique. Ils écrivent en un style froid, plat, prétentieux et délayé au-delà de toute mesure. La nature, le sentiment, la noblesse et la grandeur de l'esprit n'existent pas pour eux, et pourtant ils font comme s'ils pouvaient citer ces choses devant leur tribunal [...] qui n'admet qu'un service sans joie[38]. » En cherchant la « puissance propre » — de lui-même comme de ce qu'il interroge —, le geste critique déploie au contraire, *ouvre la puissance* de l'œuvre au monde qui l'entoure : c'est ce qui fait qu'un poème pourra nous apparaître comme une « poésie de la poésie[39] ». Ou qu'une critique philologique puisse faire surgir tout un monde philosophique : un monde philosophique « à *visum repertum* » (ou selon une « vue découverte ») comme voudra justement dire Schlegel[40].

Le beau paradoxe de ce processus tient au fait qu'il est nécessaire à la critique d'être *immanente,* au plus près de ce que l'œuvre critiquée déploie comme « puissance propre », et qu'en même temps cet effort aboutit à l'*ouverture* du geste critique hors de tout domaine replié sur soi. « Rien n'est plus difficile que d'être capable de reconstruire, percevoir et caractériser la pensée d'un autre jusque dans la plus fine propriété de son tout », écrit ainsi Schlegel dans « L'essence de la critique[41] ». Quand on aura pu « reconstruire la démarche et la structure », comme il dit encore, et qu'on aura touché quelque chose comme la « caractéristique » de l'œuvre, alors on parviendra à l'« essence

38. *Id.,* « Fragments de l'*Athenaeum* », § 205, trad. cit., p. 126.
39. *Ibid.,* § 238, trad. cit., p. 132.
40. *Ibid.,* § 404 et 439, trad. cit., p. 165-166 et 175.
41. *Id.,* « L'essence de la critique », art. cit., p. 416.

intime » non seulement de cette œuvre, mais encore du geste critique lui-même[42]. Ce faisant, on aura bien déployé, *déplié la critique.* Où cela ? Schlegel répondra : « entre l'histoire et la philosophie[43] ».

Ainsi, lorsqu'on parvient à la « finesse » immanente de la critique bien entendue — par un geste qui ne saurait qu'être délicat —, on abandonne joyeusement toute la hiérarchie de ces « tribunaux » académiques qui avaient fleuri au XVIIe siècle et où se « jugeait » ce qui était de « l'art » et ce qui n'en était pas, ce qui était « beau » et ce qui ne l'était pas. Le mot *esthétique* prend un sens nouveau lorsque tout s'ouvre et se déplie au-delà de ces critères dogmatiques. Mais qu'implique le fait qu'en s'ouvrant elle-même la critique ouvre un tel espace « entre histoire et philosophie » ? C'est un espace au centre duquel aura surgi — Lumières obligent — la question fondamentale de la liberté humaine. *Liberté dans le sujet,* pour commencer : Kant aura inauguré un moment capital sur ce plan, aboutissant dans la *Critique de la faculté de juger* à penser le jugement lui-même à travers la « liberté de l'imagination[44] » *(Einbildungskraft in ihrer Freiheit).*

C'était, en quelque sorte, admettre la teneur *esthétique* de l'exercice social et, même, politique de toute liberté. Ce que les romantiques auront ajouté à cela fut le correctif, crucial mais aussi inquiétant — déjà présent chez Goya et bientôt à l'œuvre chez Nietzsche, puis chez Freud —, du clivage de la conscience, de l'efficacité du fantasme, de la puissance du symptôme, de l'élargissement du domaine du désir. Pour l'heure, ce fut Schelling à prendre en charge ce déplacement considérable et le vertige philosophique qui en résultait : celui de la prise en considération de *l'inconscient* dans la vie sensible et, même, rationnelle — en tout cas inhérent à l'activité artistique.

---

42. *Ibid.,* p. 416.

43. *Ibid.,* p. 145. Cf. également *id., Descriptions de tableaux* (1802-1804), trad. B. Savoy, A. Duthoo et K. Winkelvoss, Paris, École nationale supérieure des beaux-arts, 2001.

44. E. Kant, *Critique de la faculté de juger, op. cit.,* p. 80.

Comme l'écrivait Schelling, « l'œuvre d'art réfléchit pour nous l'identité de l'activité consciente et de l'activité inconsciente. [...] Le caractère fondamental de l'œuvre d'art est donc une *infinité inconsciente*[45] [dans une forme finie] ».

La critique poétique ou esthétique ayant ainsi radicalement déplacé la question du sujet et de sa liberté, il lui restait à s'interroger sur les difficultés — concrètement éprouvées, par tout le monde en Europe, en cette période révolutionnaire — de la *liberté dans l'histoire.* Schiller en 1795, dans ses *Lettres sur l'éducation esthétique de l'homme,* avait déjà mis la question poétique au centre de toute *Bildung,* de toute formation citoyenne de l'individu : « Le problème politique ne peut être résolu que par l'esthétique[46]. » Passionné par cet enjeu de la *Bildung,* August Schlegel rédigea en 1800 un « Projet pour un institut critique » dont le champ de réflexion aurait traversé, outre la philosophie, les sciences de la nature, la philologie, les beaux-arts, la « poésie au sens large » non moins que l'histoire[47]. Ne s'agissait-il pas, désormais, de ressaisir le geste critique des premiers romantiques en affirmant comment le *poétique* pouvait accéder à une véritable puissance *théorique,* et comment la théorie avait vocation à fonder un rapport plus libre des citoyens à la dimension *historique* de leur existence[48] ?

45. F. W. J. Schelling, « Le génie et ses œuvres » (1800), trad. A. Pernet, *Textes esthétiques,* Paris, Klincksieck, p. 19. Cf. E. Behler, *Le Premier Romantisme allemand* (1992), trad. É. Décultot et C. Helmreich, Paris, PUF, 1996, p. 236-242.

46. F. Schiller, *Lettres sur l'éducation esthétique de l'homme* (1795), trad. R. Leroux, revue par M. Halimi, Paris, Aubier, 1992, p. 79-157.

47. A. W. Schlegel, « Projet pour un institut critique » (1800), trad. D. Thouard, *Critique et herméneutique dans le premier romantisme allemand, op. cit.,* p. 121-130.

48. *Id., La Doctrine de l'art, op. cit.,* p. 11, 13 et 20-21.

## POUR TRANSFORMER LE MONDE (GESTE DE COMBAT)

Il y a critique quand il y a crise. Au *moment critique* (ponctuel) d'une histoire, comme on le dit en médecine pour nommer la phase cruciale où va se décider le destin du patient, répond un *mouvement critique* (continué) où l'on tente de mettre au jour ce qui s'est passé entre la longue dormance ou *latence* du symptôme et sa manifestation soudaine ou *patence*. Lorsqu'après les guerres de religions la « raison d'État » des monarchies et des empires tenta de priver un peu plus les sujets de toute responsabilité politique — créant ou approfondissant la brisure entre l'être humain et le citoyen —, les esprits libres ne tardèrent pas de suspecter en tout pouvoir d'État un abus de pouvoir. C'est là le sens « radical » des Lumières tel qu'il a été exploré par Jonathan Israel[1]. Et c'est là, également, qu'aura commencé le « règne de la critique » selon l'analyse célèbre qu'en a proposée Reinhart Koselleck[2].

C'est donc là, aussi, que le criticisme kantien révéla sa destinée européenne. En amont, il y avait eu la liberté de style et de pensée d'un Diderot, en aval il y aura eu la rigueur de la construction hégélienne (non moins que le criticisme repensé par Fichte, Schelling et, bientôt, Karl Marx). Hegel lui-même, dans ses *Leçons sur l'histoire de la philosophie,* voulut rendre hommage au « caractère destructeur », si l'on peut dire, des encyclopédistes français, plus « éclatants » à ses yeux que les

1. J. Israel, *Les Lumières radicales, op. cit. Id., Une révolution des esprits, op. cit.*
2. R. Koselleck, *Le Règne de la critique* (1959), trad. H. Hildenbrand, Paris, Les Éditions de Minuit, 1979.

philosophes sévères de l'*Aufklärung* allemande : « La philosophie française comporte une orientation négative contre tout ce qui est positif ; elle est destructrice de ce qui est positivement établi : religion, habitudes, mœurs, opinions, institutions politiques, administration de la justice, mode de gouvernement, autorité politique et juridique, constitution politique et également art. Avec moins d'éclat, ce fut en Allemagne l'*Aufklärung*[3]. » Au-delà de cette « orientation négative » — sans doute trop unilatéralement négative, selon lui —, Hegel a proposé, on le sait, une compréhension *dialectique* de toute *crise* dans l'ordre du devenir historique comme de toute *critique* dans l'ordre du discours philosophique.

C'est alors que la notion même de critique revêt une signification nouvelle : elle inclut désormais son objet — comme elle-même — dans un *devenir* fait de multiples contradictions. Elle rompt par conséquent avec toute idée de « chose en soi » et avec tout ce qui faisait de la critique kantienne, selon Hegel, une pensée « survolante *(überfliegende)* [ou] transcendante », réduite à se satisfaire de « paralogismes » et à n'avoir d'autre ambition que celle d'une « critique de la connaissance » incapable de se redéployer autrement, de se « dépasser » en somme[4]. La critique change bien de signification — après Kant, puis par l'entremise poétique des premiers romantiques — à partir du moment où elle se donne *dialectiquement* l'exigence d'un « *dépassement immanent* dans lequel la nature unilatérale et bornée des déterminations d'entendement s'expose comme ce qu'elle est, à savoir comme leur négation. La dialectique constitue par suite l'âme motrice de la progression » ou du devenir historique lui-même[5].

La dialectique constituerait ainsi un *processus critique* plus complet et plus concret que tout ce que le « criticisme » précédent

3. G. W. F. Hegel, *Leçons sur l'histoire de la philosophie, VI. La philosophie moderne* (1825-1826), trad. P. Garniron, Paris, Vrin, 1985, VI, p. 1723.
4. *Id., Encyclopédie des sciences philosophiques, I. La science de la logique* (1817), trad. B. Bourgeois, Paris, Vrin, 1970, p. 196 (« Concept préliminaire », § 31).
5. *Ibid.*, p. 189 (« Concept préliminaire », § 15).

avait donné à entendre[6]. Plus historique et plus *complexe* aussi, car tissé de multiples contradictions qui se succèdent et s'enchâssent les unes aux autres, les unes dans les autres. Plus *immanent* surtout, puisque l'objet critiqué n'est pas seulement « posé » en face du sujet qui le critique : il faut dire, désormais, que la chose elle-même se développe, *devient* à travers un processus que l'on nommera « dialectique » en ce qu'il inclut son propre « moment critique » et se rend capable, par là même, du geste d'« autodépassement » *(Sichaufheben)* qu'Hegel invoque si souvent dans ses œuvres. Avec cette notion cruciale de *critique immanente* — c'est-à-dire interne à la chose elle-même considérée dans son devenir historique —, Hegel tourne définitivement le dos à l'idée d'un « procès » entendu comme *lieu du jugement* (le « tribunal » surplombant déjà fustigé par les romantiques), pour n'envisager que le « procès » entendu comme *processus*, c'est-à-dire comme *temps du devenir,* lui-même rythmé par le jeu dialectique des positivités et de leurs perpétuelles crises ou contradictions. Voir les choses dialectiquement, c'est découvrir que rien n'est jamais « en l'état » parce que tout est toujours « en devenir » : ce qui suppose une perpétuelle *crise de tout état de fait* — et qui vaut même pour l'État dans sa signification historique et politique. Un siècle après Hegel, Georg Simmel, entre autres, montrera que le *conflit* n'est pas seulement la désagrégation du monde social qu'on y voit généralement : c'est aussi son unité dialectique, en tant même que *moment* ou *mouvement critique*[7].

*

Entretemps il y aura eu Karl Marx. Son aventure critique commence avec celle des « Jeunes Hégéliens » de gauche qui, dans les années 1840, voulurent réfuter le conservatisme des dits « Vieux Hégéliens ». Parmi les plus notables de cette nouvelle

6. Cf. J. D'Hondt, « La critique hégélienne », *Revue philosophique de la France et de l'étranger,* CLXXXIX, 1999, n° 2, p. 169-180.

7. G. Simmel, *Le Conflit* (1908), trad. S. Muller, Strasbourg, Circé, 1995.

génération critique furent Mikhaïl Bakounine, Bruno et Edgar Bauer, Ludwig Feuerbach, Moses Hess, Arnold Ruge, Max Stirner et, donc, Karl Marx lui-même[8]. Ce groupe avait entrepris, avec véhémence, de *politiser la critique poétique* des premiers romantiques. C'est ainsi qu'en 1844 Bruno Bauer affirma que le travail « purement littéraire et théorique » mené selon lui par la génération précédente se voyait — en raison même de la nouvelle situation historique — « obligé de faire de la politique[9] ». Dans un article sur la « querelle de la critique avec l'Église et l'État », Edgar Bauer — frère du précédent et précurseur important du mouvement anarchiste allemand — écrivait ceci : « Le moyen de nous rendre libres est la critique. [...] Elle montre qu'il faut que ce soit l'homme qui engendre et domine les rapports, et non les rapports qui engendrent et dominent l'homme[10]. »

Il y aurait donc comme une *pulsion critique,* due, comme l'écrit Edgar Bauer, à ce que « vit en [l'homme] une aspiration infinie à la liberté et à la dignité rationnelle. Cette liberté de l'esprit est l'arme de la critique et c'est vers elle que se tourne cette indestructible disposition en l'homme[11] ». D'où que ses premières cibles soient les institutions par excellence du conformisme et de la répression : l'Église et ce que Bauer appelle exactement « l'État policier[12] ». En face d'une situation où la domination religieuse et politique prévaut, il est nécessaire que « la critique entre en scène », écrit Bauer. Elle « ne se tient pas au-dessus des objets qu'elle critique, elle ne se tient pas au-dessus des lois de la pensée, elle ne relève ni du caprice ni de l'arbitraire — tant il est évident qu'un pouvoir tyrannique de cette sorte serait rapidement chassé de la république des

8. Cf. F. Fischbach (dir.), *Les Jeunes Hégéliens. Politique, religion, philosophie. Une anthologie,* Paris, Gallimard, 2022.

9. B. Bauer, « Qu'est-ce qui est maintenant l'objet de la critique ? » (1844), trad. F. Fischbach, *ibid.,* p. 115 et 117.

10. E. Bauer, « La querelle de la critique avec l'Église et l'État » (1843), trad. F. Fischbach, *ibid.,* p. 140.

11. *Ibid.,* p. 140-141.

12. *Ibid.,* p. 141.

sciences. La caractéristique de la critique est bien plutôt qu'elle s'insère très précisément — et très précisément elle seule — dans l'essence de l'objet et qu'elle l'explique[13] ».

Immanente, la critique sera donc « antithéologique » par excellence, héritière en cela de l'« *Aufklärung* radicale » qui s'était développée en Allemagne dès la fin du XVIIe siècle[14]. Elle ne maintient jamais son objet dans la pure inexistence abstraite, pas plus qu'elle n'imaginerait le porter au pinacle de quelque croyance fétichiste. Bien au contraire, elle *ouvre son objet* comme de l'intérieur en ce sens que, le vouant au *devenir,* elle y *détruit* quelque chose pour y *déployer* quelque chose d'autre appelé à un processus de *relève.* Dans le champ politique qui devint rapidement celui des Jeunes Hégéliens, ce principe méthodologique engendra une « critique du droit étatique », chez Arnold Ruge[15] et, contemporainement, chez son ami Karl Marx, qui aura d'abord rendu sensible, mieux que tout autre, le grand saut philosophique de ce nouvel âge de la critique : à savoir son refus de l'idéalisme spéculatif des romantiques puis de Hegel et, par conséquent, l'affirmation résolue de son caractère *matérialiste.* En 1841, dans sa thèse sur les philosophes matérialistes de l'Antiquité, Marx écrivait *encore* que « la *critique* [...] mesure l'existence individuelle à l'aune de l'essence, la réalité particulière à l'aune de l'idée[16] », tout en explorant *déjà* les possibilités théoriques d'une attention immanente et matérielle à l'existence des choses ou des situations, plutôt qu'à la généralité abstraite de leur « essence ».

Un an plus tard, en 1842, vont se déchaîner les polémiques sur la censure de la presse, les lois iniques sur le vol de bois, la mise en danger de la liberté dans l'enseignement académique,

---

13. *Ibid.,* p. 150.
14. *Ibid.,* p. 151. Cf. J. Israel, *Les Lumières radicales, op. cit.,* p. 705-742.
15. A. Ruge, « Pour une critique du droit étatique et du droit des gens contemporains » (1840), trad. F. Fischbach, *ibid.,* p. 277-301.
16. K. Marx, *Différence de la philosophie naturelle chez Démocrite et chez Épicure* (1841), trad. dirigée par M. Rubel, *Œuvres, III. Philosophie,* Paris, Gallimard, 1982, p. 85.

la question politique de la représentativité… C'est à ce moment que Karl Marx entend défendre une notion « critique » de la « censure » — dans les mêmes termes, soit dit en passant, que ceux employés par Goya dès 1799 — en écrivant : « La vraie censure, la censure fondée dans la nature même de la liberté de la presse, c'est la *critique* ; celle-ci est le tribunal de la liberté de la presse produit en son propre sein[17]. » Tribunal *immanent,* donc : le contraire, en somme, de tout tribunal érigé depuis les hauteurs de la domination politique et policière. Puis, dans ses lettres à Arnold Ruge de 1843, Marx parlera de la critique sur le modèle *introspectif* d'une pensée capable de réfléchir sur son propre désir, c'est-à-dire aussi sur ses propres combats : « Nous pouvons, par conséquent, formuler la tendance de notre [communauté de pensée] en un seul mot : examen introspectif (philosophie critique) de notre temps sur ses luttes et ses aspirations[18]. »

Mais, en ce temps où tout le monde en Allemagne semble se revendiquer de la « tradition critique », Marx — avec son ami Engels — va se retourner vivement contre Bruno Bauer dont les articles de l'*Allgemeine Literatur-Zeitung,* depuis décembre 1843, hyperbolisaient l'exercice critique — une « critique toute pure, absolument décisive, absolument critique » — et finissaient, de la sorte, par mettre dans le même sac les ouvriers et les bourgeois, ou encore les communistes et les réactionnaires. Il s'agira donc, dans le texte polémique de *La Sainte Famille,* en 1845, de proposer la « critique de [cette] critique critique » prétendument radicale. Engels et Marx écrivent alors : « La "critique" bauerienne, et partant l'absurdité de la spéculation allemande en général, a atteint là son sommet [car] elle pousse la déformation de la réalité par la philosophie jusqu'à la comédie la plus expressive[19]. »

---

17. *Id.,* « Les délibérations de la sixième diète rhénane » (1842), trad. dirigée par M. Rubel, *ibid.,* p. 171.
18. *Id.,* « Lettres à Arnold Ruge » (1843), trad. dirigée par M. Rubel, *ibid.,* p. 346.
19. *Id.* et F. Engels, *La Sainte Famille ou Critique de la critique critique ; Contre Bruno Bauer et consorts* (1845), trad. dirigée par M. Rubel, *ibid.,*

Rectifier les « déformations de la réalité » produites par les philosophies plus ou moins idéalistes — fussent-elles de tendance gauchiste, fussent-elles légitimement révoltées, comme chez Bruno Bauer —, telle sera désormais la tâche d'une *critique matérialiste.* D'où le fameux texte introductif, composé par Marx en 1844, « Pour une critique de la philosophie du droit de Hegel », qui s'ouvre sur une affirmation tout à la fois polémique (dans le contexte qui était le sien à l'époque) et principielle (valant, pour ainsi dire, absolument) : « La critique de la religion est la condition de toute critique[20]. » Cela fondé, on le comprend, sur une prise de position *anthropologique* en tant que « fondement de la critique irréligieuse : *c'est l'homme qui fait la religion,* et non la religion qui fait l'homme[21] ».

Les formulations de Marx sont demeurées célèbres sur ce plan : il revient à la critique matérialiste de remettre le monde sur ses pieds car, avec l'idéalisme — dans lequel on peut inclure, notamment, la philosophie de l'« infinité inconsciente » de Schelling —, le monde en quelque sorte marche sur la tête. Dans le manuscrit de 1844, l'humanité asservie à la religion et à l'État politique qui en résulte est exactement définie par Marx comme « une conscience renversée du monde » *(ein verkehrtes Weltbewußtsein)* et, par conséquent, « la réalisation chimérique de l'essence humaine[22] » *(die phantastische Verwirklichung des menschlichen Wesens).* L'adjectif *phantastisch* se réfère ici à tout processus fantasmatique ou *imaginaire* défini par Marx comme un pur et simple état de « misère » *(Elend)* envisagé, dit-il, « tout à la fois [comme] l'*expression* de la misère réelle et la *protestation* contre la misère réelle. La religion est le soupir de la créature accablée, l'âme d'un monde sans cœur, de même qu'elle est l'esprit d'un état de choses où il n'est point d'esprit.

p. 427.

20. *Id.,* « Pour une critique de la philosophie du droit de Hegel. Introduction » (1844), trad. dirigée par M. Rubel, *ibid.,* p. 382.

21. *Ibid.,* p. 382.

22. *Ibid.,* p. 382-383.

Elle est l'*opium* du peuple [...], bonheur illusoire *(illusorisches Glück)* du peuple[23] ».

Il reviendra donc à la critique matérialiste d'en appeler à un « bonheur réel » contre toute construction imaginaire de ce « bonheur illusoire » que propose la religion. Une fois qu'elle se sera débarrassée de ce monde illusoire, « la critique [aura] saccagé les fleurs imaginaires *(imaginären Blumen)* qui ornent la chaîne » où l'homme se trouvait asservi par la religion, et au-delà desquelles il se trouvera, enfin, « détrompé » de ses illusions : « La religion n'est que le soleil illusoire qui gravite autour de l'homme en tant que l'homme ne gravite pas autour de lui-même[24]. » Inversement — et par le biais de l'opération critique elle-même —, « c'est la *tâche de l'histoire*, une fois l'au-delà de la vérité disparu, d'établir la vérité de l'ici-bas. Et c'est tout d'abord la *tâche de la philosophie*, qui est au service de l'histoire, de démasquer l'aliénation de soi dans ses formes profanes, une fois démasquée la forme sacrée de l'aliénation de l'homme. La critique du ciel se transforme ainsi en critique de la terre, la critique de la religion en critique du droit, la critique de la théologie en *critique de la politique*[25] ».

*

Voici donc que la critique philosophique se transforme, comme naturellement, en « critique de la politique » c'est-à-dire, tout aussi bien, en *critique politique* de toute réalité. Le criticisme kantien, la critique des premiers romantiques ou la dialectique hégélienne, tout cela se voit repris et radicalisé jusqu'à un véritable *renversement* qui fournit d'ailleurs à Karl Marx son image littéraire privilégiée : celle d'un grand corps remis droit sur ses pieds là où il marchait sur la tête. D'une part, un tel renversement se légitime à l'évidence d'un projet anthropologique de recentrement de l'humanité sur elle-même :

23. *Ibid.,* p. 383.
24. *Ibid.,* p. 383.
25. *Ibid.,* p. 383.

« La critique de la religion s'achève par la leçon que *l'homme est, pour l'homme, l'être suprême,* donc par l'impératif catégorique de bouleverser tous les rapports où l'homme est un être dégradé, asservi, abandonné, méprisable ; ces rapports, on ne saurait mieux les rendre que par l'exclamation d'un Français à l'annonce d'un projet d'impôt sur les chiens : pauvres chiens ! on veut vous traiter comme des hommes[26] ! »

La belle exigence révolutionnaire est là, qui veut en finir avec l'état de servitude où les dogmes — religieux, pour commencer — entendent maintenir l'humanité. Cette exigence fut, pour ainsi dire, native chez Marx comme fut inaugural son projet d'une *anthropologie critique* destinée à débarrasser l'homme aliéné de ses propres « spectres », dont on trouve déjà la marque très puissante dans l'exergue choisi par Marx pour sa thèse de 1841, extrait d'une lettre de Spinoza à Hugo Boxel datant de 1674 : « Pour ce qui est des spectres et des esprits, aucune de leurs propriétés n'est jusqu'ici parvenue à mes oreilles qui soit intelligible, mais seulement des imaginations que personne ne peut comprendre. [...] Rien de surprenant à ce que ceux qui ont inventé les qualités occultes, la finalité des espèces, les genres substantiels et mille autres absurdités, aient imaginé des spectres et des esprits et cru les vieilles sorcières, afin d'affaiblir l'autorité de Démocrite[27] [et du matérialisme philosophique en général]. »

Mais, d'autre part, cette critique politique affirme hautement sa volonté d'extirper hors de l'esprit humain tous ces « spectres et esprits », tous ces fantômes dont l'autorité ne vient que d'un passé constamment actualisé dans l'imagination des peuples sous forme de hantise : « La lutte contre le présent politique de l'Allemagne est la lutte contre le passé des peuples modernes *(die Kampf gegen die Vergangenheit der modernen Völker)* et les réminiscences *(Reminiszenzen)* de ce passé [qui] ne cesse de

26. *Ibid.,* p. 390-391.
27. *Id., Différence de la philosophie naturelle chez Démocrite et chez Épicure, op. cit.,* p. 2.

la hanter[28]. » Autant Jacques Derrida a eu raison, dans *Spectres de Marx,* de critiquer le motif de la « mort du marxisme » et d'invoquer sa juste revenance à travers le fameux « spectre du communiste » qui hante l'Europe[29], autant il nous faut constater, chez Marx lui-même, le désir constant de *révoquer les spectres* de l'imagination, comme si l'activité psychique de celle-ci revenait — matérialisme aidant — à une pure et simple, et impuissante, illusion.

C'est ainsi que la *critique de l'imaginaire* allait se muer, comme naturellement, en *critique de l'idéologie* politique. Une critique désormais assimilée, non pas à un tribunal surplombant, mais à un corps de militants affrontés à des ennemis qu'il conviendrait d'anéantir : « En lutte contre cet état de choses [la domination des uns et la servitude des autres], la critique n'est pas une passion de tête, elle est la tête de la passion. Elle n'est pas un scalpel anatomique, mais une arme. Son objet est son *ennemi,* qu'elle veut non pas réfuter, mais *anéantir*[30]. » C'était là, évidemment, le destin d'une critique matérialiste que de bouleverser *concrètement* la situation critiquée. D'où la phrase célèbre qui concluait les « Thèses sur Feuerbach », en 1845 : « Les philosophes n'ont fait qu'*interpréter* le monde de diverses manières ; ce qui importe, c'est de le *transformer*[31]. » D'où que *L'Idéologie allemande,* en 1845-1846, se soit présentée d'emblée comme une « critique du monde » au nom de la « conception matérialiste » de l'histoire et de la société[32].

Même si Karl Marx n'a pas cessé de publier des « critiques » au sens journalistique, voire littéraire, du terme, on comprend

28. *Id.,* « Pour une critique de la philosophie du droit de Hegel », art. cit., p. 386.

29. J. Derrida, *Spectres de Marx. L'État de la dette, le travail du deuil et la nouvelle Internationale,* Paris, Galilée, 1993.

30. K. Marx, « Pour une critique de la philosophie du droit de Hegel », art. cit., p. 385.

31. *Id.,* « Thèses sur Feuerbach » (1845), trad. dirigée par M. Rubel, *Œuvres, III. Philosophie, op. cit.,* p. 1033.

32. *Id., L'Idéologie allemande (conception matérialiste et critique du monde)* (1845-1846), trad. dirigée par M. Rubel, *ibid.,* p. 1037-1325.

que son engagement politique devait donner à son *geste critique* un tour plus radicalement combatif que tout ce qui se pratique, d'ordinaire, de poètes à poètes[33]. Ne s'agissait-il pas d'organiser un parti révolutionnaire structuré contre tout l'environnement policier d'une part, les anciens amis devenus hostiles — les « utopistes » ou les anarchistes, en particulier —, d'autre part ? Il fallait donc que le geste critique fût moins délicat et plus implacable, sans perdre pour autant de sa rigueur méthodique, comme on l'éprouve en lisant par exemple la « Critique de la philosophie politique de Hegel » de 1843 ou, en 1857-1858, les « Principes d'une critique de l'économie politique » qui constitueront l'ébauche même du *Capital,* ce livre pour lequel il devenait superflu de préciser qu'il devait bien se lire comme une *critique du capital*[34].

On comprend aisément que cette critique, philosophique au départ, matérialiste en son fond, n'ait eu qu'une seule grande vocation : celle de déboucher sur une *critique pratique*[35]. Ce qu'elle dénonçait au départ devait bientôt disparaître de l'histoire ; ce qu'elle démystifiait devait permettre de décider politiquement pour le présent et l'avenir. Façon d'ouvrir une nouvelle époque : de transformer le monde. D'un côté, elle faisait partie de la constellation des « philosophies critiques de l'histoire » en Allemagne, dont Raymond Aron a pu brosser un tableau

33. *Id.,* « Chroniques littéraires et politiques dans la *Neue Rheinische Zeitung* » (1850), trad. dirigée par M. Rubel, *Œuvres. Politique, I,* Paris, Gallimard, 1994, p. 345-430.
34. *Id.,* « Critique de la philosophie politique de Hegel » (1843), trad. dirigée par M. Rubel, *Œuvres, III. Philosophie, op. cit.,* p. 863-1018. *Id.,* « Principes d'une critique de l'économie politique » (1857-1858), trad. J. Malaquais et M. Rubel, *Œuvres. Économie, II,* dir. M. Rubel, Paris, Gallimard, 1968, p. 171-359. *Id., Le Capital* (1867), trad. dirigée par M. Rubel, *Œuvres. Économie, I,* dir. M. Rubel, Paris, Gallimard, 1963 (nouvelle éd. 1977).
35. Cf. K. Röttgers, *Kritik und Praxis. Zur Geschichte des Kritikbegriffs von Kant bis Marx,* Berlin-New York, Walter de Gruyter, 1975, p. 253-277. E. Renault, *Marx et l'idée de critique,* Paris, PUF, 1995. *Id.,* « La modalité critique chez Marx », *Revue philosophique de la France et de l'étranger,* CLXXXIX, 1999, n° 2, p. 181-198.

pour les lecteurs français[36]. D'un autre côté, cependant, elle appelait à une refonte de ces philosophies mêmes et demeura, par conséquent, un outil fondamental pour la Théorie critique à venir, capable même de susciter des *gestes critiques différents,* voire très différents les uns des autres[37]. D'où qu'il y ait tant de marxismes possibles. Dans sa contribution au fameux recueil suscité par Louis Althusser, *Lire le Capital,* Jacques Rancière voulut ainsi faire jouer ces différences, exigeant de la critique qu'elle sache *changer de terrain* : celui, disait-il d'un « autre concept d'histoire » en décalage avec celui des rapports de force économiques et politiques unilatéralement envisagés par les marxistes orthodoxes[38].

C'est que l'histoire elle-même — avec la politique qui la configure — ne cesse pas de changer de terrain, justement. L'histoire bouge, remue, se déplace : elle n'est donc sans doute jamais là exactement où on croit l'avoir localisée. Comme l'écrivait récemment Hervé Mazurel, « en chacun de nous, prédominants en nous, il y a aussi des hommes et des femmes d'hier. Qui s'expriment ainsi par-delà la mort et, à travers nous, depuis les profondeurs du temps. Ces êtres du passé, *via* leur legs historique, hantent encore nos visages et leurs expressions, habitent nos sensations, émotions et sentiments, informent bien de nos gestes et conduites, tandis qu'ils peuplent et instruisent nos désirs, nos songes et autres fantasmes… […] Ce qui nous amènera à découvrir *au plus près,* c'est-à-dire au plus obscur de notre être intime, tapie dans la nuit de nos souvenirs oubliés, toute cette riche et longue histoire collective. Proche et lointaine à la fois, silencieuse mais vivante, aussi décisive sans doute qu'elle demeure secrète et enfouie. De cela au moins,

---

36. R. Aron, *La Philosophie critique de l'histoire. Essai sur une théorie allemande de l'histoire,* Paris, Vrin, 1938 (rééd. revue, Paris, Julliard, 1987).
37. Cf. notamment P.-L. Assoun et G. Raulet, *Marxisme et Théorie critique,* Paris, Payot, 1978. É. Balibar, C. Luporini et A. Tosel, *Marx et sa critique de la politique,* Paris, Maspero, 1979.
38. J. Rancière, « Le concept de critique et la critique de l'économie politique des *Manuscrits de 1844* au *Capital* », art. cit., p. 199.

nous sommes sûrs à présent : l'inconscient est histoire. Mieux : l'inconscient est *notre histoire.* Et peut-être même aussi toute l'inquiétante étrangeté de l'histoire[39] ».

Les fantômes et les « fleurs imaginaires » que Marx pensait pouvoir éradiquer de l'histoire[40] — voilà ce qui, même à l'état dormant, persiste, résiste et revient malgré tout dans l'histoire. Fantômes et « fleurs imaginaires » ne cessent de hanter notre histoire : comme ses formations de symptôme ou comme son inquiétante étrangeté. Comme ses *moments critiques* dont tout travail de pensée, tout « mouvement de la critique » se devront alors de considérer — cette tâche en fût-elle difficile — la profondeur anthropologique et la véritable *puissance historique.*

39. H. Mazurel, *L'Inconscient ou l'oubli de l'histoire. Profondeurs, métamorphoses et révolutions de la vie affective,* Paris, La Découverte, 2021, p. 584.
40. K. Marx, *Le 18 Brumaire de Louis Bonaparte* (1852), trad. M. Rubel, *Œuvres, IV. Politique, I,* dir. M. Rubel, Paris, Gallimard, 1994, p. 437-440, où Marx révoque la « tradition de toutes les générations mortes », les « mânes des ancêtres » et les « spectres du passé ».

## PAR MIGRATIONS, PAR ÉTOILEMENTS (GESTE EXCENTRIQUE)

Les images ont la mauvaise réputation, bien souvent, de n'être que des *crises de la raison.* Elles extravaguent, en effet : et c'est comme si, déjà, on leur reprochait de ne pas « consister », de ne pas tenir en place et, par conséquent, de ne former que des moindres réalités. Les images ne possèdent pas d'assise ontologique solide : est-ce parce qu'elles ne cessent jamais de migrer, de traverser les frontières ? Ne faudrait-il pas admettre que toute image doit être pensée comme *moment d'un mouvement,* étape d'une migration ? Dans l'un de ses plus fameux *Caprices,* on s'en souvient, Goya représenta l'effondrement de sa propre raison vigile, ou l'espèce d'explosion de sa raison lucide *(fig. 1).* Son sommeil — la tête entre les bras, posée sur sa table de travail — devenait songe *(sueño)* et engendrait tout un peuple de fantômes ou de monstres *(monstruos)* : comme d'une boîte de Pandore surgissaient ainsi de sa tête toute une foule d'images en mouvement où se mélangeaient, en un grand tohu-bohu au-dessus de sa tête, du *soi-même* fantomatique (un autoportrait qui flottait dans l'air en se démultipliant) et de l'*étranger* anthropomorphe (masques ou visages difformes, grimaçants) ou animal (chat, chauve-souris, et même un cheval flottant dans l'espace).

Goya fut sans doute le plus grand, en son temps, à faire des images capables d'en appeler explicitement — dans son résumé des *Caprices* paru en 1799 dans le *Diario de Madrid*[1] — à cette

1. Anonyme espagnol [F. Goya ou inspiré par lui], « Une collection d'estampes à sujets de caprices, inventés et gravés à l'eau-forte par Don Francisco Goya », art. cit., p. 37-39.

*critique de l'imagination* qu'Emmanuel Kant, de son côté, tentait de mener sur un plan purement philosophique. Peintre des Lumières et explorateur des ombres, inventeur d'extraordinaires images dialectiques, Goya aura ainsi, mieux que quiconque, mis en œuvre ce que les poètes romantiques allemands, également ses contemporains, nommaient une « critique immanente » des œuvres de l'imagination. Puis Hegel a reconceptualisé tout ce mouvement de la critique immanente en l'historicisant comme « procès » ou processus dialectique. Et Karl Marx l'aura repris à son compte… sauf, apparemment, pour tout ce qui concernait les mondes imaginaires. Les images n'appartenaient-elles pas avant tout, de son point de vue matérialiste, au domaine de la religion ou de la magie, de la croyance primitive ou du fétichisme, de l'hallucination ou de l'anesthésie (« l'opium du peuple »), de l'utopie impuissante ou du déni de la réalité historique ?

La critique des images au nom du matérialisme dialectique aboutissait donc à une révocation sévère — et globale — plutôt qu'à une analyse immanente. Surgissant de très vieilles croyances ou traditions, les images n'apparaissaient aux yeux de Marx que comme cette « conscience renversée du monde », cette « relation chimérique *(phantastische)* de l'essence humaine » qu'il dénonçait, en 1844, dans son introduction à la « Critique de la philosophie du droit de Hegel[2] ». Il faut rappeler qu'une telle « relation fantasmatique » au réel était alors considérée comme une « misère » *(Elend),* quelque admirables que fussent les images de « bonheur illusoire » *(illusorisches Glück)* que l'on trouve dans toute l'histoire de l'art occidental : Vierges, anges, saints, héros, lieux paradisiaques promis aux Élus — c'est-à-dire à ceux qui avaient bien obéi — pour la « Fin des temps »… Tout cela, du point de vue de l'anthropologie politique élaborée par Marx, n'était donc bien qu'un tressage de « fleurs imaginaires » *(imaginären Blumen)* autour des liens qui asservissent les peuples sous la domination d'un clergé ou d'un pouvoir patronal[3].

---

2. K. Marx, « Pour une critique de la philosophie du droit de Hegel. Introduction », art. cit., p. 382-383.
3. *Ibid.,* p. 383.

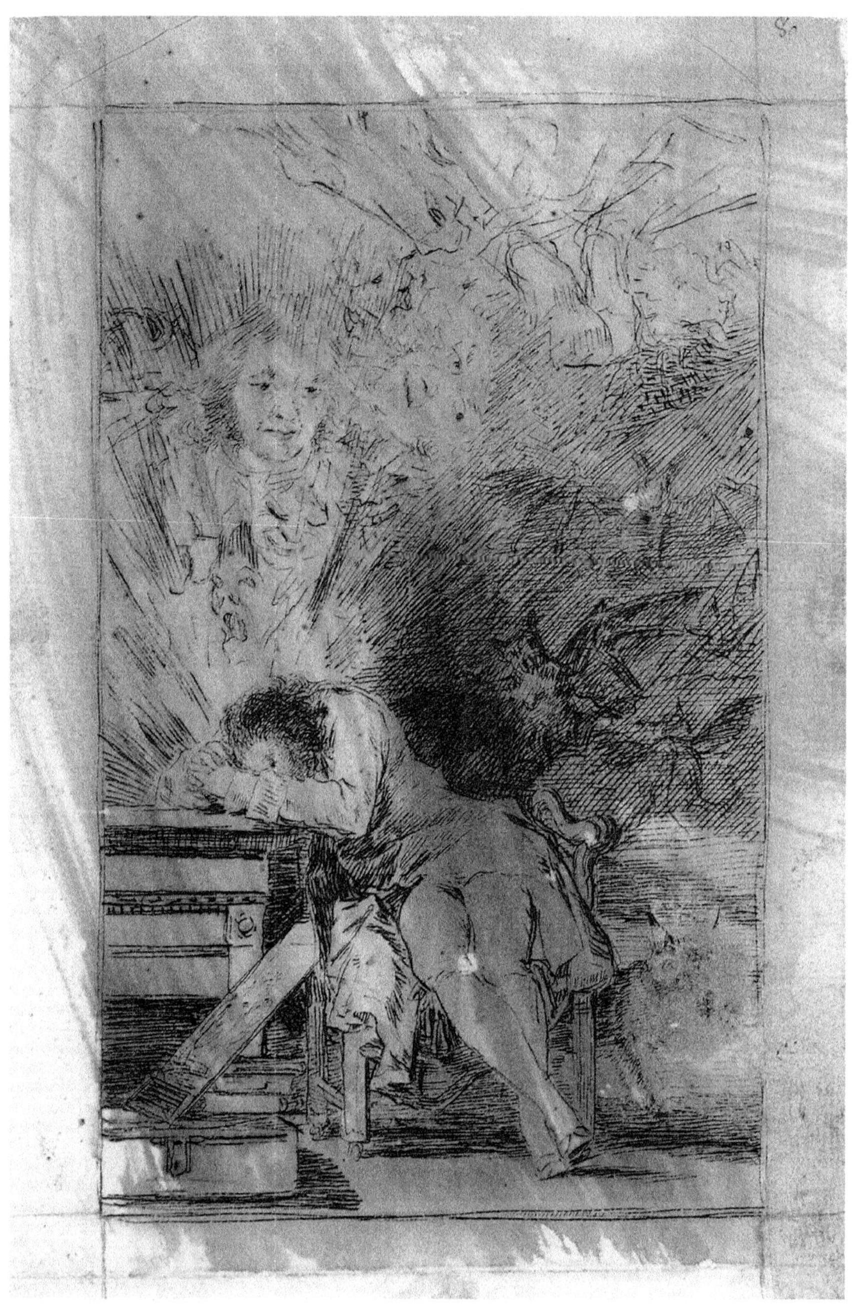

**Fig. 1.** Francisco de Goya, *Sans titre*, 1797. Dessin préparatoire pour la gravure du *Capricho 43 « El sueño de la razón produce monstruos »*.

Nietzsche ne s'est pas privé, à son tour, de fustiger tous les types de pouvoir clérical, y compris sous ses apparences sécularisées. Mais il a, par rapport à la critique de l'imagination, complètement inversé la perspective de Marx. Les images, les sensations et les émotions, disait-il, ne sont pas de moindres pensées, les signes d'une raison malade ou des fuites devant la réalité. C'est même le contraire qu'il faudrait envisager, et voir dans les productions de notre entendement les « ombres [...] toujours obscures, plus vides et plus simples » que celles, corporelles, de nos sensations et que celles, psychiques, de nos émotions ou de nos imaginations[4]. Or ce qui caractérisait les sensations, les émotions ou les imaginations — ce qui leur conférait aux yeux de Nietzsche ce statut si fondamental par rapport à une raison considérée, pour ainsi dire, comme une élaboration secondaire — était justement leur nature de *puissance* ou de force : formes toujours en formation, et non pas fixations ou formes en arrêt sur leur propre pouvoir. C'est-à-dire des mouvements et non des stases. Des processsus d'*actio in distans*[5] : de subtiles migrations, donc, des passages à travers les frontières et non des places établies dans un territoire inamoviblement gouverné.

Les émotions ne sont « pathologiques » et les imaginations ne sont « extravagantes » qu'au regard d'une anthropologie amenuisée, qu'elle soit idéaliste ou matérialiste, et que soutiendraient ces deux préjugés que sont le rejet du *pathos* et la peur du *passage.* Ce qu'a montré Goya — producteur, s'il en fut, d'images extrêmement intenses, pathétiques ou passionnelles —, c'est entre autres choses que les fantômes, ces fantasmes, ces images, littéralement nous *sortent de la tête (fig. 1).* Marx a réfuté leur extravagance en affirmant qu'ils

4. F. Nietzsche, *Le Gai Savoir* (1882-1887), *Œuvres philosophiques complètes, V,* éd. G. Colli et M. Montinari, trad. M. de Gandillac, Paris, Gallimard, 1982, p. 169. Cf. G. Didi-Huberman, *Brouillards de peines et de désirs. Faits d'affects, 1,* Paris, Les Éditions de Minuit, 2023, p. 59-63.

5. Cf. M. Cohen-Halimi, *L'Action à distance. Essai sur le jeune Nietzsche politique,* Caen, Nous, 2021, p. 89-161.

*sortent de notre être* et de notre histoire véritable en inventant une fausse « essence humaine ». Enfin Aby Warburg — après Nietzsche et avec Freud, à sa singulière façon — nous a donné à comprendre comment ils nous *ramènent à notre être* comme ces créatures pourtant étrangères, diaphanes, ces simulacres en mouvement, ces êtres auratiques venus de très loin... mais de *très loin en nous*. Moyennant quoi, selon une formule devenue célèbre, Warburg aura pu envisager l'histoire occidentale des images — à travers, notamment, la mémoire ou l'« influence » *(Einfluss)* de ce passé lointain qu'on appelle « l'Antiquité » *(der Antike)* — comme une « histoire de fantômes pour grandes personnes » *(Gespentergeschichte f[ür] ganz Erwachsene*[6]*)*.

*

Cette formule est celle non d'un historien au sens positiviste du terme, mais bien d'un « psycho-historien » *(Psychohistoriker)*, comme Aby Warburg aimait à se qualifier lui-même[7]. Cela signifie déjà qu'une anthropologie historique des images — ou une « science de la culture » en général — ne trouve pas son objet théorique à partir de *choses* exactement isolables et situables dans le temps ou dans l'espace : elle s'affronte plutôt à des *relations* ou à des « fonctions », ainsi qu'Ernst Cassirer en avait proposé, dès 1910, une épistémologie renouvelée par-delà toute fixité métaphysique de la « substance[8] ». L'objet théorique fondamental d'une telle « science de la culture » résiderait même plutôt dans les processus de *migrations* que dans les « fonctions » au sens logique ou « fonctionnaliste » — selon une perspective ethnologique — du terme.

---

6. A. Warburg, *Mnemosyne. Grundbegriffe, II* (2 juillet 1929), Londres, Warburg Institute Archive, III, 102.4, p. 2.
7. *Id., Gesammelte Schriften, VII. Tagebuch der Kulturwissenschaftlichen Bibliothek Warburg* (1926-1929), éd. K. Michels et C. Schoell-Glass, Berlin, Akademie Verlag, 2001, p. 429 (3 avril 1929).
8. E. Cassirer, *Substance et fonction. Éléments pour une théorie du concept* (1910), trad. P. Caussat, Paris, Les Éditions de Minuit, 1977, p. 13-39.

C'est à plus d'un titre et dans plusieurs dimensions que les images, selon Warburg, se révèlent « migrantes ». De cette polyvalence je ne saurai ici donner qu'une brève esquisse, une sorte de résumé que j'organiserai en cinq propositions lapidaires ou synthétiques[9]. Premièrement : rien, dans l'histoire, n'apparaît de façon décisive — ou « critique » — qui ne soit suscité par quelque *migration psychique.* Qu'Aby Warburg se soit lui-même défini comme « psycho-historien » en 1929, année de sa mort, ne fut que le signe d'une fidélité à soi-même déjà explicite dans la « Remarque préliminaire » de sa thèse sur Botticelli en 1893. Or ce texte, aussi stratégique que bref — venant à la place d'un projet, non abouti, de ce qui aurait pu constituer une véritable « préface épistémo-critique » plus développée —, présentait une triade conceptuelle qui structurait déjà la complexité des processus migratoires à l'œuvre dans toute l'histoire culturelle occidentale.

Cette esquisse conceptuelle décrivait ainsi le composé de trois types de migrations psychiques, légitimant aux yeux du jeune Warburg quelque chose comme un grand projet d'« esthétique psychologique[10] » *(psychologische Ästhetik).* Trois mouvements psychiques, donc : d'abord un *processus mémoratif,* la réminiscence de l'Antiquité païenne à la Renaissance comprise comme survivance ou « après-vivre » *(Nachleben)* ; ensuite un *processus affectif* et expressif produisant l'intensification des mouvements corporels et psychiques représentés sous l'espèce de ce que Warburg devait, plus tard, nommer les « formules de

9. Je les résume aussi parce qu'elles se réfèrent à des travaux antérieurs plus développés, notamment : *L'Image survivante. Histoire de l'art et temps des fantômes selon Aby Warburg,* Paris, Les Éditions de Minuit, 2002. *Atlas ou le gai savoir inquiet, op. cit.* « Au pas léger de la servante. Savoir des images, savoir excentrique », *Faire des sciences sociales, I. Critiquer,* dir. P. Haag et C. Lemieux, Paris, Éditions de l'École des hautes études en sciences sociales, 2012, p. 177-206. *Ninfa fluida. Essai sur le drapé-désir,* Paris, Gallimard, 2015.

10. A. Warburg, « *La Naissance de Vénus* et *Le Printemps* de Sandro Botticelli. Une recherche sur les représentations de l'Antique aux débuts de la Renaissance italienne » (1893), trad. S. Muller, *Essais florentins,* Paris, Klincksieck, 1990, p. 49.

*pathos* » *(Pathosformeln)* et répondant à sa question initiale d'un affect d'« empathie *(Einfühlung)* en train de devenir une force constituant le style[11] *(stilbildende Macht)* » ; enfin, ce *processus de déplacement* dans l'intensité émotionnelle, caractéristique chez Botticelli, depuis les corps eux-mêmes vers les « accessoires en mouvement » des chevelures et des draperies[12]. Ce qui complexifiait singulièrement — comme Freud le faisait d'ailleurs à la même époque en forgeant une nouvelle notion du travail de rêve et du symptôme psychique — l'idée commune à se faire d'une « expression des affects » si souvent *déplacée* dans la culture occidentale des représentations figuratives[13].

Deuxièmement : rien sans doute, dans l'histoire, n'apparaît de façon décisive, ou « critique », qui ne se soit développé à travers un processus de *migrations culturelles.* Pas un seul fait historique majeur qui ne soit à la pliure d'un tel mouvement. Pas une seule identité revendiquée — ou une « centralité » nationale, comme lorsque Vasari voulut établir que la Renaissance européenne n'avait qu'une seule capitale : Florence — qui ne soit la tentative de fossiliser ou de dénier une telle condition migratoire. Warburg a montré, bien loin de tout chauvinisme stylistique, que la splendeur proprement *florentine* des tableaux de Botticelli n'aurait jamais été ce qu'elle fut sans la migration *flamande* du triptyque Portinari de Hugo van der Goes à Florence[14]. Ou bien que le grand style *européen* des fresques ferraraises au palais Schifanoia n'aurait jamais trouvé sa forme sans la migration *arabe* d'une culture astrologique dont seule, écrivait Warburg, une « iconologie critique » *(kritische Ikonologie)* sera capable d'analyser les « couches inattendues d'apports incompréhensibles[15] ».

11. *Ibid.,* p. 49.

12. *Ibid.,* p. 49 et 83-91.

13. *Id., Fragments sur l'expression* (1888-1905), éd. S. Müller, trad. S. Zilberfarb, Paris, L'Écarquillé, 2015.

14. *Id.,* « L'art flamand et la Renaissance florentine » (1902), trad. S. Muller, *Essais florentins, op. cit.,* p. 141-144.

15. *Id.,* « Art italien et astrologie internationale au Palazzo di Schifanoia à Ferrare » (1912), trad. S. Muller, *Essais florentins, op. cit.,* p. 205.

Troisièmement, Warburg a compris que tous ces processus étaient à la fois migrations dans l'espace et migrations dans le temps : *migrations structurelles,* pourrait-on dire en ceci que la coalescence des événements dans le temps et des lignes de fuite dans l'espace relève fatalement de phénomènes plus vastes et plus profonds. Ce sont les rythmes d'une pulsation immanente — comme diastole et systole — de continuités et de discontinuités. Il n'y a de survivances dans le temps *(Nachleben)* que parce qu'il y a des migrations dans l'espace *(Wanderungen).* Ce qu'on peut observer dès la planche I de l'atlas d'images *Mnémosyne,* où des modèles divinatoires babyloniens datant d'environ 1700 ans avant Jésus-Christ forment une trajectoire formellement cohérente — continue — jusqu'au « Foie de Piacenza », objet étrusque du IIe siècle avant notre ère, sans qu'aucune tradition continue ne puisse, cependant, s'en dessiner avec clarté[16] (d'autant que ces objets, complètement absents de l'histoire artistique occidentale, se réveilleront soudainement de leur longue « dormance » avec l'intérêt que leur portera, presque deux mille ans plus tard, l'artiste Joseph Beuys[17]).

Il entre donc dans le « destin des images » et des imaginations — comme Freud a pu parler d'un « destin des pulsions » — qu'elles savent courir dans les dessous des traditions officielles, telles des migrantes clandestines, pour se manifester un jour, subitement, en « moments critiques » correspondant à des processus formels et sémantiques d'intensification dont *Mnémosyne* offre de multiples exemples et fournit même, dans le texte de son introduction, un modèle désormais fameux : celui du « caractère supplétif des langues indo-germaniques » selon le linguiste Hermann Osthoff[18]. Qu'il faille changer de racine linguistique pour intensifier *bonus* en *melior* et *melior* en *optimus* était l'indice, pour Warburg, que l'intensification — phénomène majeur

16. *Id., L'Atlas Mnémosyne* (1927-1929), trad. S. Zilberfarb, Paris, L'Écarquillé-INHA, 2012, p. 70-71.
17. J. Beuys et V. Harlan, *Qu'est-ce que l'art ?* (1986), trad. L. Cassagnau, Paris, L'Arche, 1992, p. 107-111.
18. A. Warburg, *L'Atlas Mnémosyne, op. cit.,* p. 54-55.

dans l'histoire des formes — ne va pas sans déracinement, c'est-à-dire sans migration. Même lorsqu'il se sera agi de convoquer un modèle géologique plutôt que linguistique, Warburg s'est tourné vers la notion de *Leitfossil,* qui suppose, telle une paradoxale « continuité discontinue », le déplacement des sols à la suite de mouvements tectoniques et de « pliures de couches » : une *survivance migratoire,* à strictement parler, de certaines formations géologiques… façon de rappeler que l'histoire ne cesse pas, littéralement, de changer de terrain.

Or voilà qui rend nécessaire une quatrième proposition : dans la mesure même où on les perçoit comme crises, discontinuités dans une tradition fantasmée comme autochtone, ou encore comme interruptions anachroniques dans le cours d'un « progrès » historique reclos sur lui-même, les images de survivance doivent être comprises comme des *migrations critiques* ou « symptomales ». Comme si, quelquefois, l'histoire de l'art pouvait « souffrir de réminiscences » en altérant sa propre tradition par le recours à un élément étranger, exogène ou bien, tout simplement, refoulé. Élément ou événement, dans les deux cas, d'une *étrangeté* ou d'une *inquiétance* — une « inquiétante étrangeté » — caractéristique[19]. C'est un tel effet d'*Unheimliche* qu'Aby Warburg aura, notamment, repéré dans le motif de la *Ninfa* quand elle surgit, tel un fantôme d'érotisme païen dans les scènes pieuses peintes aux murs des églises de Florence, avec son « pas léger » que les théoriciens humanistes de la danse qualifiaient justement avec des mots tels qu'*ondeggiare, fantasia, aere*… et surtout *fantasmata*[20]. Comme le suggéraient Edgar Wind et Frederick Antal en 1937, on dirait quelquefois qu'une ménade venue de la Grèce antique a fait tout un voyage — dans l'espace, dans la mémoire et, même, dans le désir — pour aller

19. Cf. G. Didi-Huberman, *L'Humanisme altéré, op. cit.,* p. 7-77.
20. A. Warburg, « Ninfa Fiorentina. Fragmente zum Nymphenprojekt » (1900), dir. M. Treml, S. Weigel et P. Ladwig, Berlin, Suhkamp Verlag, 2010, p. 198-210. Cf. G. Didi-Huberman, *Ninfa fluida, op. cit.,* p. 63-80.

se jeter de façon extravagante au pied de la croix dans quelque église de la Toscane renaissante[21].

Le même Edgar Wind avait, dès 1931, remarquablement commenté la *leçon philosophique* — et pas seulement philologique, comme l'avaient fait et comme le font encore la plupart des commentateurs de Warburg — de ce grand projet d'une « science de la culture » envisagée comme une « iconologie critique[22] ». Ce point de vue permet de comprendre la cinquième proposition de ma présente esquisse : comme dans un questionnement de type kantien (Warburg, au même titre que Cassirer, s'étant voulu homme des Lumières), la prise en considération des migrations psychiques ou culturelles, structurelles ou symptomales n'aura pas été sans effets réflexifs sur la méthode et le sujet de la connaissance lui-même. Aby Warburg s'est ainsi laissé entraîner dans le dédale presque fou, apparemment borgésien et cependant justifié avec rigueur, de ce qu'on pourrait nommer des *migrations épistémiques.*

On l'observe déjà dans la « géographie personnelle » de Warburg, qui transita souvent entre Hambourg et Florence, Strasbourg et Rome, Amsterdam et Naples, sans compter le fameux voyage en Arizona parmi les villages Hopi *(fig. 2),* en un grand parcours évoquant la ligne virtuelle et sinueuse qui, dans *Mnémosyne,* permettait de faire comprendre la migration d'un objet singulier de Babylone vers Piacenza. On sait, par ailleurs, la teneur essentiellement *fluante,* voire *fuyante* que Warburg convoquait lorsqu'il parlait de « sources » ou d'« influences » formelles. Aussi les migrations épistémiques warburgiennes doivent-elles se penser sous l'angle d'une *morphodynamique des fluides* qui convient exactement aux mouvements de l'air ou de l'eau, mais aussi aux mouvements des images et des fantômes.

21. F. Antal et E. Wind, « The Maenad under the Cross », *Journal of the Warburg Institute,* I, 1937, p. 70-73.
22. E. Wind, « Warburg's Concept of *Kulturwissenschaft* and Its Meaning for Aesthetics » (1931), *The Eloquence of Symbols. Studies in Humanist Art,* Oxford, Clarendon Press, 1983, p. 21-35.

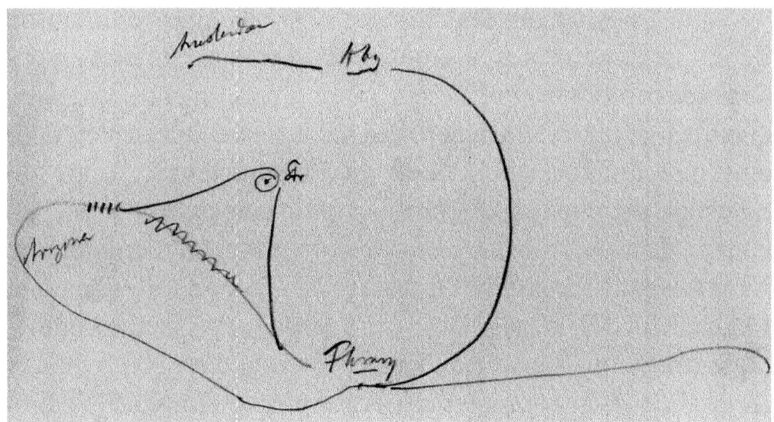

**Fig. 2.** Aby Warburg, *Schéma d'une géographie personnelle*, 1928.

D'où la valeur paradigmatique de la *Ninfa* comme figure allégorique de cette « science sans nom » inventée par Warburg[23], au même titre que *Gradiva* aura pu fournir à Freud l'allégorie même de sa « méthode psychique ». Servante fantomatique — souvent peinte en grisaille —, *Ninfa* apporte, dans le contexte bourgeois et chrétien des fresques de Ghirlandaio à Florence, des *fruits venus d'ailleurs (fig. 3).* Et c'est alors comme si l'*iconologie critique* d'Aby Warburg se pensait elle-même comme un savoir excentrique, toujours migrant, toujours *porteur d'autre* : toujours guidé par le désir de traverser toutes les portes closes, toutes les cloisons opaques, toutes les frontières du savoir académique. Mais, parce que ces portes, cloisons et frontières tendent toujours à se refermer, il convient de lire l'œuvre de Warburg comme un mouvement obstiné — aussi actuel qu'anachronique — pour traverser notre *épistèmè* à la façon d'un *dibbouk,* cette âme d'un mort qui continue de prendre la parole à travers nos propres gestes et discours[24].

23. R. Klein, « Saturne : croyances et symboles » (1964), *La Forme et l'Intelligible. Écrits sur la Renaissance et l'art moderne,* Paris, Gallimard, 1970, p. 224. Formule reprise, vingt ans plus tard, par G. Agamben, « Aby Warburg et la science sans nom » (1984), trad. J. Gayraud et M. Rueff, *La Puissance de la pensée. Essais et conférences,* Paris, Payot & Rivages, 2006, p. 107-126.

24. Cf. G. Didi-Huberman, « Notre *dibbouk.* Aby Warburg dans l'autre temps de l'histoire », *La Part de l'œil,* n° 15-16, 1999-2000, p. 219-235. Sur la migration

Toutes ces traversées forment des *passages,* comme on l'éprouve concrètement à simplement cheminer entre les rayonnages de la bibliothèque Warburg dont le classement si singulier, quelquefois jugé extravagant, permet justement de sauter, pour ainsi dire, d'un champ à l'autre, ou d'un problème à l'autre qui lui est lié par quelque chemin souvent inaperçu, souterrain : un chemin de traverse découvert grâce au « passeur » Aby Warburg. Mais toutes ces migrations forment aussi des *constellations* dont l'étoilement des images, dans l'atlas *Mnémosyne,* donne l'immédiate sensation. Sans doute Cesare Brandi, dans son livre *Les Deux Voies de la critique,* s'est-il quelque peu simplifié la vie en envisageant l'histoire de l'art sous l'angle d'une grande bipolarité méthodologique[25]. Loin du simple face-à-face entre iconologie et formalisme, ou bien entre phénoménologie et sémiologie, l'anthropologie des images — cette « histoire de fantômes pour grandes personnes » — se déploie donc comme un *savoir excentrique* et critique à la fois. Un *savoir étoilé,* si l'on peut dire. La lecture de Warburg, en tout cas, aura rendu clair que *toute critique est migration* des points de vue, et que toute migration bien pensée produit un effet de critique immanente dans le territoire clos des certitudes non questionnées où elle intervient.

*

Au temps de la crise économique et politique qui — lorsque mourut Aby Warburg — précéda l'accession de Hitler au pouvoir, Bertolt Brecht pouvait écrire ceci : « Les historiens de l'art sont des gens qui, à l'écart de toute politique, habitent des musées où l'on expose, outre des tableaux, des pierres taillées et du bric-à-brac vermoulu. À ces gens vraiment tout à fait inoffensifs,

---

comme « testament » de l'iconologie warburgienne, cf. A. Beyer, H. Bredekamp, U. Fleckner et G. Wolf (dir.), *Bilderfahrzeuge. Aby Warburgs Vermächtnis und die Zukunft der Ikonologie,* Berlin, Verlag Klaus Wagenbach, 2018.

25. C. Brandi, *Les Deux Voies de la critique* (1966), trad. P. Philippot, Paris, Marc Vokar Éditeur, 1989.

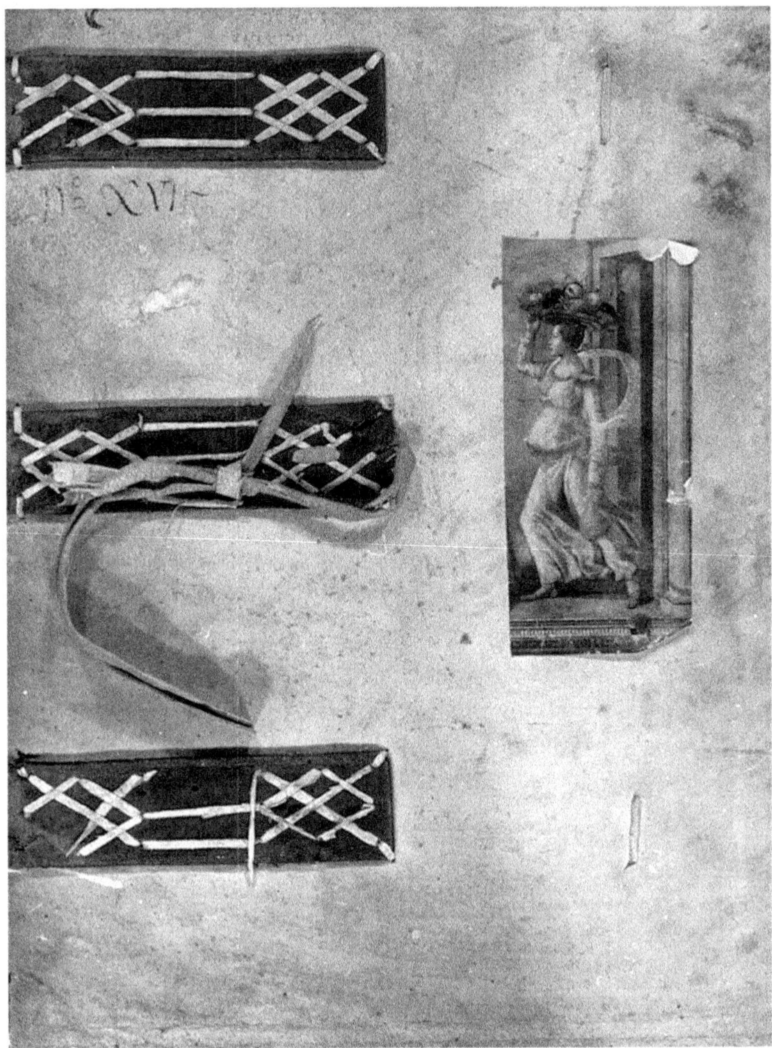

**Fig. 3.** Aby Warburg (avec André Jolles),
*Ninfa fiorentina. Fragmente zum Nymphenprojekt*, 1900.

il arrive la chose suivante : soudain une vente d'objets d'art inoffensive et très réussie apparaît comme une provocation, et on met le doigt sur l'opposition criante entre le fait qu'on n'a pas d'argent pour acheter du lait aux enfants qui ont faim et le fait qu'on trouve des sommes énormes pour acheter quelques mètres de toile peinte. Étonnés, les historiens de l'art s'empressent d'affirmer que ce n'est pas parce qu'ils approuvent le prix démesuré des tableaux qu'ils approuvent l'état de choses qui empêche les enfants affamés d'avoir du lait. Ils croyaient simplement que les deux choses n'avaient pas de rapport. [...] Non : ni les artistes ni leurs historiens ne peuvent être déchargés de la responsabilité qui est la leur dans cette situation, ni dispensés de l'obligation de travailler à la modifier[26]. »

Il n'est pas fortuit qu'Aby Warburg, même s'il n'était certainement pas un lecteur de Brecht, ait été occupé, durant toute la dernière décennie de son travail, par un projet d'*iconologie politique* qui radicalisait — à travers ses propres inquiétudes devant la Première Guerre mondiale, la guerre civile en Allemagne puis la montée du nazisme qui menaça directement son institut de recherche, sa famille, voire sa propre personne — la trajectoire initiale de ce qu'il appelait, en 1912, une « iconologie critique ». Giordano Bruno et Luther d'un côté, Mussolini et l'antisémitisme européen d'un autre, voilà qui sollicitait désormais l'historien de l'art dans l'observation de ce qu'il voulut nommer une grande « psychomachie » culturelle opposant les *astra* de la libre pensée aux *monstra* du mal que l'homme sait faire subir à ses semblables[27].

Mais, au moment où Brecht en appelait à la responsabilité politique des historiens de l'art, il était déjà trop tard. Nombreux furent en effet ceux qui, inconnus ou déjà fameux — tels Rudolf Arnheim, Max J. Friedländer, Ernst Gombrich, Horst Janson, Ernst Kitzinger, Siegfried Kracauer, Richard Krautheimer, Ernst Kris,

---

26. B. Brecht, « Sur l'art ancien et l'art nouveau » (1920-1933), trad. J.-L. Lebrave et J.-P. Lefebvre, *Écrits sur la littérature et l'art, I. Sur le cinéma,* Paris, L'Arche, 1970, p. 84-86.

27. A. Warburg, « La divination païenne et antique dans les écrits et les images à l'époque de Luther » (1920), trad. S. Muller, *Essais florentins, op. cit.*, p. 245-294. *Id., Miroirs de faille. À Rome avec Giordano Bruno et Édouard Manet* (1928-1929), éd. M. Ghelardi, trad. S. Zilberfarb, Paris-Dijon, L'Écarquillé-Les Presses du réel, 2011, p. 153-207. *Id., L'Atlas Mnémosyne, op. cit.,* p. 184-189. Cf. C. Schoell-Glass, *Aby Warburg und der Antisemitismus. Kulturwissenschaft als Geistespolitik,* Francfort-sur-le-Main, Fischer Taschenbuch Verlag, 1998.

Ulrich Middeldorf, Otto Pächt, Erwin Panofsky, Nikolaus Pevsner, Fritz Saxl, Edgar Wind ou Rudolf Wittkower[28] —, durent se faire les exilés d'un type de connaissance qui, sous l'impulsion de Burckhardt ou de Wölfflin, d'Aloïs Riegl ou de Warburg lui-même, avait constitué la discipline-pilote des sciences humaines à travers son inventivité théorique issue des grands débats de la philosophie allemande. Avant de mettre un point final à sa grande enquête sur *La Migration des symboles,* Rudolf Wittkower aura d'abord été, en 1933, le migrant obligé, l'exilé d'une situation politique de terreur dont il cherchait à s'échapper, à réchapper[29].

L'activité très « innocente » qui consiste à s'occuper d'images, de philologie et de philosophie pour faire une histoire des « fantômes de l'histoire »... voilà en somme qui ne protège en rien de l'histoire elle-même. On reste frappé par la condition tragique des penseurs de ce temps, aussi inventifs et puissants dans l'analyse des « migrations critiques » de la culture qu'ils furent directement confrontés au danger politique d'une migration bien concrète et douloureuse. Ce fut, notoirement, le cas de Walter Benjamin, qui, après Warburg — et, en un sens, près de Warburg —, fut un grand *ouvreur de passages* et un inépuisable découvreur de constellations. On peut lire notamment, dans la « Préface épistémo-critique » à l'*Origine du drame baroque allemand,* un intense plaidoyer pour une « histoire philosophique » *(philosophische Geschichte)* qui, par-delà toute philologie refermée sur elle-même, mènerait son « travail micrologique » *(mikrologische Verarbeitung)* vers la constitution, par un geste d'imagination théorique, d'un montage nouveau, d'un « assemblage » ou « mosaïque » donnant l'idée du destin historique interrogé : bref, une « configuration » *(Konfiguration)* ou « constellation[30] » *(Sternbild).*

---

28. Cf. K. Michels, *Transplantierte Kunstwissenschaft. Deutschsprachige Kunstgeschichte im amerikanischen Exil,* Berlin, Akademie Verlag, 1999.

29. R. Wittkower, *La Migration des symboles* (1977), trad. M. Hechter, Paris, Thames & Hudson, 1992.

30. W. Benjamin, *Origine du drame baroque allemand* (1928), trad. S. Muller et A. Hirt, Paris, Flammarion, 1985, p. 35 et 31.

Ce faisant, Benjamin apportait une précision capitale : c'est qu'une histoire philosophique ne saurait se régler, sagement, sur les notions de régularités, de « moyennes » ou de synthèses universalisantes[31]. Son caractère *critique* la porte bien plutôt à observer les *extrêmes* : « Pour la philosophie de l'art, les extrêmes deviennent nécessaires [...]. L'origine n'émerge pas des faits constatés, mais elle touche à leur pré- et post-histoire *(Vor- und Nachgeschichte).* [...] L'histoire philosophique, considérée comme science de l'origine, est la forme qui fait procéder les extrêmes éloignés[32]. » Une dizaine d'années plus tard, dans les fragments de *Zentralpark,* Benjamin, profondément hanté par les idées de l'échéance et du « sauvetage » — comme chez Kafka dont il était si proche —, parlera de ces « extrêmes » sur un plan plus précisément *temporel* : « Il faut étudier la question de savoir dans quelle mesure les extrêmes qu'il faut saisir dans le sauvetage sont ceux du "trop tôt" et du "trop tard[33]" *(Extreme des "zu Frühen" und des "zu Späten").* »

On sait qu'il n'y aura pas eu, pour Benjamin, de « sauvetage » au bon moment : il n'y aura pas eu de passage, à la frontière franco-espagnole de Port-Bou, pour le migrant qu'il était devenu en septembre 1940. Le passage se sera refermé devant ce grand ouvreur de passages. Comme l'a écrit Hannah Arendt, sa propre cousine qui aura beaucoup fait, ensuite, pour retrouver sa trace : « Benjamin se suicida durant la nuit, et ses compagnons furent alors autorisés par les garde-frontières, quelque peu impressionnés, à gagner le Portugal. L'embargo sur les visas fut levé quelques semaines plus tard. Un jour plus tôt, Benjamin serait passé sans difficulté ; un jour plus tard, on aurait su à Marseille qu'il n'était pas possible à ce moment de

31. *Ibid.,* p. 35-36.
32. *Ibid.,* p. 35 et 44-45.
33. *Id.,* « *Zentralpark.* Fragments sur Baudelaire » (1938-1939), trad. J. Lacoste, *Charles Baudelaire. Un poète lyrique à l'apogée du capitalisme,* Paris, Payot, 1982, p. 242.

passer en Espagne. C'est seulement ce jour-là que la catastrophe était possible[34]. »

*

Mais ce jour-là où la catastrophe est malheureusement probable — ce jour-là, aujourd'hui, c'est tous les jours pour des milliers de personnes de par le monde, notamment dans cette Méditerranée qui n'est plus seulement cette « mer de la culture » que l'on aime tant, mais aussi, désormais, une terrible « mer de la barbarie ». Niki Giannari, qui a participé à l'entraide des migrants au camp d'Idomeni en mars 2016 — époque où quelque treize mille personnes tentaient de passer en Europe —, a écrit une sorte de poème pour le film qu'elle coréalisa alors avec Maria Kourkouta. Il s'intitule « Des spectres hantent l'Europe[35] » : mais des spectres pensés plus près de Benjamin et de Derrida que de Marx lui-même puisqu'il y était question des « figures insistantes de notre généalogie oubliée[36] ». Dans cette perspective, en somme, *les migrants seraient nos propres revenants.* Ils ne viennent pas seulement *d'ailleurs,* ils viennent aussi *d'avant* : comme s'ils étaient les témoins de nos refoulements séculaires, à commencer par cette longue histoire coloniale dont la politique occidentale ne sait trop que faire[37].

34. H. Arendt, « Walter Benjamin » (1968), trad. A. Oppenheimer-Faure et P. Lévy, *Vies politiques, op. cit.,* p. 267-268. Cf. L. Fittko, *Le Chemin de Walter Benjamin. Souvenirs 1940-1941* (1985), trad. L. Marcou, Paris, Éditions Maren Sell, 1987 (rééd. Paris, Le Seuil, 2020), p. 197-213. F. Proust, *Point de passage,* Paris, Éditions Kimé, 1994, p. 23-30.
35. N. Giannari, « Des spectres hantent l'Europe » (2016), trad. M. Kourkouta et G. Didi-Huberman, *Passer, quoi qu'il en coûte,* Paris, Les Éditions de Minuit, 2017, p. 9-21 (cf. *id.* et M. Kourkouta, *Des spectres hantent l'Europe,* 2016, 99 mn).
36. *Ibid.,* p. 13.
37. Cf. notamment C. Wihtol de Wenden, *Migrations : une nouvelle donne,* Paris, Éditions de la Maison des sciences de l'homme, 2016. H. Le Bras, *L'Âge des migrations,* Paris, Éditions Autrement, 2017. M. Agier, *L'Étranger qui vient. Repenser l'hospitalité,* Paris, Le Seuil, 2018. M. Cosnay et M. Potte-Bonneville, *Voir venir. Écrire l'hospitalité,* Paris, Stock, 2019.

Comme on le voit, parler d'une « histoire de fantômes pour grandes personnes » n'a rien d'abstrait et se révèle même d'une profonde actualité critique. À condition de comprendre que l'histoire de nos corps et de nos institutions ne cesse jamais d'être innervée de mouvements psychiques, avec tous ses « monstres de la raison ».

# POLITIQUE DU PASSEUR
# (GESTE DE SURVIE)

Walter Benjamin fait partie de ces rares penseurs dont l'*actualité critique* ne cesse jamais de démontrer son importance : son urgence encore brûlante, son exigence encore vive, sa pertinence toujours intacte. C'est une source inépuisable pour la critique. Qu'elle fasse partie d'une cohérence historique propre à la philosophie allemande — entre criticisme des Lumières, romantisme littéraire et Théorie critique[1] — ne nous dispense pas de constater la singularité si exemplaire de cette œuvre. L'*activité critique* de Benjamin n'est séparable en rien de tout ce qu'il a écrit par ailleurs, et cela dans la longue durée. Si l'on suit la nouvelle édition de ses écrits, on peut vérifier que le volume *Critiques et recensions* commence par un texte de 1912 — Benjamin avait donc tout juste vingt ans — et court de la sorte jusqu'à la fin de sa vie[2]. Par ailleurs, le choix d'articles publiés sous l'impulsion de Michael Löwy, *Romantisme et critique de la civilisation,* montre à quel point l'investissement littéraire romantique chez Benjamin allait de pair avec une protestation éthique et politique sans équivoque contre tous les conformismes de son époque[3].

1. Cf. notamment A. Bowie, *From Romanticism to Critical Theory. The Philosophy of German Literary Theory,* Londres-New York, Routledge, 1997.
2. W. Benjamin, *Œuvres et inédits. Édition intégrale critique, XIII. Critiques et recensions,* éd. H. Kaulen (2011), trad. M. Dautrey, P. Ivernel et M. Métayer, Paris, Klincksieck, 2018, 2 volumes.
3. *Id., Romantisme et critique de la civilisation* (1913-1940), trad. C. David et A. Richter, Paris, Payot, 2010.

Dans un « Discours destiné à la jeunesse étudiante qui n'a jamais été prononcé » — et qui date de 1913-1914 —, Benjamin appelait à « ne pas renoncer à être romantique », fût-ce pour y retrouver une puissance native par-delà l'académisme flétri de l'histoire littéraire dominante, Nietzsche ayant joué le rôle de déclencheur pour ce nouveau « romantisme de l'avenir[4] ». À l'autre bout de ce parcours, Benjamin interrogeait encore, en 1939-1940, l'« âme romantique » à travers le compte rendu du livre d'Albert Béguin sur ce thème[5]. Au cours de l'hiver 1914-1915, alors que l'Europe tout à la fois se déchaînait et s'immobilisait dans la guerre, le jeune penseur écrivit un commentaire de deux poèmes de Hölderlin, « Courage du poète » et « Timidité » : deux « faits d'affects » significatifs en eux-mêmes et qui, conjugués, disent déjà beaucoup sur la façon dont Benjamin *prenait position* en tant que sujet dans l'histoire de son temps.

Il était question dans ce texte de la « tâche du poète » *(dichterische Aufgabe),* mais aussi de celle qui incombe au critique, dans le sens aussi bien philosophique que littéraire de ce terme. Cette tâche consiste à « mettre en lumière la forme intérieure » du poème en tant que singularité irréductible : à savoir « ce que Goethe appelait la teneur *(Gehalt)* », et qui engage la « vérité même de la poésie », qui ne saurait être abordée, dès lors, que comme un « extrême » ou un « concept limite[6] » *(Grenzbegriff).* Pourquoi un « concept limite » ? Avant tout parce qu'il y est question en même temps d'une *intériorité* nommée « noyau poétique » *(das Gedichtete)* et d'une sortie, d'une *extériorisation* qui suppose le « passage » *(Übergang)* vers une « présentation » *(Darstellung)* où le poème affirme sa forme[7].

4. *Id.,* « Un discours destiné à la jeunesse étudiante qui n'a jamais été prononcé » (1913-1914), *ibid.,* p. 51-57.
5. *Id.,* « Compte rendu d'Albert Béguin, *L'Âme romantique et le rêve* » (1939-1940), *ibid.,* p. 231-235.
6. *Id.,* « Deux poèmes de Friedrich Hölderlin, "Courage du poète" et "Timidité" » (1914-1915), trad. M. de Gandillac, revue par P. Rusch, *Œuvres, I,* Paris, Gallimard, 2000, p. 91-93.
7. *Ibid.,* p. 94-95.

On comprend déjà à quelle hauteur, ou profondeur, Walter Benjamin voulut, dès l'âge de vingt-deux ans, situer son activité critique, voire l'activité critique en général. L'enjeu était tellement fondamental qu'il fallait, pour l'avenir même de son travail, en élaborer le geste au plan philosophique : il fallait, en somme, ne pas séparer l'activité critique d'une *théorie de la critique* — et ceci avant même que n'ait à se formuler l'idée d'une « Théorie critique » (puisque le texte-seuil de Max Horkheimer sur ce programme théorique n'aura vu le jour que vingt-trois ans plus tard). Dans une lettre à son ami de jeunesse Herbert Blumenthal Belmore, écrite dès 1916, Benjamin exprima remarquablement l'orientation — et le risque afférent — où il voulait situer son propre geste critique.

Que fait donc la critique ? Sans doute use-t-elle de noms, de mots ou de signes à propos d'autres noms, mots ou signes. Tout cela ne poserait pas de problème philosophique majeur si, instruit en cela par l'expérience hölderlinienne, Benjamin n'y voyait aussi — et même avant tout — un combat dans la nuit, contre la nuit pour en faire surgir la secrète et authentique lumière : « Nous sommes au cœur de la nuit. [Or] qui combat contre la nuit est contraint de sonder et d'agiter sa ténèbre la plus profonde jusqu'à ce qu'elle donne sa lumière [...] à l'aide seulement de tout ce que nous avons en fait de noms, de mots, de signes. Depuis des années, la lumière qui pour moi rayonne dans cette nuit est celle de Hölderlin[8]. » Il y aura donc *une lueur dans la nuit,* contre la nuit, et c'est là justement, au bord de ce qui les sépare ou les unit, que se déploiera proprement le geste critique : « Pratiquer la critique se produit sur le bord le plus extérieur du cercle de lumière *(Lichtkreis)* qui entoure la tête de tout homme, ce n'est pas l'affaire du langage[9]. »

Bref, la critique serait une façon d'aborder, avec ses propres moyens imaginatifs et langagiers, l'*aura* d'une œuvre, d'une

8. *Id.,* Lettre à H. B. Belmore (1916), *Correspondance,* éd. G. Scholem et T. W. Adorno, trad. G. Petitdemange, Paris, Aubier-Montaigne, 1979, I, p. 121-122.
9. *Ibid.,* p. 122.

pensée ou d'un moment de l'histoire. Et cette aura ou « cercle de lumière », Benjamin va immédiatement la nommer *Krisis* : une crise dont la parole critique aurait précisément pour tâche de « reporter toute la puissance vers l'intérieur [...] jusqu'au cœur du langage[10] ». C'est en cela que le geste critique devient apte à déployer sa puissance paradoxale qui est celle de *déconstruire sans détruire* : « La véritable critique ne va pas contre son objet ; elle est comme une substance chimique qui, lorsqu'elle s'attaque à une autre, la décompose pour en dévoiler la nature profonde, mais ne la détruit pas[11]. » Or, insiste Benjamin, « cela n'est pas l'affaire du langage [seulement] ou alors par le détour d'un profond déguisement : dans l'humour. Le langage ne peut être critique qu'en se faisant humour. Là, la magie proprement critique *(die besondere kritische Magie)* apparaît en ceci que toute contrefaçon vient au contact de la lumière et s'effondre. L'authentique demeure : c'est de la cendre *(das Echte bleibt : es ist Asche)*. On en rit. [Ainsi] le respect des mots ne suffit pas à faire la critique. Mais le respect de son objet, le respect de l'authentique dans son effacement même[12] *(Ehrfurcht vor seinem Objekt vor dem unscheinbaren Echten).* »

Le geste critique apparaît donc ici comme une véritable *magie à l'envers* : une magie révélant l'« aura authentique » ou la « teneur de vérité » tout en dénonçant les apparences trafiquées, les « contrefaçons » ou les illusions trompeuses, fût-ce pour qu'à la fin l'« authentique » ne demeure plus que comme un vestige, une « cendre ». Voilà, soit dit en passant, un genre de dialectique que Benjamin aura plusieurs fois remis en jeu, et cela jusqu'au texte ultime de ses thèses « Sur le concept d'histoire » où la puissance prophétique n'était assumée que comme une *divination à l'envers* : soit une divination sans réponse, sans certitude aucune concernant l'avenir[13]. Benjamin est donc allé répétant qu'il n'y avait dans la critique ni système ni synthèse :

10. *Ibid.,* p. 122.
11. *Ibid.,* p. 122.
12. *Ibid.,* p. 122-123.
13. *Id.,* « Sur le concept d'histoire », art. cit., p. 443.

d'où la « forme essai » de toute sa prose. C'est alors, par-delà Kant — qui avait, certes, posé le caractère non systématique de la critique, mais dans un style lui-même systématique —, vers Hölderlin et les premiers romantiques allemands, ces porteurs par excellence de l'exigence critique moderne qu'il se tourna.

À savoir, premièrement : la critique comme *immanente* en tant que « connaissance à l'intérieur du médium-de-la-réflexion[14] » *(Erkenntnis in dem Reflexionsmedium).* Deuxièmement : la critique comme *révolutionnaire,* en tant que portée par un « messianisme » ou un « désir révolutionnaire » *(revolutionäre Wunsch)* fervent[15]. Troisièmement : la critique comme *éblouissante,* puisqu'elle vise à « engendrer un éblouissement dans l'œuvre » *(Blendung im Werk)* par sa propre capacité de décomposition révélatrice, telle une fusée qui illuminerait la nuit en se consumant elle-même. Quatrièmement, enfin : la critique comme *poétique.* « La chose est claire, écrivait Benjamin : pour les romantiques, la critique est bien moins le jugement d'une œuvre que la méthode de son achèvement *(Methode seiner Vollendung).* C'est en ce sens qu'ils ont exigé une critique poétique *(poetische Kritik),* qu'ils ont levé *(aufheben)* la différence entre critique et poésie[16]. »

*

Immanente et révolutionnaire, éblouissante et poétique : telle fut donc cette *Kunstkritik,* cette « critique artistique » — ou « esthétique », comme a voulu traduire Philippe Lacoue-Labarthe — dévoilée par Walter Benjamin dans sa dissertation de doctorat soutenue à l'université de Berne en 1919 et publiée l'année suivante à Berlin. Dans un fragment daté de mai 1919, on lit d'ailleurs cet hommage aux *poètes-critiques*

14. *Id., Le Concept de critique esthétique dans le romantisme allemand* (1920), trad. P. Lacoue-Labarthe et A.-M. Lang, Paris, Flammarion, 1986, p. 107. Cf. également *ibid.,* p. 123-124.
15. *Ibid.,* p. 37 (citant Friedrich Schlegel).
16. *Ibid.,* p. 111-112.

de l'âge romantique : « Il ne faut pas oublier, lorsqu'on considère le romantisme, non pas tant que ces hommes ont été d'un très grand discernement à tel ou tel égard, mais qu'ils ne se sont jamais efforcés d'en produire l'apparence trompeuse. [...] Le problème de la publicité *(Publizität)* [...] leur était totalement inconnu. [...] De même, leur relativement faible application au travail, la faible intensité de leur travail et la rareté des tensions dans leur vie fraternisante manifestent ce qui les différencie nettement de l'époque actuelle. Leur sincérité *(Lauterkeit)* nous rappelle à eux[17]. »

Comme on le lira en 1922 dans l'annonce de la revue *Angelus Novus,* Benjamin entendait prendre modèle sur l'*Athenaeum* des romantiques en ce que la tâche véritable de la critique devait consister, pour lui comme pour eux, à produire une justesse — une justice — du *rapport entre forme et savoir,* c'est-à-dire du rapport entre le poétique et le théorique : « Comme l'*Athenaeum,* inexorable dans sa pensée, imperturbable dans ses déclarations, défiant, s'il le faut, totalement le public, toute revue devrait s'en tenir à ce qui prend forme, en tant que véritable actualité *(wahre Aktualität),* sous la surface stérile du nouveau ou du dernier cri dont elle doit abandonner l'exploitation aux quotidiens. [...] C'est un double devoir de reconquérir la force *(Gewalt)* de l'énoncé critique *(kritische Wort).* [...] Si, pour une telle critique destructrice, il faut situer l'œuvre dans un contexte plus large — car comment faire autrement ? —, il incombe à la critique positive *(positive Kritik)* [...] de s'astreindre à ne parler que de l'œuvre d'art singulière. Car, contrairement à ce qu'on croit, la tâche de la grande critique *(große Kritik)* n'est ni d'enseigner au moyen de l'exposé historique ni de former l'esprit au moyen de la comparaison, mais de parvenir à la connaissance en s'abîmant dans l'œuvre[18]. »

---

17. *Id., Fragments philosophiques, politiques, critiques, littéraires* (1914-1939), trad. C. Jouanlanne et J.-F. Poirier, Paris, PUF, 2001, p. 164.
18. *Id.,* « Annonce de la revue *Angelus Novus* » (1922), trad. R. Rochlitz, *Œuvres, I, op. cit.,* p. 267-268.

C'est là, exactement, ce que Benjamin aura entrepris, la même année, sur le texte des *Affinités électives* de Goethe. Il y opposait d'emblée le travail « critique » *(kritisch)* en tant que tel au simple questionnement « philologique » *(philologisch)* sur une œuvre[19]. Ce n'est pas un « commentaire » *(Kommentar)* qu'il s'agit en effet de broder autour de l'œuvre en glosant sur son « contenu concret » *(Sachgehalt),* mais bien une « critique » *(Kritik)* qu'il s'agit d'entreprendre afin de pénétrer jusqu'à l'extrême de sa « teneur de vérité » *(Wahrheitsgehalt)* : zone où se place, selon Benjamin, la « question critique fondamentale », celle d'une bonne « distance » *(Distanz)* capable de faire se manifester la « puissance » même *(Gewalt),* fût-elle violence, du geste critique en tant que tel[20]. À l'autre bout de cette vaste étude sur *Les Affinités électives,* déployée sur près d'une centaine de pages, Benjamin réaffirmera le principe romantique de la solidarité entre œuvre littéraire et pensée philosophique, nouées toutes deux autour de cette « teneur de vérité », arrachant même le problème de la beauté à la seule juridiction de l'esthétique : tout cela, aux yeux de Benjamin, qui engage puissamment une position dans une « philosophie de l'histoire[21] » *(geschichtsphilosophische Ordnung).*

Susciter la solidarité de la poésie — de l'art en général — avec la philosophie, dans le cadre même d'une *position dans l'histoire* et, donc, dans la politique : voilà, finalement, qui manifeste au mieux le déplacement discursif majeur, la grande *migration théorique* opérés par Benjamin entre tous les champs possibles de ce qu'Aby Warburg avait nommé une *Kulturwissenschaft* — éthique et esthétique, littérature et politique, métaphysique et philologie… Sans jamais cesser d'écrire ses recensions d'ouvrages, à savoir des « critiques » au sens le plus modeste du

19. *Id.,* « *Les Affinités électives* de Goethe » (1922-1925), trad. M. de Gandillac, revue par R. Rochlitz, *Œuvres, I, op. cit., p.* 274.
20. *Ibid., p.* 274-275.
21. *Ibid., p.* 350 et 386.

terme[22], Benjamin aura traversé, telle une *comète d'espérance* — celle-là même sur quoi se refermait son essai sur Goethe : « L'espérance passait sur leurs têtes, comme une étoile tombe du ciel[23] » —, les différents régimes historiques de la pensée philosophique : le criticisme kantien, la pensée de l'histoire (aussi fondamentale, pour lui, que le rejet de sa variante positiviste ou « historicisme »), et le romantisme lui-même, qu'il travaillait à prolonger… c'est-à-dire à critiquer aussi[24]. Façon, comme l'a exprimé John McCole, de travailler au cœur même des « antinomies de la tradition » — et de leur répondre[25].

Mais cette solidarité devait se payer d'un risque considérable : une *mise en crise de l'écriture philosophique* elle-même. Revendiquer, comme le faisait Benjamin, la réinvention du *genre critique* en tant qu'*expérience* philologique et philosophique nouvelle, mais aussi en tant que *forme* sensible et théorique nouvelle, voilà qui ne pouvait aller sans toutes les difficultés

22. Cf. notamment B. Witte, *Walter Benjamin — Der Intellektuelle als Kritiker. Untersuchungen zu seinem Frühwerk,* Stuttgart, Metzler, 1976, p. 137-185.
23. W. Benjamin, « *Les Affinités électives* de Goethe », art. cit., p. 392.
24. Cf. S. Mosès, *Walter Benjamin et l'esprit de la modernité* (1986-2007), éd. H. Wismann, Paris, Le Cerf, 2015. W. Van Reijen, « L'art de la critique. L'esthétique politique de Walter Benjamin », trad. H. Deligne, *Walter Benjamin et Paris,* dir. H. Wismann, Paris, Le Cerf, 1986, p. 421-432. U. Steiner, *Die Geburt der Kritik aus dem Geiste der Kunst. Untersuchungen zum Begriff der Kritik in den frühen Schriften Walter Benjamins,* Würzburg, königshausen & Neumann, 1989. *Id.,* « Kritik », *Benjamins Begriffe,* dir. P. Opitz et E. Wizisla, Francfort-sur-le-Main, Suhrkamp Verlag, 2000, II, p. 479-523. *Id.,* « Walter Benjamin et sa critique du romantisme allemand », trad. R. Kahn, *Walter Benjamin, le critique européen,* dir. H. Wismann et P. Lavelle, Villeneuve d'Ascq, Presses universitaires du Septentrion, 2010, p. 35-57. P. Rusch, « Introduction : la philosophie, l'art, la critique », *Walter Benjamin. Critique philosophique de l'art,* dir. R. Rochlitz et P. Rusch, Paris, PUF, 2005, p. 9-21. J.-M. Monnoyer, « Philosophie de la critique et teneur de vérité », *ibid.,* p. 115-141. P. Lavelle, « L'arbre et le jugement. Les racines criticistes de la philosophie du langage de Benjamin », *Walter Benjamin, le critique européen, op. cit.,* p. 59-73. M. Pulliero, « Généalogies benjaminiennes », *ibid.,* p. 97-139.
25. J. McCole, *Walter Benjamin and the Antinomies of Tradition,* Ithaca-Londres, Cornell University Press, 1993.

inhérentes à ce type de déplacement discursif[26]. Ce qui apparaît pleinement dans le style, si mal compris à son époque, de la très longue « Préface épistémo-critique » *(erkenntniskritische Vorrede)* dans l'*Origine du drame baroque allemand*[27]. L'année même où ce texte difficile était publié, Benjamin fit à ses lecteurs un cadeau merveilleux, aussi simple à lire qu'abyssal — comme chez Kafka — dans ses conséquences pour la pensée : il s'agit de *Sens unique.* Or, dans l'un des textes brefs qui le composent, il était justement question du *déclin de la critique* comme il devait être, par ailleurs, question du « déclin de l'expérience » ou du « déclin de l'aura ».

C'est la « publicité » *(Reklame),* au sens large, qui cherche à opprimer ou à faire disparaître, dans les sociétés contemporaines, le geste de la « critique » *(Kritik)* : elle organise une sorte de consensus pervers qui signe le « déclin » *(Verfall)* de ce geste. Phénomène central du capitalisme, la publicité, écrit Benjamin, « détruit la marge de liberté propre à l'examen et nous jette les choses au visage de manière aussi dangereuse qu'une auto qui vient vers nous en vibrant sur l'écran de cinéma et qui grandit

26. Cf. M. W. Jennings, *Dialectical Images. Walter Benjamin's Theory of Literary Criticism,* Ithaca-Londres, Cornell University Press, 1987, p. 121-211. H. Kaulen, « "Die Aufgabe des Kritikers". Walter Benjamins Reflexionen zur Theorie der Literaturkritik, 1929-1931 », *Literaturkritik — Anspruch und Wirklichkeit,* dir. W. Barner, Stuttgart, Matzler, 1990, p. 318-336. J. F. Yvars, « Remarque sur une théorie de la critique selon Walter Benjamin », *Pour Walter Benjamin,* dir. I. et K. Scheurmann, Bonn, Arbeitskreis selbständiger Kultur-Institute, 1994, p. 240-247. J.-M. Palmier, « La recréation de la critique littéraire comme genre philosophique chez Walter Benjamin », *À propos de « la critique », op. cit.,* p. 75-121 (repris dans *id., Walter Benjamin : le chiffonnier, l'ange et le petit bossu. Esthétique et politique chez Walter Benjamin,* éd. F. Perrier, Paris, Klincksieck, 2006, p. 477-513). S. Weigel, *Entstellte Ähnlichkeit. Walter Benjamins theoretische Schreibweise,* Francfort-sur-le-Main, Fischer Taschenbuch Verlag, 1997. F. Proust, « La tâche du critique », *Walter Benjamin — Ästhetik und Geschichtsphilosophie. Esthétique et philosophie de l'histoire,* dir. G. Raulet et U. Steiner, Berne, Peter Lang, 1998, p. 37-53.

27. W. Benjamin, *Origine du drame baroque allemand, op. cit.,* p. 23-56.

démesurément[28] ». Devant une telle *image publicitaire,* il n'est donc plus possible de disposer — de faire varier — un point de vue, tout au contraire de ce que permet une *image critique* : « La critique est affaire de distance convenable. Elle est chez elle dans un monde où ce sont les perspectives et les optiques qui comptent et où il est encore possible d'adopter un point de vue[29] *(Standpunkt).* » Histoire d'évoquer, pour finir, la contradiction dans les termes que constitue, dans le marché capitaliste des biens culturels, toute idée de « critique rémunérée », notamment dans l'entre-soi privilégié des sociétés littéraires ou des galeries d'art[30].

*

On trouve par ailleurs, dans les fragments posthumes de Benjamin, toute une série de notations extrêmement significatives sur le thème de la critique. Elles ont été écrites dans les années 1929-1930. D'emblée y surgit l'exigence d'un renouvellement ou *recommencement de la critique* à nouveaux frais : « Il faut [...] faire revenir d'une manière complètement nouvelle *(wieder ganz neu)* dans la conscience la fonction de la critique. Elle est devenue peu à peu l'avachissement et l'insignifiance même[31]. » La critique professionnelle des cercles littéraires académiques ou des revues d'art n'a plus qu'un seul visage selon Benjamin : celui d'une « corruption » *(Korruption)* tellement caractérisée qu'elle a, au moins, l'avantage de sa brutale « netteté ». En face de cela il n'est qu'une seule « stratégie » possible *(strategischer Plan)* : et ce sera la stratégie de l'« honnêteté » *(Ehrlichkeit).*

Recommencer la critique — ou en retrouver la dimension la plus fondamentale —, voilà donc qui ne se fera qu'à travers un *geste éthique* : honnêteté, sincérité sur tous les plans.

---

28. *Id., Sens unique* (1928), trad. J. Lacoste, Paris, Maurice Nadeau, 1978 (éd. 1988), p. 205-206.
29. *Ibid.,* p. 205.
30. *Ibid.,* p. 206.
31. *Id., Fragments philosophiques, op. cit.,* p. 201.

Refus d'être seulement ici ou seulement là, otage d'une prise de parti. L'exigence consiste, dès lors, à élaborer une prise de position guidée par ce double refus : refus du « cercle » *(Zirkel)* ou de la « secte » spécialisée, puisque la critique véritable est une opération d'ouverture à tous ; refus du « public » *(Publikum)* ou de la loi de l'« audience », puisque la critique est un art aussi intransigeant que délicat, aussi complexe que décisif[32]. Il faut donc se couper radicalement des discours critiques à la mode, caractérisés selon Benjamin par « l'exposition d'un moi dorloté sans mesure » ou par l'« arrivisme » sans scrupules de ceux qui s'instituent eux-mêmes comme juges de toute chose[33].

C'était bien là une *prise de position* : elle refusait la clôture ésotérique de l'« art pour l'art » comme la séduction à tout va de la mode ; elle se moquait des absolus métaphysiques comme des fonctionnalismes étroits, aussi autoritaires les uns que les autres. Contre *l'art pour l'art,* il fallait pratiquer une critique résolument « documentaire », matérialiste, micrologique ; contre *l'art au service de,* il fallait développer un point de vue plus libre et « immanent », poétique à sa manière[34]. C'était donc non seulement un geste éthique, mais aussi un *geste dialectique* : tout d'abord au sens hégélien du processus historique se critiquant lui-même, se contredisant et se « relevant » de façon immanente, en sorte que Benjamin aura pu parler très précisément d'une « nouvelle esthétique dialectique en mouvement » *(neues, bewegtes, dialektisches Ästhetik)* qui devra pour finir adopter « le détour de la critique matérialiste[35] ». Il fallait donc aussi déborder Hegel — lui dont l'esthétique « contenait [bien] les idées les plus éminemment critiques[36] » — du côté d'une exigence matérialiste née de cette *délicatesse empirique,* la fameuse « tendre empirie » goethéenne seule capable de reconnaître les nuances que recèle chaque œuvre de l'esprit :

32. *Ibid.,* p. 202.
33. *Ibid.,* p. 209.
34. *Ibid.,* p. 204-205.
35. *Ibid.,* p. 206.
36. *Ibid.,* p. 218.

par exemple lorsque « teneur chosale » et « teneur de vérité », conceptuellement antithétiques, s'interpénètrent en se débattant intimement l'une avec l'autre[37].

« Apprendre à voir dans l'œuvre *(im Werke sehen lernen),* affirme alors Benjamin, veut dire se rendre mieux compte que teneur chosale et teneur de vérité s'interpénètrent [...] à l'intérieur de l'œuvre elle-même[38]. » Ainsi, *critiquer* commencerait par un travail spécifique du regard, travail complexe et délicat pour *savoir voir* : savoir discerner les contradictions à l'œuvre, les lignes de faille mais, aussi, se rendre sensible aux bordures indécises, aux zones floues qui réunissent des ordres de réalité hétérogènes — « avoir le sens de l'aura qui entoure un livre », écrit notamment Benjamin[39]. C'est-à-dire, précise-t-il aussitôt, régler sa sensibilité du côté de l'inconscient : « L'inconscient qui, des impressions les plus fugitives, des images, a la force *(die Kraft)* de tirer un condensé que les rêves souvent nous font connaître. Ainsi le critique a-t-il fréquemment des rêves éveillés[40] *(Wachträume).* » Façon quasiment *flottante* — comme en psychanalyse ou comme dans la « mémoire involontaire » chez Proust — d'être attentif aux situations ambiguës, aux formes composites, aux mélanges paradoxaux. Aux nuances pour tout dire, ces espèces de *moirures de la dialectique.*

Alors que beaucoup semble déjà dit, Benjamin va faire un ou deux pas — décisifs — de plus. Le recours à l'immanence des romantiques et à l'inconscient freudien nous rappelle qu'il en va du geste critique comme d'une fouille archéologique ou, plus simplement, d'un art du jardinage : techniques où se conjoignent les paradigmes de la profondeur (pénétrer), de la déconstruction (déblayer) et de la délicatesse (ne pas saccager). « Une image de la critique : transplanter les fleurs du jardin de l'art dans la terre étrangère du savoir pour saisir attentivement les changements de couleur et de forme qui se manifestent. Essentielle est

37. *Ibid.,* p. 210.
38. *Ibid.,* p. 219.
39. *Ibid.,* p. 211.
40. *Ibid.,* p. 212.

la délicatesse de la prise *(das Wichtigste ist der zarte Griff),* la précaution *(die Behutsamkeit)* avec laquelle on prélève l'œuvre avec ses racines qui, ensuite, soulèveront la terre du savoir[41]. »

Comme toute opération archéologique, la critique se constitue ainsi comme un *geste de survivance* : il faudra creuser la surface et extraire des « décombres », vestiges ou débris dont il s'agira de faire la « théorie » *(Lehre von den Trümmern)* en relation avec « l'époque » même *(die Zeit)* de leur déclin, de leur passage dans les dessous de l'histoire[42]. Il faudra donc creuser, recueillir et, pendant ce temps, se rendre attentif au « processus de démontage » *(Verfahren des Abmontierens)* qu'il s'agira, en quelque sorte, de *remonter* — au sens de la remontée comme au sens du remontage — à l'autre extrémité de l'opération critique[43]. Finalement, le geste critique assumé comme geste de survivance aura accompli quelque chose d'essentiel par-delà l'analyse immanente et la déconstruction qu'il fait de son objet : il aura donc accompli un *geste de sauvetage,* selon cette notion de *Rettung* — « délivrance », « sauvetage » — qui s'est révélée toujours plus cruciale dans l'évolution même de la pensée benjaminienne. En termes warburgiens, on pourrait alors dire que le geste critique est ce par quoi un « après-vivre » *(Nachleben)* aura été rendu possible dans l'histoire de la culture.

*

Geste de survivance ou de restitution, la critique se soulève donc contre tous les « déclins » ou refoulements, contre toutes les oppressions que l'actualité historique et les modes culturelles auront fait subir à certains trésors de la pensée, qu'il s'agira donc de « sauver » *(retten),* de faire remonter à la surface de nos consciences, bref de réinscrire dans la transmission ou la tradition. Or il en est de l'histoire culturelle comme d'une guerre de l'esprit : dans les thèses « Sur le concept d'histoire », Benjamin

41. *Ibid.,* p. 207.
42. *Ibid.,* p. 215.
43. *Ibid.,* p. 215.

rappelait l'échange cruel, fatal, des « documents de culture » et des « documents de barbarie »... d'où lui vint cette formule désormais fameuse : « Si l'ennemi [fasciste] triomphe, même les morts ne seront pas en sûreté. Et cet ennemi n'a pas fini de triompher[44]. » Raison de plus pour maintenir obstinément, *malgré tout,* l'exigence de nos gestes critiques, fussent-ils invisibles ou inaudibles pour la majorité des contemporains.

L'époque d'où nous parle Benjamin fut celle, on le sait, d'un inexorable triomphe des fascismes européens. Ce fut, par conséquent, une époque où le *geste de survivance* à l'égard des œuvres ne suffisait pas : il lui fallait aussi un *geste de survie.* Il fallait *sauver* certaines « comètes » de la pensée émancipatrice dans la longue durée de l'histoire, mais il fallait aussi *se sauver* dans l'urgence de l'histoire immédiate : « survivre » au sens du verbe *überleben* (lorsque quelqu'un reste en vie quand beaucoup de monde meurt autour de lui), en plus du sens de *nachleben* (lorsqu'une chose se remet à vivre après un laps de temps où on l'avait crue trépassée). C'est alors que le geste de survie franchit le domaine de la culture au sens strict, lorsque non seulement les morts, mais aussi les livres et les idées, les images et les paroles, les êtres humains en somme, ne sont plus en sûreté.

Et c'est ainsi que le geste de survie devient autre chose encore : « Cette survie *(Fortleben)* démasque l'illusion de l'"art" comme domaine autonome[45] », écrit Benjamin. La pérennité d'une survie de ce genre se paiera donc d'un déplacement de la chose ou de l'œuvre survivantes hors de tout domaine autonome. La véritable critique, ajoute-t-il, « a pour seul médium la vie et la survie *(Leben, Fortleben)* des œuvres[46] » — ce qui emporte la conséquence suivante : « Dans la survie des œuvres leur caractère artistique reflue *(im Fortleben der Werke geht ihr Kunstcharakter zurück).* [...] La critique accomplie transperce

44. *Id.,* « Sur le concept d'histoire », art. cit., p. 431 et 433.
45. *Id., Fragments philosophiques, op. cit.,* p. 215.
46. *Ibid.,* p. 211.

l'espace de l'esthétique[47]. » Quel est donc, à ce moment, l'espace qui est en train de s'ouvrir par l'entremise du geste critique ?

*

C'est l'espace de la politique. Le mouvement de survie se révèle pour être un *geste politique,* dans la mesure où il ne concerne pas seulement la vie du critique lui-même confronté aux malheurs historiques de son temps, mais celle de toute la sphère de pensée qu'il aura voulu interroger, déconstruire, analyser ou « sauvegarder ». « C'est la misère critique de l'Allemagne que la stratégie politique ne recouvre pas la stratégie littéraire, même dans le cas extrême du communisme. Le malheur de la pensée critique et, peut-être aussi, de la pensée politique[48]. » En 1930, dans un « Mémorandum pour la revue *Krisis und Kritik* » — projet que Walter Benjamin partageait avec son ami Bertolt Brecht —, on lira que cette revue devrait avoir « un caractère politique. Cela veut dire qu'elle appuie son activité critique sur la claire conscience de la situation critique de la société actuelle. Elle se tient sur le terrain de la lutte des classes. Mais elle ne constitue pas un journal prolétarien, elle n'est pas un organe du prolétariat[49]. »

Disant cela, Benjamin, une fois encore, *prenait position.* D'un côté, en effet, il en appelait à une *critique intervenante* par-delà tous les conforts de la philologie académique. Ce que la critique entendait faire remonter à la surface était pensé pour transformer une configuration actuelle de conformismes théoriques ou pratiques. C'est ce que certains commentateurs ont pu nommer une « critique en temps de crise » (selon Philippe Ivernel), une « relève politique de la critique d'art » (selon Rainer Rochlitz), une critique utopique de la politique (selon Gérard Raulet) ou encore une « stratégie de combat littéraire »

47. *Ibid.,* p. 220.
48. *Ibid.,* p. 217.
49. *Ibid.,* p. 226.

(selon Jean Lacoste)[50]. Il est clair que le projet de la revue *Krisis und Kritik,* très précisément restitué par Erdmut Wizisla, entrait dans l'optique d'une telle « pensée intervenante[51] ».

Brecht lui-même, qui avait toujours mené de front sa production théâtrale et son activité de « critique dramatique[52] », écrivait dans ses « Notes sur le travail littéraire » des années 1935-1941 : « Il est parfaitement erroné de regarder la *critique* comme quelque chose de mort, d'improductif et de "poussiéreux". C'est cette conception de la critique que veut répandre Monsieur Hitler. En réalité, l'attitude critique est la seule productive, la seule digne d'un homme. Elle signifie collaboration, continuation et vie. Sans une attitude critique, le vrai plaisir artistique est impossible. Aujourd'hui que notre simple existence est devenue un problème politique [...], nos sentiments (instincts, émotions) sont complètement embourbés ; ils se trouvent en conflit permanent avec nos intérêts élémentaires. La critique ne détruit en aucune façon le plaisir, à moins qu'elle ne consiste en un dénigrement grognon. Sans la faculté d'éprouver le plaisir critique, la classe prolétarienne sera hors d'état de recueillir l'héritage de la culture bourgeoise[53]. »

La critique selon Brecht admettait donc le plaisir, sans doute. Mais c'était un plaisir pour trancher et, même, pour *prendre parti* en jugeant d'une œuvre selon sa stratégie de classe :

---

50. P. Ivernel, *Walter Benjamin, critique en temps de crise* (1960-2012), éd. F. Perrier, Paris, Klincksieck, 2022, p. 33-87 et 309-320. R. Rochlitz, *Le Désenchantement de l'art. La philosophie de Walter Benjamin,* Paris, Gallimard, 1992, p. 79-103. G. Raulet, *Le Caractère destructeur. Esthétique, théologie et politique chez Walter Benjamin,* Paris, Aubier, 1997, p. 25-38. J. Lacoste, *L'Aura et la Rupture : Walter Benjamin,* Paris, Maurice Nadeau, 2003, p. 119-124.
51. E. Wizisla, *Walter Benjamin et Bertolt Brecht. Histoire d'une amitié* (2004), trad. P. Ivernel, Paris, Klincksieck, 2015, p. 117-165.
52. Cf. notamment B. Brecht, « Critiques dramatiques d'Augsbourg » (1918-1921), trad. J. Tailleur, revue par M. Silhouette, *Écrits sur le théâtre,* dir. J.-M. Valentin, Paris, Gallimard, 2000, p. 1-38.
53. *Id.,* « Notes sur le travail littéraire » (1935-1941), trad. B. Lortholary, *Les Arts et la Révolution,* Paris, L'Arche, 1970, p. 18-19.

« Pour arracher la critique à sa débauche, je continue à proposer le même principe : au lieu d'adopter le point de vue esthétique, culinaire, la critique doit adopter le point de vue sociologique, scientifique. Elle doit se contenter d'examiner, chez les artistes, des complexes entiers de représentations en se demandant : à qui cela sert-il[54] ? » Vers 1929, Brecht écrivait encore : « Il faut délaisser les critères esthétiques au profit des critères d'utilité. Il faut nier la possibilité de créer une nouvelle esthétique [et se demander seulement devant une œuvre :] *à qui sert-elle ?* Nous vivons dans une situation où quelque chose peut être erroné tout en ayant une forme esthétique remarquable. Le beau ne doit plus nous paraître vrai, puisque le vrai n'est pas ressenti comme beau. Il faut se méfier fondamentalement du beau[55]. »

Brecht en appelait à une « critique dialectique[56] » *(dialektische Kritik)*... Mais était-elle aussi dialectique que cela lorsqu'elle en venait, notamment, à séparer de façon drastique le « vrai » du « beau » ? Ne rejouait-elle pas ce durcissement de la critique initié par Marx lui-même lorsqu'il rejetait toute « fleur imaginaire » hors de son analyse de la réalité historique ? La relation — intense, complexe — de Benjamin avec Brecht ne pouvait évidemment, et jusque dans leur projet commun de revue, faire l'économie de la question de savoir ce qu'est un geste critique conséquent : l'un (Brecht) appelant à une clarté des *prises de parti,* l'autre (Benjamin) se déplaçant toujours en zigzags afin de créer des *prises de position* inédites[57]. Pour Benjamin, une pensée pouvait être *intervenante* sans pour autant se faire *partisane* (c'est pour cela, entre autres choses, qu'il ne sera jamais monté sur une barricade).

La magnifique allocution de 1934 sur « L'auteur comme producteur » se voulait, notamment, très claire sur ce problème

54. *Id.,* « Entre l'ancien et le nouveau » (1927-1930), trad. J.-L. Lebrave, revue par M. Silhouette, *Écrits sur le théâtre, op. cit.,* p. 118.
55. *Ibid.,* p. 172.
56. *Ibid.,* p. 174.
57. Cf. G. Didi-Huberman, *Quand les images prennent position, op. cit.,* p. 107-126.

(et, à mi mot, très hostile envers les exigences partisanes du réalisme socialiste). Ce n'est pas le *contenu* qui, d'une œuvre quelconque, juge de sa *puissance* d'intervention politique : « La tendance d'une œuvre politique ne peut fonctionner politiquement que si elle fonctionne littérairement aussi[58]. » En somme, dans le chemin qui l'avait conduit de la *poetische Kritik* inspirée par les romantiques à une *politische Kritik* réglée sur le matérialisme dialectique, Benjamin ne comptait rien lâcher sur l'exigence poétique ou esthétique de départ, fût-elle taxée d'« esthétisante ». Souvenons-nous que Benjamin, dans sa critique littéraire comme dans son épistémologie en général, n'a jamais cessé de vouloir questionner toute chose à partir de ce qu'il nommait lui-même les « extrêmes[59] » *(Extreme).* C'est ainsi qu'il ne cessa jamais d'aller et venir — de zigzaguer — entre des positions apparemment très éloignées, comme en témoigne sa double amitié pour Bertolt Brecht d'un côté, Gershom Scholem de l'autre.

*

Benjamin se déplaçait ainsi, constamment, entre ce qu'on pourrait nommer des *extrêmes immanents.* Car c'est bien de façon immanente qu'il entendait pousser toute chose jusqu'à son *point critique* ou « point de vérité ». Il aura donc poussé la question de l'art jusqu'à en critiquer l'autonomie, là où s'ouvraient en quelque sorte l'espace d'une plus vaste *Kulturwissenschaft* (à la façon de Warburg) et l'espace d'un rapport de forces politiques (à la façon de Brecht). Mais il a aussi zigzagué dans l'autre sens, cherchant à reconduire, par-delà Marx, l'idée même d'une *critique de la politique.* C'est ce que Jürgen Habermas, dans un article de 1972, indiquait en notant l'ouverture pratiquée par Benjamin dans le territoire balisé de la stricte « critique de

58. W. Benjamin, « L'auteur comme producteur » (1934), trad. P. Ivernel, *Essais sur Brecht,* Paris, La Fabrique Éditions, 2003, p. 123.
59. Cf. L. Wiesenthal, *Zur Wissenschaftstheorie Walter Benjamins,* Francfort-sur-le-Main, Athenäum, 1973, p. 7-33.

l'idéologie » *(Ideologiekritik)* marxiste[60]. La critique benjaminienne fut donc bien *intervenante* en ce qu'elle mettait toujours les champs pratiques ou théoriques en face de leurs propres « extrêmes immanents ».

Ainsi, loin de la méfiance assumée par Brecht — après Marx — à l'égard du champ esthétique, Benjamin chercha, au long cours de son œuvre, à produire un autre genre de geste critique : non pas celui consistant à jeter les « fleurs imaginaires » loin de toute historicité et de toute politique, mais celui qui tente délicatement de « transplanter les fleurs du jardin de l'art dans la terre étrangère du savoir » afin d'y produire, comme ce fragment le disait en toute précision, un *soulèvement* de celui-ci[61]. Qu'il s'agît du mémorandum pour la revue *Krisis und Kritik* ou de l'allocution sur « L'auteur comme producteur », dans tous les cas Benjamin affirmait donc clairement sa *solidarité politique* (se tenir, disait-il, « sur le terrain de la lutte des classes ») tout en maintenant sa *position critique* à l'égard de toutes les exigences partisanes (n'être « pas un organe du prolétariat » pour autant, et encore moins de la bourgeoisie possédante, cela va sans dire).

C'est qu'il y a, en toute chose — en toute pratique, en toute pensée — un « ennemi immanent » qui constitue, peut-être, la cible première du geste critique : Benjamin la nomme *conformisme,* notamment dans la sixième des thèses « Sur le concept d'histoire », dans une phrase presque accolée au passage où il était question du triomphe du pire et du danger mortel couru, alors, par les morts eux-mêmes : « À chaque époque, il faut chercher à arracher de nouveau la tradition au conformisme *(Konformismus)* qui est sur le point de la subjuguer[62]. » Phrase capitale qui permet de comprendre en quoi le geste critique doit commencer par la tâche, en réalité fort difficile, de libérer

60. J. Habermas, « L'actualité de Walter Benjamin. La critique : prise de conscience ou préservation » (1972), trad. M. B. de Launay et C. Perret, *Revue d'esthétique,* N. S., n° 1, 1981, p. 107-130.

61. W. Benjamin, *Fragments philosophiques, op. cit.,* p. 207.

62. *Id.,* « Sur le concept d'histoire », art. cit., p. 431.

les esprits de ces conformismes où ils trouvent quelque chose comme un confort de servitude volontaire.

*Conformismes esthétiques,* d'un côté. Voilà qui explique le rôle important joué par les historiens de l'art les plus novateurs — Aby Warburg et Aloïs Riegl au premier chef — dans la pensée critique de Benjamin[63]. Sur le plan littéraire, on constate que la série de fragments des années 1929-1930 aura trouvé son prolongement dans plusieurs articles publiés peu de temps après : notamment une recension critique du livre de Max Kommerell sur le thème de « l'écrivain comme guide » *(der Dichter als Führer)* dans la littérature classique allemande, de Goethe à Hölderlin. Livre que Benjamin introduisait d'emblée comme un chef-d'œuvre du « conservatisme allemand[64] » *(deutsches Konservatismus).* Il s'agissait, dès lors, de déconstruire toutes les certitudes « dominatrices » de l'histoire littéraire pratiquée, notamment, par Friedrich Gundolf, ce savant qui distribuait ses « critères » et ses « maximes critiques *(kritischen Maximen)* [...] avec la raideur d'un maître chanteur[65] ».

Le conformisme n'est que l'expression d'une « volonté dominatrice » *(Herrschaftsanspruch)* : ce faisant, il ne révèle pour finir que sa propre « impuissance[66] » *(Ohnmacht),* comme dans le *topos* de la « parenté des génies grec et allemand » au service d'une « histoire du salut » parfaitement nationaliste dont participaient aussi, à l'époque, les gloses de Heidegger sur la philosophie grecque et la poésie de Hölderlin : « On entend ici l'entrechoquement des runes d'acier, le dangereux anachronisme du langage des sectes [pour] s'approprier le passé comme un

63. Cf. notamment S. Weigel, *Walter Benjamin. Die Kreatur, das Heilige, die Bilder,* Francfort-sur-le-Main, Fischer Taschenbuch Verlag, 2008, p. 211-332. G. Careri et G. Didi-Huberman (dir.), *L'Histoire de l'art depuis Walter Benjamin,* Sesto San Giovanni, Éditions Mimésis, 2015.

64. W. Benjamin, « Contre un chef-d'œuvre. À propos du livre de Max Kommerell, *L'Écrivain comme guide dans la littérature classique allemande* » (1930), trad. P. Rusch, *Œuvres, II,* Paris, Gallimard, 2000, p. 216.

65. *Ibid.,* p. 217.

66. *Ibid.,* p. 225.

titre de haute origine[67]. » En 1931, dans un article sur l'histoire littéraire paru dans le périodique *Die literarische Welt,* Benjamin fustigera le « faux universalisme » *(falsche Universalismus)* du discours académique sur l'art, avec son « caractère muséal » et son « esthétique scolaire » *(Schulästhetik)* toute moisie dans ses certitudes sur l'absolu de l'art[68].

Or, de même qu'il fallait lutter contre cette « esthétique scolaire » des cercles ou des sectes littéraires, il se sera agi pour Benjamin de se démarquer aussi des divers *conformismes politiques* de son temps. S'il y a, chez l'auteur du *Livre des passages,* une composante anarchiste, elle devra être décelée d'abord dans son incapacité à se satisfaire de toute position établie, de toute certitude définitive : bref, de tout conformisme de la pensée comme de la pratique. D'où son fameux éloge du « caractère destructeur » *(destruktive Charakter)* en 1931, qui insistait sur l'aspect « jeune et enjoué » d'un geste consistant, fondamentalement, à « faire de la place » *(Platz schaffen),* à « déblayer » *(räumen)*... tout en ne cessant pas de maintenir vive sa « conscience de l'homme historique » *(Bewußtsein des historischen Menschen)* — se trouvant, du coup, « toujours à la croisée des chemins », entre bifurcations soudaines et zigzags nécessaires[69].

Si le « caractère destructeur » fait de la place, ce n'est pas pour aboutir à quelque chose comme une table rase. Ce sont bien des *passages* qu'il ouvre autant qu'il peut. Des chemins de traverse inattendus, impensables pour toute orientation doctrinalement fixée à l'avance. Dans les années 1937-1940, alors que se posait concrètement pour Benjamin la question de la survie — et avant que le passage salvateur de la frontière ne lui fût refusé —, il s'obstinait à s'occuper de « lettres », de littérature. Et à envoyer des lettres, par exemple à Max Horkheimer,

67. *Ibid.,* p. 219 et 221.

68. *Id.,* « Histoire littéraire et science de la littérature » (1931), trad. M. de Gandillac, revue par P. Rusch, *Œuvres, II, op. cit.,* p. 278 et 280.

69. *Id.,* « Le caractère destructeur » (1931), trad. R. Rochlitz, *Œuvres, II, op. cit.,* p. 330-332.

qu'il tenait au courant, régulièrement, de la situation littéraire et politique et de ses travers conformistes parisiens, que ce fût à droite ou à gauche[70]. La singularité de sa « pensée intervenante », de son ouverture de *passages politiques,* on peut alors la comprendre à travers ses publications — sous pseudonyme — de « lettres allemandes » où l'on voyait, pour ainsi dire, toute la tradition spirituelle de l'Allemagne résister au présent de l'oppression nazie[71].

Il s'agissait, dans ces interventions apparemment bien modestes au plan politique, de *faire circuler de la liberté* : de faire entendre, aussi largement que possible, les voix survivantes de l'émancipation, poétique aussi bien que politique. Dans l'hommage qu'il composa en 1937 pour l'historien de l'art Eduard Fuchs, Benjamin insista, en deux pages successives, sur la *marginalité,* presque la clandestinité d'un historien qui s'intéressait aux images les moins académiques qui fussent (la caricature, la pornographie), comme s'il lui avait fallu s'aventurer aux frontières de l'art, aux extrêmes immanents[72]... Mais aussi sur l'œuvre d'*émancipation* menée par cet historien excentrique. En quoi consistait donc cette émancipation ? Dans le geste, non pour « accroître le fardeau des trésors qui s'accumulent sur le dos de l'humanité » — là où la culture ressemble surtout à un butin de guerre —, mais pour « s'en débarrasser », le jeter en l'air afin qu'il retombe *aux mains de tous*[73]. N'est-ce pas là ce que Goethe — recopié par Benjamin — avait nommé « l'effectivité intime, ou cachée, de la politique » *(das Heimlichtun der Politik*[74]*)* ?

---

70. *Id., Lettres sur la littérature à Max Horkheimer* (1937-1940), éd. et trad. M. Pic et L. Bärfuss, Genève, Éditions Zoé, 2016, p. 43-148.
71. *Id., Allemands. Une série de lettres* (1931-1932), trad. G.-A. Goldschmidt, Paris, Hachette, 1979. *Id.,* « Allemands de quatre-vingt-neuf » (1939), trad. de l'auteur revue par M. Stora, *Écrits français,* éd. J.-M. Monnoyer, Paris, Gallimard, 1991, p. 263-285.
72. *Id.,* « Eduard Fuchs, collectionneur et historien » (1937), trad. R. Rochlitz, *Œuvres, III, op. cit.,* p. 189.
73. *Ibid.,* p. 188.
74. *Id.,* « Auf der Spur alter Briefe » (1931-1932), *Gesammelte Schriften, IV-2,* éd. T. Rexroth, Francfort-sur-le-Main, Suhrkamp Verlag, 1972, p. 943.

## « CETTE MANIÈRE DE N'ÊTRE RIEN » (GESTE RHAPSODIQUE)

Il fallait bien une « révolution de la sensibilité », comme l'a écrit William Marx, pour qu'une critique littéraire au sens moderne pût émerger hors des simples débats sur les degrés de « valeur » ou de « talent » attribués par un professionnel à un texte, dans le monde des conformismes institutionnalisés par les « palmarès », les prix littéraires ou les élections académiques[1]. En 1930, Albert Thibaudet publia sa fameuse *Physiologie de la critique,* ouvrage qui recueillait une longue expérience issue de Bergson au plan philosophique et de Mallarmé au plan littéraire : il tentait de théoriser une activité de critique littéraire à la *Nouvelle Revue française,* commencée en 1912, en y distinguant trois « fonctions » — « critique spontanée », « critique professionnelle », « critique des maîtres » — aux fins d'esquisser une nouvelle cartographie des études sur la littérature[2]. Était alors reconnue la dialectique établie selon lui entre *construction* et *création* au cœur du même geste critique : il fallait sans doute « formuler [son analyse ou son jugement] en critique

1. W. Marx, *Naissance de la critique moderne. La littérature selon Eliot et Valéry (1889-1945),* Arras, Artois Presses Université, 2002, p. 13-14. Cf. R. Wellek, *A History of Modern Criticism,* Londres-New Haven, Cape-Yale University Press, 1955-1992 (8 volumes). *Id., De la critique. Quatorze essais sur la crise des idées littéraires* (1970), trad. E. Sturm et A. Lorenceau, Paris, Klincksieck, 2007. J.-R. Ladmiral, « Critique et critiques », *À propos de la « critique »,* dir. D. Château, Paris, L'Harmattan, 1995, p. 17-40. W. Barner, *Literaturkritik, op. cit.*
2. A. Thibaudet, *Physiologie de la critique,* Paris, Nouvelle Revue critique, 1930 (rééd. Paris, Les Belles Lettres, 2013).

technique », mais aussi savoir « former [sa langue critique] en artiste intelligent[3] ».

Sept ans plus tard, Paul Valéry inaugurait au Collège de France un *Cours de poétique* appelé à durer jusqu'à sa mort en 1945[4]. Au fil de développements sur la sensibilité ou l'« infini esthétique » surgissaient quelques développements appelés à délégitimer la philosophie comme l'unique discours fondateur de toute critique : on ne pense pas la poésie en philosophe, mais en penseur-poète[5]. Fallait-il dire, alors, qu'une *poétique* devrait faire tout autre chose qu'une *critique* ? Jean Paulhan, directeur historique de la *Nouvelle Revue française,* s'amusa à écrire, après-guerre, une très ironique *Petite préface à toute critique,* où il affirmait : « La critique parlée — celle de la rue, des salons, des cafés — déclare tout de go : ["C'est] une connerie" — et ne s'explique pas plus avant. Elle n'y va pas par quatre chemins. Mais la critique des critiques, c'est par plus de quatre cents[6]. »

Entretemps, Georges Bataille aura fondé la bien nommée revue *Critique.* Dans sa précédente aventure avec *Documents,* en 1929-1930, les textes les plus subversifs, sans doute — particulièrement efficaces du fait même de leur brièveté —, avaient été réunis sous une rubrique elle aussi bien nommée « Dictionnaire critique ». On y trouvait, à côté de propos dus à Carl Einstein, Michel Leiris ou Marcel Griaule, quelques *fusées critiques* lancées du côté de notions telles qu'« architecture », « matérialisme », « œil », « malheur », « poussière », « abattoir », « cheminée d'usine », « métamorphose » ou encore (pour ne prendre que les notices du premier volume) le fameux article « informe[7] »… De façon exactement inverse — c'est-à-dire

3. *Ibid.,* p. 211.
4. P. Valéry, *Cours de poétique* (1937-1945), éd. W. Marx, Paris, Gallimard, 2023.
5. *Ibid.,* I, p. 325-366.
6. J. Paulhan, *Petite préface à toute critique,* Paris, Les Éditions de Minuit, 1951 (rééd. Cognac, Le Temps qu'il fait, 1988), p. 16.
7. G. Bataille, « Architecture », « Matérialisme », « Œil », « Malheur », « Poussière », « Abattoir », « Cheminée d'usine », « Métamorphose », « Informe »

résolument provocatrice et, surtout, non aristocratique — à celle de Paul Valéry, Bataille n'entendait convoquer la pensée philosophique que pour en révoquer l'autorité séculaire : il fallait, notamment, ayant lu Hegel et y ayant puisé tant de puissance dialectique, se livrer désormais à une « critique des fondements » idéalistes de sa pensée[8]. Comme si, pour tout « penseur-poète », il n'y avait qu'impasse, servitude et médiocrité dans toute décision de s'affilier unilatéralement à quelque système philosophique que ce fût.

D'où le caractère tout à la fois « intervenant » et non sectaire — extrêmement ouvert, exploratoire et comme *rhapsodique* — de la revue *Critique.* Aux côtés de Maurice Blanchot ou d'Éric Weil, puis d'un comité élargi, lors de son arrivée aux Éditions de Minuit en 1950, à Georges Friedmann, Paul Rivet, Louis de Broglie, Raymond Aron, Jean Wahl, Alexandre Koyré, Lewis Mumford et d'autres[9], Georges Bataille, tout « subversif » qu'il fût, entendait promouvoir un art modeste et délicat de la critique immanente, fondé sur un genre développé — problématisé — du compte rendu littéraire : « *Critique* publiera des études sur les ouvrages et les articles paraissant en France et à l'étranger. Ces études dépassent l'importance de simples comptes rendus. À travers elles, *Critique* voudrait donner un aperçu, le moins incomplet qu'il se pourra, des diverses activités de l'esprit humain dans les domaines de la création littéraire, des recherches philosophiques, des connaissances historiques, scientifiques, politiques et économiques. Les auteurs des articles développent librement une opinion qui n'engagent qu'eux-mêmes, ils cherchent à fonder cette opinion en raison, sans se contenter des facilités polémiques[10]. » Bataille lui-même engagera ce *style critique* à

(1929), *Œuvres complètes, I,* Paris, Gallimard, 1970, p. 171-172, 179-180, 187-189, 195-197, 205-209 et 217.

8. *Id.,* « La critique des fondements de la dialectique hégélienne » (1932), *ibid.,* p. 277-290 (article écrit avec Raymond Queneau).

9. Cf. A. Simonin, *Les Éditions de Minuit, 1942-1950. Le devoir d'insoumission,* Paris, Imec Éditeur, 2008, p. 279.

10. G. Bataille, « Programme de la revue *Critique* » (1946), *Œuvres complètes, XI,* Paris, Gallimard, 1988, p. 565.

propos de sujet aussi divers que Henry Miller et Nietzsche, les récits des survivants d'Hiroshima et les documents concentrationnaires, la peinture politique de Goya et le *Rapport Kinsey* sur la sexualité, Marcel Proust et le surréalisme, René Char et Claude Lévi-Strauss, William Blake et Samuel Beckett[11]...

*

Maurice Blanchot fut sans doute le plus grand — le plus profond — critique littéraire de son temps. Trois ans après la fameuse « Déclaration sur le droit d'insoumission dans la guerre d'Algérie » qu'il contribua à rédiger en 1960, il fit paraître aux Éditions de Minuit une reprise de commentaires antérieurs sur les œuvres de Sade et de Lautréamont, textes qui avaient été publiés après-guerre dans les revues *Les Temps modernes, Cahiers d'art* et, bien sûr, *Critique.* Or la préface de ce livre entendait ouvrir un questionnement : « Qu'en est-il de la critique[12] ? » Texte assez bref et fort dense, qui problématisait la critique (à travers la question : « qu'en est-il ? ») plutôt qu'il n'en cherchait la définition à proprement parler (comme pour ne pas répondre à l'interrogation : « qu'est-ce ? »). « Je laisse de côté bien des sens de cette question », écrivait Blanchot pour commencer. « L'un d'eux passe par le peu de sens de la critique elle-même. Quand nous nous interrogeons sérieusement sur la critique littéraire, nous avons l'impression que notre interrogation ne porte sur rien de sérieux. L'Université, le journalisme constituent toute sa réalité. La critique est un compromis entre ces deux formes d'institution. Le savoir au jour le jour, empressé, curieux, passager, le savoir érudit, permanent, certain, vont à la rencontre l'un de l'autre et se mêlent tant bien que mal[13]. »

Qu'apporte donc la critique à des œuvres littéraires aussi fulgurantes que celles de Sade ou de Lautréamont ? Blanchot

11. *Ibid., passim,* et *id., Œuvres complètes, XII,* Paris, Gallimard, 1988, *passim.*
12. M. Blanchot, *Lautréamont et Sade,* Paris, Les Éditions de Minuit, 1963, p. 7-14.
13. *Ibid.,* p. 9.

répondra, remarquablement, sur «ce qu'il en est» de la *raison* chez Sade (anticipant le commentaire, bientôt célèbre, de Jacques Lacan également publié en 1963 dans *Critique*[14]) ou de l'*expérience* chez Lautréamont[15] (très proche en cela du vocabulaire de son ami Bataille). Mais Blanchot, par avance, aura exigé que soit reconnue cette *délicatesse de la critique* qu'il entendait mener: bien qu'elle *problématise*, et quelquefois radicalement, elle demeurera si modeste qu'elle en deviendrait presque diaphane ou disparaissante, toujours — volontairement — *en retrait* par rapport à ce qu'elle entend commenter: «Nous parvenons donc à cette idée que la critique est en elle-même presque sans réalité [...] comme si cette manière de n'être rien annonçait au contraire sa plus profonde vérité. [...] Peut-être le commentaire n'est-il qu'un peu de neige faisant vibrer la cloche[16].»

La critique ne serait, à tout prendre, qu'une simple *expérience de lecture,* appelée à se «retirer» aussitôt que traversée. «La parole critique a ceci de singulier: plus elle se réalise, se développe et s'affirme, plus elle doit s'effacer; à la fin, elle se brise. Non seulement elle ne s'impose pas, attentive à ne pas remplacer ce dont elle parle, mais elle ne s'achève et ne s'accomplit que lorsqu'elle disparaît. Et ce mouvement de disparition n'est pas la simple discrétion du serviteur qui, après avoir joué son rôle et mis la maison en ordre, s'éclipse: c'est le sens même de son accomplissement qui fait qu'en se réalisant elle disparaît[17].» Et cependant une telle expérience instaure un dialogue — étrange dialogue», écrit Blanchot — entre la parole critique et la parole «créatrice». Il faut alors reconnaître que, fût-il «étrange», c'est-à-dire fondé sur une extranéité ou «étrangèreté», ce dialogue constitue une *expérience nécessaire,*

14. J. Lacan, «Kant avec Sade» (1963), *Écrits,* Paris, Le Seuil, 1966, p. 765-790.

15. M. Blanchot, *Lautréamont et Sade, op. cit.,* p. 15-188.

16. *Ibid.,* p. 10. Blanchot indique en note qu'il fait, là, bifurquer le sens d'une proposition de Heidegger.

17. *Ibid.,* p. 10.

cruciale pour l'œuvre elle-même si, du moins, sa lecture se révèle également « cruciale » : profonde et décisive.

« Mais pourquoi le critique serait-il nécessaire ? », demande encore Blanchot. « Pourquoi l'œuvre ne suffit-elle pas à parler ? Pourquoi entre le lecteur et elle, entre l'histoire et elle, devrait venir s'interposer ce méchant hybride de lecture et d'écriture, cet homme bizarrement spécialisé dans la lecture et qui, pourtant, ne sait lire qu'en écrivant, n'écrit que sur ce qu'il lit et doit en même temps donner l'impression, écrivant, lisant, qu'il ne fait rien, rien que laisser parler la profondeur de l'œuvre, ce qui en elle demeure et y demeure toujours plus clairement, plus obscurément[18] ? » La réponse est probablement contenue dans la question elle-même : si l'expérience critique n'est qu'une simple *lecture* mais si une telle lecture, comme dialogue, révèle sa *nécessité,* alors on comprendra tout ce qui fait d'une *écriture critique* quelque chose comme une traversée immanente, fondamentale en un sens, de la littérature elle-même. La nécessité, en somme, de cette légère « neige » qui, tombant sur la cloche, parvient à la *faire résonner.*

C'est en quoi l'écriture critique se révèle aussi nécessaire que modeste : « Remarquable modestie [de la parole critique] ; mais peut-être pas si modeste. Elle n'est rien, mais ce rien est précisément ce en quoi l'œuvre, la silencieuse, l'invisible, se laisse être ce qu'elle est : éclat et parole, affirmation et présence, parlant alors comme d'elle-même sans s'altérer, dans ce vide de bonne qualité que l'intervention critique a eu pour mission de produire. La parole critique est cet espace de résonance dans lequel, un instant, se transforme et se circonscrit en parole la réalité non parlante, indéfinie, de l'œuvre[19]. » Et Blanchot de retrouver, à travers ce mouvement dialectique, le sens même de cette « critique immanente » autrefois prônée par les écrivains romantiques : « À force de disparaître devant l'œuvre, elle se ressaisit en elle, et comme l'un de ses moments essentiels[20] »,

18. *Ibid.,* p. 11.
19. *Ibid.,* p. 11-12.
20. *Ibid.,* p. 12-13.

ce que les romantiques appelaient, avec quelque exagération, son « achèvement ». Blanchot, pour sa part, fera du geste critique une composante bientôt essentielle de l'œuvre elle-même, car « devenue inséparable de son intimité[21] ».

La parole critique devrait donc se comprendre et s'écrire, au bout du compte, comme un *dialogue d'intimités.* C'est alors que Blanchot, de façon significative, voudra rappeler un aspect fondamental du criticisme kantien qui semble survivre dans cette opération pourtant si dissemblable à toute élaboration conceptuelle : « De même que la raison critique de Kant est l'interrogation des conditions de possibilité de l'expérience scientifique, de même la critique est liée à la recherche de la possibilité de l'expérience littéraire, mais cette recherche n'est pas une recherche purement théorique, elle est le sens par lequel l'expérience littéraire se constitue, et se constitue en éprouvant, en contestant, par la création, sa possibilité[22]. » En sorte que la parole critique assumerait une valeur d'affirmation décisive — « créatrice », dira enfin Blanchot — depuis le fond même de son questionnement modeste et délicat[23]. C'est justement là tout ce qu'on retrouve dans l'*écriture* d'intimité critique à intimités littéraires qui caractérise les différents recueils où Maurice Blanchot semblait rechercher une « part du feu » chez Nietzsche, Mallarmé ou Kafka, un « entretien infini » avec Héraclite, Hölderlin ou Rimbaud, jusqu'à l'« amitié » digne et délicate avec Georges Bataille ou Emmanuel Levinas[24].

*

La critique serait donc une expérience « créatrice » dans la mesure où elle se déploie non seulement comme *question de l'écriture,* mais encore comme *écriture de la question.* C'est une

21. *Ibid.,* p. 13.
22. *Ibid.,* p. 13.
23. *Ibid.,* p. 13-14.
24. *Id., La Part du feu,* Paris, Gallimard, 1949. *Id., L'Entretien infini,* Paris, Gallimard, 1969. *Id., L'Amitié,* Paris, Gallimard, 1971.

question posée aux fins de l'expérience littéraire, une question lancée depuis l'intimité ou l'immanence d'un dialogue avec l'œuvre critiquée. Et cela dans un geste capable à la fois d'*interroger,* de *décrire* et de *déconstruire,* délicatement, tout ce qui semblait obvie ou acquis dans l'œuvre interrogée. Il s'agit bien, comme le dit exactement Blanchot, d'une interrogation : mais capable de trouver sa forme et sa formulation justes — tout est là — sur les « conditions de possibilité » de la littérature et de l'art en général. Interrogation créatrice parce qu'elle « se constitue en éprouvant, en contestant », c'est-à-dire en *partageant* une expérience tout en prenant position à travers une juste mise à *distance,* quelque part entre intimité et retrait, empathie et distanciation.

Sans doute retrouvera-t-on tous ces aspects — fussent-ils paradoxaux — chez les grands critiques contemporains. Jean Starobinski fut le premier, déplorant la rage polémique qui agitait dans les années 1960 les débats sur la critique, à plaider pour un art modeste des nuances et du savoir précis[25]. Au-delà de l'« ancienne critique normative », il en appelait à un geste critique conscient de ses propres généalogies et mobilisant, dans son enquête philologique même, « tous les pouvoirs sensoriels et réfléchis dont [on] puis[se] disposer. Le trajet critique se déroule, si possible, entre *tout accepter* (par la résonance réceptive) et *tout situer* (dans l'indépendance active). [...] S'il fallait donc définir un "type idéal" de critique, j'en ferais un composé de rigueur méthodologique (liée aux techniques et à leurs procédés vérifiables) et de disponibilité réflexive (libre de toute astreinte systématique). [...] La réflexion libre, précisément parce qu'elle est libre, est vouée au recommencement[26]. »

On retrouvera ce dédoublement de l'écriture critique chez des auteurs aussi différents que Jean-Paul Sartre, Georges Poulet, Jean-Pierre Richard, Paul de Man, Gérard Genette ou Tsvetan

25. J. Starobinski, « La relation critique » (1967-2001), *L'Œil vivant, II. La relation critique,* Paris, Gallimard, 1970 (éd. revue et augmentée, 2001), p. 11-12.
26. *Ibid.,* p. 43, 51 et 53-54.

Todorov — pour ne citer qu'eux[27]. La même chose, d'ailleurs, pouvant être observée dans le champ de la critique d'art, celle de Clement Greenberg en particulier, que Dominique Chateau caractérisait comme une « dialectique inaboutie ». Façon de dire son statut de discours intervallaire (soit qu'elle échoue, dans sa version tyrannique la plus répandue, à tenir les deux bouts du journalisme d'opinion et de la pensée philosophique, soit qu'elle admette, en toute modestie, son propre statut d'inachèvement) : « Du point de vue de la question critique, étant donné qu'elle revêt, en l'occurrence, les caractéristiques d'un métier en même temps qu'elle s'élève à la méditation philosophique, étant donné qu'elle relie, maladroitement mais décidément, la critique d'art à la théorie fondamentale, [...] l'œuvre de Greenberg importe surtout comme témoignage précieux d'une dialectique inaboutie[28] »

La critique en tant qu'*écriture de la question* se révèle alors sous un aspect plus fragile mais plus intéressant : celui d'une *écriture en question,* voire d'une écriture — littéraire, « créatrice » — en suspens, *en attente.* C'est ce qu'on observe dans toute la production de Roland Barthes qui présentait ses propres *Essais critiques* comme un « assemblage [...] rhapsodique » de modalités d'écriture hétérogènes : « analyse littéraire » et « esquisse d'une science sémiologique », mais aussi « défense

27. Cf. notamment J.-P. Sartre, *Situations, I. Essais critiques,* Paris, Gallimard, 1947. G. Poulet (dir.), *Les Chemins actuels de la critique,* Paris, Union générale d'Éditions, 1968. *Id., La Conscience critique,* Paris, José Corti, 1971. J.-P. Richard, « Sur la critique thématique » (2004), *Sur la critique et autres essais,* éd. J. Wenger et D. Sangsue, Chêne-Bourg, La Baconnière, 2022, p. 45-55. P. de Man, *Critical Writings, 1953-1978,* éd. L. Waters, Minneapolis, university of Minnesota Press, 1989. G. Genette, « Raison de la critique pure » (1966), *Figures II,* Paris, Le Seuil, 1969 (éd. 1979), p. 7-22. T. Todorov, *Critique de la critique. Un roman d'apprentissage,* Paris, Le Seuil, 1984. Cf. également J.-P. Martin (dir.), *L'Invention critique,* Lyon-Nantes, Villa Gillet-Éditions Cécile Defaut, 2004. F. Toudoire-Surlapierre, *Que fait la critique ?,* Paris, Klincksieck, 2008.

28. D. Chateau, « Kant contre Kant. Note sur la critique selon Greenberg », *À propos de « la critique », op. cit.,* p. 341-356.

de la théorie brechtienne de l'art», entre autres choses[29]. Tout cela cheminant d'un territoire à l'autre, comme faisaient justement les rhapsodes antiques. Tout cela cheminant *en attente* de produire un récit propre, ou un roman de soi-même : « Pour que le critique parle de lui avec *exactitude,* il faudrait qu'il se transforme en romancier, c'est-à-dire substitue au faux direct dont il s'abrite, un indirect déclaré, comme l'est celui de toutes les fictions. C'est pourquoi, sans doute, le roman est toujours l'horizon du critique : le critique est *celui qui va écrire,* et qui, semblable au Narrateur proustien, emplit cette attente d'une œuvre *de surcroît,* qui se fait en se cherchant et dont la fonction est d'accomplir son projet d'écrire tout en l'éludant. Le critique est un écrivain, mais un écrivain en sursis[30] »

Comme l'avait fait Maurice Blanchot en parlant d'une « manière de n'être rien », Roland Barthes n'aura invoqué son *geste rhapsodique* que pour associer une posture de modestie principielle avec l'ambition de se montrer partie prenante de l'avant-garde littéraire elle-même. Et cela sous deux aspects au moins : d'une part la vocation critique et politique de la littérature quand elle interroge — comme chez Brecht ou Döblin — ses propres conditions d'existence historique[31] ; d'autre part le geste littéraire, non moins critique, consistant à produire une écriture se questionnant elle-même : « à la fois objet et regard sur cet objet, parole et parole de cette parole, littérature-objet et méta-littérature », comme déjà chez Flaubert, Mallarmé, Proust puis Robbe-Grillet, notamment[32]. C'est à partir de là que se cristalliseront, au cours des années 1960, les débats sur la « Nouvelle critique » et sur la nécessité, selon Barthes, d'assumer clairement une *position théorique* au sein même de la modeste ou

---

29. R. Barthes, *Essais critiques* (1964), *Œuvres complètes, II,* éd. É. Marty, Paris, Le Seuil, 2002, p. 272 (avant-propos de 1971).
30. *Ibid.,* p. 282 (cf., une quinzaine d'années plus tard, *id., La Préparation du roman. Cours au Collège de France, 1978-1979 et 1979-1980,* éd. N. Léger, Paris, Le Seuil, 2003 [éd. 2015]).
31. *Ibid.,* p. 343-347 (« Les tâches de la critique brechtienne », 1956).
32. *Ibid.,* p. 364 (« Littérature et méta-langage », 1959).

« rhapsodique » *analyse immanente*[33]. La critique ainsi entendue posera donc des questions de *vérité* plutôt que des questions de *valeur* au sens habituel du terme[34]. Mais de quel genre de vérité s'agit-il alors ?

33. *Ibid.*, p. 496-501 (« Les deux critiques », 1963) et 502-507 (« Qu'est-ce que la critique ? », 1963).
34. *Id., Critique et vérité* (1966), *Œuvres complètes, II, op. cit.*, p. 792-799.

## UNE INSERVITUDE PAR « SCINTILLEMENTS IMAGINATIFS »

Sur la dernière page du manuscrit de son ultime cours, le 28 mars 1984 — au terme duquel il devait quitter son auditoire avec ces paroles : « Mais enfin, il est trop tard. Alors, merci[1] » —, Michel Foucault écrivit ces phrases importantes bien que non prononcées : « Mais ce sur quoi je voudrais insister pour finir, c'est ceci : il n'y a pas d'instauration de la vérité sans une position essentielle de l'altérité ; la vérité, ce n'est jamais le même ; il ne peut y avoir de vérité que dans la forme de l'autre monde et de la vie autre[2]. » En somme, la vérité n'apparaîtrait que depuis le cœur d'une confrontation — qu'elle soit de dialogue, de débat, voire de « frottement » irritant — avec l'altérité. La vérité de notre monde ne se découvrira donc qu'à partir d'une mise en relation avec son autre, cet « autre monde » dont parle Foucault et où nous devrons sans doute comprendre qu'il y va, comme chez Ernst Bloch, de l'utopie politique. La « vie autre » dessinerait donc les linéaments de nos inservitudes, de nos émancipations.

Ainsi l'altérité nous invente-t-elle des *alternatives critiques*, fût-ce sous la forme de ces « fleurs imaginaires » qui semblent dire que le monde réel non seulement n'est pas « rationnel », mais encore serait marqué d'une « fausseté » fondamentale. Ce que désigne une telle opération « altérante » n'est donc rien d'autre qu'une façon de nommer l'activité critique elle-même,

1. M. Foucault, *Le Courage de la vérité. Le gouvernement de soi et des autres, II. Cours au Collège de France (1983-1984),* éd. F. Gros, sous la direction de F. Ewald et A. Fontana, Paris, Gallimard-Le Seuil, 2009, p. 309.
2. *Ibid.,* p. 311.

sur laquelle Foucault, tout au long de sa vie, n'aura jamais cessé de revenir, de réfléchir. Dès 1957, par exemple, dans un article au titre apparemment très convenu — « La recherche scientifique et la psychologie » —, Foucault revendiqua ce qu'il nommait un « soupçon critique sur la connaissance psychologique » lorsqu'elle refuse de problématiser l'évidence de son objet, la vie psychique, à l'aune, notamment, de la découverte freudienne[3]. Reprenant l'exergue fameux de *L'Interprétation des rêves,* Foucault concluait son article sur l'invocation du *désir* inconscient comme point de basculement — ou de « relève » — critique dans l'histoire de la psychologie : « *Superos si flectere nequeo, Acheronta movebo*... La psychologie ne se sauvera que par un retour aux Enfers[4]. »

Un autre paradigme d'altérité ou d'*altération critique* sera, un peu plus tard, reconnu par Michel Foucault dans le geste de *transgression* : inséparable du désir et de la « sexualité moderne [...] de Sade à Freud », ce geste viendrait « tracer la limite en nous et nous dessiner nous-mêmes comme limite[5] ». Il serait — cela dit dans une syntaxe proche de Blanchot autant que de Bataille auquel le philosophe entendait alors rendre hommage — « le règne illimité de la Limite [et] l'expérience de l'impossible[6] ». « La transgression franchit » et, en cela déjà, se révèle comme un *geste critique* par excellence, Foucault insistant pour préciser qu'elle n'instaure pas pour autant une relation de type binaire ou partisan : « La transgression n'est donc pas à la limite comme le noir est au blanc, le défendu au permis, l'extérieur à l'intérieur, l'exclu à l'espace protégé de la demeure. Elle lui est liée plutôt selon un rapport en vrille dont aucune effraction simple ne peut venir à bout[7]. » Façon de suggérer que la critique

---

3. *Id.,* « La recherche scientifique et la psychologie » (1957), *Dits et écrits, 1954-1988. I, 1954-1969,* éd. D. Defert et F. Ewald, Paris, Gallimard, 1994, p. 143.
4. *Ibid.,* p. 158.
5. *Id.,* « Préface à la transgression » (1963), *ibid.,* p. 233-234.
6. *Ibid.,* p. 235.
7. *Ibid.,* p. 237.

pénètre *en vrille,* et non pas de façon simplement affrontée, dans l'état de fait qu'elle cherche à subvertir.

La transgression *conteste* et *soulève.* Or elle le fait à partir d'une position subjective qui n'est ni de « passion triste » ni de négation systématique : « Rien n'est négatif dans la transgression. Elle affirme l'être limité, elle affirme cet illimité dans lequel elle bondit en l'ouvrant pour la première fois à l'existence. Mais on peut dire que cette affirmation n'a rien de positif : nul contenu ne peut la lier puisque, par définition, aucune limite ne peut la retenir. Peut-être n'est-elle rien d'autre que l'affirmation du partage [à travers] ce qui en lui peut désigner l'être de la différence[8]. » Disant cela, Foucault rendait déjà claire sa proximité avec la philosophie de Gilles Deleuze, donc avec la ligne spinoziste et nietzschéenne qui les portait ensemble dans un mouvement de « disjonction affirmée », nouvelle expression pour désigner le geste critique lui-même[9]. La *différence* assumerait donc une fonction critique déjà portée par le désir et la transgression, en attendant la *généalogie* en tant que pensée du temps où se déploient toutes ces différences ou altérités qui nous divisent — divisant notre savoir — et qui nous font *discontinuer* dans cet éternel retour du temps pour « trancher » : là où, comme dit Foucault à propos de Nietzsche, il y a lieu de « critique[r] les injustices » régnantes dans le monde historique[10].

Proche également de son ami Deleuze sur la question de l'*abus de jugement* qui tient si souvent la place de la critique dans le discours philosophique comme dans les énoncés journalistiques ou politiques de l'opinion, Foucault émit en 1980 l'hypothèse magnifique d'une « critique par scintillements imaginatifs » : « Il paraît que Courbet avait un ami qui se réveillait la nuit en hurlant : "Juger, je veux juger." C'est fou ce que les gens aiment juger. Ça juge partout, tout le temps. Sans doute est-ce l'une des choses les plus simples qui soient données à l'humanité

8. *Ibid.,* p. 238.
9. *Id.,* « Theatrum philosophicum » (1970), *Dits et écrits, 1954-1988. II, 1970-1975,* éd. D. Defert et F. Ewald, Paris, Gallimard, 1994, p. 85.
10. *Id.,* « Nietzsche, la généalogie, l'histoire » (1971), *ibid.,* p. 147-148 et 156.

de faire. Et vous savez bien que le dernier homme, lorsque, enfin, l'ultime radiation aura réduit en cendres son dernier adversaire, prendra une table bancale, s'installera derrière et commencera le procès du responsable. Je ne peux m'empêcher de penser à une critique qui ne chercherait pas à juger, mais à faire exister une œuvre, un livre, une phrase, une idée; elle allumerait des feux, regarderait l'herbe pousser, écouterait le vent et saisirait l'écume au vol pour l'éparpiller. Elle multiplierait non les jugements, mais les figures d'existence; elle les appellerait, les tirerait de leur sommeil. Elle les inventerait parfois? Tant mieux, tant mieux. La critique par sentence m'endort; j'aimerais une critique par scintillements imaginatifs. Elle ne serait pas souveraine ni vêtue de rouge. Elle porterait l'éclair des orages possibles[11]. »

*

Un geste critique serait donc animé de délicatesse et de puissance à la fois: délicatesse de ne pas se contenter d'un pur et simple rejet (passion triste); puissance de désirer, de transgresser (passion joyeuse) *en vue de possibles* inaperçus jusque-là. Le geste critique commence par entrer « en vrille » dans la réalité critiquée d'où il va retirer certaines évidences impensées: « Une critique ne consiste pas à dire que les choses ne sont pas bien comme elles sont. Elle consiste à voir sur quels types d'évidences, de familiarités, de modes de pensée acquis et non réfléchis reposent les pratiques que l'on accepte. [...] La critique consiste à débusquer cette pensée [au cœur des institutions] et à essayer de la changer: montrer que les choses ne sont pas aussi évidentes qu'on croit, faire en sorte que ce qu'on accepte comme allant de soi n'aille plus de soi. Faire la critique, c'est rendre difficiles les gestes trop faciles[12]. »

11. *Id.,* « Le philosophe masqué » (1980), *Dits et écrits, 1954-1988. IV, 1980-1988,* éd. D. Defert et F. Ewald, Paris, Gallimard, 1994, p. 106-107.
12. *Id.,* « Est-il donc important de penser? » (1981), *ibid.,* p. 180.

Mais ce geste de « rendre difficiles les gestes trop faciles » ne saurait, à l'évidence, qu'être lui-même « difficile » ou, pour le dire autrement, délicat. Il suppose à tout le moins une *analyse historique* attentive aux singularités comme aux régularités, pratiques et théoriques (or « cette critique historique, cette analyse historique de notre rationalité politique [...] est quelque peu différente des discussions concernant les théories politiques » au sens strict[13]), ainsi qu'une *mise en question des rationalités* par la raison elle-même (« quelle est cette raison que nous utilisons ? quels sont ses effets historiques ? Quelles sont ses limites et quels sont ses dangers[14] ? »). En 1984, Foucault introduira une présentation synthétique de son propre travail en le qualifiant d'« histoire critique de la pensée[15] ».

Le geste critique foucaldien aura donc, au moins, réuni les trois paradigmes du *désir* (à travers le rapport entre corps et *psyché* découvert avec la psychanalyse, Lacan et Binswanger, fût-ce pour s'en démarquer par la suite), de l'*histoire* et de la *raison* en tant qu'outils *et* objets d'une radicale mise en question. Ces trois paradigmes, à l'évidence, rapprochent l'œuvre foucaldienne de la Théorie critique, ce dont l'auteur de *Surveiller et punir* n'aura pas fait mystère, par exemple lorsqu'il évoqua, en 1978, des rapports « fraternels à l'école de Francfort » — à propos de la question : « comment se fait-il que la rationalisation conduise à la fureur du pouvoir ? » — ou, en 1983, lorsqu'il confessa : « Il est certain que si j'avais pu connaître l'école de Francfort, si je l'avais connue à temps, bien du travail m'aurait été épargné, il y a bien des bêtises que je n'aurais pas dites et beaucoup de détours que je n'aurais pas faits[16]. »

---

13. *Id.*, « La technologie politique des individus » (1982, publié en 1988), *ibid.*, p. 827.

14. *Id.*, « Espace, savoir et pouvoir » (1982), *ibid.*, p. 279.

15. *Id.*, « Foucault » (1984), *ibid.*, p. 631.

16. *Id.*, « Qu'est-ce que la critique ? », art. cit., p. 46-47. *Id.*, « Structuralisme et poststructuralisme » (1983), *Dits et écrits, 1954-1988. IV, 1980-1988, op. cit.*, p. 439. Cf également *id., Le Gouvernement de soi et des autres. Cours au Collège de France (1982-1983)*, éd. F. Gros, sous la direction de F. Ewald et A. Fontana, Paris, Gallimard-Le Seuil, 2008, p. 22.

Ce rapport dit « fraternel » à la Théorie critique ramenait Foucault à son entreprise plus largement *généalogique.* Ce dont il s'attacha à donner les linéaments fondamentaux dans une conférence prononcée le 27 mai 1978 à la Société française de philosophie. Elle s'intitulait justement « Qu'est-ce que la critique ? », et tentait d'indiquer un fil de longue durée qui, depuis l'humanisme, avait caractérisé « une certaine manière de penser, de dire, d'agir également, un certain rapport à ce qui existe, à ce qu'on sait, à ce qu'on fait, un rapport à la société, à la culture, un rapport aux autres aussi et qu'on pourrait appeler, disons, l'attitude critique[17] ». Tout cela, précisait Foucault, n'ayant que bien peu de rapports avec les « petites activités polémico-professionnelles qui portent ce nom de critique[18] ». La généalogie esquissée dans ces lignes allait jusqu'à jeter un pont entre le procès de Socrate et la perception que Kant s'en forgea — « sans aucun anachronisme », précisait Foucault — en tant que « problème de l'*Aufklärung*[19] ».

Mais qu'il y ait une généalogie du geste critique ne signifie pas pour autant que la temporalité en soit unifiée par quelque tradition continue. Le geste critique surgit de façon discontinue, il a quelque chose de la « pure hétéronomie[20] ». Il ne cesse de se confronter, ici et là, au « problème du droit naturel[21] » — en quoi, soit dit en passant, se révèle un nouveau signe de proximité avec la pensée d'Ernst Bloch. Mais pour Foucault ce problème n'était autre que celui posé, *a contrario,* par le pouvoir de la norme, du conformisme, bref de la *gouvernementalité* : « La critique, c'est donc, de ce point de vue, en face du gouvernement et à l'obéissance qu'il demande, opposer des droits universels et imprescriptibles [...]. Mais, surtout, on voit que le foyer de la critique, c'est essentiellement le faisceau qui noue l'un à l'autre, ou l'un aux deux autres, le pouvoir, la vérité et le sujet [...]. Eh bien,

17. *Id.,* « Qu'est-ce que la critique ? », art. cit., p. 34.
18. *Ibid.,* p. 34.
19. *Ibid.,* p. 64.
20. *Ibid.,* p. 34.
21. *Ibid.,* p. 38.

je dirais que la critique, c'est le mouvement par lequel le sujet se donne le droit d'interroger la vérité sur ses effets de pouvoir et le pouvoir sur ses discours de vérité : la critique, ce sera l'art de l'inservitude volontaire, celui de l'indocilité réfléchie. La critique aurait essentiellement pour fonction le désassujettissement dans le jeu de ce qu'on pourrait appeler, d'un mot, la politique de la vérité[22]. »

*

Bref, la critique serait le véhicule même de cette *inservitude volontaire* mobilisée par la question « comment n'être pas gouverné ? » Ce serait le geste correspondant à cette « décision justement de n'être pas gouverné » ou, plus exactement, à la « volonté de n'être pas gouverné *ainsi*[23] ». « Comment n'être pas gouverné *comme cela,* par ceux-là, au nom de ces principes, en vue de tels objectifs et par le moyen de tels procédés, pas comme ça, pas pour ça, pas par eux[24] ? » À cette question, Foucault reconnaissait qu'il n'y a pas de réponse fixe émanée de quelque chose comme une doctrine permanente, un parti pris irrévocable, voire un « parti unique » : « Pas de point fixe [dans le mouvement critique], pas de [vérité] apodictique, pas de résultat définitif — un mouvement qui ne fait que se mouvoir[25]. »

Or ce geste d'« inservitude volontaire », comme l'appelle si bien Foucault, ne va pas de soi : c'est la raison pour laquelle il n'apparaît dans l'histoire que selon une sorte de *tradition cachée,* discontinue dans la ligne obvie de l'histoire intellectuelle ou politique. Briser cette ligne pour libérer le geste critique, voilà donc qui, à chaque fois, requiert un certain courage : une *audace.* Mot qui, étymologiquement, ne dénote rien d'autre qu'une intensification du désir : un désir qui abonde, fortifié par tout un faisceau de raisons. Voilà pourquoi Michel Foucault aura vite compris

22. *Ibid.,* p. 38-39.
23. *Ibid.,* p. 57 et 65.
24. *Ibid.,* p. 37.
25. *Ibid.,* p. 49.

qu'il fallait, par-dessus la mouvance quelque peu affaissée de l'académisme néokantien, faire retour au magnifique *sapere aude* — « aie l'audace de savoir » — qui, chez Emmanuel Kant, entendait répondre à l'exigence même des Lumières[26].

Dans sa conférence de 1978, Foucault engagea donc l'esquisse d'un retour à cette exigence, à cette « audace » primordiale : « Kant a fixé à la critique, dans son entreprise de désassujettissement par rapport au jeu du pouvoir et de la vérité, comme tâche primordiale, comme prolégomènes à toute *Aufklärung* présente et future, de connaître la connaissance. [...] Et s'il faut poser la question de la connaissance dans son rapport à la domination, ce serait d'abord et avant tout à partir d'une certaine volonté décisoire de n'être pas gouverné, cette volonté décisoire, attitude à la fois individuelle et collective de sortir, comme disait Kant, de sa minorité. Question d'attitude. Vous voyez pourquoi je n'avais pas pu donner, osé donner un titre à ma conférence qui aurait été : "Qu'est-ce que l'*Aufklärung*[27] ?". »

C'est en 1984, l'année de sa mort, que Foucault finit par publier (en anglais) un texte portant ce même titre, ou presque. Texte où l'équivalence de la *critique* et de l'*Aufklärung* était d'emblée déclarée : « La Critique, c'est en quelque sorte le livre de bord de la raison devenue majeure dans l'*Aufklärung* ; et inversement, l'*Aufklärung,* c'est l'âge de la Critique[28]. » Puis, afin de problématiser ce rapport, le philosophe entreprit de dresser une sorte d'esquisse cartographique de ce qu'il nommait un « *éthos* de la critique », et qui impliquait, à ses yeux, quatre gestes au moins. Premier geste : *désirer jusqu'à l'audace.* Soit la décision de faire de son désir quelque chose comme une « tâche », assumée avec patience et courage en même temps, à travers une subjectivation particulière, ce « changement [que le sujet]

26. *Ibid.,* p. 41.
27. *Ibid.,* p. 42 et 58.
28. *Id.,* « Qu'est-ce que les Lumières ? » (1984), *Dits et écrits, 1954-1988. IV, 1980-1988, op. cit.,* p. 567.

opérera lui-même sur lui-même[29] » afin de se défaire des liens qui immobilisent ou « conformisent » sa pensée.

Deuxième geste, donc : *sortir jusqu'à la liberté.* Kant lui-même ne parlait-il pas d'un mouvement d'*Ausgang,* de « sortie » ou d'« issue » ? Or cela signifiait le geste nécessaire, à la fois pour *s'extraire* de l'« état de minorité » où se tiennent les sujets encore aliénés, prisonniers ou « minorés », et pour *s'ouvrir* à un espace qu'un troisième geste permettait d'investir : celui d'*exercer publiquement cette liberté,* de la revendiquer, de l'exposer aux yeux de tous et de ne pas en craindre les conséquences. Kant, rappelle Foucault, affirmait que « la raison doit être libre dans son usage public [...], ce qui est, terme à terme, le contraire de ce qu'on appelle d'ordinaire la liberté de conscience[30] ». Un quatrième geste consistait alors à *se situer dans l'histoire* : façon de dire, plus généralement, que l'*éthos* philosophique envisagé ici peut être défini comme une « critique permanente de notre être historique[31] ». Réfléchir en termes critiques ne saurait, pour finir, que s'interroger sur l'historicité — et, donc, la teneur politique — de notre situation existentielle la plus profonde.

Arrivé à ce point, Foucault rappelait, sans aller jusqu'à citer *La Dialectique de la Raison* d'Adorno et Horkheimer, que le fait de se donner la tâche d'utiliser sa raison ne saurait aller jusqu'à cette confiance aveugle que constitue, quelquefois, le « chantage à l'*Aufklärung* » ; et Foucault de préciser la forme de ce chantage, qu'il nommait une « alternative simpliste et autoritaire : ou vous acceptez l'*Aufklärung,* et vous restez dans la tradition de son rationalisme [...], ou vous critiquez l'*Aufklärung* et vous tentez alors d'échapper à ces principes de rationalité[32] ». Cette alternative sera d'autant plus trompeuse qu'elle suppose d'adhérer ou non au « parti de la raison », en croyant qu'il s'agit là d'un pouvoir cohérent, bien situé, alors qu'il faut à toute chose — la raison y compris, qui n'est d'ailleurs pas une « chose »

29. *Ibid.,* p. 565.
30. *Ibid.,* p. 566.
31. *Ibid.,* p. 571.
32. *Ibid.,* p. 571-572.

toujours identique à elle-même — poser la question de ses valeurs d'usage dans l'histoire.

Il faudra donc en revenir à cette question, cruciale entre toutes, qu'est l'*éthos* de la critique. Foucault le caractérise comme *« attitude limite »,* précisant d'emblée qu'« il ne s'agit pas d'un comportement de rejet. On doit échapper à l'alternative du dehors et du dedans : il faut être aux frontières. La critique, c'est bien l'analyse des limites et la réflexion sur elles[33] ». Lisant cela, on a l'impression qu'à la *réflexion* kantienne il fallait ajouter l'*exigence* bataillienne de « toucher aux limites ». D'où la nécessaire conversion de toute cette philosophie vers l'immanence et la matérialité : vers l'« archéologique » et vers le « généalogique » au sens nietzschéen du terme[34]. L'*éthos* de la critique sera sans doute à mener, comme chez Kant, selon un « travail indéfini de la liberté », mais il se révélera bientôt — après Nietzsche, Bataille et toute la littérature contemporaine — comme une « attitude expérimentale » refusant de souscrire unilatéralement aux prescriptions doctrinales, aux « projets qui prétendent être globaux et radicaux [en tant que] programmes d'ensemble d'une autre société[35] ».

Ce n'est donc pas sur un mot d'ordre de société parfaite, prononcé à l'avance, que l'on gagnera en liberté. Le kantisme n'y suffisait pas, le marxisme — selon Foucault — non plus. L'*éthos* critique ? Ce sera mener « toujours le travail sur nos limites, c'est-à-dire *un labeur patient qui donne forme à l'impatience de la liberté*[36] ». Tel serait donc le paradoxe, souvent douloureux, de ce *festina lente* — « hâte-toi lentement » — auquel toute pensée émancipatrice se trouve confrontée, entre la patience nécessaire de son labeur et l'impatience légitime de son désir de liberté. Que ce paradoxe se retrouve, de façon particulièrement aiguë, dans l'œuvre d'un des plus grands penseurs critiques contemporains, Miguel Abensour — dont l'*éthos*

33. *Ibid.,* p. 574.
34. *Ibid.,* p. 574.
35. *Ibid.,* p. 574-575.
36. *Ibid.,* p. 578. Je souligne.

critique semble fait d'un singulier mélange d'*ampleur* considérable et de *discrétion* rigoureuse, ce qui lui aura valu d'être marginalisé par rapport aux plus véhémentes, doctrinales ou arrogantes prises de parti de ses contemporains en politique —, voilà ce qu'il nous faut interroger à présent.

# II

# MONTAGES EN FORME DE CONSTELLATIONS : LA CRITIQUE SELON MIGUEL ABENSOUR

# UN ENFANT MENACÉ IMAGINE AUTREMENT

Il m'arrive quelquefois, parcourant ma bibliothèque, de la regarder d'un œil distrait, un peu vague et flottant, comme si je voulais m'éloigner d'elle ou, plutôt, comme si je la considérais comme une atmosphère à traverser et non comme une simple collection de volumes à consulter ou passer en revue. C'est alors que, dans la grisaille générale, apaisante, des couvertures en papier cristal, je vois surgir une dissémination qui forme quelque chose comme des constellations, ici et là : un feu d'artifice de taches rouges qui me font signe, m'alertent. Elles dessinent, égarées un peu partout dans les diverses sections de la bibliothèque, une cohérence imprévue. Ce sont les dos rouges des ouvrages de la collection « Critique de la politique » que créa et dirigea Miguel Abensour depuis 1974 jusqu'à sa mort en 2017, aujourd'hui continuée sous la responsabilité de Michèle Cohen-Halimi. Chaque volume m'apparaît alors comme un modeste — ou plus imposant selon son épaisseur, insistant en tout cas — *geste rouge* : un geste critique. Il y a peut-être, dans ce rouge, tout le « fond de l'air » agité par les soulèvements politiques que filma si bien Chris Marker. Ou alors, avant lui, le « rouge des rêves » d'émancipation, ces « secrets » de l'histoire qu'Ernst Bloch avait hautement invoqués à la fin de son grand livre *Héritage de ce temps* justement publié par Abensour dans sa collection dès 1978 : « Il y a une duperie énorme de l'ignorance, une tromperie de l'imagination fausse, de l'encens sur les sentiments transparents. Mais il y a aussi des secrets rouges dans le monde. Ce sont même les seuls[1]. »

---

1. E. Bloch, *Héritage de ce temps* (1935), trad. J. Lacoste, Paris, Payot, 1978 (rééd. Paris, Klincksieck, 2017), p. 339 et 342.

Rêves rouges, secrets rouges ou signaux rouges — les gestes critiques soulèvent bien la pensée depuis ce qu'il y a de plus *criant* comme depuis ce qu'il y a de moins évident, de plus *latent* dans le monde historique qui nous emporte : rouges du sang manifeste des blessures dont l'histoire politique est souvent l'occasion ; mais rouges, aussi, du sang qui bat sous la peau et nous maintient en vie, en mouvement, en désir. Ces gestes ouvrent les possibles d'un futur qu'ils travaillent à faire imaginer. Ils libèrent ainsi certains actes éthiques ou politiques à vocation émancipatrice. Or on ne se soulève jamais mieux, peut-être, que lorsqu'on a éprouvé d'abord un accablement, une humiliation, une injustice, une domination dont a *souffert* l'existence tout entière. Condition intolérable dont il fallait, justement, *se sortir*. Comprenons, alors, que geste critique et geste de soulèvement se rejoignent dans cet *Ausgang* dont parlait déjà Kant pour nommer le mouvement par lequel se libère, avec sa pensée, le sujet comme tel : sa « sortie », son « issue[2] ». Les gestes critiques sont bien des *gestes d'évasion* hors du carcan où veulent nous tenir — socialement, corporellement, psychiquement — les multiples appareils de la servitude.

De ces gestes, il existe de très nombreux modèles, à commencer par celui du récit biblique, quand les esclaves juifs, sous la conduite de Moïse, s'échappent de la tutelle du pharaon, refondant ainsi leur propre communauté politique et religieuse, mais au prix élevé d'une errance de quarante années dans le désert du Sinaï. Critiquer engagerait, par conséquent, les trois gestes suivants : *s'échapper* d'un état de servitude pour *refonder* — pour recommencer, pour instituer une nouvelle façon de penser, d'exister —, quitte à *errer* très longtemps. C'est comme s'il y avait une sorte de coalescence entre un geste critique, sa vocation à inventer un pensable, et un mouvement d'exil toujours hanté par l'inquiétude de l'errance. La bien nommée Théorie critique n'aura-t-elle pas formé une nébuleuse

2. E. Kant, « Réponse à la question : qu'est-ce que les Lumières ? », art. cit., p. 43.

— elle-même inscrite dans une constellation plus large — où ces trois gestes ne cessaient pas de se déployer ensemble ?

Il n'y a aucun hasard dans le fait que la collection « Critique de la politique » ait été, en France, la première et la plus importante voie d'accès à ce courant de pensée justement considérée par Miguel Abensour comme une « pensée de l'exil » : « Il s'agit avant tout, écrivait-il en 1982, de se dégager d'une société fausse. Si l'on peut dire de la philosophie moderne qu'elle est traversée par une problématique de la patrie et de l'exil, les penseurs de ce groupe sont des penseurs de l'*exil* [...]. Pensée de l'exil d'autant plus radicale qu'à aucun moment elle n'entretient l'illusion d'un retour à une quelconque patrie (État national) ou à une demeure natale » réconciliatrice[3]. Il n'y a aucun hasard, non plus, dans le fait qu'Abensour ait voulu forger sa propre connaissance de la Théorie critique par un mouvement d'exode vers les États-Unis — après une lecture bouleversée d'*Éros et civilisation* de Marcuse, traduit dès 1963 aux Éditions de Minuit[4] —, c'est-à-dire un déplacement salutaire par rapport aux débats philosophiques et universitaires français de l'époque.

*

Or Miguel Abensour savait d'expérience le double sens — malheureux dans l'épreuve du menacé, vital dans le geste d'évasion — de toute *existence en exil*. Il avait vécu cette infortune dès ses premières années, jusqu'à l'âge de six ans. Qu'il soit demeuré, par ailleurs, fort discret sur sa vie personnelle, voilà qui donne à penser que, s'il voulut en délivrer publiquement certains aspects — fort rares —, c'est que ceux-ci avaient déjà pris, à ses yeux, valeur d'*exigence à penser*, philosophiquement et politiquement parlant. Il est donc très significatif que le livre de 2014 *La Communauté politique des « tous uns »* — qui

3. M. Abensour, « La Théorie critique : une pensée de l'exil ? », *Archives de philosophie*, XLV, 1982, n° 2, p. 198.
4. H. Marcuse, *Éros et civilisation. Contribution à Freud* (1955), trad. J.-G. Nény et B. Fraenkel, revue par l'auteur, Paris, Les Éditions de Minuit, 1963.

revisite, à travers les questions de Michel Enaudeau, toute la trajectoire d'Abensour — s'ouvre *et* se referme sur une telle condition d'exil intérieur ou de clandestinité vécue par l'enfant juif dans la France occupée : « Je suis né juste avant la Seconde Guerre mondiale, quelques mois avant la déclaration de guerre, donc toute mon enfance en a été marquée, d'autant plus que j'ai vécu ma petite enfance à la campagne, comme beaucoup d'enfants juifs de ma génération. Nous étions réfugiés, mes parents et moi-même, dans les Pyrénées-Atlantiques ; à certains moments où la situation empirait, j'ai été caché chez des amis paysans pour quelques jours et même plus longtemps. Nous habitions un petit village, et mes parents m'avaient indiqué les maisons où il ne fallait pas entrer et les personnes avec lesquelles il ne fallait pas parler. Sans doute est-ce extrêmement troublant pour un enfant de réaliser que le monde dans lequel il vit quotidiennement se divise en deux et inclut des lieux et des personnes dangereuses. Un contraste, donc, entre un monde rural, "rousseauiste" par beaucoup de côtés, où se pratiquait encore une certaine solidarité — je me souviens d'une fenaison dans les prés très arborés où en ramassant le foin des jeunes femmes chantaient en chœur des mélodies anciennes —, mais sur lequel pesaient des ombres sinistres, la guerre, l'ignominie de la collaboration, les Allemands, la milice [...], la division entre "amis" et "ennemis[5]". »

Ce que décrit Miguel Abensour dans ces lignes est donc une situation de menace, même — voire surtout — quand tout semble se passer normalement, quand le monde alentour prend des allures riantes, mélodieuses ou « rousseauistes ». Or que fait-on dans une telle situation ? On imagine. On imagine le pire pour *s'inquiéter*, le meilleur pour *espérer*. On s'inquiète d'une réalité alentour qui peut, à tout moment, devenir hostile, voire mortelle. On espère cependant : on rêve d'un temps à venir qui se serait émancipé de toutes les « ombres sinistres ». Il faut alors

5. M. Abensour, *La Communauté politique des « tous uns » : désir de liberté, désir d'utopie. Entretien avec Michel Enaudeau,* Paris, Les Belles Lettres, 2014, p. 11-12.

comprendre ceci qu'*un menacé imagine autrement,* parce que l'inquiétude le porte, fatalement, à intensifier — dans un sens ou dans l'autre — tout ce qu'il imagine. C'est là comme un fil tendu entre l'*angoisse obsidionale* d'être pris, prisonnier, condamné en terrain hostile (tel est l'exil comme condition menaçante), et un *rêve d'évasion,* de liberté reconquise (tel sera l'exil comme geste émancipateur).

Le rêve, ainsi entendu, serait-il donc à comprendre comme une matrice exemplaire de l'utopie ? Trois ans après la fin de la guerre, Jean Cayrol avait publié dans *Les Temps modernes,* à partir de son expérience de prisonnier à Mauthausen, un essai marquant sur « Les rêves concentrationnaires ». Il les évoquait, justement, comme le seul territoire sur lequel le pouvoir des SS n'avait aucune prise sur le déporté : « un moyen de sauvegarde, écrivait-il, une sorte de "maquis" du monde réel[6] ». C'est, plus tard, à Miguel Abensour que reviendra la décision de publier, dans sa collection « Critique de la politique », le livre extraordinaire de Charlotte Beradt *Rêver sous le IIIe Reich*[7]. Mais les rêves, nous le savons d'expérience, ne nous « sauvent » que très peu de temps, eux-mêmes innervés de ces angoisses obsidionales qui peuvent survenir à tout moment, y compris au cours d'un geste d'évasion (par exemple quand la situation empire au fur et à mesure que je la fuis).

Il faudra donc exercer sa raison pour produire, véritablement, un geste d'*Ausgang,* de « sortie » libératrice. Quitte, comme l'écrivait Walter Benjamin en 1940, à « organiser le pessimisme » dans le sens d'une *émancipation malgré tout* que l'on pourra qualifier — par-delà le sens dépréciatif qui viendrait spontanément à l'esprit d'une personne de bon sens, un philosophe pragmatiste ou un tacticien professionnel de la politique, par exemple — d'*utopique.* C'est-à-dire, à strictement parler, déployant tout un *espace d'images* : « Organiser le pessimisme

6. J. Cayrol, « Les rêves concentrationnaires », *Les Temps modernes*, III, 1948, n° 36, p. 520.
7. C. Beradt, *Rêver sous le IIIe Reich* (1966), trad. P. Saint-Germain, Paris, Payot & Rivages, 2002.

signifie… dans l'espace de la conduite politique… découvrir un espace d'images *(Bildraum)*. Mais cet espace des images, ce n'est pas de façon contemplative qu'on peut le mesurer. Cet espace des images que nous cherchons… est le monde d'une actualité intégrale et, de tous côtés, ouverte[8]. » Comprenons, déjà, que cet « espace d'images » n'est en rien la *négation* du réel — ou de son « actualité » historique —, mais bien plutôt son *ouverture* « de tous côtés ». Il faudra donc prendre l'utopie au sérieux de son « actualité », politique autant que philosophique.

*

L'œuvre de Miguel Abensour apparaît, dans son intégralité, comme une question posée aux utopies en tant que gestes *critiques* et façons *imaginatives* de concevoir la réalité historique et la pratique politique. « Ce qui me tourmente, écrit-il dans son entretien de 2014, c'est la recherche utopique d'une autre forme de politique[9]. » Mais pourquoi formuler cette question — l'énoncé de sa recherche au long cours — dans un tel vocabulaire *tourmenté* ? Qu'est-ce donc qui exige de cette « autre forme de politique » qu'elle voie le jour dans le « tourment » d'une pensée ? Abensour répondra lui-même qu'il fut, avec toute une génération, l'*enfant d'un cauchemar* de l'histoire : le cauchemar du nazisme et, en France, du gouvernement de Pétain. Sera-t-on sorti, pour autant, du cauchemar après la victoire des Alliés en 1945 ? Pas vraiment : l'Espagne demeure sous dictature fasciste, en France règne une « atmosphère de haine généralisée » dont le philosophe dira avoir gardé, justement, « un souvenir assez cauchemardesque » à l'époque de la guerre d'Algérie (accompagnée sans vergogne par des socialistes) ou de la répression soviétique de 1956 à Budapest[10]

8. W. Benjamin, « Paralipomènes et variantes des thèses sur le concept d'histoire » (1940), trad. J.-M. Monnoyer, *Écrits français,* Paris, Gallimard, 1991, p. 350.
9. M. Abensour, *La Communauté politique des « tous uns », op. cit.,* p. 100.
10. *Ibid.,* p. 12-15.

(justifiée sans vergogne par les communistes). Et, derrière tout cela : Auschwitz, Hiroshima.

Miguel Abensour aura donc éprouvé, jeune homme, des « tourments » que ses aînés de la Théorie critique, Max Horkheimer et Theodor Adorno en particulier, formulaient déjà sur le plan philosophique. Il était décidément trop simple, dans ces années d'après-guerre, de déclarer que le pire était « derrière soi ». À l'ouest : triomphe de l'exploitation capitaliste et de l'impérialisme américain. À l'est : domination sans partage des bureaucraties totalitaires. En Chine : dictature maoïste. En Allemagne : recyclage sans états d'âme des anciens nazis, etc. Et le silence, partout, sur ce qui ne s'appelait pas encore la Shoah. Dans *Dialectique négative* — qu'Abensour publiera dans sa collection en 1978 —, Adorno posait la question cruciale : comment philosopher, comment espérer « après Auschwitz », sachant que « le besoin de faire s'exprimer la souffrance est condition de toute vérité[11] » ?

Comment grandir, ayant été — étant resté — l'enfant du cauchemar ? Comment espérer après Auschwitz ? Abensour aura fait sienne une proposition célèbre d'Adorno — qu'on a trop souvent privée, à bon ou à mauvais escient, de sa teneur dialectique — selon laquelle une possibilité « ne peut naître que de l'impossibilité elle-même[12] ». Que l'interrogation utopique soit née, chez Miguel Abensour, d'un accablement devant l'efficacité totalitaire et sa persistance contemporaine, cela n'est pas douteux. Il suffit de lire Hannah Arendt — ou Adorno lui-même parlant du « fascisme potentiel » — pour comprendre en quoi « le totalitarisme survit à l'effondrement des régimes totalitaires[13] ». Il suffit aussi d'entendre la façon dont Abensour n'aura pas craint de préciser ce sentiment général en termes autobiographiques :

11. T. W. Adorno, *Dialectique négative* (1959-1960), trad. G. Coffin, J. Masson, O. Masson, A. Renaut et D. Trousson, Paris, Payot, 1978, p. 22 et 283-286.
12. M. Abensour, *La Communauté politique des « tous uns », op. cit.*, p. 233.
13. *Id.*, « D'une mésinterprétation du totalitarisme et de ses effets » (2001), *Pour une philosophie politique critique. Itinéraires*, Paris, Sens&Tonka, 2009, p. 195.

« La question est de savoir ce qui m'a poussé à m'intéresser à l'utopie et à lui accorder autant d'importance. Une réponse est certainement l'expérience de la guerre que j'ai vécue enfant et la menace permanente de la persécution. La guerre finie, mon père a été interprète d'allemand au procès de Nuremberg ; et il avait dans sa bibliothèque tous les actes du procès, soit un grand nombre de volumes. Vers l'âge de douze ans, j'ai fouillé dans sa bibliothèque et j'ai trouvé, mêlé aux actes du procès, un volume de photos s'y rattachant et portant sur les camps. Ce livre m'a introduit soudain à un univers insoupçonné qui défiait toute pensée. Je me souviens des photos de déportés dont les regards m'interpellaient comme s'ils arrivaient d'une autre planète ; je me souviens de monceaux, de véritables tas de lunettes de plusieurs mètres de haut, images sensibles des massacres de masse. Ces images ne m'ont jamais quitté[14]. »

Beaucoup ont vécu cette découverte effrayante, à travers les images photographiques de ce genre, d'un réel historique qui « défiait toute pensée », comme s'exprime ici Abensour. Susan Sontag en a, notamment, donné un célèbre récit qui se terminait par ces mots : « Ce fut le début de larmes que je n'ai pas fini de verser[15]. » *Que penser, comment penser devant ces images* qui ne convoquent d'abord que l'effroi, les larmes — elles qui intensifient mais brouillent notre vision — ou le sentiment de l'« inimaginable » ? C'est là que la formule de Walter Benjamin prend, à nos yeux, une acuité toute particulière : il nous faut en effet, devant cela, « organiser le pessimisme ». Et d'abord prendre en compte que le « monde des images » dont parlait Benjamin assume sa position d'« actualité intégrale » en ce qu'il sait s'ouvrir « de tous côtés ». Cette expression « de tous côtés » *(allseitig)* est fondamentale : elle nous indique que ce « monde d'images » est à envisager, avant toute chose, comme un champ de tensions. D'un côté, il y a ce qu'on pourrait nommer le *réel dément,* au sens où il nous semble fou, pourrait nous rendre

14. *Id., La Communauté politique des « tous uns », op. cit.,* p. 376.
15. S. Sontag, *Sur la photographie* (1973), trad. P. Blanchard, Paris, Christian Bourgois, 1983 (éd. 1993), p. 33-34.

fous, tout en documentant avec précision le *démenti* apporté à la plus élémentaire humanité par la très méthodique démence politique du totalitarisme.

Il faut, contre cela, savoir s'évader — sans rien oublier, bien sûr — vers l'autre côté : ce que Miguel Abensour a voulu nommer, à propos de l'« image dialectique » selon Benjamin mais, aussi, du courage manifesté par Etty Hillesum dans ses écrits des années 1941-1943, un « *démenti au démenti*[16] ». Ce démenti-là restaure la possibilité de penser. Il sera lui-même à penser comme *désir* et, en même temps, comme *sommation* éthique. « Désir de liberté et désir d'utopie », écrit alors Abensour en retrouvant le motif de l'indestructibilité du désir mis en valeur par Spinoza ou Freud et qui, au plan politique, nous fait relever la tête en activant quelque chose comme une *imagination malgré tout.* Cela même qu'Abensour nommera pour finir l'« utopie au-delà » ou la « sommation utopique[17] ».

Voilà qui nous permet de comprendre la formule benjaminienne — « organiser le pessimisme » — de façon plus dialectique : très au-delà, par conséquent, de cette gestion autosatisfaite du désespoir que l'on trouve chez nombre d'intellectuels contemporains et dont on a souvent, bien à tort, crédité la pensée d'Adorno. « Organiser le pessimisme », ce n'est rien d'autre qu'*imaginer un possible* à partir de « l'impossibilité elle-même » : imaginer à partir de l'inimaginable[18]. C'est là, exactement, le sens de l'expression « malgré tout » *(trotz alledem)* utilisée par Karl Liebknecht dans son tout dernier appel — quelques heures avant son assassinat, le 15 janvier 1919 —, en référence au poète révolutionnaire des années 1840 Ferdinand

---

16. M. Abensour, *Utopiques III. L'utopie de Thomas More à Walter Benjamin,* Paris, Sens&Tonka, 2000 (éd. 2009), p. 16 (je souligne). Cf. E. Hillesum, *Les Écrits : journaux et lettres* (1941-1943), éd. K. A. D. Smelik, trad. P. Noble, Paris, Le Seuil, 2008.

17. M. Abensour, *La Communauté politique des « tous uns », op. cit.,* p. 377-382. Cf. déjà *id.,* « Persistante utopie » (2006), *Utopiques II. L'homme est un animal utopique,* Paris, Sens&Tonka, 2013, p. 159-189.

18. Cf. G. Didi-Huberman, *Images malgré tout,* Paris, Les Éditions de Minuit, 2003.

Freiligrath[19]. Abensour avait très certainement connaissance de l'histoire de cette formule, lui qui possédait dans sa bibliothèque l'ouvrage de Miguel Benasayag sur la littérature carcérale aux temps de la dictature argentine — justement intitulé *Malgré tout*[20].

Enfant du cauchemar, Miguel Abensour aura donc consacré sa vie à « organiser le pessimisme » en direction d'une *possibilité d'espoir et d'émancipation*, cela même qu'il nommait « utopie ». À plusieurs reprises, il a voulu présenter son travail non comme le « simple réveil d'une discipline académique », mais comme une « pensée de la résistance » historiquement située en tant que « manifestation post-totalitaire du besoin de politique », ce qu'il résumait dans l'expression : « l'enfant d'un besoin de l'humanité[21] » (un besoin d'humanité, pourrait-on dire aussi). Comment, alors, s'étonner que la conclusion de *La Communauté politique* se soit présentée comme un hommage « aux enfants et aux éducateurs d'Izieu, arrêtés le 6 avril 1944, déportés et exterminés à Auschwitz[22] » ? C'est bien en « organisant le pessimisme » — en sollicitant sa faculté imaginative et, donc, en *ouvrant* « de tous côtés » un « espace d'images » — qu'un enfant du cauchemar aura pu devenir ce maître en utopie que fut Miguel Abensour.

*

19. *Id., Imaginer recommencer. Ce qui nous soulève, 2,* Paris, Les Éditions de Minuit, 2021, p. 139-232.
20. M. Benasayag, *Malgré tout. Contes à voix basse des prisons argentines* (1980), trad. A. Toussaint, Paris, Maspero, 1981. Cf. A. Kupiec, D. Munnich et H. Tonka, *La Bibliothèque de Miguel Abensour,* Paris, Sens&Tonka, 2018, p. 41.
21. M. Abensour, « De quel retour s'agit-il ? » (1994), *Pour une philosophie politique critique, op. cit.,* p. 62.
22. *Id., La Communauté politique des « tous uns », op. cit.,* p. 372. Cf. A. Kupiec et É. Tassin, « L'enfant d'un besoin », *Critique de la politique. Autour de Miguel Abensour,* dir. A. Kupiec et É. Tassin, Paris, Sens&Tonka, 2006, p. 15-19.

Maître en utopie — ou, plutôt, en plurielles utopies —, Abensour a formé la génération la plus productive et précise, sans doute, de l'actuelle pensée politique en France. Il a présidé aux destinées du Collège international de philosophie comme si c'était une « institution utopique vouée à l'émancipation[23] ». Il a dirigé la plus remarquable collection de philosophie politique (encore que cette expression ne lui convenait déjà plus) : une centaine d'ouvrages publiés entre 1974 et 2017, qu'il relisait scrupuleusement et corrigeait, rédigeant pour chacun d'eux, ou presque, d'exigeantes présentations pour les quatrièmes pages de couverture. Quant à son œuvre en propre, elle ne comporte pas moins d'une trentaine de volumes et d'innombrables contributions à des revues ou à des ouvrages collectifs[24].

Ce simple rappel pour saisir l'occasion de s'étonner. Pourquoi les plus renommés de nos penseurs de gauche font-ils si peu référence à cette œuvre pourtant majeure ? Pourquoi un *Dictionnaire de philosophie politique,* supposément « complet » avec ses 992 pages sur double colonne de texte, ne cite pas une seule fois — sans même parler d'une entrée à lui consacrer — le nom d'Abensour[25] ? Pourquoi une *Cartographie des nouvelles pensées critiques,* remontant aux années 1970, omet-elle, également, le travail de Miguel Abensour[26] ? Comment expliquer que cette pensée faisant justice aux proscrits de la philosophie politique ait elle-même subi quelque chose comme une proscription[27] ?

Prenant acte du déplacement théorique opéré par Abensour — dans sa collection « Critique de la politique » comme dans ses travaux personnels —, Michèle Cohen-Halimi a bien résumé la

23. M. Abensour, *La Communauté politique des « tous uns », op. cit.,* p. 41.
24. A. Kupiec, « Bibliographie de Miguel Abensour », *La Bibliothèque de Miguel Abensour, op. cit.,* p. 259-268.
25. P. Raynaud et S. Rials (dir.), *Dictionnaire de philosophie politique,* Paris, PUF, 1996 (éd. complétée, 2003).
26. R. Keucheyan, *Hémisphère gauche. Une cartographie des nouvelles pensées critiques,* Paris, La Découverte, 2010 (éd. revue, 2017).
27. Cf. P. Vermeren, « La pensée de l'exil. Miguel Abensour et les institutions philosophiques », *Lignes,* n° 56, 2018, p. 47-61.

position extraterritoriale de cette œuvre : « Inactuel de se sentir exilé de ce dont traitait la philosophie politique de son temps, Miguel Abensour avait donc accepté le statut de ne pas en être et de devoir articuler tout seul l'étrangeté de sa propre place sans fléchir devant la solitude qui s'annonçait[28]. » Qu'on ne s'y trompe pas : cette solitude était moins geste de refus que prise de position : « La discrétion de Miguel Abensour ne doit donc pas être confondue avec une quelconque modestie ou réserve, elle est la marque d'une résistance continue aux idées dominantes du présent, la caractéristique d'une force de jouteur sans égal, elle devient désormais le schibboleth d'une communauté de penseurs déterminés à faire vivre l'actualité de la non-résignation[29]. »

Si je parle ici d'une *prise de position,* c'est que le *gestus* d'Abensour me semble caractériser au mieux l'exigence — typique, par exemple, de l'attitude de Benjamin *entre* ses deux amis ennemis Bertolt Brecht et Gershom Scholem — de ne pas sacrifier trop vite à toute *prise de parti* unilatérale[30]. Abensour confiait : « Je me suis toujours tenu en retrait. Je ne suis ni un homme de parti ni un homme de groupe[31]. » Et c'est peut-être, dans une certaine mesure, ce qu'on ne lui pardonnait pas. Mais cela ne l'empêcha en rien, d'abord proche du groupe *Socialisme et barbarie,* de participer à des revues fort engagées telles qu'*Utopie, Textures, Libre* ou *Passé-Présent.* Bref, Abensour aura manifesté son exigence à travers sa position même, plus à l'aise dans les amitiés que dans les militances[32].

Qu'est-ce donc, sous cet angle, qu'une prise de position ? C'est, justement, une sorte d'*angulation* : un *clinamen,* une bifurcation dans l'établissement des polarités, une brisure des

28. M. Cohen-Halimi, « L'insistante question de La Boétie », *ibid.,* p. 209.
29. *Id.* et S. Wahnich, « Présentation », *ibid.,* p. 6.
30. Cf. G. Didi-Huberman, *Quand les images prennent position, op. cit.,* p. 107-126.
31. M. Abensour, *La Communauté politique des « tous uns », op. cit.,* p. 18.
32. Cf. I. Wohlfarth, « La possibilité de l'impossible. Dialoguer avec Miguel Abensour », *Lignes,* n° 56, 2018, p. 157-182. S. Debout-Oleszkiewicz, « Miguel Abensour, la pensée intransigeante du rêve », *ibid.,* p. 221-227.

symétries affrontées, une subversion des choix triviaux ou, plutôt, duels : par exemple entre le rouge communiste et le noir anarchiste (je pense, ici, moins à Stendhal, dont Abensour s'est beaucoup occupé, qu'au « drapeau tour à tour rouge et noir » dont parlait André Breton dans *Arcane 17* à propos de la grande manifestation du Pré-Saint-Gervais de 1913, en présence de Jean Jaurès[33]). Il n'est pas fortuit que le modèle de la prise de position soit souvent passé, chez Abensour, par le biais de la littérature. Publiant en 1981 les *Anecdotes et petits écrits* de Heinrich von Kleist, il évoquait, dans sa présentation, la « voie oblique » empruntée par l'écrivain pour « faire passer » sa position politique[34]. Trente ans plus tard, le philosophe évoquera la façon dont l'*Utopie* de Thomas More « délaisse la voie des attaques frontales et pratique à l'inverse une intervention oblique *(ductus obliquus)* pour mieux venir à bout des pôles d'opposition[35] ».

Voilà qui n'est pas sans évoquer la « force diagonale » avancée par Hannah Arendt dans son commentaire de la parabole de Kafka sur « Les deux antagonistes ». Cette force est très singulière : elle part d'une position légèrement détournée, biaisée donc limitée, « faible » par rapport au choc frontal des forces symétriquement opposées — « mais elle serait infinie en ce qui concerne sa fin », écrit Arendt. Ce qui la fait apparaître, *in fine,* comme « la métaphore parfaite pour l'activité de la pensée[36] ». Outre le paradigme de l'« intervention oblique », Abensour évoquait encore le modèle des « lignes de fuite » — référence faite à Theodor Adorno, d'ailleurs, plutôt qu'à Deleuze et Guattari[37].

33. A. Breton, *Arcane 17, enté d'Ajours* (1944-1947), *Œuvres complètes, III,* éd. M. Bonnet *et al.*, Paris, Gallimard, 1999, p. 41-43. Cf. G. Didi-Huberman, *Désirer désobéir, op. cit.,* p. 263-280.

34. M. Abensour, [Texte de présentation de] H. von Kleist, *Anecdotes et petits écrits* (1809-1811), trad. J. Ruffet, Paris, Payot, 1981, p. 4 de couverture.

35. *Id.,* « La conversion utopique : l'utopie et l'éveil » (2010), *Utopiques II, op. cit.,* p. 19.

36. H. Arendt, *La Crise de la culture. Huit exercices de pensée politique* (1961), trad. dirigée par P. Lévy, Paris, Gallimard, 1972 (éd. 1989), p. 22-23.

37. M. Abensour, « Utopie : futur et/ou altérité ? », *Utopiques II, op. cit.,* p. 243-244. Cf. T. W. Adorno, *Minima Moralia. Réflexions sur la vie mutilée*

Tel serait, en tout cas, le *ductus obliquus* du geste critique inhérent à l'utopie : un mouvement qui cherche les limites, travaille aux marges — lieux ambigus et fragiles — plutôt qu'au centre des territoires. Un mouvement qui explique peut-être la récurrence, chez Abensour, des titres en forme interrogative, comme s'il s'agissait toujours de poser, d'élaborer des *questions déplaçantes,* voire « excédantes », sans *oui* ou *non* inamoviblement établis. N'est-ce pas là, en première approximation, une façon d'approcher la qualité suprême du geste critique chez Miguel Abensour : d'autant plus *incisif* qu'il aura été *délicat*[38] ?

(1951), trad. E. Kaufholz et J.-R. Ladmiral, Paris, Payot, 1980, p. 147-148.

38. Sur la délicatesse chez Miguel Abensour, cf. M. Cervera-Marzal, *Miguel Abensour : critique de la domination, pensée de l'émancipation,* Paris, Sens&Tonka, 2013, p. 239-243.

## POUR METTRE EN PIÈCES LES CONFORMISMES POLITIQUES

C'est donc par sa nature de *mouvement oblique* ou diagonal que le geste critique développe toute sa force incisive et sa précision, sa « délicatesse ». Le geste diagonal perturbe les territoires académiques, les doctrines inamovibles, les pensées orthogonales ou orthodoxes. Or Miguel Abensour aura reconnu justement dans le discours utopique cette « voie oblique » évoquée à partir de Thomas More, auteur contemporain de la naissance du capitalisme[1]. Il existe, certes, toute une tradition de la *philosophie politique* ayant cherché à comprendre — pour le louer ou le contredire — l'avènement historique du capitalisme. Ce qu'Abensour va nommer *philosophie politique critique* apparaîtra comme une mise en perspective, « oblique » ou « diagonale », de tous les discours explicatifs habituels[2]. Bref, comme une mise en cause, voire une *mise en pièces,* aussi radicale (subversive) que délicate (attentive), du *conformisme* inhérent aux principales philosophies politiques issues de l'académisme universitaire non moins que du pragmatisme propre aux visions partisanes.

La recherche de Miguel Abensour s'inscrit, de la façon explicite, dans la situation historique et théorique nommée par lui « post-totalitaire ». S'il a tant cherché du côté des nombreuses « traditions cachées » de la littérature utopique d'émancipation, c'est d'abord parce que les alternatives partisanes de son

1. M. Abensour, « Le procès des maîtres rêveurs » (1978), *Utopiques I. Le procès des maîtres rêveurs,* Paris, Sens&Tonka, 2013, p. 76.
2. *Id.,* « Avant-propos » (2009), *Pour une philosophie politique critique, op. cit.,* p. 25-46.

époque ne lui convenaient d'aucune façon. Son amitié avec Claude Lefort — avant une rupture plus tardive — et sa proximité avec le groupe de *Socialisme ou barbarie* est l'indice qu'au début des années 1960 le débat entre Jean-Paul Sartre et Maurice Merleau-Ponty sur l'engagement communiste n'avait rien perdu de son actualité. Dès 1947, dans *Humanisme et terreur,* Merleau-Ponty avait ainsi résumé sa prise de position (à savoir son refus de prendre unilatéralement parti) : « Nous nous trouvons donc dans une situation inextricable. La critique marxiste du capitalisme reste valable et il est clair que l'antisoviétisme rassemble aujourd'hui la brutalité, l'orgueil, le vertige et l'angoisse qui ont trouvé déjà leur expression dans le fascisme. D'un autre côté, la révolution s'est immobilisée sur une position de repli : elle maintient et aggrave l'appareil dictatorial tout en renonçant à la liberté révolutionnaire du prolétariat dans ses Soviets et dans son Parti et à l'appropriation humaine de l'État. On ne peut pas être anticommuniste, on ne peut pas être communiste[3]. »

Parce que « le totalitarisme survit à l'effondrement des régimes totalitaires[4] » — à l'est comme à l'ouest —, la critique en devient, pourrait-on dire, deux fois plus difficile à mener. Ce qui oblige à élargir l'éventail, à *ouvrir d'autres possibilités* de gestes émancipateurs. D'où la nécessité, politique et philosophique, de revisiter l'histoire de ces gestes jusque dans l'espace méconnu des soulèvements utopiques[5]. Or ceux-ci ont souffert d'une vieille « haine », comme l'appelle Abensour, venue des deux bords du spectre politique : « Haine qui culminera et deviendra meurtrière lors de la répression sanglante de l'insurrection ouvrière de juin 1848, puisque les pourfendeurs de l'utopie laissèrent la plume pour prendre le fusil[6]. »

3. M. Merleau-Ponty, *Humanisme et terreur. Essai sur le problème communiste*, Paris, Gallimard, 1947 (éd. 1980), p. 49.

4. M. Abensour, « D'une mésinterprétation du totalitarisme et de ses effets », art. cit., p. 195.

5. *Id.,* « Avant-propos », art. cit., p. 19-21. Cf. M. Blechman, « Penser l'émancipation autrement », trad. D. Munnich, *Critique de la politique. Autour de Miguel Abensour, op. cit.,* p. 181-202.

6. M. Abensour, « La conversion utopique », art. cit., p. 15.

Haine bourgeoise, donc, et qui se manifeste aujourd'hui dans le lieu commun du rabattement de la notion d'utopie sur celle de totalitarisme (quand « le totalitarisme, loin d'être l'enfant de l'utopie, n'a pu prendre son essor que sur son cadavre[7] »).

Or, là où les choses semblent claires quand on se voit attaqué par son ennemi de classe, elles deviennent plus retorses — et, même, plus douloureuses — quand l'attaque provient du même côté de la barricade. Une tradition marxiste, qui remonte à Friedrich Engels, oppose en effet, très fermement, le « socialisme utopique » disséminé chez différents auteurs du XIXe siècle et le « socialisme scientifique » instauré dans *Le Capital* par Karl Marx[8]. C'est dans la proximité de deux grands spécialistes de Marx, Maximilien Rubel et Louis Janover, que Miguel Abensour aura pu diagnostiquer dans cette tradition quelque chose comme un trait idéologique simplificateur : un *conformisme marxiste* devenu aveugle à la composante utopique du texte — et du projet — de Marx lui-même. L'entreprise critique s'en révélait d'autant plus délicate qu'à critiquer Marx on finit bien souvent par se retourner unilatéralement en sens inverse, comme Abensour l'a observé — polémiquement — chez Habermas, Marcel Gauchet et Claude Lefort lui-même[9]. N'est-il pas vrai qu'à quitter une orthodoxie pour une autre on ne fait jamais qu'en reproduire symétriquement la raideur « orthogonale » et, pour finir, le conformisme stérile ?

*

La meilleure façon de critiquer ou de mettre en pièces un conformisme consiste souvent à revenir délicatement

7. *Ibid.*, p. 16. Cf. *id.*, « Utopie et émancipation » (2000), *Utopiques I*, *op. cit.*, p. 47-49.

8. F. Engels, *Socialisme utopique et socialisme scientifique* (1890), trad. P. Lafargue, revue par E. Bottigelli, Paris, Éditions sociales, 1977.

9. Cf. M. Abensour, *La Communauté politique des « tous uns »*, *op. cit.*, p. 66-67 (Lefort) et 365 (Habermas). *Id.*, *Lettre d'un « révoltiste » à Marcel Gauchet converti à la « politique normale »* (2004), Paris, Sens&Tonka, 2008.

— précisément, avec de nouvelles nuances — aux sources d'une tradition que ce conformisme avait fini par dévitaliser. Il s'agit alors de *relire,* de revisiter à nouveaux frais ce qu'on croyait acquis, compris, entendu pour toujours. L'époque à laquelle Miguel Abensour fut étudiant (à la fin des années 1960) puis soutint sa thèse de doctorat sous la direction de Gilles Deleuze (en 1973) est justement celle d'une fécondité intellectuelle toute particulière, soutenue par autant de relectures « diagonales » élaborées comme matrices de nouveauté ou de radicalité : c'est Lacan relisant Freud, Deleuze relisant Nietzsche et Spinoza, Foucault relisant Kant et Roussel, Derrida relisant Husserl et Heidegger… Et, bien sûr, Louis Althusser relisant Karl Marx[10]. Sauf que l'intervention de Miguel Abensour dans ce paysage aura consisté à proposer — plusieurs années avant la critique finalement menée par Rancière à l'endroit du « maître[11] » — une *autre relecture* de l'œuvre de Marx.

En 1970, Abensour publia un article très incisif intitulé « Pour lire Marx », jouant ironiquement sur les titres des deux ouvrages écrits ou dirigés par Althusser, *Pour Marx* et *Lire « Le Capital ».* Là où Althusser rompait — légitimement — avec un certain « dogmatisme » qui l'avait précédé dans les lectures de Marx[12], Abensour entendait faire apparaître le dogmatisme ou le conformisme inhérents à la lecture althussérienne elle-même, s'armant pour cela d'une relecture des œuvres de Marx que Maximilien Rubel, dans son édition de « La Pléiade », avait rendue possible[13]. Il s'agissait, premièrement, de réfuter que

10. Cf. L. Althusser, *Pour Marx,* Paris, Maspero, 1965 (rééd. Paris, La Découverte, 1996). *Id.,* P. Macherey et J. Rancière, *Lire* Le Capital, *I,* Paris, Maspero, 1965. *Id.,* É. Balibar et R. Establet, *Lire* Le Capital, *II,* 1967 (rééd. des deux volumes, Paris, PUF, 1996).

11. J. Rancière, *La Leçon d'Althusser,* Paris, Gallimard, 1974.

12. L. Althusser, *Pour Marx, op. cit.,* p. 21.

13. M. Abensour, « Pour lire Marx » (1970), *Maximilien Rubel. Pour redécouvrir Marx,* Paris, Sens&Tonka, 2008, p. 25-56 (l'article se présentait comme un commentaire et une défense de l'édition — violemment attaquée par les communistes français — de K. Marx, *Œuvres. Économie, II,* éd. et trad. dirigées par M. Rubel, Paris, Gallimard, 1968).

le texte de Marx soit envisagé sous l'angle de la *totalité* ou de l'achèvement. Le prendre comme un « tout » achevé — les efforts d'Engels aidant —, c'était déjà mettre un doigt dans une sorte de machine totalitaire de la pensée aboutissant au « dogmatisme stalinien » rendu possible, selon Abensour, par toutes les « exégèses marxistes [et] la constitution du marxisme en tant que tel, de sa constitution en léninisme ou, pire, en idéologie d'État ». Il s'agissait, en somme, de sauver Marx de ses lectures « marxistes » instituées ou institutionnelles.

Deuxièmement, il s'agissait de contester que la pensée de Marx soit soumise à la *disjonction* traditionnelle du « Jeune Hégélien » et du « socialiste scientifique » de la maturité. Une disjonction en cours dans le « dogmatisme stalinien », bien sûr, mais qu'Althusser aurait reconduite sur un autre plan, non pas doctrinal mais « épistémologique » : « Le dogmatisme stalinien avait la manie des ruptures, ruptures entre Marx et ses prédécesseurs, entre Marx et les utopistes, et pour finir entre le jeune Marx, encore hégélien, et le Marx mûr qui, devenu marxiste, aurait découvert le matérialisme historique et posé les principes du matérialisme dialectique. [...] On sait que Louis Althusser, s'il a repoussé l'opposition factice jeune Marx/Marx mûr, n'en a pas moins rafraîchi et raffiné la thèse de la rupture. Posant l'existence d'une "coupure épistémologique" en 1845, Althusser divise la pensée de Marx en deux grandes périodes essentielles : la période idéologique, antérieure à la coupure de 1845, et la période scientifique postérieure[14]. »

L'opération d'Althusser consistait à importer dans le champ des études marxiennes la notion — évidemment féconde — de « coupure épistémologique ». Mais c'était pour des enjeux où Miguel Abensour ne voyait qu'un alibi théorique : venir au secours, *in fine,* du vieux dogmatisme scientiste déjà présent dans l'essai de Engels sur le « socialisme scientifique ». Cette notion de coupure entérinait, de plus, l'idée que le marxisme avait pu s'affranchir des utopies socialistes du XIX^e^ siècle comme

14. *Ibid.,* p. 37 et 45.

de l'histoire de la philosophie dans toute sa longue durée, Hegel compris. Or Abensour contestait, ainsi que Louis Janover l'a bien noté, que l'on pût isoler le travail de Marx des constellations qui non seulement l'avaient fait naître, mais encore avaient survécu partout dans son œuvre[15]. C'est pourquoi l'approche philosophique de Karl Korsch, honnie par les staliniens, ainsi que, plus tard, le regard phénoménologique porté par Michel Henry sur l'œuvre de Marx auront contribué à la vision « désenclavée » de Miguel Abensour[16].

Et l'utopie ? Marx n'avait-il pas explicitement critiqué l'utopie ? Abensour répondra, dès 1970 : « Marx n'a pas aboli l'utopie ; il en a renouvelé le sens[17]. » Deux ans plus tard, dans une longue étude intitulée « L'histoire de l'utopie et le destin de sa critique », il convoquera les sources à l'appui de cette idée, commençant par rappeler, en exergue, la fameuse lettre de 1843 adressée par Marx à Arnold Ruge : « On verra alors que, depuis longtemps, le monde possède le rêve d'une chose dont il lui manque la conscience pour la posséder réellement. On verra qu'il ne s'agit pas de faire un grand trait entre le passé et l'avenir, mais d'accomplir les idées du passé. On verra enfin que l'humanité ne commence pas une nouvelle tâche, mais réalise son ancien travail en connaissance de cause[18]. » Ce qui justifiait la conclusion d'Abensour à propos de cette « utopie qu'il faut tenter de penser positivement à l'écart de la thèse selon laquelle le communisme de Marx marquerait purement et simplement la fin de l'utopie. N'a-t-il pas plutôt pour visée de la sauver[19] ? ».

---

15. L. Janover, « Miguel Abensour, mémoire de l'utopie », *Lignes,* n° 56, 2018, p. 9-28.

16. Cf. K. Korsch, *Marxisme et philosophie* (1923), trad. C. Orsoni, Paris, Les Éditions de Minuit, 1964. M. Henry, *Marx,* Paris, Gallimard, 1976.

17. M. Abensour, « Pour lire Marx », art. cit., p. 49.

18. *Id.,* « L'histoire de l'utopie et le destin de sa critique » (1992), *Utopiques IV. L'histoire de l'utopie et le destin de sa critique,* Paris, Sens&Tonka, 2016, p. 13 et 17-30.

19. *Ibid.,* p. 78. Cf. également *id.,* « Marx : quelle critique de l'utopie ? » (1992), *ibid.,* p. 79-107. *Id., La Démocratie contre l'État. Marx et le moment*

*

Le titre même de la « collection rouge » de Miguel Abensour, « Critique de la politique », n'est rien d'autre qu'une citation de Karl Marx. Elle est extraite du texte introductif de 1844 « Pour une critique de la philosophie du droit de Hegel ». Marx y commençait par affirmer que, si tout geste critique a pour enjeu de mettre en pièces les illusions ou les aliénations humaines, alors il doit s'exercer d'abord contre la religion, cette « conscience inversée du monde[20] ». Puis, dans la même page où Marx fustigeait — et, même, entendait « saccager » — les « fleurs imaginaires qui ornent la chaîne » de l'aliénation religieuse, se faisait jour l'idée qu'une telle opération devait nécessairement se prolonger dans une critique des « formes profanes » que prend l'aliénation dans le domaine, justement, de la politique : « Et c'est tout d'abord la *tâche de la philosophie* qui est au service de l'histoire, de démasquer l'aliénation de soi dans ses *formes profanes,* une fois démasquée la *forme sacrée* de l'aliénation de l'homme. La critique du ciel se transforme ainsi en critique de la terre, la *critique de la religion* en *critique du droit,* la *critique de la théologie* en *critique de la politique*[21]. »

Qu'est-ce, alors, qu'une « critique de la politique » selon le point de vue ou la *relecture* de Miguel Abensour ? Il est très significatif que celui-ci ait voulu inclure, dans l'un de ses plus importants recueils de textes — un réseau d'« itinéraires » pluriels intitulé *Pour une philosophie politique critique* —, le texte-manifeste de sa collection rouge. Un « manifeste », en effet : un texte d'exigence bien plus qu'une présentation destinée à s'attirer des lecteurs. L'exigence ? Celle, d'abord, de remettre au jour une *dimension perdue* dans l'histoire de l'émancipation. Dimension à la fois présente et occultée chez Marx lui-même :

---

*machiavélien,* Paris, PUF, 1997 (rééd. augmentée, Paris, Éditions du Félin, 2012), p. 109-139 et 191-220.

20. K. Marx, « Pour une critique de la philosophie du droit de Hegel. Introduction », art. cit., p. 382.

21. *Ibid.,* p. 383.

« La critique de l'économie politique n'inclut pas et ne peut inclure la critique de la politique qui faisait partie intégrante et distincte du projet du jeune Marx, dans les grands textes de 1843 et 1844. Visant à récupérer cette dimension perdue ou, à dessein, occultée, la critique de la politique [se propose de] dénoncer les entreprises qui, instaurant une confusion entre la subversion de la société et la transformation ou la modernisation de l'État, barrent, sous le couvert de l'émancipation politique, la voie de l'émancipation humaine[22]. »

Avec cette formule de l'« émancipation humaine » — qui concluait exactement son texte-manifeste —, Abensour prenait le risque d'être assimilé à un penseur vaguement « humaniste » ou un « existentialiste », quand l'époque prônait partout un structuralisme supposé avoir consommé la « fin de l'homme » et l'avènement, comme disait Althusser, des « procès sans sujet ». En réalité, la formule d'Abensour énonçait que la dimension perdue de l'émancipation, objet de sa collection de livres, relevait d'une *question anthropologique* s'étendant bien au-delà du « socialisme scientifique » d'Engels, attitude réglée sur l'explication de ces lois économiques d'où naît l'exploitation de l'homme par l'homme. Georges Bataille, en France, avait déjà — très solitairement — tenté d'*excéder le marxisme* sur le terrain même d'une « économie générale » issue des travaux de Mauss ou de Freud[23].

Aux yeux d'Abensour, cependant, c'était vers la Théorie critique qu'il fallait avant tout se diriger, dans la mesure où elle avait su dépasser la dimension strictement économique de l'*exploitation* — leitmotiv de la tradition marxiste — vers le paradigme anthropologique, aussi bien psychique que social, de la *domination.* Reprenons donc et complétons notre citation du manifeste de 1974 : « Visant à récupérer cette dimension perdue ou, à dessein, occultée, la critique de la politique se fonde sur

22. M. Abensour, « Manifeste de la collection "Critique de la politique" » (1974), *Pour une philosophie politique critique, op. cit.*, p. 49 et 51.
23. Cf. G. Bataille, *La Part maudite. Essai d'économie générale* (1949), *Œuvres complètes, VII,* Paris, Gallimard, 1976, p. 17-179.

la distinction essentielle de la domination et de l'exploitation. Ensemble de phénomènes différents, concept autre, la domination ne peut ni se réduire à l'exploitation, ni être considérée comme en dérivant[24]. » Mais parce qu'elle est de nature anthropologique, la « dimension perdue » recherchée par Abensour se révélait essentiellement *pluridimensionnelle* : « Loin de se limiter à la critique pourtant fondamentale de l'État, cette critique sera aussi polymorphe et diverse que la structure de domination qu'elle s'efforcera de mettre au jour[25]. »

Il fallait donc bien toute une constellation de livres pour explorer ce champ considérable — depuis la cité grecque jusqu'au capitalisme contemporain, en passant par La Boétie, Saint-Just, Hegel ou Benjamin — et lever, éclairer ce qu'Abensour, en termes quasiment psychanalytiques, nommait le « refoulement des questions critiques » ou l'ensemble des « points aveugles de la pensée occidentale du politique[26] ». C'est qu'il y avait, au cœur d'un tel projet, la perception aiguë que le champ politique est pluridimensionnel, fonctionnant comme un *entrelacs de symptômes* autant que comme un jeu entre des « lignes » idéologiques affrontées. Il ne saurait donc y avoir qu'un seul « petit livre rouge » pour nous aider à envisager l'émancipation politique : il en faut beaucoup, et fort différents les uns des autres. C'est ainsi que, d'emblée, Abensour publia en 1974 un ouvrage de la Théorie critique — *L'Éclipse de la raison* de Horkheimer — à côté d'un texte de Fichte sur la Révolution française et d'un important recueil d'essais sur Marx par Maximilien Rubel, *Marx critique du marxisme*[27].

---

24. M. Abensour, « Manifeste de la collection "Critique de la politique" », art. cit., p. 49.
25. *Ibid.,* p. 50.
26. *Ibid.,* p. 49-50.
27. M. Horkheimer, *Éclipse de la raison.* Suivi de *Raison et conservation de soi* (1947), trad. J. Debouzy et J. Laizé, Paris, Payot, 1974. J. G. Fichte, *Considérations destinées à rectifier les jugements du public sur la Révolution française* (1793-1794), trad. J. Boni, Paris, Payot, 1974. M. Rubel, *Marx critique du marxisme. Essais,* Paris, Payot, 1974. Cf., plus tard, *id., Karl Marx. Essai de biographie intellectuelle* (1957), Paris, Klincksieck, 2016.

## EXPÉRIENCE ET ESPÉRANCE : L'IMAGINATION CRITIQUE

C'est donc une véritable anthropologie politique — à vocation critique, émancipatrice — que Miguel Abensour aura voulu élaborer, tant à travers ses propres écrits que dans sa collection « Critique de la politique ». La catégorie marxiste de l'*exploitation* de l'homme par l'homme y avait toute sa place, sans doute, elle qui met face à face deux classes antagonistes dont la lutte pour l'hégémonie devra s'achever soit par l'écrasement capitaliste de la classe ouvrière, soit par la dictature du prolétariat. « Diagonale », « oblique » ou transversale par rapport à cette confrontation, la *domination* rendait compte, pour sa part, d'un phénomène plus latent, plus intime et plus profond, inhérent aux relations intersubjectives en général. La domination relève moins d'une configuration historico-économique que d'une condition anthropologique dans laquelle nous n'avons jamais cessé — et ne cesserons jamais — de nous débattre. Il faut savoir la reconnaître pour savoir s'en évader.

Pourquoi cette bifurcation anthropologique de la pensée politique — d'exploitation à domination — fut-elle si importante ? Parce que la raison elle-même, et pas seulement son « sommeil », se révélait capable d'engendrer les monstres de la domination. D'où le rôle primordial joué par *La Dialectique de la raison* de Theodor Adorno et Max Horkheimer, puis des travaux menés dans son sillage par la Théorie critique[28]. D'où la nécessité, à partir de là, de repenser complètement les rôles accordés respectivement à la raison et à l'imagination, au monde conceptuel

28. T. W. Adorno et M. Horkheimer, *La Dialectique de la Raison, op. cit.*

et au monde sensible. Abensour le disait à sa façon : « Même éveillée, la raison engendre des monstres. Aussi la Théorie critique prend-elle le contre-pied de la problématique classique des Lumières qui faisait de la raison un adversaire déclaré du mythe[29]. » Une critique de la domination supposait donc qu'on l'on osât revisiter un très grand nombre de thèmes philosophiques pour approcher la possibilité de sa suppression : « Les concepts de la Théorie critique ont une double face : critiques de la domination, ils portent dans leur texture même l'idée de sa suppression[30]. » Mais comment faire ? Que la raison elle-même soit capable d'engendrer des monstres, cela ne veut pas dire, évidemment, qu'elle doive laisser place à un irrationalisme quelconque. Mais il va falloir autre chose : mettre en jeu une autre faculté, qui s'incarne justement, aux yeux de Miguel Abensour, dans l'utopie.

*

Cette faculté peut être nommée l'*imagination critique*. Il y faut de la pensée *et* des images : de la pensée (critique) *des* images, mais aussi de la pensée *en* images ou *par* images (critiques[31]). Histoire de ne pas faire l'impasse sur le désir inconscient et la composante fantasmatique dont l'agir politique s'illusionne si souvent de se croire affranchi. Il est hautement significatif que l'inflexion première ayant conduit Miguel Abensour vers « son sujet » — l'utopie —, couplée avec son intérêt pour la Théorie critique, soit venue du livre de Herbert Marcuse *Éros et civilisation* : « Pourquoi la Théorie critique ? J'ai lu *Éros et civilisation* en 1965. C'est l'époque où j'ai décidé de faire ma thèse sur l'utopie. [...] Dans cette perspective, *Éros et civilisation* de Marcuse fut pour moi un livre essentiel, notamment

29. M. Abensour, « Pour une philosophie politique critique ? » (2002), *Pour une philosophie politique critique, op. cit.*, p. 270.
30. *Ibid.*, p. 317. Cf. M. Cervera-Marzal, *Miguel Abensour : critique de la domination, pensée de l'émancipation, op. cit.*, p. 43-179.
31. Cf. G. Didi-Huberman, *Désirer désobéir, op. cit.*, p. 97-107 et 281-292.

le chapitre VII, "Imaginaire et utopie". Marcuse y retrouvait, grâce à Freud, la valeur authentique de l'imagination et tentait d'arracher le concept d'utopie au principe de rendement et à la condamnation que ce dernier en prononçait. Il s'agissait pour lui de faire resurgir la faculté de l'imagination, à libérer la réalité historique et à l'orienter vers les formes de liberté et de bonheur appartenant à une forme de civilisation où aurait disparu la surrépression. Il faut dire qu'à l'époque, avec mes amis de la Bibliothèque nationale, nous étions plusieurs à lire Marcuse dans une grande attente, tant sa pensée paraissait apporter un renouvellement de la question de l'émancipation[32]. »

Une politique sans imagination, qui se déclarerait unilatéralement réaliste dans ses constats, dans ses combats comme dans la définition de ses enjeux, cette politique-là ne montrerait pour finir qu'impuissance à faire le pas d'*expérience* aliénée à *espérance* libératrice, et d'espérance à *expérience* libérée. Nous commençons souvent, sans doute, par faire l'expérience de la dure réalité. Mais ce que Marcuse proposait — dans le chapitre d'*Éros et civilisation* précisément mentionné par Abensour —, c'était de montrer le caractère libérateur, émancipateur, de l'imagination. En amont de tout ce développement, qui date de 1955, il ne faudra pas perdre de vue tout ce dont il s'inspirait, fût-ce à mi-mots : à savoir les fulgurantes élaborations des années 1920 et 1930, avant tout celles de Walter Benjamin pour ce qui est d'« organiser le pessimisme », et d'Ernst Bloch pour ce qui serait d'« organiser l'espérance[33] ». Le choix de Marcuse aura été, cependant, de remonter à une source commune à tous ces penseurs, je veux parler de la découverte freudienne de l'inconscient.

On lit déjà, dans la *Traumdeutung*, que l'« accomplissement de désir » dans le rêve tire son origine de la séparation entre « principe de réalité » et « principe de plaisir » : d'un côté, l'« amère expérience de la vie » *(bittere Lebenserfahrung)* nous contraint

32. M. Abensour, *La Communauté politique des « tous uns »*, *op. cit.*, p. 29 (ainsi que p. 209-211). Cf. H. Marcuse, *Éros et civilisation*, *op. cit.*, p. 128-141.
33. Cf. G. Didi-Huberman, *Imaginer recommencer*, *op. cit.*, p. 253-342.

au principe de réalité[34]... « Il ne faut pas rêver », entend-on dire dans les innnombrables situations de contrainte auxquelles nous sommes requis de nous adapter. En face de cela — ou, plutôt, en « transversale » de cela —, nous profitons dans notre sommeil de ce que « le rêve, qui réalise ses désirs *(Wunscherfüllung)* par le court chemin "régrédient", ne fait là que nous conserver un exemple du mode de travail primaire de l'appareil psychique qui a été banni à cause de son inefficacité[35] ». Dans la nouvelle édition de son texte en 1914, Freud complémenta ce développement d'une référence à son article de 1911 « Formulation sur les deux principes du cours des événements psychiques », où il écrivait : « Avec l'introduction du principe de réalité, une forme d'activité de pensée *(Denktätigkeit)* se trouve séparée par clivage *(abgespalten)* ; elle reste indépendante de l'épreuve de réalité et soumise uniquement au principe de plaisir. C'est cela qu'on nomme la création de fantasmes *(das Phantasieren)* qui commence déjà avec le jeu des enfants et qui, lorsqu'elle se poursuit sous la forme de rêves diurnes *(als Tagträumen)*, cesse de s'étayer sur des objets réels[36]. »

Or c'est justement ce texte que Marcuse citait au début de son chapitre « Imaginaire et utopie », mais en y introduisant le motif crucial — à la fois évident et stupéfiant, dans le contexte d'un livre politique — de la *liberté* : « Freud signale l'imaginaire comme la seule valeur mentale qui demeure, dans une très large mesure, libre à l'égard du principe de réalité, même dans la sphère de la conscience développée[37]. » En écho à la formule freudienne sur « l'amère expérience de la vie », Marcuse constatait que la réalité de notre expérience n'est par contraste, bien souvent, que *mutilation de notre liberté* : « L'instauration du

---

34. S. Freud, *L'Interprétation des rêves* (1900), trad. I. Meyerson, revue par D. Berger, Paris, PUF, 1967 (éd. 1971), p. 481 (trad. modifiée).
35. *Ibid.*, p. 482.
36. *Id.*, « Formulations sur les deux principes du cours des événements psychiques » (1911), trad. J. Laplanche, *Résultats, idées, problèmes. I, 1890-1920,* Paris, PUF, 1984, p. 138-139.
37. H. Marcuse, *Éros et civilisation, op. cit.*, p. 128.

principe de réalité provoque une division et une mutilation de l'esprit» — ce qui ne sera pas sans évoquer, également, l'expression fameuse d'Adorno sur la «vie mutilée[38]». En sorte que, là où le psychanalyste aura pu parler d'une *régression* au principe de plaisir, Marcuse suggère de plus que sa *survivance* onirique fait signe, tout autant, vers un futur émancipateur, fût-il fantasmé : un principe *espérance,* pour le dire avec les mots d'Ernst Bloch.

Mais qu'est-ce que la «politique réelle» et, même, la philosophie politique ont à voir avec tout cela ? Lorsque Jean Cayrol ou Primo Levi témoignaient de ces retraites psychiques où ils s'évadaient de leur «amère expérience» dans la réalité concentrationnaire, cela ne voulait dire ni qu'ils s'en évadaient réellement, ni qu'ils avaient la possibilité de s'y opposer, de s'y révolter efficacement. L'audace de Marcuse — qu'Abensour reconduira au sujet de l'utopie — consiste à dire que, premièrement, une liberté subjective est toujours capable de s'objectiver, comme dans l'art dont Marcuse souligne la «fonction critique» essentielle par rapport à la réalité[39] ; et que, deuxièmement, l'imagination n'est pas le négatif de l'effectivité, mais bien plutôt sa matrice psychique nécessaire, ce qu'il développera — à travers une nouvelle référence à Adorno — en évoquant le «Grand Refus» des étudiants protestataires «contre la répression [et pour une] forme ultime de la liberté[40]».

*

Bref, pour transformer le monde, s'il ne suffit pas de l'interpréter, il demeure nécessaire, en tout cas, de savoir comment le critiquer, comment le refuser. C'est-à-dire, aussi, comment *imaginer autre chose.* Dans son propre texte sur les différences entre la Théorie critique et la philosophie traditionnelle

---

38. *Ibid.,* p. 129 (cf. T. W. Adorno, *Minima Moralia. Réflexions sur la vie mutilée, op. cit.*).
39. *Ibid.,* p. 131.
40. *Ibid.,* p. 135.

— qui fait en quelque sorte binôme avec celui de Horkheimer, puisqu'ils sont exactement contemporains, publiés tous deux en 1937 —, Marcuse contestait que la théorie du politique eût affaire à la seule actualité : *ouvrir le champ des possibles* était un aspect fondamental de sa tâche, exprimé d'ailleurs par une formule très proche d'Ernst Bloch : prendre la mesure de « ce qui reste encore à faire[41] ». Dès lors, les « vérités » que met au jour la Théorie critique « apparaissent comme une prise de conscience des possibilités » : possibilités qu'il aura bien fallu imaginer avant que ne soit jugée l'opportunité concrète du moment où « la situation historique elle-même [sera] mûre » pour un tel avènement[42].

Cette restitution du rôle de l'imagination dans la Théorie critique constitue sans doute l'une des raisons fondamentales pour lesquelles Miguel Abensour, interrogeant la notion d'utopie, consacra tant d'énergie à la traduction et à la publication extensive des œuvres de Horkheimer et Adorno, ainsi qu'à leurs commentaires par Martin Jay, Trent Schroyer, Gilles Moutot, Katia Genel, Michèle Cohen-Halimi ou Daniel Payot[43]. Il est significatif, par exemple, que l'histoire de l'école de Francfort par Martin Jay se soit développée au titre de *L'Imagination dialectique*[44]. Ou que le volumineux essai de Gilles Moutot se termine sur un chapitre intitulé « Ce qui reste à penser », chapitre où la notion adornienne d'« imagination exacte » *(exakte Phantasie)* occupe une place décisive[45]. Cela pour mettre en pièces le préjugé stupide selon lequel Adorno se serait contenté de décrire, en pur pessimiste, l'expérience si « amère » de la « vie mutilée ». Il reviendra à Daniel Payot, dans *Constellation et utopie,* de retracer avec une grande clarté le chemin qui, de

41. *Id.,* « La philosophie et la théorie critique » (1937), trad. D. Bresson, *Culture et société,* Paris, Les Éditions de Minuit, 1970, p. 151.
42. *Ibid.,* p. 172.
43. Cf. *infra* la liste chronologique de la collection « Critique de la politique ».
44. M. Jay, *L'Imagination dialectique. Histoire de l'école de Francfort et de l'Institut de recherches sociales (1923-1950)* (1973), trad. E. E. Moreno et A. Spiquel, Paris, Payot, 1977.
45. G. Moutot, *Essai sur Adorno,* Paris, Payot & Rivages, 2010, p. 620-635.

l'exigence dialectique chez Adorno, aboutissait au « négatif », mais sous l'espèce d'une authentique « aspiration à l'utopie » se développant elle-même comme « forme d'espérance[46] ».

Ainsi l'imagination constitue la cheville dialectique d'un devenir par lequel une *expérience de domination* se donne la possibilité d'une *espérance,* elle-même appelée à se transformer en *expérience d'émancipation.* Un tel processus se trouve évoqué dans bien des textes d'Abensour lui-même puisqu'il apparaît comme le cœur vivant des utopies politiques. On en trouve déjà un aperçu, ou un condensé, dans les textes accompagnant les diverses publications de la collection « Critique de la politique ». Par exemple lorsque, en 1978, Abensour présenta *Théorie critique,* le recueil d'essais de Horkheimer, sous l'angle d'une entreprise pour « déconstruire le devenir de la raison[47] », histoire d'imaginer autre chose, bien sûr. Ou lorsque, la même année, il introduisit *Dialectique négative* d'Adorno, « l'un des grands textes philosophiques de notre temps », comme un « *gestus* du penser » adressé à son lecteur comme on jette une « bouteille à la mer[48] ». Plus tard, en 2016, Abensour présentera un autre recueil d'Adorno sous l'angle du geste critique par excellence, celui de « ne pas se soumettre à ce qui est[49] » afin, encore et toujours, d'imaginer « ce qui reste à faire ».

Cette lecture féconde de la Théorie critique, insensible à tous les sectarismes politiques de l'époque — qu'Abensour attribuait, justement, à une « éclipse de l'imagination politique[50] » — ne

46. D. Payot, *Constellation et utopie. Theodor W. Adorno, le singulier et l'espérance,* Paris, Klincksieck, 2018.
47. M. Abensour, [Texte de présentation de] M. Horkheimer, *Théorie critique. Essais* (1930-1970), trad. dirigée par L. Ferry et A. Renaut, Paris, Payot, 1978, p. 4 de couverture.
48. *Id.,* [Texte de présentation de] T. W. Adorno, *Dialectique négative, op. cit.,* p. 4 de couverture.
49. *Id.,* [Texte de présentation de] T. W. Adorno, *Le Conflit des sociologies. Théorie critique et sciences sociales* (1940-1969), trad. P. Arnoux, J.-O. Bégot, J. Christ, G. Felten et F. Nicodème, Paris, Payot & Rivages, 2016, p. 4 de couverture.
50. *La Communauté politique des « tous uns », op. cit.,* p. 140.

fut pas, cependant, aussi marginale ou solitaire qu'il y paraît. Dans les décennies qui ont précédé puis accompagné la formation philosophique de Miguel Abensour, il était possible de se tourner, comme il le dira explicitement, vers des penseurs pour qui l'imagination n'était pas pensée négativement, en particulier Maurice Merleau-Ponty (avec son double séminaire de 1954-1955 sur l'institution et l'inconscient freudien), Gilles Deleuze (avec son recueil *Instincts et institutions,* dès 1953, avant ses travaux sur Spinoza et Nietzsche) ou, bien entendu, Cornelius Castoriadis (pour son *Institution imaginaire de la société*[51]). Dans son article de 1982 sur la Théorie critique, Abensour n'hésitera pas, notamment, à tirer un trait entre le matérialisme — voire le sensualisme — d'Adorno et « ce que Merleau-Ponty nommait la "chair du monde[52]" ».

Lorsque, d'autre part, Abensour voulut affirmer la composante utopique de la Théorie critique — « l'utopie fait partie intégrante de la Théorie critique » —, il le fit par l'intermédiaire d'une formule typiquement adornienne, où l'imagination revenait, une fois de plus, au premier plan : « La négation déterminée de ce qui est ne peut s'effectuer que grâce à un recours à l'imagination[53] »... Façon implicite d'en appeler à cette « imagination exacte » commentée par Gilles Moutot dans son *Essai sur Adorno,* et dont il notait qu'elle apparaissait à l'exercice de la pensée comme « aussi nécessaire que *non réglementée* », ce qui, en tant que *Phantasie,* la distinguait théoriquement de la kantienne *Einbildungskraft*[54]. Il faut rappeler, fût-ce brièvement, que l'expression d'« imagination exacte » *(exakte Phantasie)* était

51. *Ibid.,* p. 141-142. Cf. M. Merleau-Ponty, *L'Institution dans l'histoire personnelle et publique. Le problème de la passivité : le sommeil, l'inconscient, la mémoire. Notes de cours au Collège de France* (1954-1955), éd. D. Darmaillacq, C. Lefort et S. Ménasé, Paris, Belin, 2003. G. Deleuze (dir.), *Instincts et institutions,* Paris, Hachette, 1953. C. Castoriadis, *L'Institution imaginaire de la société,* Paris, Le Seuil, 1975.

52. M. Abensour, « La Théorie critique : une pensée de l'exil ? », art. cit., p. 199.

53. *Id.,* « L'homme est un animal utopique. Entretien » (2006), *Utopiques II, op. cit.,* p. 270.

54. G. Moutot, *Essai sur Adorno, op. cit.,* p. 620-621.

apparue très tôt chez Adorno. On la trouve dans le manuscrit, demeuré inédit de son vivant, de sa leçon inaugurale à l'université de Francfort en mai 1931. Un point capital pour comprendre cette notion est qu'Adorno prévoyait, en cas de publication, de faire apparaître au début de son texte une dédicace à Walter Benjamin (sa seule note infrapaginale, d'ailleurs, se référait à l'*Origine du drame baroque allemand* parue trois ans auparavant[55]).

Ce qu'Adorno mettait en œuvre au plan de l'histoire philosophique, Benjamin avait déjà commencé de le produire au plan d'une histoire — philosophique — de l'art et de la littérature. Dans les deux cas, en effet, le *paradigme imaginatif* se manifestait par la mise en pièces de la prétention à saisir toutes choses selon un ordre de généralité et d'unité conceptuelle. Quand Adorno commença par dénoncer l'illusion d'une philosophie qui voudrait « penser la totalité du réel[56] », son préambule critique consonnait avec la proposition benjaminienne ouvrant la « Préface épistémo-critique » de l'*Origine du drame baroque,* et selon laquelle on ne saurait séparer aucune vérité de la « question de la présentation » *(Frage der Darstellung),* ce qui lui ôte toute prétention à la généralité, à l'unité, à l'achèvement[57]. Quand Adorno se référait au matérialisme et à la dialectique pour faire pièce à toute ambition de « pure pensée » ontologique[58], il prolongeait — avec d'autres outils — l'idée benjaminienne d'une connaissance vouée non à la généralité et à l'unification, mais au « particulier » *(das Einzelne),* et c'est ce « particulier », justement, qu'il s'agissait de « sauver » avant tout concept surplombant[59].

L'idéalisme philosophique, cible principale de ces critiques, avait coutume de « se moquer » — dit Adorno — de l'imagination

55. T. W. Adorno, « L'actualité de la philosophie » (1931), *L'Actualité de la philosophie et autres essais,* trad. dirigée par J.-O. Bégot, Paris, Éditions rue d'Ulm, 2008 (éd. 2018), p. 21.
56. *Ibid.*, p. 9.
57. W. Benjamin, *Origine du drame baroque allemand, op. cit.*, p. 23.
58. T. W. Adorno, « L'actualité de la philosophie », art. cit., p. 25.
59. W. Benjamin, *Origine du drame baroque allemand, op. cit.*, p. 26 et 43.

(au nom du concept rigoureux) comme de l'exactitude (au nom de la généralité ontologique). Il s'en est moqué, en effet, « en [les] taxant de lubie » c'est-à-dire, au fond, d'utopie[60]. Car pour un philosophe idéaliste, on ne « sauve » pas le particulier : on le subsume. Et l'on s'égare à chercher de l'aide du côté de l'imagination, dont les chemins ne seront jamais prévisibles. Pour Adorno et Benjamin, au contraire, c'est du côté d'une pratique expérimentale de l'« imagination exacte » qu'il aura fallu chercher la digne « présentation » des choses. Mais par quelles voies cette présentation était-elle possible ?

60. T. W. Adorno, « L'actualité de la philosophie », art. cit., p. 29.

## LE « CHOIX DU PETIT »
## ET L'ART DE CONSTELLER

Comment, désormais, les choses vont-elles « se présenter » ? L'*imagination exacte* semble bien nommer, dans le vocabulaire d'Adorno, quelque chose comme un double mouvement. D'abord, la pensée ose traverser obliquement ou diagonalement le donné qui s'offre à elle, sa décision — quel angle choisir ? — relevant à la fois d'une certaine prévision et d'un risque assumé, comme on se jette en avant sans être sûr de là où cela mène : voilà pour l'*imagination.* Ensuite, il faudra toute la méthodique délicatesse d'une attention aux singularités pour faire de ce mouvement un geste critique et un acte de connaissance : voilà pour l'*exactitude.* Mais cette délicatesse a un prix : elle suppose que l'on s'arrête aux petites choses, à ce qui « se présente » de façon modeste, cachée, ténue, voire méprisée. Il est frappant que le texte d'Adorno, en 1931 — qui était censé présenter un ambitieux projet philosophique au long cours —, se termine par ces lignes : « L'esprit n'est sûrement pas capable de produire ou de comprendre la totalité du réel ; mais, à échelle réduite, en petit *(im kleinen),* il permet d'y pénétrer et, à ce niveau, de faire exploser [ou disséminer, répandre] *(sprengen)* le cadre du simple étant[1]. »

Ici encore, le lien avec Benjamin est évident puisque la « Préface épistémo-critique » publiée en 1928 articulait très fortement le motif du « sauvetage du particulier » avec une méthodologie appelée « travail micrologique » *(mikrologische Verarbeitung),* à partir de quoi un processus d'« assemblage »

1. *Ibid.,* p. 31.

ou de montage pouvait donner forme aux relations entre les « éléments isolés et disparates » *(aus Einzelnem und Disparatem)* préalablement observés[2]. Célèbre est demeuré le témoignage de Gershom Scholem sur la « passion du petit » manifestée par Benjamin tout au long de sa vie : « Il était captivé par ce qui est petit, rêvant de découvrir l'absolu dans l'infiniment petit et d'exprimer, en miniature, la perfection. Il lisait avec délectation des auteurs comme le conteur allemand Hebel, ou l'écrivain hébreu Agnon, parce que chacun de leurs brefs récits atteint une forme parfaite. Il était convaincu que les grandes choses se révèlent dans les petites, et que, selon l'expression d'Aby Warburg, le bon Dieu habite le détail. [...] Ce goût se traduisait dans son écriture proprement microscopique, bien que précise et soigneuse jusque dans les moindres jambages. Son ambition, toujours déçue, était de faire tenir une centaine de lignes sur une feuille de papier de format ordinaire. Il m'a traîné en août 1927 au musée de Cluny, où étaient exposés des objets rituels juifs, rien que pour me faire admirer, et avec quelle jubilation, deux grains d'orge sur lesquels une âme sœur avait réussi à graver tout le *Shema Israel* ("Écoute, Israël..."), le credo juif[3]. »

Adorno a régulièrement rendu hommage à cette intuition très goethéenne, chez Benjamin, du rapport entre « petites choses » et « phénomènes originaires ». On lit par exemple dans *Dialectique négative* une réflexion qui éclaire à la fois le lien et la bifurcation entre Hegel et Benjamin sur le plan même de cette *micrologie* : « L'exigence philosophique de descendre jusqu'au détail *(Versenkung ins Detail)*, exigence qui ne se laisse guider d'en haut par aucune philosophie, ni par aucune intention qui se serait infiltrée en elle, constituait déjà un des aspects de Hegel. Seulement, la mise en œuvre de cette exigence s'empêtra chez lui dans une tautologie : sa manière de plonger dans le détail met au jour, comme si c'était convenu d'avance, cet Esprit qui

2. W. Benjamin, *Origine du drame baroque allemand, op. cit.*, p. 24-25.

3. G. Scholem, « Walter Benjamin » (1964), trad. M. et J. Bollack, *Fidélité et utopie. Essais sur le judaïsme contemporain,* Paris, Calmann-Lévy, 1978, p. 118.

était posé dès le début comme totalité et comme Absolu. À cette tautologie s'oppose le projet métaphysique de Benjamin, développé dans la préface à *Ursprung des deutschen Trauerspiel,* de sauver l'induction. Sa devise : la plus petite parcelle de réalité observée pèse aussi lourd que le reste du monde, est un témoignage précoce de la conscience de soi atteinte aujourd'hui par l'expérience ; ce témoignage est d'autant plus authentique qu'il se forma hors du champ des "grands problèmes philosophiques", dont il convient à un concept transformé de la dialectique de se méfier[4]. »

Un autre hommage rendu par Adorno à la micrologie benjaminienne se trouve, notamment, dans « L'essai comme forme » : texte admirable qui s'ouvrait, non par hasard, sur une citation de Goethe[5]. L'essai, dit Adorno, choisit ses objets un à un : il ne cherche pas à définir un « domaine », comme on le voit dans toutes les disciplines académiques. Ancré dans un « loisir propre à l'enfance », il va et vient d'une petite chose à l'autre. « Le bonheur et le jeu lui sont essentiels [et] c'est pourquoi on le range dans la catégorie des amusettes », écrit Adorno[6]. À la fois *réaliste et rêveur,* l'essai constitue une forme de pensée « délivrée de la discipline de la servitude académique », en ce qu'il « ne vise pas une construction close, inductive ou déductive[7] ». Il est *réaliste* en ce qu'il accorde toute son attention aux phénomènes, aux objets, aux fragments qu'il observe à la façon d'une procédure expérimentale. Mais il est *rêveur* en ce que, dit Adorno, il entretient une fondamentale « affinité avec l'image » *(Affinität zum Bild)* : cela même qui donne à son efficacité une teneur essentiellement « critique » *(kritische)*... et, ajoutera audacieusement Adorno, « plus dialectique que la dialectique[8] » *(dialektischer als die Dialektik).* L'essai, pour

4. T. W. Adorno, *Dialectique négative, op. cit.,* p. 237-238.
5. *Id.,* « L'essai comme forme » (1954-1958), trad. S. Muller, *Notes sur la littérature,* Paris, Flammarion, 1984 (éd. 2009), p. 5.
6. *Ibid.,* p. 6.
7. *Ibid.,* p. 7, 9 et 13.
8. *Ibid.,* p. 23, 25 et 27.

finir, travaille bien comme l'utopie : par désobéissance. Une « désobéissance aux règles orthodoxes de la pensée », dans un geste qui fait surgir cela même — petites choses d'une tradition opprimée — que ces règles « ont en secret pour finalité objective de tenir caché aux regards[9] ».

*

Tout cela, Miguel Abensour l'a reconnu et prolongé dans son propre travail sous l'expression de « choix du petit » qu'il employa, dès 1982, à propos de Benjamin et d'Adorno — sans oublier Kafka — et qu'il reprit, dans sa collection de livres, comme postface aux *Minima Moralia*[10]. Il y prônait ce choix philosophique comme réponse à la politique totalitaire, comme Benjamin avait pu opposer sa propre « micropolitique » à la « mobilisation totale » chantée dans les années 1920 et 1930 par Ernst Jünger[11]. Le choix du petit, affirmait-il, représente « au sein de la modernité une figure de résistance originale[12] ». Sans oublier l'anecdote de Scholem sur les deux grains d'orge du musée de Cluny[13], il finissait par reconnaître chez Adorno — auteur souvent intimidant par la complexité de sa langue philosophique et sa culture vertigineuse — la modestie inhérente au projet des *Minima Moralia* : « Anti-roman d'éducation dans un champ de ruines, *Minima Moralia* laisse délibérément le lecteur sur sa faim. Cette insuffisance, cet inachèvement est la voie que sait emprunter modestement l'auteur pour ne pas trahir l'image fragile de ce que serait une existence non réglementée[14]. »

Dans le même ordre de réflexions, Abensour présenta le texte des *Modèles critiques* comme une entreprise menée à l'encontre

---

9. *Ibid.*, p. 29.
10. M. Abensour, « Le choix du petit » (1982), postface à T. W. Adorno, *Minima Moralia, op. cit.*, p. 231-243.
11. *Ibid.*, p. 232-233.
12. *Ibid.*, p. 234.
13. *Ibid.*, p. 235-236.
14. *Ibid.*, p. 240.

du « mensonge de la fausse totalité » : rien de moins — ou rien de plus — qu'une « micrologie critique », par conséquent[15]. Même la *Métaphysique* d'Adorno devait être qualifiée, en 2006, de « *minima metaphysica*[16] ». Dès le début de ses recherches, par ailleurs, Abensour avait observé la très grande « pluralité des traditions utopiques », ce qui vouait son propre travail historique et philosophique à un « cheminement aux orientations multiples » : façon d'assumer une connaissance faite non de lignes orthogonales, orientées ou déductives, mais d'un fouillis de trajets obliques affectés d'une « constellation de liens[17] ».

Il apparaît souvent, d'ailleurs, que dans la littérature critico-utopique elle-même le « choix du petit » se soit révélé plus efficace qu'une dénonciation massive et unilatérale : par exemple lorsque Simon Leys, au lieu de dresser un tableau général de la situation politique chinoise, préféra — comme dit exactement Abensour — composer des sortes de « *Minima Moralia* » sous forme de « vignettes disparates », presque poétiques dans leur façon non seulement de critiquer, mais encore et surtout de moquer le totalitarisme[18]. Les lecteurs d'Abensour n'ont pas omis de situer son « cheminement multiple », fait d'une nuée d'articles disséminés plutôt que d'ouvrages s'enchaînant les uns après les autres, comme le reflet d'une délicatesse de sa méthode critique et micrologique. Ou, comme le dit Antonia Birnbaum, d'une « sensibilité » au « petit » assumée aux fins d'échapper au conformisme des diagnostics généraux[19]. Gilles Moutot, pour

15. *Id.,* [Texte de présentation de] T. W. Adorno, *Modèles critiques. Interventions, répliques* (1963-1965), trad. Jimenez et É. Kaufholz, Paris, Payot, 1984, p. 4 de couverture.

16. *Id.,* [Texte de présentation de] T. W. Adorno, *Métaphysique. Concept et problèmes* (1965), trad. C. David, Paris, Payot & Rivages, 2006, p. 4 de couverture.

17. *Id.,* « Le nouvel esprit utopique » (1991), *Utopiques II, op. cit.,* p. 199-205. *Id.,* « Avant-propos », art. cit., p. 11 et 45.

18. *Id.,* « Oser rire » (1975), *Pour une philosophie politique critique, op. cit.,* p. 71-72.

19. A. Birnbaum, « D'un choix du petit à l'autre. Walter Benjamin, Theodor W. Adorno, Miguel Abensour », *Lignes,* n° 56, 2018, p. 72. Cf. également

sa part, aura éclairé le « choix du petit » chez Abensour par le geste antitotalitaire de toute critique bien comprise : « Ce qu'il faut briser, c'est la fascination de l'*Un,* d'autant plus puissante qu'il se présente comme le *principe* d'un ordre qu'il a fallu déceler, en arrière des remous de l'histoire[20]. »

*

Si nous mettons quelque espoir dans le geste de *critiquer* le monde réel — à commencer par celui, historique et politique, qui tend régulièrement à nous asservir —, alors nous devons commencer par refuser d'y voir une totalité accomplie, absolue, rationnelle, unitaire et indivisible. Pour critiquer, il faut savoir *séparer,* diviser. Donc mettre en morceaux : concasser le monde, produire de l'*épars,* du disparate, du disséminé. Produire, donc, du *petit* en mille et un fragments, fussent-ils reliés par un ensemble d'affinités ou de contrariétés plus ou moins décelables par notre faculté d'imagination. Dès lors que je sépare le champ du donné en singularités matérielles, formelles ou temporelles, je me donne une chance de penser autrement son organisation, ses règles, son histoire, sa morphologie tout autant que ses points faibles. C'est là un geste critique par excellence, mais qui suppose une contrepartie notable : un défi à la pensée, mise elle-même en danger de *se disperser* devant la myriade des petits morceaux de monde et d'histoire.

Le « choix du petit » ne serait-il donc pas, en tant que *choix de la pluralité,* de la multitude, un obstacle à la clarté de la connaissance, entre les limites de la « connaissance approchée » selon Gaston Bachelard et les obstacles de l'« espace contaminé » par la trop grande proximité selon Ernst Bloch[21] ? Faire le choix de la

---

G. Labelle, *L'Écart absolu : Miguel Abensour,* Paris, Sens&Tonka, 2018, p. 284-285.

20. G. Moutot, « L'indirect libre. À partir de "L'utopie de Thomas More à Walter Benjamin" », *Lignes,* n° 56, 2018, p. 82-83.

21. Cf. G. Bachelard, *Essai sur la connaissance approchée,* Paris, Vrin, 1928 (éd. 1987). E. Bloch, *Experimentum Mundi. Question, catégories de*

pluralité, c'est, en effet, accepter que nous ne saisirons pas tout : que nous ne saisirons *rien comme un tout.* C'est donc le *choix de l'épars,* auquel tout historien a bien dû, un jour ou l'autre, se trouver confronté. À la fin de son ouvrage très benjaminien sur *Le Ton de l'histoire* chez Kant — livre publié dans la collection « Critique de la politique » —, Françoise Proust écrivait ceci : « L'histoire n'est pas solaire (diurne) mais étoilée (nocturne). Comme les étoiles, les événements historiques diffusent une lumière qui éclaire *(aufklärt),* mais n'illumine pas. Éclairant après coup, longtemps, “des milliers d'années-lumières” après qu'ils ont disparu ou explosé, leur lumière est vive, ils brillent d'un éclat sans pareil qui ne saurait être ni inaperçu ni oublié, et pourtant leur brillance (*Schein* : un paraître à la fois brillant et “apparent”) est pur clignotement, pur clin d'œil, pur scintillement. [...] Et certes c'est une lumière qui se contente d'indiquer une direction, de montrer une voie, de signaler une orientation : elle ne délimite aucun chemin, c'est à chaque voyageur de l'histoire d'en inventer un nouveau, de frayer des voies inédites. À chaque passage ou retour d'une étoile, quand file comme un éclair ou un trait une nouvelle étoile, une “étoile filante”, tout se passe comme si le voyageur reconnaissait l'indice d'un vœu » — un vœu d'émancipation, bien sûr[22].

Risquons-nous à prolonger cette allégorie romantique. Lorsque nous regardons, par une nuit profonde, le ciel étoilé, notre entendement s'égarera bien sûr s'il cherche à faire immédiatement un décompte ou une synthèse de ce que nous voyons. Notre première expérience du ciel étoilé est donc d'une radicale pluralité : un disparate impossible à maîtriser. Un vertige, une sensation de chaos. Le paradoxe, eu égard à notre questionnement en cours, c'est que le ciel étoilé ne nous propose après tout qu'une myriade de point lumineux, je veux dire de *toutes petites choses*. Certaines plus brillantes, d'autres moins, d'autres qui semblent clignoter, d'autres qui traversent le ciel avant de disparaître et certaines, nous le savons, qui nous demeurent invisibles.

---

*l'élaboration, praxis* (1975), trad. G. Raulet, Paris, Payot, 1981, p. 11-19.
22. F. Proust, *Kant, le ton de l'histoire,* Paris, Payot, 1991, p. 346-347.

Ces petites choses constituent cependant le seul visage accessible des immenses réalités que sont les étoiles, les météores, les nébuleuses, les galaxies… Bref, les « phénomènes originaires » par excellence de notre cosmos. Le paradoxe — le vertige — s'accentue encore lorsqu'on sait que certains de ces points lumineux nous font signe depuis une distance telle qu'ils ne sont que les *lueurs survivantes* d'étoiles ayant disparu depuis très, très longtemps.

Devant cela, l'esprit va convoquer toute sa faculté d'*imagination* pour que l'*observation* — qui, en l'espèce, prend beaucoup de temps puisqu'observer les étoiles, c'est attendre et relever, sans relâche, le moment de leur éternel retour à une certaine place dans le ciel — *prenne forme.* Galilée expliquait en 1610, dans le *Sidereus Nuncius,* que grâce à sa lunette télescopique il avait découvert « une foule si nombreuse d'autres étoiles » à rajouter aux myriades que nous observons à l'œil nu[23]. Or, dans la foulée, il donnait une représentation de la constellation d'Orion où l'on ne voyait qu'une petite centaine d'astérisques et de figures étoilées : parfaitement claires, « lisibles », bien isolées à l'encre noire sur la page blanche[24] *(fig. 4)*… Le contraire, en somme, des essaims lumineux que nous admirons, sur fond noir, dans la réalité sensible d'une nuit étoilée.

Que fait donc l'astronome devant ces essaims lumineux si ce n'est établir des liens, tracer des lignes entre les points de lumière, multiplier les obliques et les angulations, bref donner forme à la dissémination de manière à *composer des figures* — ces figures que nous appelons des *constellations* ? Mais de tels liens n'ont-ils pas quelque chose de parfaitement arbitraire ? Ne pourrait-on pas organiser le ciel selon d'autres règles, d'autres mises en relation, d'autres obliques, d'autres figures ? Lorsque Galilée représente la constellation d'Orion avec ses étoiles surnuméraires invisibles à l'œil nu, il fait évidemment progresser notre connaissance du ciel, mais il n'en recueille pas

23. G. Galilei, *Le Messager des étoiles* (1610), trad. F. Hallyn, Paris, Le Seuil, 1992, p. 138.
24. *Ibid.,* p. 139.

moins toute une *tradition figurative,* extrêmement ancienne, qu'il ne songe pas un instant à remettre en cause.

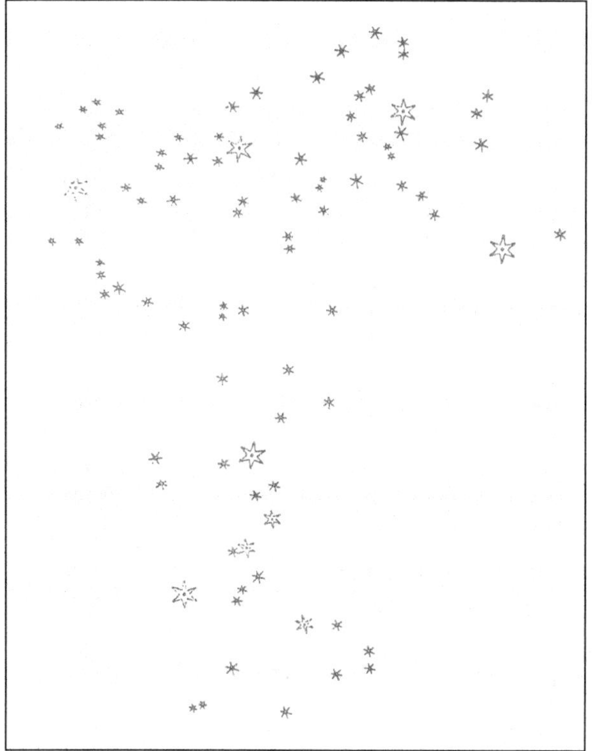

**Fig. 4.** Galileo Galilei, *La constellation d'Orion*, 1610.

Car Orion n'est pas le nom d'un schéma scientifique : c'est celui d'un personnage mythologique. Et la constellation qui porte ce nom se trouve déjà présente chez Homère — quand Ulysse observe les étoiles pour naviguer dans la bonne direction — comme chez Hésiode dans *Les Travaux et les Jours*[25]. L'astronomie ancienne, discipline cruciale pour toute culture, de la Méditerranée à la Chine, n'a jamais cessé de combiner figures d'observation et figures d'imagination. Là où Galilée ne représente

25. Homère, *Odyssée,* v. 262-275, trad. V. Bérard, Paris, Gallimard, 1955, p. 627. Hésiode, *Les Travaux et les Jours,* v. 609-610, trad. P. Mazon, Paris, Les Belles Lettres, 1928 (éd. revue, 1982), p. 108.

que des étoiles dans sa vision de la constellation d'Orion *(fig. 4)*, le traité contemporain de Johannes Bayer *Uranometria* superpose encore la position de celles-ci avec l'image du personnage mythologique[26] *(fig. 5)*. Les représentations babyloniennes du XIIe siècle avant Jésus-Christ, elles, privilégiaient unilatéralement les figures astrologiques, sans pour autant négliger la précision — stupéfiante, pour l'époque — de leurs observations du ciel *(fig. 6)*. Tout un savoir qui n'a pas cessé, des siècles durant, de se transmettre, de migrer d'Orient à Occident[27].

La *connaissance par constellations* a donc ceci de fascinant qu'elle imagine ce qu'elle observe sans cesser de l'observer. Et qu'elle projette son savoir de l'espace vers une grande question posée au temps : un rêve, l'utopie de *voir le temps*. La récurrence des figures célestes apparaît donc comme le modèle par excellence de ce temps à tenter de ne plus craindre, à tenter de *prévoir*. D'où les calculs obsessionnels de la prédiction, les formules de la mantique, les matières imagées de la divination. Tout cela à travers la persistance tenace de *traditions narratives* où se dramatise la constellation mythologique des « noms des dieux », ces *noms survivants* qui ont tant retenu l'attention, après Hermann Usener, d'Aby Warburg et d'Ernst Cassirer[28]. C'est ainsi que l'astronomie ancienne fut non seulement inséparable d'une technique de prédiction astrologique, mais encore de tout un univers narratif et mythologique[29].

26. J. Bayer, *Uranometria, omnium asterismorum continens schemata*, Augsbourg, Mangus, 1603, pl. LI.

27. Cf. J. M. Steele (dir.), *The Circulation of Astronomical Knowledge in the Ancient World*, Leyde-Boston, Brill, 2016.

28. Cf. H. Usener, *Götternamen. Versuch einer Lehre von der religiösen Begriffsbildung*, Bonn, Friedrich Cohen, 1896. E. Cassirer, *La Philosophie des formes symboliques, II. La pensée mythique* (1925), trad. J. Lacoste, Paris, Les Éditions de Minuit, 1972, p. 235-256.

29. Cf. P. Tannery, *Recherches sur l'histoire de l'astronomie ancienne*, Paris, Gauthier-Villars, 1893 (rééd. Hildesheim-New York, Georg Olms Verlag, 1976), p. 7-25. J. Evans, *Histoire et pratique de l'astronomie ancienne* (1998), trad. A.-P. Segonds, revue par C. Luna et M. Lerner, Paris, Les Belles Lettres, 2016, p. 348-354 et *passim*.

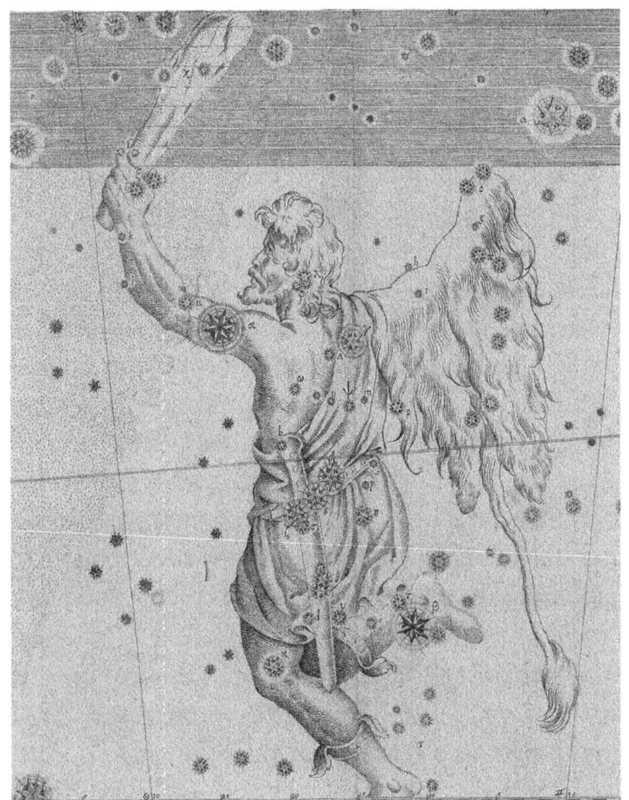

**Fig. 5.** Alexander Mair, *La constellation d'Orion*, 1603.

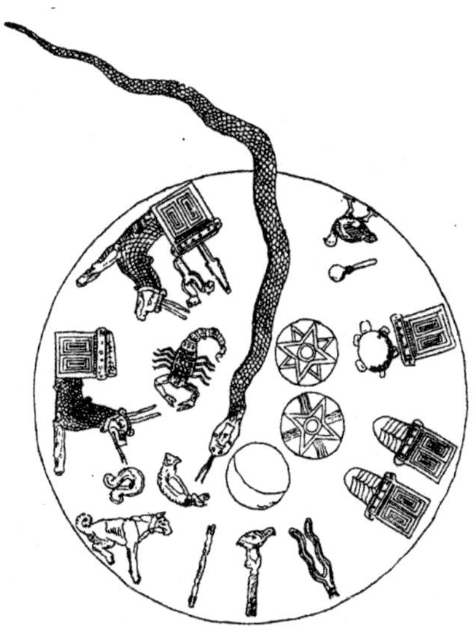

**Fig. 6.** Art babylonien, *Figuration astrologique sur une borne frontalière*, XIIe siècle avant J.-C.

Orion, par exemple, n'est pas seulement le nom d'une constellation et celui d'un personnage mythologique. Il emporte avec lui toute une métamorphose : toute son histoire projetée, mémorisée, voire monumentalisée en étoiles célestes. Il est donc plus qu'un ensemble de points lumineux dans le ciel nocturne. On nomme *astérisme* le fait de réunir certaines étoiles sous la figure d'une constellation, et *catastérisme* l'explication de cette figure à partir de la fable mythologique dont elle porte le nom. On sait le rôle crucial que joua Eudoxe de Cnide, membre de l'Académie platonicienne, dans la transmission de l'astronomie orientale en Grèce, et de sa diffusion poétique dans les *Phénomènes* d'Aratos, qui traita successivement des « astérismes » et des « pronostics[30] ». Puis Ératosthène, dans ses *Catastérismes,* développa narrativement cette fonction métamorphique consistant à projeter dans le ciel, comme des fantômes, certains personnages mythologiques dont on entendait célébrer ou rendre éternelle, en quelque sorte, l'histoire.

C'est alors qu'Orion, plus qu'une simple *figure* céleste, redevient le *drame* de sa vie terrestre projeté dans les étoiles, Ératosthène ne nous évitant aucune des violences que ce drame contient : « Hésiode dit qu'Orion est le fils d'Euryalé, la fille de Minos, et de Poséidon, et qu'il reçut le don de marcher sur les flots comme sur la terre ; il se rendit à Chios où, après s'être enivré, il viola Méropé, la fille d'Oïnopiôn. Oïnopiôn l'apprit et, en grande colère de cet outrage, lui creva les yeux et le chassa de son pays. Orion arriva en vagabond à Lemnos, où il entra en rapport avec Héphaïstos, qui eut pitié de lui et lui donna Cédalion, son propre domestique, pour le guider. Orion le prit et le mit sur ses épaules pour qu'il lui indique la route. Il se rendit en Orient, entra en rapport avec Hélios et, apparemment, fut guéri. Il retourna alors chez Oïnopiôn pour se venger de lui ; mais ce dernier fut caché sous terre par ses compatriotes. Désespérant de le trouver, Orion partit pour la Crète et se consacra à la chasse en compagnie d'Artémis et de Létô,

30. Aratos, *Phénomènes,* trad. J. Martin, Paris, Les Belles Lettres, 1998.

et il semble qu'il menaça d'exterminer toutes bêtes qui vivaient sur la terre. Irritée contre lui, Gê, la Terre, fit surgir un scorpion gigantesque qui le tua en le frappant de son dard. C'est la raison pour laquelle Zeus, compte tenu de son courage, le plaça parmi les constellations à la demande d'Artémis et de Létô, et y plaça également le scorpion, pour qu'on se souvienne de l'événement[31]. »

Il n'a certes pas manqué, dans l'histoire, de voix pour mettre en question cette imagination mythologique tout à la fois débridée dans ses récits et réglée sur l'observation concrète des étoiles. Déjà Sextus Empiricus, à la fin du IIe siècle, fustigeait dans son livre *Contre les professeurs* l'usage incontrôlé de l'« analogie » *(analogia)* dans les *Phénomènes* d'Aratos ou les *Catastérismes* d'Ératosthène : « Quelle ressemblance avec une ourse offrent sept étoiles distantes comme elles le sont les unes des autres ? », s'interrogeait-il avec ironie[32]. Plus tard, les savants encyclopédistes purent s'interroger sur la teneur *fabuleuse* des constellations, avant que l'Union astronomique internationale ne propose, en 1930, une stricte *Délimitation scientifique des constellations*[33]. Mais la « délimitation » sans impuretés de la *phantasia* et de l'*épistèmè* ne va jamais de soi, y compris dans le cas de l'astronomie scientifique : tant il est vrai, comme l'a montré Gérard Simon, que l'authentique coupure épistémologique effectuée par Johannes Kepler ne l'aura pas exonéré d'une survivance « fantastique », jusqu'au cœur de son œuvre théorique — celle de l'imaginaire astrologique[34].

31. Ératosthène, *Catastérismes. Le ciel, mythes et histoire des constellations,* trad. P. Charvet et A. Zucker, Paris, NiL Éditions, 1998, p. 149.

32. Sextus Empiricus, *Contre les professeurs,* V, 97-98, trad. dirigée par P. Pellegrin, Paris, Le Seuil, 2002, p. 406-409.

33. Cf. C.-F. Dupuis, *Mémoire sur l'origine des constellations et sur l'explication de la fable par le moyen de l'astronomie,* Paris, Desaint, 1781. E. Delporte (dir.), *Délimitation scientifique des constellations,* Cambridge, Cambridge University Press, 1930.

34. G. Simon, *Kepler astronome astrologue,* Paris, Gallimard, 1979, p. 103-120 et 440-445.

*

Mais pourquoi tout ce détour par l'histoire des constellations ? Parce que, chez Miguel Abensour, le « choix du petit » n'aura pas eu d'autre conséquence que le *choix de consteller.* Le principe, là encore, venait de Walter Benjamin et de sa « Préface épistémo-critique ». Dans ce texte, en effet, le mot « constellation » apparaissait bien au tout premier plan. Il donnait, pour ainsi dire, *une idée de l'idée* : « Les idées sont aux choses ce que les constellations sont aux planètes[35] *(die Ideen verhalten sich zu den Dingen wie die Sternbilder zu den Sternen).* » Littéralement : de ces choses que l'on nomme *Sterne,* les étoiles, on ne peut se faire une idée qu'à les présenter sous forme de *Sternbilder,* c'est-à-dire des « images d'étoiles ». N'était-ce pas une façon de mettre la pensée, fût-elle la plus exigeante, au diapason de l'image et de l'imagination ?

Une telle pensée se donnait ainsi la chance de se constituer en « imagination exacte » des choses. Mais n'oublions pas : cette chance avait été gagnée dans la mesure même où l'on avait pu renoncer à toute prétention de loi générale ou de concept universel — ce qu'Abensour, justement, nomme le « choix du petit ». Reprenons donc et prolongeons la citation de Benjamin : « Les idées sont aux choses ce que les constellations sont aux planètes. Cela veut d'abord dire ceci : elles n'en sont ni le concept *(Begriff)* ni la loi[36] *(Gesetz).* » On comprend mieux, désormais, pourquoi il avait fallu partir d'une « question de présentation » *(Frage der Darstellung)* : c'est parce que les idées, en tant que constellations, étaient revendiquées dans leur nature originaire de « configuration » *(Konfiguration)* — ou d'*opérateurs de figurabilité* — et non pas de « raison » ultime, de « classification » systématique ou d'« universalité » totalisante[37].

Or que font ces constellations ou « images d'étoiles » avec les étoiles prises isolément puis les unes dans le voisinage

35. W. Benjamin, *Origine du drame baroque allemand, op. cit.,* p. 31.
36. *Ibid.,* p. 31.
37. *Ibid.,* p. 31 et 35.

des autres ? En leur donnant une configuration, elles leur confèrent une « lisibilité » *(Lesbarkeit)*. D'emblée, donc, les images se seront présentées chez Benjamin comme des *opérateurs de lisibilité* autant que de figurabilité, comme bientôt la « lisibilité de l'histoire » sera comprise à travers la fameuse notion des « images dialectiques[38] ». Dans le court texte de 1933 intitulé « Sur le pouvoir d'imitation », Benjamin reprendra une formule de Hugo von Hofmannsthal — « Lire ce qui n'a jamais été écrit » — pour énoncer quelque chose comme un principe anthropologique de la lisibilité du monde : « Ce type de lecture est le plus ancien : la lecture avant tout langage, dans les entrailles, dans les étoiles ou dans les danses[39]. »

C'est avec de telles hypothèses que Miguel Abensour est entré dans l'histoire des utopies politiques. Une histoire pensée, présentée en conséquence comme essentiellement discontinue : toujours brisée, toujours en obliques, en zigzags, en étoilements. Une constellation ou, plutôt, un univers en mouvement, irrésumable, de constellations plurielles, par exemple celle du « socialisme utopique » au XIX^e^ siècle ou, plus tard, celle qu'Abensour nommera le « nouvel esprit utopique[40] ». Il n'y a d'histoire de l'utopie que par floraison de *constellations utopiques* dont la dispersion dans l'espace et dans le temps révèle à la fois la faiblesse et la puissance : leur faiblesse car elles n'ont jamais formé ce « bloc » hégémonique sans doute nécessaire à toute révolution ; leur force car elles survivent partout ailleurs que là où on aura cru en finir avec elles. C'est pourquoi, dit Abensour, elles incarnent la *persistance* même du désir d'émancipation, cette « impulsion obstinée tendue vers la liberté et la justice

38. *Id., Paris, capitale du XIX^e^ siècle. Le Livre des passages* (1927-1940), trad. J. Lacoste, Paris, Le Cerf, 1989 (éd. 1993), p. 473-507.
39. *Id.,* « Sur le pouvoir d'imitation » (1933), trad. M. de Gandillac, revue par P. Rusch, *Œuvres, II, op. cit.,* p. 363. Cf. G. Didi-Huberman, *Atlas ou le gai savoir inquiet, op. cit.,* p. 9-79.
40. M. Abensour, « Persistante utopie », art. cit., p. 178.

[…] en dépit de tous les échecs, de tous les désaveux, de toutes les défaites[41] ».

Les utopies étant plurielles et dissemblables, leur cartographie sera donc constellée et leurs mouvements semblables à des « lignes de fuite » ou des « percées » ouvrant, dit Abensour, une « pluralité de perspectives » qui traversent, comme en diagonale — plutôt en multiples diagonales —, l'épaisseur anthropologique comme la durée historique de tous ces phénomènes. C'est ainsi que les motifs de *constellations* et de *survivances* iront toujours de pair dans cette pensée des traditions utopiques[42]. À chaque fois, il conviendra de mettre au jour les *passages* d'une étoile à une autre ou d'une temporalité à une autre, ainsi qu'Antonia Birnbaum en a formulé l'exigence à l'orée de son livre *Trajectoires obliques*[43]. Or il est un lieu privilégié où tous ces passages peuvent s'effectuer, toutes ces trajectoires se recroiser.

Ce lieu est la bibliothèque. Entendons par là les deux réalités, distinctes mais intimement reliées, que furent pour Abensour sa *collection* « Critique de la politique » et sa *collection* de livres constituée toute sa vie au titre d'instrument de travail. Pour donner son amplitude à ce que Sophie Wahnich nommait « l'intertexte foisonnant de Miguel Abensour[44] », il aura donc fallu développer tout un *art de consteller,* tant au niveau de la collection (publique) que de la bibliothèque (privée). C'est pour cela que l'édition de *La Bibliothèque de Miguel Abensour* par Anne Kupiec, David Munnich et Hubert Tonka revêt une importance particulière pour la compréhension de la pensée du philosophe[45]. Dans le geste qui est ici en jeu, ce véritable *perlegere*

41. *Ibid.,* p. 163.
42. *Id., La Communauté politique des « tous uns », op. cit.,* p. 265-266 et 300-301. Cf. sur ce thème D. Payot, « Utopie et écriture », *Lignes,* n° 56, 2018, p. 133-136.
43. A. Birnbaum, *Trajectoires obliques,* Paris, Sens&Tonka, 2013, p. 9.
44. S. Wahnich, « Relever Saint-Just avec Miguel Abensour, relever le défi révolutionnaire », *Lignes,* n° 56, 2018, p. 183.
45. A. Kupiec, D. Munnich et H. Tonka, *La Bibliothèque de Miguel Abensour, op. cit.* Cf. également A. Birnbaum, « Miguel Abensour, collectionneur et utopiste », *Critique de la politique, op. cit.,* p. 595-609.

— expression spinoziste que Michèle Cohen-Halimi applique à l'érudition si particulière d'Abensour[46] —, il faudra sans doute moins comprendre l'effort pour être exhaustif qu'un *art du parcours* n'ayant peur ni des sauts anachroniques, ni des zigzags épistémiques, ni des vagabondages imaginaires.

*

Voilà qui nous fait signe vers Aby Warburg et sa « science sans nom[47] » : cette *Kulturwissenschaft* destinée à remettre la question des images et de l'imagination au cœur des « sciences de l'esprit », comme on les appelait alors. Miguel Abensour n'a, certes, entretenu aucune relation profonde ou même explicite avec l'œuvre de Warburg, bien que la correspondance avec Ludwig Binswanger ait figurée parmi les livres de sa bibliothèque[48]. Mais il se trouve que certains principes fondamentaux de la recherche d'Abensour, puisés chez Benjamin et Adorno, avaient été développés sur la base d'une épistémologie qui devait beaucoup au grand historien des images. On peut, sommairement, situer cette discrète influence — ou affinité — selon quatre motifs principaux.

Le premier est celui de la *discrétion,* justement. C'est le principe micrologique, le « choix du petit », l'éthique du geste délicat, précis, modeste. Décelé par Abensour chez Adorno et Benjamin, adopté par lui-même dans son approche des « singularité utopiques », ce principe a presque toujours été formulé à travers la citation du fameux *motto* warburgien sans doute issu de l'enseignement de Hermann Usener, voire, à plus large échelle, des « petites perceptions » de Leibniz : « Le bon Dieu niche dans

46. M. Cohen-Halimi, « L'insistante question de La Boétie », art. cit., p. 205-206.
47. R. Klein, « Saturne : croyances et symboles », art. cit., p. 224. La formule sera reprise par G. Agamben, « Aby Warburg et la science sans nom », art. cit., p. 107-126.
48. A. Kupiec, D. Munnich et H. Tonka, *La Bibliothèque de Miguel Abensour, op. cit.*, p. 229.

le détail[49] » *(der liebe Gott steckt im Detail).* Dès 1902, Warburg voulut placer, en exergue de son essai sur le portrait florentin, quelques phrases magnifiques de François Guichardin — philosophe et homme politique florentin, ami de Machiavel — qui posaient la « discrétion » comme valeur tout à la fois épistémique (la micrologie) et politique ou éthique (la délicatesse) : « C'est une grande erreur que de parler des choses du monde indistinctement, absolument et, pour ainsi dire, par règle générale ; chaque chose ou presque, en effet, relève de la distinction et de l'exception, en raison de la variété des circonstances *(distinzione ed eccezione per la varietà delle circumstanze)*, qui font qu'elle ne peut être fixée à l'aide d'une même mesure. Or ces distinctions ou exceptions ne sont pas écrites dans les livres : il faut pour les saisir apprendre à saisir leur discrétion[50] *(bisogna lo insegni la discrezione).* »

Le deuxième motif est celui des *constellations.* Michèle Cohen-Halimi n'a-t-elle pas situé la méthode d'Abensour dans la parenté avec cet autre *motto* qui présidait à l'organisation de la bibliothèque de Warburg, la « loi de bon voisinage[51] » ? Mais ce motif, on l'a vu, représente bien plus qu'une simple façon d'ordonner de façon non linéaire le matériau historique : il constitue le principe même — paradoxal — du « montage étoilé » dont témoignent, chez Warburg, le fascinant *Bilderatlas Mnemosyne,* ainsi que les expositions diverses organisées dans la salle ovale de la bibliothèque Warburg à Hambourg[52]. Ce que j'ai nommé plus haut une *connaissance par constellations* caractérise exactement ce savoir développé par Warburg en articles très précis,

49. Cf. G. Didi-Huberman, « Pour une anthropologie des singularités formelles. Remarque sur l'invention warburgienne », *Genèses. Sciences sociales et histoire,* n° 24, 1996, p. 145-163. *Id., L'Image survivante, op. cit.,* p. 487-494.
50. A. Warburg, « L'art du portrait et la Renaissance florentine », art. cit. (texte omis dans la traduction française).
51. M. Cohen-Halimi, « L'insistante question de La Boétie », art. cit., p. 210.
52. A. Warburg, *L'Atlas Mnémosyne, op. cit. Id., Gesammelte Schriften, II-2. Bilderreihen und Ausstellungen,* éd. U. Fleckner et I. Woldt, Berlin Akademie Verlag, 2012. Cf. G. Didi-Huberman, *Atlas ou le gai savoir inquiet, op. cit.,* p. 81-174.

localisés à des objets quelquefois considérés comme mineurs, mais essaimant de façon extraordinaire dans toutes les régions de la culture et de l'histoire, y compris politique — ce qui fut aussi, d'une certaine manière, l'ambition philosophique et historique de Miguel Abensour.

Or le motif des constellations ne va pas sans celui de l'*imagination.* Car c'est par l'imagination que l'on ose relier, par obliques virtuelles ou angulations imprévues, certains phénomènes apparemment sans rapports. L'imagination est bien ce que Baudelaire nommait la « reine des facultés » : cette puissance qui « perçoit tout d'abord, en dehors des méthodes philosophiques, les rapports intimes et secrets des choses, les correspondances et les analogies[53] ». La prendre au sérieux — en la critiquant, bien sûr —, c'est exercer un doute salutaire et un déplacement subtil concernant les antinomies classiques entre raison et imagination. Abensour, ne l'oublions pas, a commencé par douter que l'œuvre de Karl Marx fût à considérer comme l'avènement d'une *science* matérialiste, c'est-à-dire la mise en obsolescence de cette *utopie* qui guidait pourtant, depuis le début, son désir émancipateur.

Warburg aura, également, mis en question cette dichotomie trop brutale, utile seulement à simplifier la vie des esprits sectaires. Au moment même de créer la discipline iconologique moderne, en 1912, il avait introduit son discours en présentant l'opposition entre l'humanisme libérateur de la Renaissance et les superstitions multiséculaires concernant l'astrologie comme un leurre, un obstacle épistémologique pour toute histoire ou anthropologie de la culture[54]. Il récidiva quelques années plus tard en montrant l'intrication, chez Luther, de la religion réformée et d'une pratique astrologique qu'elle était, théoriquement, censée vouer aux supplices infernaux. Miguel Abensour eût sans doute, je pense, apprécié que ce texte débutât avec

53. C. Baudelaire, « Notes nouvelles sur Edgar Poe » (1857), *Œuvres complètes, II,* éd. C. Pichois, Paris, Gallimard, 1976, p. 329.
54. A. Warburg, « Art italien et astrologie internationale », art. cit., p. 199.

la phrase : « Le manuel *De la servitude de l'homme moderne superstitieux* reste encore à écrire[55]. »

On pourrait dire, en schématisant, qu'Aby Warburg voyait dans l'histoire culturelle des constellations le meilleur exemple d'une perpétuelle dialectique de l'imagination et de l'observation, celle-ci, comme dans le cas de Kepler, n'allant jamais sans les fantômes de celle-là : d'où l'extraordinaire persistance ou « survivance » *(Nachleben)* des dieux antiques dans l'histoire des constellations, y compris à l'âge moderne[56]. S'il y a dialectique de l'imagination et de l'observation, c'est aussi, selon Warburg — et avant que Benjamin n'en formule plus philosophiquement l'idée —, parce que l'Autrefois ne cesse de se débattre dans le Maintenant de notre actualité et de nos désirs tendus vers le futur. Ce dont les images véhiculent exemplairement la trace : par exemple dans la prégnance au long cours des représentations mythologiques, païennes ou astrologiques, jusqu'au cœur de l'âge moderne, celui de l'astronomie scientifique. L'*après-vivre* selon Warburg — notre quatrième motif — rencontre ainsi et, même, éclaire d'un jour plus précis ce qu'Abensour aura voulu nommer la « persistance » des utopies.

Warburg nous a donné à comprendre le paradoxe selon lequel l'ancienne voûte céleste — que le titan Atlas était censé porter sur ses épaules, son châtiment pour avoir défié les dieux de l'Olympe — n'avait jamais cessé d'être grouillante de monstres fantomatiques, scorpions gigantesques et autres créatures fabuleuses, reliant les étoiles entre elles[57] *(fig. 7)*. Il écrivit

55. *Id.*, « La divination païenne et antique dans les écrits et les images à l'époque de Luther », art. cit., p. 249.

56. *Id.*, *« Per monstra ad sphaeram »: Sternglaube und Bilddeutung. Vortrag in Gedenken an Franz Boll und andere Schriften* (1923-1925), éd. D. Stimili et C. Wedepohl, Munich-Hambourg, Dölling und Galitz, 2008.

57. *Id.*, « Orientalisierende Astrologie » (1926), *Gesammelte Schriften, I, 1-2. Die Erneuerung der heidnischen Antike. Kulturwissenschaftliche Beiträge zur Geschichte der europäischen Renaissance,* éd. G. Bing et F. Rougemont, Leipzig-Berlin, 1932 (rééd. dirigée par H. Bredekamp et M. Diers, Berlin, Akademie-Verlag, 1998, p. 559-565. *Id.*, « Menschengleichnis am Himmel » (1927), *Gesammelte Schriften, II-2. Bilderreihen und Ausstellungen, op. cit.,*

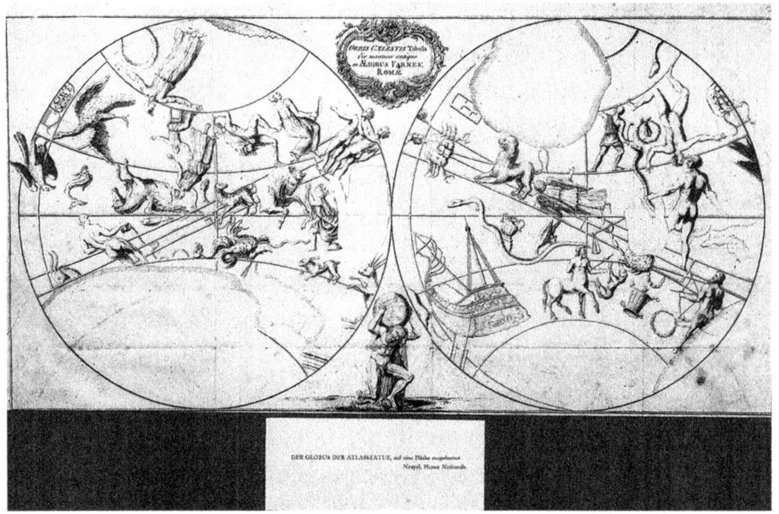

**Fig. 7.** Aby Warburg, Gertrud Bing et Fritz Saxl,
*Le Ciel du globe de l'Atlas Farnèse, d'après Manilius*, 1930.

par exemple, en 1911, un bref article sur une œuvre apparemment très en marge de la grande histoire de l'art : dans l'église de San Lorenzo, à Florence, tout près de chefs-d'œuvre dus à Brunelleschi, Donatello ou Verrocchio, la *Sagrestia Vecchia* s'orne, à sa coupole, d'une étrange fresque attribuée à un artiste mineur nommé Giuliano Pesello. Sur un fond d'azurite bleu sombre, le ciel est représenté tout à la fois selon des coordonnées astronomiques très précises, probablement mises au point par le grand savant de l'époque, Paolo Toscanelli… mais aussi sous les traits d'une foule spectrale de monstres mythologiques donnant le « catastérisme » des étoiles. Aby Warburg montra que la fresque, avec son soleil et sa lune, ses étoiles mais aussi ses méridiens, son équateur et l'écliptique soigneusement graduée, se référait au ciel d'une nuit précise : le 9 juillet 1422, date de consécration de l'autel de San Lorenzo, la grande église des Médicis[58].

p. 191-233. *Id.*, « Bildersammlung zur Geschichte von Sternglaube und Sternkunde » (1930), *ibid.*, p. 389-460.

58. *Id.*, « Eine astronomische Himmelsdarstellung in der alten Sakristei von S. Lorenzo in Florenz », *Gesammelte Schriften, I, 1-2, op. cit.*, p. 169-172.

Peu importe, pour nous aujourd'hui, que la date ait été, depuis, corrigée au 6 juillet 1439, jour de clôture du concile de Florence[59]. Ce qui demeure frappant, dans cette fresque, est la coexistence d'une *exactitude* remarquable dans les indications stellaires, les graduations — toutes peintes en or sur le fond bleu —, due au calcul mathématique de l'astronome Toscanelli, avec une *imagination* remplie de ces « monstres » dont, par exemple, une tête de Méduse qui pend, coupée, de la main de Persée, peinte en hachures noires rehaussées de blanc *(fig. 8).* Or, dans cette dialectique de l'exactitude et de l'imagination, Aby Warburg comprenait quelque chose qu'il nomma — avec Georg Simmel — la « tragédie de la culture », autrement dit, selon son vocabulaire : la « psychomachie » perpétuelle des *astra* et des *monstra.*

Il y aurait, dès lors, un motif de plus à rajouter à ce schéma, et qui nous rapprochera plus encore du questionnement d'Abensour. C'est celui de l'*émancipation.* Pour Warburg, en effet, l'*imagination exacte* n'avait de sens qu'à démontrer sa puissance d'*imagination affranchie,* ce dont témoigne, notamment, sa grande passion pour Giordano Bruno[60]. La recherche d'Abensour sur les « persistantes utopies » entrait donc, fondamentalement, en résonance avec le projet d'anthropologie de l'imagination que Warburg aimait scander de ces formules gestuelles ou *Pathosformeln* qui traversent les époques en intensifiant la « tragédie de la culture » du côté de sa valeur de soulèvement. Il n'avait pas échappé à l'historien des images, par exemple, que la dialectique des *monstra* et des *astra* au temps de Luther avait beaucoup à voir avec les hérésies et les grandes

59. Cf. P. Fortini Brown, « *Laetentur caeli:* The Council of Florence and the Astronomical Fresco in the Old Sacristy », *Journal of the Warburg and Courtauld Institutes,* XLIV, 1981, p. 176-181. I. Lapi Ballerini, « Il planetario della Sagrestia Vecchia », *Brunelleschi e Donatello nella Sagrestia Vecchia di S. Lorenzo,* Florence, Il Fiorino-Alinari, 1989, p. 113-121.
60. A. Warburg, « Carnet Giordano Bruno » (1929), trad. S. Zilberfarb, *Miroirs de faille. À Rome avec Giordano Bruno et Édouard Manet, 1928-1929,* éd. M. Ghelardi, Paris, L'Écarquillé-Les Presses du réel, 2011, p. 153-204.

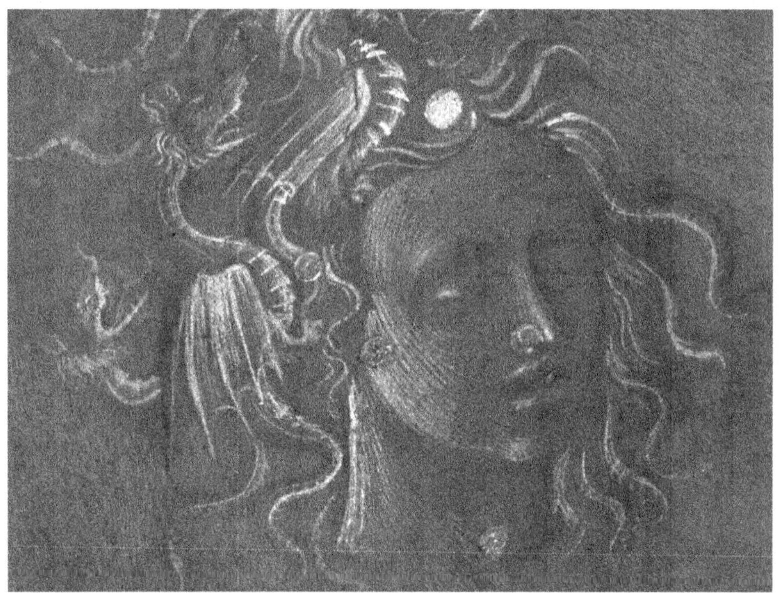

**Fig. 8.** Giuliano Pesello (avec les indications de Paolo Toscanelli), *Ciel astronomique et astrologique*, 1439.

révoltes paysannes[61]. Tout cela avant de conclure qu'il fallait, sans relâche, partir à la recherche de ces « documents d'archives encore inexplorés qui témoignent de l'histoire tragique de la liberté de pensée de l'Européen moderne[62] » *(tragische Geschichte der Denkfreiheit des modernen Europäers).*

61. *Id.,* « La divination païenne et antique dans les écrits et les images à l'époque de Luther », art. cit., p. 265-266 et 283-286.
62. *Ibid.,* p. 285.

# RELIRE L'AUTREFOIS, ET LE RELIER

La recherche de Miguel Abensour, mue par une légitime colère face à la survivance généralisée des politiques totalitaires — le capitalisme occidental n'étant pas en reste de ce phénomène —, se sera ainsi consacrée, avec une grande passion, aux survivances opiniâtres, fussent-elles minoritaires, des utopies politiques émancipatrices. Abensour n'a pas cessé de mettre au jour ces « documents d'archives encore inexplorés qui témoignent de l'histoire tragique de la liberté »... Comme chez Warburg ou Benjamin, son *geste critique* était de nature archéologique et prophétique à la fois. Il se développait comme un *geste de relecture* du passé entrepris non comme opération nostalgique ou « antiquaire » des utopies de jadis, mais comme un *geste pour relier* toute cette matière historique au désir présent d'émancipation : *geste pour libérer*, donc, pour ouvrir un futur, pour mettre en œuvre « ce qui reste à faire ».

Michèle Cohen-Halimi a parlé de la collection « Critique de la politique » sous l'angle d'une « véritable *politique de la lecture* par où l'entre-lire, l'entre-livres, l'*inter-esse* des livres, qui sont autant d'expressions politiques de la loi warburgienne du bon voisinage, trament [...] la communauté grandissante et émancipée des lecteurs[1] ». Gilles Moutot, pour sa part, envisageait cette politique de la lecture comme une incitation à « lire un texte à travers un autre[2] », ainsi qu'Abensour avait lui-même pu le dire de Walter Benjamin qui partageait avec Ernst Bloch

1. M. Cohen-Halimi, « L'insistante question de La Boétie », *ibid.*, p. 219.

2. G. Moutot, « L'indirect libre », art. cit., p. 89. Cf. également M. Cervera-Marzal et N. Poirier, « Pourquoi Miguel Abensour ? », *Désir d'utopie. Politique*

cette idée, typiquement utopique, selon laquelle c'est dans le passé — la lisibilité du passé enfin *relu* — que gît très souvent l'étincelle capable de faire exploser le présent et, ainsi, d'en libérer un futur émancipateur. Une phrase de Gustav Landauer aura, non par hasard, servi d'exergue au livre de Louis Janover *La Révolution surréaliste,* livre publié par Abensour en 2016 : « Tout regard qui plonge dans le passé ou le présent des groupements humains est un acte qui porte sur l'avenir et construit cet avenir[3]. »

Voilà pourquoi Miguel Abensour, pour sa collection « Critique de la politique », ne faisait pas de distinction entre *publier* ce qu'on appelle des « nouveautés » et *republier* des livres importants mais occultés (souvent sous forme de traductions, mais pas seulement, comme dans le cas du livre de Maximilien Rubel sur Karl Marx, datant de 1957 mais réédité en 2016[4]). S'il faut *relire* l'autrefois — et le *relier* au présent pour en faire un éclaireur du futur —, c'est parce qu'il y a des moments où il devient urgent d'y *retourner,* afin qu'une nouvelle lisibilité s'en libère. Face à cette question, d'ailleurs, il fut nécessaire à Miguel Abensour de distinguer entre « deux formes de retour » : d'un côté, le retour comme *restauration* conformiste, qu'il détestait — et qu'il vit à l'œuvre, politiquement, chez certains de ses contemporains, à commencer par Marcel Gauchet —, d'un autre l'*éternel retour* nietzschéen de la « chose politique », inhérente à toute relecture féconde du passé[5].

On s'égare trop souvent lorsqu'on pose les questions philosophiques, artistiques ou politiques, en termes d'« ancien » ou de « nouveau ». *Relire,* c'est déplacer ce genre de lignes de partage : c'est *recommencer.* La véritable alternative n'est pas

---

*et émancipation avec Miguel Abensour,* dir. M. Cervera-Marzal et N. Poirier, Paris, L'Harmattan, 2018, p. 11.

3. Cité par L. Janover, *La Révolution surréaliste,* Paris, Klincksieck, 2016, p. 3.

4. M. Rubel, *Karl Marx. Essai de biographie intellectuelle, op. cit.*

5. M. Abensour, *La Communauté politique des « tous uns », op. cit.,* p. 167. Cf. *id.,* « De quel retour s'agit-il ? » (1994), *Pour une philosophie politique critique, op. cit.,* p. 61-62.

entre l'ancien et le nouveau, mais — à l'image de ce que proposait Benjamin dans ses thèses « Sur le concept d'histoire » — entre le conformisme des traditions instituées, pétrifiées, et le gai savoir des traditions revisitées, donc instituantes. Miguel Abensour le disait exactement, lui qui invitait à ce qu'on se souvienne que « les grands philosophes politiques, Socrate, Platon, Xénophon, Aristote, Machiavel, Rousseau, n'étaient pas des professeurs d'université[6] »... Façon d'en appeler à « inventer des liens inédits avec la tradition[7] » : c'est-à-dire à ressaisir tout le cosmos — ou l'éventail historique — de la pensée politique afin d'y reconnaître de nouvelles constellations.

*

Relire, c'est recommencer. C'est inventer quelque chose de neuf, de renouvelé, à partir d'une généalogie que l'on s'est choisie. Mais il y a aussi, quelquefois, un élément destinal dans l'acte de recommencer, en ce sens qu'on y renouvelle une dimension déjà inscrite, par exemple « collée » au nom propre du lecteur ou du relecteur devenu auteur « en son nom propre ». Il n'est pas douteux que l'engagement de Miguel Abensour dans ses lectures de la philosophie allemande ait pris sa source dans la culture germanophone de son père « interprète d'allemand au procès de Nuremberg[8] ». J'ai été frappé, en parcourant le catalogue de la bibliothèque d'Abensour, par la présence de livres qui n'étaient pas les siens et portaient, néanmoins, le même nom de famille : un livre de Christophe Abensour sur le droit, deux livres de Judith Abensour sur le geste... et la hantise, les livres de la psychanalyste Liliane Abensour, voire un livre de Laurence Abensur-Hazan intitulé *Rechercher ses ancêtres juifs*[9].

---

6. *Id.*, « Philosophie politique moderne et émancipation » (1983), *Pour une philosophie politique critique*, *op. cit.*, p. 54.
7. *Ibid.*, p. 57.
8. *Id.*, *La Communauté politique des « tous uns »*, *op. cit.*, p. 376.
9. A. Kupiec, D. Munnich et H. Tonka, *La Bibliothèque de Miguel Abensour*, *op. cit.*, p. 21-22.

C'est comme si la bibliothèque elle-même — bibliothèque de *recherche,* comme on dit si bien — recelait les indices très discrets d'une question et d'une *recherche* généalogiques.

Cela m'est apparu particulièrement significatif avec le livre de Léon Abensour *Civilisations antiques et civilisation contemporaine,* une vieillerie et une singularité dans le contexte d'ouvrages proprement philosophiques, politiques ou littéraires qui sont en majorité dans cette bibliothèque. Il date de 1938 et se présente comme un manuel pour lycéens de la « classe de première » écrit par un « professeur au lycée Voltaire, agrégé d'histoire et de géographie, docteur ès lettres[10] ». On peut imaginer que Miguel Abensour l'a lu avec curiosité au temps de sa formation. Livre efficace et formateur, en effet : il commençait par suggérer l'intrication de l'« antique » dans le « moderne », cela pour affirmer que la *Politique* d'Aristote est un livre pour notre temps, et qu'il importe beaucoup de comprendre « pourquoi et dans quelle mesure notre civilisation est tributaire des civilisations antiques[11] ».

Or il ne s'agissait pas seulement de « culture classique ». Léon Abensour, d'emblée, posait sa véritable question : celle de l'« idée d'égalité entre les hommes[12] », tout le développement ultérieur de l'ouvrage explorant cette idée sur les trois niveaux de la « vie politique », de la « vie économique » et de la « vie intellectuelle ». Le propos revenait, en fait, à un plaidoyer pour les « régimes républicains » et leur importance politique, depuis la cité romaine jusqu'à la Révolution française[13] et, plus généralement encore, depuis l'opposition démocratique aux tyrannies, dans la Grèce antique, jusqu'au destin de la démocratie dans les années 1930 marquées par l'ascension des fascismes en Europe.

Il est frappant de lire que la conclusion de ce livre en appelait non seulement au « droit naturel » et à l'« égalité des hommes »,

10. L. Abensour, *Civilisations antiques et civilisation contemporaine,* Paris, Librairie classique Eugène Belin, 1938.

11. *Ibid.,* p. V-VI.

12. *Ibid.,* p. X.

13. *Ibid.,* p. 127-133.

mais encore au rôle historique déterminant des « systèmes utopiques » : « L'idée d'un droit naturel, qui suppose l'égalité des hommes, y est étroitement associée [à l'idée d'un droit international : rappelons qu'en mars 1938 Hitler proclamait, contre toute juridiction internationale, le rattachement de l'Autriche au Reich allemand]. C'est elle qui a inspiré la pensée philosophique du XVIII^e siècle et la pensée révolutionnaire. Elle a triomphé avec la Déclaration des droits de l'homme et s'est manifestée à deux reprises, en 1793 et en 1848, par l'abolition de l'esclavage. Des systèmes utopiques, dont Platon est l'initiateur, et de l'idée simpliste qu'on se faisait au XVIII^e siècle de la cité antique, dérivent, pour une large part, les systèmes élaborés par les premiers théoriciens du socialisme, qui n'ont pas été eux-mêmes sans influence sur le socialisme moderne[14]. »

*

Au-delà de cette possible incitation de jeunesse, on constate à quel point Miguel Abensour n'aura jamais cessé de *revenir* aux textes du passé — « grands » ou « petits » —, à les *relire* pour en extirper les conformismes fossilisés, et cela pour leur *rendre* cette puissance d'utopie encore illisible. Cela s'est manifesté, pour commencer avec l'Antiquité, par la publication d'ouvrages sur la politique de Platon et d'Aristote, par celle des recherches fondamentales de Nicole Loraux sur la double question démocratique et tyrannique — la césure du politique, le politique comme césure —, ou par le livre de Martin Breaugh *L'Expérience plébéienne*[15]. Or ce souci archéologique devait, bien sûr, en passer par l'humanisme renaissant qui, loin de

14. *Ibid.*, p. 243-244.

15. M.-P. Edmond, *Le Philosophe-roi. Platon et la politique*, Paris, Payot, 1991. *Id.*, *Aristote. La politique des citoyens et la contingence*, Paris, Payot & Rivages, 2000. N. Loraux, *L'Invention d'Athènes. Histoire de l'oraison funèbre dans la « cité classique »*, Paris, Payot & Rivages, 1993. *Id.*, *La Grèce hors d'elle et autres textes. Écrits 1973-2003*, éd. M. Cohen-Halimi, Paris, Klincksieck, 2021. M. Breaugh, *L'Expérience plébéienne. Une histoire discontinue de la liberté politique*, Paris, Payot & Rivages, 2007.

constituer comme un moment obsolète de la culture occidentale, permettait de dessiner cette « constellation insolite » de l'utopie, comme Abensour l'appela au moment de réunir deux de ses travaux sur Thomas More et Walter Benjamin[16].

*L'Utopie* de Thomas More, publiée en 1516, dessinait aussi une constellation avec les œuvres de son contemporain Machiavel (*Le Prince* fut écrit dès 1513, même s'il ne fut imprimé qu'en 1532). « Constellation » réduite à une sorte de binôme, mais qui permettait à Miguel Abensour, passionné par le livre de Claude Lefort sur Machiavel[17], de saisir une sorte de débat implicite entre l'utopiste More et le réaliste Machiavel. Le premier s'étonnait à bon droit que, par exemple, « tout [un] territoire [soit] rempli, encombré de soldats, même en temps de paix (si cela peut s'appeler une paix), rassemblés par la même illusion [selon laquelle] l'État assure son salut en entretenant une solide garnison[18] ». Le second ne s'étonnait pas d'une telle situation dans la mesure où non seulement il constatait d'expérience la nature conflictuelle du social, mais encore faisait « l'éloge du conflit qui donne vie à une communauté politique et nourrit l'expérience de la liberté[19] ».

Puis, dans ce débat, Miguel Abensour fit surgir une sorte de joker : l'exception, le hors-la-loi, l'ange de cette histoire. C'est Étienne de La Boétie. Il permettait, en quelque sorte, de

16. M. Abensour, *Utopiques III. L'utopie de Thomas More à Walter Benjamin, op. cit.*, p. 11.
17. *Id., La Communauté politique des « tous uns », op. cit.*, p. 65-66. Cf. C. Lefort, *Le Travail de l'œuvre Machiavel*, Paris, Gallimard, 1972 (éd. 1986).
18. T. More, *L'Utopie, ou le traité de la meilleure forme de gouvernement* (1516), trad. M. Delcourt, Paris, Flammarion, 1987.
19. M. Abensour, « Sur le chemin de Machiavel » (2008), *Pour une philosophie politique critique, op. cit.*, p. 66. Sur Machiavel dans la collection « Critique de la politique », cf. J. G. Fichte, *Machiavel et autres écrits philosophiques et politiques* (1806-1807), trad. L. Ferry et A. Renaut, Paris, Payot, 1981. P. Manent, *Naissances de la politique moderne : Machiavel, Hobbes, Rousseau*, Paris, Payot, 1977. L. Strauss, *Pensées sur Machiavel* (1958), trad. M.-P. Edmond et T. Stern, Paris, Payot, 1982. Joseph Ferrari, *Machiavel, juge des révolutions de notre temps* (1849), Paris, Payot & Rivages, 2003.

trianguler le binôme tendu entre Thomas More et Machiavel, occupant désormais, dans la problématique d'Abensour, le lieu d'un extraordinaire *recommencement* de toute l'imagination politique en Occident. Pourquoi cela? D'abord parce que le texte de La Boétie ressemble à une *comète*: il embrase le ciel de la pensée, et puis il semble disparaître dans la nuit. Ce texte, *Discours de la servitude volontaire,* écrit vers 1548 par un tout jeune homme — un « Rimbaud de la pensée », dira Pierre Clastres —, a été lu par Miguel Abensour comme « un choc et un éblouissement ». Et il continuait ainsi: « Comment un tel texte avait-il pu ne pas émerger de la littérature politique, sauf pour quelques lecteurs anarchistes? Il m'est apparu immédiatement dans sa génialité[20]. »

Alors non, finalement, ce n'était pas une comète… Ou alors une comète bien spéciale, capable de donner naissance à une *constellation,* fût-elle inaperçue de la plupart des grands philosophes politiques. Voilà pourquoi, dès 1976, Miguel Abensour publia le texte de La Boétie dans sa version originale du « manuscrit de Mesmes » et dans sa transcription par Charles Teste, accompagné en amont par des textes de Lamennais, Pierre Leroux, Auguste Vermorel, Gustav Landauer et Simone Weil, en aval par deux commentaires remarquables dus à Pierre Clastres et Claude Lefort, sans compter la longue présentation écrite par Miguel Abensour lui-même avec Marcel Gauchet[21]. En 2006, Abensour écrivit un article intitulé « Du bon usage de l'hypothèse de la servitude volontaire? », complété dix ans plus tard sous la forme d'un livre, *La Boétie, prophète de la liberté,* où était réaffirmée la valeur de « constellation » de cette œuvre[22]. En 2022, toujours dans la collection « Critique de la politique »

20. M. Abensour, *La Communauté politique des « tous uns », op. cit.,* p. 101-102 (et, en général, p. 101-118).
21. É. de La Boétie, *Discours de la servitude volontaire* (vers 1548), éd. P. Léonard, Paris, Payot, 1976 (rééd. Paris, Payot & Rivages, 1993).
22. M. Abensour, « Du bon usage de l'hypothèse de la servitude volontaire? » (2006), dans É. de La Boétie, *Discours de la servitude volontaire,* éd. M. Smith, Paris, Klincksieck, 2022, p. 123-145. *Id., La Boétie, prophète de la liberté,* Paris, Sens&Tonka, 2018, p. 11-13.

désormais publiée chez Klincksieck, Michèle Cohen-Halimi proposera un nouveau recueil autour du *Discours* comprenant, notamment, un ensemble de lettres et de notes inédites de Miguel Abensour sur le sujet[23].

*

C'est à plus d'un titre que La Boétie peut être lu comme un grand auteur critique, voire, disait Abensour, comme un penseur « prophétique ». D'abord, *il écrit,* d'une écriture remarquablement tendue entre les soulèvements désespérés du présent — il est contemporain, en effet, de la révolte des gabelles réprimée dans la terreur en 1549 — et une lecture des Anciens convoquée en tant que leçon d'éthique pour le futur, ainsi qu'on le lit aussi chez son ami Montaigne[24]. Ensuite, *il crie,* tel un prophète, depuis le désert de sa marginalité. Et ce qu'il crie n'est rien d'autre qu'une évidence qui « crève les yeux », comme on dit, alors même qu'elle semblera extravagante : non seulement le tyran asservit ses sujets, mais encore les sujets s'asservissent eux-mêmes. Ils tendent le cou, comme mus par un stupéfiant *désir de servitude* : « Ce sont donc les peuples qui se laissent ou plutôt se font garrotter, puisqu'en refusant seulement de servir ils briseraient leurs liens. C'est le peuple qui s'assujettit et se coupe la gorge[25]. »

Comment est-il possible que le désir d'être asservi soit plus puissant, plus profond peut-être, que le désir de liberté ? La Boétie ne se contente pas d'observer, en anthropologue de la domination : *il pense,* il théorise sa constatation. Ce faisant, il anticipe génialement sur ce que diront plus tard Spinoza ou Kant (par exemple avec le motif de cet « état de tutelle » dont l'homme

23. *Id.,* « Lettres et notes inédites sur La Boétie » (2009-2013), dans É. de La Boétie, *Discours de la servitude volontaire,* éd. M. Smith, *op. cit.,* p. 103-122.
24. *Id., La Boétie, prophète de la liberté, op. cit.,* p. 42.
25. É. de La Boétie, *Discours de la servitude volontaire, op. cit.,* p. 199 (éd. 1993) et 50 (éd. 2022).

se révèle « lui-même responsable[26] »), mais aussi Freud et Reich (par exemple avec la tentative psychanalytique d'« expliquer pourquoi la majorité des affamés ne vole pas, pourquoi la majorité des exploités ne se met pas en grève[27] »), en attendant le livre capital d'Erich Fromm *La Peur de la liberté* sur les cadres émotionnels et pulsionnels du désir de servitude[28]. Kafka le dira mieux que quiconque : « Tu es libre et c'est par là que tu es perdu[29]. » Le désir de servitude viendrait-il donc à celui qui préfère serrer entre ses mains les barreaux de sa cellule, histoire de s'accrocher à quelque chose, de se sentir *tenu* par quelque chose ou quelqu'un ?

La Boétie, donc, décrit et dissèque, il pense la domination. Ce faisant, *il critique* le principe même de ce qui constitue, peut-être, un « phénomène originaire » de la relation sociale. Et il le critique sous la remarquable et très philosophique notion du « nom de l'*un* » : « Chose vraiment surprenante (et pourtant si commune, qu'il faut plutôt en gémir que s'en étonner !), c'est de voir des millions de millions d'hommes, misérablement asservis, et soumis tête baissée, à un joug déplorable, non qu'ils y soient contraints par une force majeure, mais parce qu'ils sont fascinés et, pour ainsi dire, ensorcelés par le seul nom d'*un,* qu'ils ne devraient redouter, puisqu'il est *seul,* ni chérir, puisqu'il est, envers eux tous, inhumain et cruel. Telle est pourtant la faiblesse des hommes[30] ! »

26. E. Kant, « Réponse à la question : qu'est-ce que les Lumières ? », art. cit., p. 43.
27. W. Reich, *La Psychologie de masse du fascisme* (1933), trad. P. Kamnitzer, Paris, Payot, 1972, p. 42.
28. E. Fromm, *La Peur de la liberté* (1941), trad. L. Erhardt et S. Mayol, Lyon, Parangon/Vs, 2010.
29. F. Kafka, *Récits et fragments narratifs* (1908-1924), trad. C. David, M. Robert et A. Vialatte, *Œuvres complètes, II,* éd. dirigée par C. David, Paris, Gallimard, 1980, p. 626.
30. É. de La Boétie, *Discours de la servitude volontaire, op. cit.,* p. 195 (éd. 1993) et 48 (éd. 2022). Cf. le commentaire de C. Lefort, « Le nom d'Un », dans *ibid.,* (éd. 1993), p. 269-335.

Voici donc posés, tout à la fois, un principe et une énigme concernant les rapports de domination entre les hommes. Quelque chose que Hegel devait considérer comme une « absurdité » au regard du « réel rationnel » mais que Miguel Abensour envisagera, bien plutôt, comme une « alerte » fondamentale : « Et là est bien toute l'énigme : comment des êtres-pour-la-liberté peuvent-ils consentir à la servitude ? [La Boétie entreprend là-dessus] de nous éveiller, de nous réveiller et de nous rendre sensibles aux aventures de la liberté et, ce faisant, de nous alerter[31]. » Cela par une voie exactement symétrique à celle de Machiavel : non pas en posant le *pouvoir par la liberté*, mais la *liberté contre le pouvoir* : « La rupture qu'effectua La Boétie est d'autant plus marquante qu'elle se situe à la fois dans le sillage de Machiavel et vient en quelque sorte “corriger” ou “rectifier” l'enseignement machiavélien. [La Boétie fait] un pas de plus dans le “réalisme” si particulier de Machiavel. Car il jette un soupçon sur le désir de liberté du peuple ou, plutôt, il introduit une complication : la “volonté de vivre libre du peuple” n'est-elle pas étrangement doublée d'une volonté de vivre asservi ? Cette volonté n'est-elle pas exposée à se cliver, et à se retourner contre elle-même[32] ? »

« Fascinés et, pour ainsi dire, ensorcelés par le seul nom d'*un* »… Le manuscrit de Mesmes indiquait : « Enchantés et charmés par le nom seul d'un[33]. » Il est vrai qu'un hypnotiseur ne demande jamais à son sujet de regarder *deux* choses. Regarder deux choses, c'est déjà comparer, s'interroger, esquisser un remontage du réel, commencer un geste critique. Il faut de l'*Un* majuscule pour que des sujets indépendants se constituent comme « sujets-de », identifiés comme masse, agglomérés les uns aux autres sous la forme de ce qu'Abensour nommera les « tous Un » : « Quand on mesure l'efficace de la nomination à partir du nom d'un maître, à partir du nom d'Un, on comprend aisément que c'est sous l'enchantement

---

31. M. Abensour, *La Boétie, prophète de la liberté, op. cit.*, p. 40.
32. *Ibid.*, p. 27-28.
33. É. de La Boétie, *Discours de la servitude volontaire, op. cit.*, p. 129 (éd. 1993) et 8 (éd. 2022).

et le charme du nom d'Un que s'effectue le passage du "tous uns" au "tous Un" ; que c'est le nom d'Un qui provoque la déliaison du "tous uns" et qui suscite aussitôt la coagulation des uns, pour un moment isolés, en une nouvelle figure de la totalité, le "tous Un", une totalité qui se reconnaît et se constitue sous l'effet du nom d'Un. Comme si ce nom, nom du maître Un, était doté d'un pouvoir d'aimantation irrésistible, de telle sorte que les "tous uns" se détournent de l'entre-reconnaissance plurielle et se ruent dans une co-appartenance, dans une fusion sous l'emprise du nom du maître[34]. »

Il n'est pas fortuit que Miguel Abensour, dans le paragraphe qui suit immédiatement cette réflexion, se soit posé la question de la représentation du « tous Un » en tant que « corps décuplé, monstrueux, à la limite du représentable, comme si le corps du maître, corps dévorateur, se constituait en s'appropriant les membres, les corps des esclaves consentants[35] ». Il faut noter qu'entre l'*Un* du maître et le *tous Un* de ses sujets, il y va d'une dialectique entre une surreprésentation et une sous-représentation. Le souverain *se surreprésente* partout et à tous[36]. Son portrait devient le « lieutenant » — le tenant-lieu — de son pouvoir, comme dans le cas de l'impression monétaire (le profil de César garantissant chaque transaction sur tout le territoire de l'Empire, même le plus reculé) ou de la multiplication de ses statues monumentales (y compris, plus tard, dans le cas de Lénine et Staline, par exemple).

Et sous le regard autoritaire de ces statues équestres, de ces effigies ou des films de propagande — usant régulièrement de la contre-plongée —, il n'y aura que des sujets entendus comme assujettis : les peuples *sous-représentés,* relégués au rang de spectateurs de leur propre asservissement ou d'anonymes « figurants » de l'histoire[37]. Comment, alors, ne pas songer, puisqu'on

34. M. Abensour, *La Communauté politique des « tous uns », op. cit.,* p. 112.
35. *Ibid.,* p. 113.
36. Cf. L. Marin, *Le Portrait du roi,* Paris, Les Éditions de Minuit, 1981.
37. Cf. G. Didi-Huberman, *Peuples exposés, peuples figurants. L'œil de l'histoire, 4,* Paris, Les Éditions de Minuit, 2012.

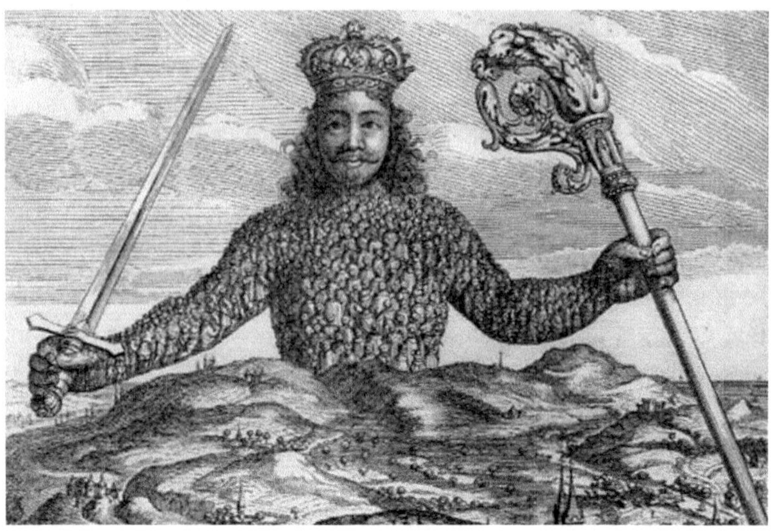

**Fig. 9.** Abraham Bosse, *Frontispice du* Léviathan *de Thomas Hobbes*, 1651.

parle de représentation, au fameux frontispice du *Léviathan* de Hobbes, gravé en 1651 par Abraham Bosse[38], presque contemporainement, donc, à l'écriture du *Discours de la servitude volontaire* ? Et qu'y voyait-on, si ce n'est une foule de sujets qui regardaient *tous* dans la même direction, hypnotisés par l'*unique* face monumentale ? Moyennant quoi le corps du tyran se révélait pour être lui-même constitué, composé de ces innombrables « tous Un » *(fig. 9)*. Quand les individus singuliers sont tellement « fascinés » et « ensorcelés » qu'ils semblent n'être plus rien pour eux-mêmes, mais *tout entiers* pour le tyran, l'État ou le Parti, on ne peut que les dire *aliénés* au sens propre : ils subissent une dépossession d'eux-mêmes, conséquence d'avoir joui d'une passion unilatérale, fétichiste, pour le corps politique de leur propre dominateur.

38. Cf. H. Bredekamp, *Stratégies visuelles de Thomas Hobbes. Le Léviathan, archétype de l'État moderne. Illustrations des œuvres et portraits* (1999), trad. D. Modigliani, Paris, Éditions de la Maison des sciences de l'homme, 2003.

## LES GESTES SURVIVENT AUX ÉTATS

Tout geste critique est un arrachement à l'hypnose. On s'arrache à l'hypnose dès lors qu'on décide de *regarder ailleurs,* en se déplaçant du point fixe qui captivait, qui pétrifiait notre pensée ; dès lors qu'on se rend capable, regardant cet ailleurs, de *faire un geste* pour se mouvoir, librement, hors de la relation polarisée, fétichique, de la servitude. On ne parle pas pour rien d'« état » hypnotique : s'émanciper ne serait rien d'autre que *sortir d'un état* — ou d'un État — qui nous immobilisait sans recours par son pouvoir ou son charme. Regarder ailleurs et faire un geste, voilà donc bien le minimum pour s'extraire des rets qu'impose le « charme de l'Un » : se mettre en mouvement vers la pluralité.

Si Miguel Abensour n'a pas manqué de qualifier La Boétie comme « prophète de la liberté[1] », c'est parce que celle-ci se conquiert sur la base de deux constats et non pas d'un seul : il faut comprendre pourquoi et comment la servitude volontaire marche si bien, puis apprendre de quelle façon elle peut être subvertie, transgressée, renversée. Bref, il faut comprendre comment toute politique s'inscrit dans une dialectique ou une *fêlure du désir* d'où procèdent nos pensées et nos décisions d'agir. En sorte que la meilleure façon de lire La Boétie — pour savoir quoi faire de cette aporétique « servitude volontaire » — serait, sans doute, de le lire avec Freud et, avant lui, avec Spinoza. C'est ce que Miguel Abensour, concernant ce dernier, n'a pas manqué

1. M. Abensour, *La Boétie, prophète de la liberté, op. cit.*

de faire, notamment dans un article de 2015 intitulé « Spinoza et l'épineuse question de la servitude volontaire[2] ».

« Épineuse question », en effet : la servitude volontaire n'aura pas cessé, depuis La Boétie jusqu'à nous, de faire à la fois *écharde* et *aiguillon* pour toute anthropologie politique. Lecteur très attentif, Abensour ne manqua pas de noter que, si la servitude chez Spinoza vient généralement — et logiquement — « d'en haut », elle vient chez La Boétie « d'en bas », ce qui complique singulièrement l'idée à se faire d'une lutte du « petit peuple » pour sa liberté contre les « puissants » qui continuent de l'asservir[3]. Ce qu'il devient alors nécessaire de penser est la notion — exprimée dans le vocabulaire même de Spinoza — d'une « inversion du désir ou d'une perversion du *conatus*[4] ». Et que voudra dire, alors, l'adjectif « volontaire » dans cette histoire, si ce n'est quelque chose qui devra attendre Nietzsche pour que s'en éclaire la dimension pulsionnelle ?

Reste que c'est à Spinoza qu'Abensour — après Deleuze — aura voulu recourir pour exprimer le plus clairement cette notion de servitude volontaire : « Pourquoi les hommes combattent-ils pour leur servitude comme s'il s'agissait de leur salut[5] ? » Lorsque l'auteur de *La Boétie, prophète de la liberté* évoque la servitude volontaire comme un processus « à la limite du pensable[6] » — et que Spinoza lui-même n'aurait pas osé penser —, ne fait-il pas signe vers une anthropologie innommée, un creuset de « processus primaires » dont découleraient toutes les « passions tristes » ? Et dont le « rationalisme politique élargi » de Spinoza aurait eu besoin, ne serait-ce que pour donner un nom plus précis à sa fondamentale « inquiétude[7] » ?

2. *Id.,* « Spinoza et l'épineuse question de la servitude volontaire » (2015), dans É. de La Boétie, *Discours de la servitude volontaire* (éd. 2022), *op. cit.,* p. 147-169.
3. *Ibid.,* p. 149.
4. *Ibid.,* p. 150.
5. *Ibid.,* p. 147-148.
6. *Ibid.,* p. 153.
7. *Ibid.,* p. 169. Cf. C. David, « Le Pour-Spinoza de Miguel Abensour », *Lignes,* n° 56, 2018, p. 115-127.

*

Il était logique que Miguel Abensour publiât, dans sa collection « Critique de la politique », plusieurs études sur Spinoza[8]. Puis qu'il aille vers la « critique des raisons politiques » chez Jean-Jacques Rousseau, ou vers l'inédit — aussi important que mal connu — de Giuseppe Pelli, écrit dès 1760 contre la peine de mort[9]. Et qu'il parvienne à Emmanuel Kant, moment crucial d'une histoire de l'émancipation que marquent, notamment, les textes écrits autour de la Révolution française[10]. En 1991 paraissait le grand livre de Françoise Proust *Kant, le ton de l'histoire,* pour lequel Abensour écrivit une présentation éclairante : « C'est de la liberté qu'il y va. [Ce livre] fait résonner le Kant que nous a appris à lire Hannah Arendt : le Kant penseur des commencements, témoin enthousiaste teinté de mélancolie des expériences républicaines cosmopolitiques. Car en histoire, comme ailleurs, l'essentiel n'est jamais le quoi (le *quid*) ni même le comment (le *quod*), mais le *ton* de l'événement, le mode sur lequel passe et repasse le trait de la liberté, la manière infime et pourtant absolument juste dont un présent s'affecte et affecte en retour son passé et son avenir. L'histoire n'est-elle pas promesse ? N'est-elle pas, comme Walter Benjamin le répétera après Kant, une succession sans cesse interrompue de chances à saisir, de vols et d'envols de la liberté qu'il faut savoir pressentir et deviner ? Aux contemporains, dans le présent, revient la charge de se faire les porteurs de leur tradition[11]. »

---

8. Cf. N. Israël, *Spinoza. Le temps de la vigilance,* Paris, Payot & Rivages, 2001. A. Pessel, *Dans l'*Éthique *de Spinoza,* Paris, Klincksieck, 2018.
9. Cf. B. Bachofen, *La Condition de la liberté. Rousseau, critique des raisons politiques,* Paris, Payot & Rivages, 2002. G. Pelli, *Contre la peine de mort.* Précédé de *Correspondance avec Beccaria* (1760), trad. P. Audegean, Paris, Klincksieck, 2016.
10. Cf. E. Kant, *Le Conflit des facultés et autres textes sur la Révolution* (1773-1794), trad. C. Ferrié, Paris, Payot & Rivages, 2015. C. Ferrié, *La Politique de Kant : un réformisme révolutionnaire,* Paris, Payot & Rivages, 2016.
11. M. Abensour, [Texte de présentation de] F. Proust, *Kant, le ton de l'histoire, op. cit.,* p. 4 de couverture.

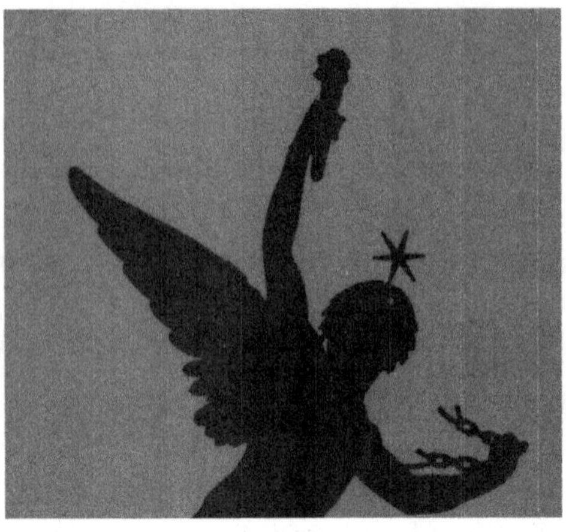

**Fig. 10.** Anonyme, *Le Génie de la Bastille*, 1991.

« C'est de liberté qu'il y va », écrivait donc Abensour au revers de ce livre sur le « ton de l'histoire ». Or, sur la page de couverture apparaissait, pour la première fois, ce qui allait bientôt devenir l'image emblématique de la collection : le *Génie de la Liberté* qui surmonte la colonne de Juillet, place de la Bastille à Paris, et que l'on appelle aussi, plus communément, le *Génie de la Bastille (fig. 10).* Tel qu'il était alors figuré — en ombre chinoise —, le personnage ailé semblait presque abstrait : on reconnaissait, certes, son aile ou l'étoile au-dessus du front. Avec plus d'attention, on pouvait discerner la chaîne brisée dans la main gauche et le flambeau brandi à droite. Mais ce qu'on voyait, surtout, c'était un geste ayant presque valeur de manifeste philosophique à lui tout seul : comme si le *ton de l'histoire* prenait consistance visible, corporelle, dans un seul *geste qui se libère* — un geste de soulèvement, littéralement parlant.

À regarder le dispositif d'illustrations choisies par Miguel Abensour (et ses éditeurs, probablement) pour les livres de sa collection au début des années 1990, on constate tout un travail de recherche d'images correspondant plus ou moins au contenu de l'ouvrage : d'une illustration d'*Alice au pays des merveilles* (pour Giorgio Agamben) à *La Mort de Joseph Bara* de David (pour Marc Richir), d'un tableau de Cy Twombly (pour Nicole Loraux) à *La Barricade* de Meissonier (pour Dolf Oehler),

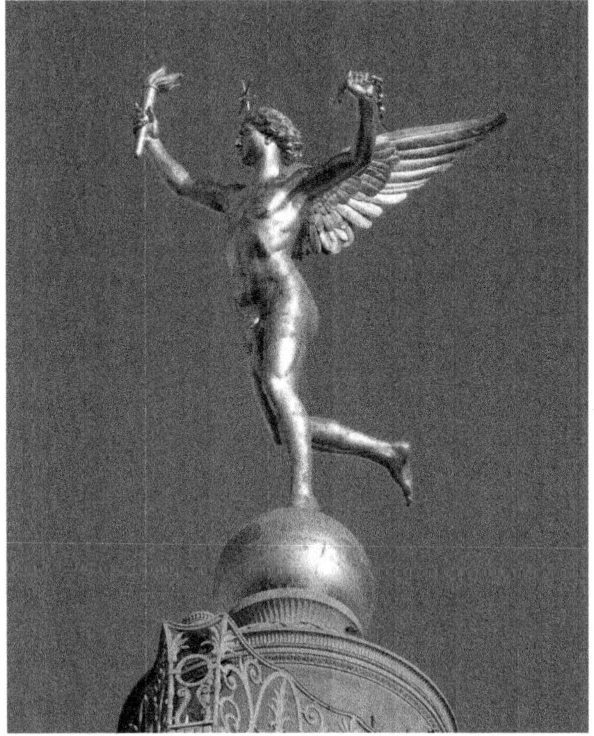

**Fig. 11.** Auguste Dumont, *Le Génie de la Liberté*, 1836.

du *Songe de la raison* de Goya (pour Charlotte Beradt) à une gravure révolutionnaire (pour Sophie Wahnich), ou encore d'une fresque de Lorenzetti (pour Nicolas Israël) à une photographie de manifestation, place de la Bastille, contre le CPE en 2006 (pour Oskar Negt)… Tout cela qui fit place, à partir de 2010, au leitmotiv du *Génie de la Bastille*.

C'est comme si, avec son mouvement de course en avant à travers le ciel, ce personnage évoquant une Victoire antique — mais décliné sous la forme, héroïque et non divine, d'un adolescent *(fig. 11)* — savait voler d'une étoile à l'autre de cette constellation « rétrospective et utopique », comme le disait Louis Janover, que forme la collection « Critique de la politique[12] ». Le *Génie de la Liberté* est emblématique des grands soulèvements

12. L. Janover, « Miguel Abensour, mémoire de l'utopie », art. cit., p. 12.

parisiens : il surplombe le rond-point de la Bastille dont l'aménagement date de 1792 sur le terrain laissé en friche depuis la démolition des murs de la prison. La statue du personnage ailé semble danser au sommet de la colonne de Juillet, celle-ci ayant été érigée, on le sait, pour commémorer les « Trois Glorieuses », à savoir les journées insurrectionnelles des 27, 28 et 29 juillet 1830 (qu'Eugène Delacroix commémora, de son côté, par le tableau si célèbre de *La Liberté guidant le peuple*).

Julien Stirling, auteur d'une *Histoire et description de la colonne de Juillet,* précise que la colonne servit aussi de « monument funéraire, car c'est dans les caveaux, pratiqués dans le sol qu'elle recouvre, que sont inhumés les morts héroïques des révolutions de 1830 et une partie de ceux de 1848[13] ». Sur la colonne, haute de plus de cinquante mètres, sont aussi gravés les noms de cinq cents combattants révolutionnaires. Stirling décrit le *Génie de la Liberté* comme une « admirable composition [...], œuvre de Dumont. Le Génie de la Liberté, qui a brisé les chaînes du Despotisme, porte dans sa main droite le flambeau de la civilisation qu'il élève au-dessus de sa tête. Il tient sur une jambe et a l'air de s'envoler. Devons-nous rappeler ici le mot qui a été dit et répété à ce sujet par un auteur célèbre : "La France a de la peine a garder la Liberté chez elle, celle-ci est toujours prête à s'échapper." Sur le front de cette belle statue luit une étoile qui a trente-deux centimètres de diamètre. La mise en place de cette statue allégorique eut lieu le 30 avril 1840. On a doré cette statue, qui a cinq mètres de hauteur, afin de fixer davantage l'attention sur elle[14] ».

On sait que les allégories relèvent souvent d'une histoire de très longue durée. Et c'est bien le cas pour la figure ailée de la place de la Bastille. Le sculpteur du *Génie de la Liberté,* Auguste Dumont, avait été Prix de Rome en 1823 : il avait donc admiré le chef-d'œuvre de Giambologna disposé devant la grande loggia de la Villa Médicis, et dont l'original se trouve désormais au

13. J. Stirling, *Histoire et description de la colonne de Juillet et de la place de la Bastille,* Paris, Champion, 1914, p. 2.
14. *Ibid.,* p. 7.

musée du Bargello à Florence[15]. Cette statue-fontaine en bronze, qui représentait un *Mercure volant,* était si célèbre qu'elle fit l'objet d'innombrables copies de toutes tailles, particulièrement au XIXe siècle *(fig. 12).* Mercure, le messager volant, apparaissait aussi comme un « catastérisme » de la planète Mercure,

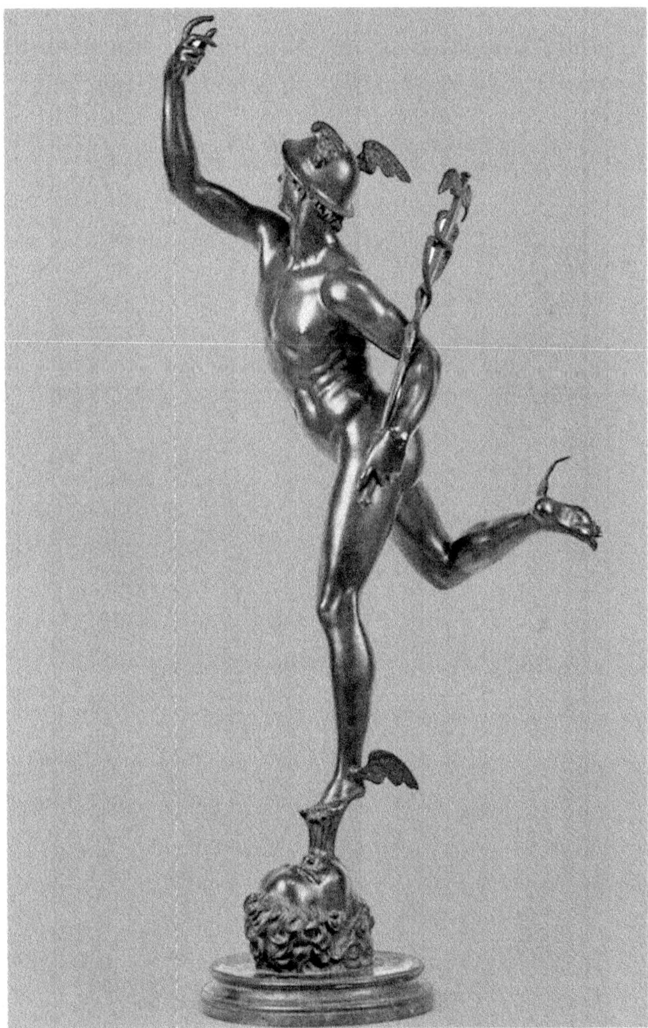

**Fig. 12.** Anonyme italien d'après Giambologna, *Mercure volant*, XIXe siècle.

15. Cf. C. Avery, *Giambologna. The Complete Sculpture,* Londres, Phaidon, 1987 (éd. 1993), p. 21-23 et 210-211.

incarné dans ce jeune homme porteur du bénéfique caducée (mot qui, en grec, signifie le « bâton de messager » : l'objet, avec ses deux serpents entrelacés, était censé guérir des morsures empoisonnées). C'était donc, à sa façon, un bénéfique messager des étoiles : un être de constellation.

Dans un article érudit de 1908, Aby Warburg a suivi les migrations figuratives de Mercure, entre l'iconographique méridionale des *Tarots dits de Mantegna (fig. 13)* et les figures septentrionales

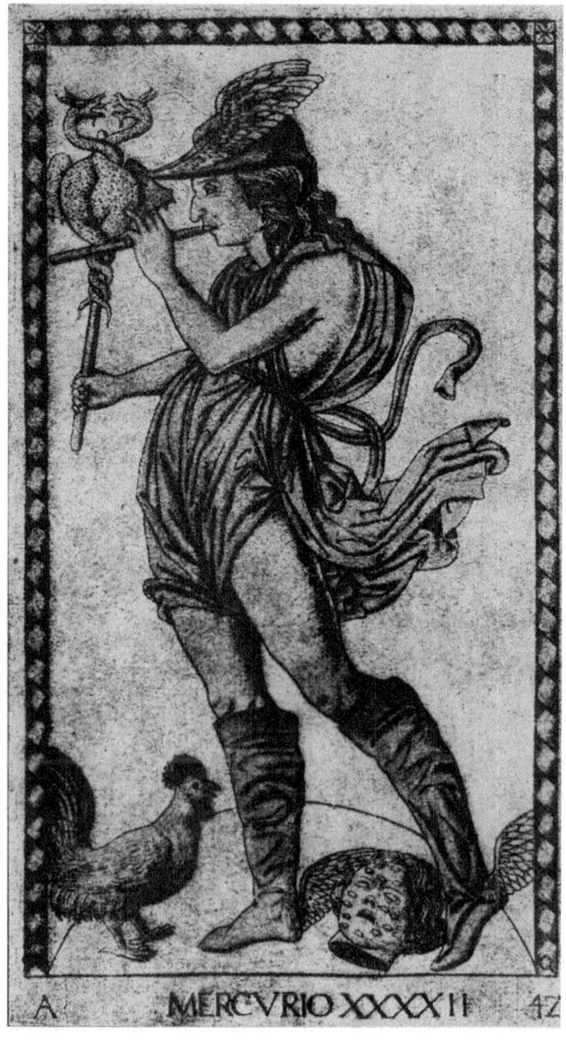


**Fig. 13.** Maître des Tarots dits de Mantegna, *Mercure*, vers 1465.

de l'Allemagne au XVIe siècle : personnages « migratoires » à plus d'un titre, donc[16]. Ils apparaissent comme les variantes multiples d'une grande « formule de *pathos* » de la libération : ils dramatisent en quelque sorte la victoire sur les *monstra*, comme on peut le voir, par exemple, dans le cas de Persée — très souvent convoqué par Warburg — avec son épée dans une main, la tête coupée de Méduse dans l'autre, représenté dans les manuscrits astrologiques et astronomiques depuis l'Antiquité tardive jusqu'à l'époque moderne *(fig. 14-15)*.

Mais il n'est pas d'image que l'on puisse considérer comme un *terme* absolu. Le *Génie de la Liberté* ne récapitule rien, ne clôt rien. Il apparaît, plutôt, comme cette allégorie provisoire — fût-elle monumentalisée —, tendu entre une allégorie précédente (un autrefois) et une allégorie à venir (un présent à recommencer), capable d'intervenir dans de nouvelles constellations imprévues. On sent juste qu'il concerne le *mouvement* et l'élément de l'air qu'il semble traverser. C'est là sa force et sa fragilité. On pourrait même l'associer à des figures telles que la Fortune *(fig. 16)* : une notion sur laquelle, non par hasard, les grands penseurs de la chose politique se sont souvent interrogés. À commencer par Machiavel dans un texte de 1513 environ, le « Capitolo de la Fortune » qui aurait, sans aucun doute, fasciné Miguel Abensour : « Elle renverse de fond en comble les États et les royaumes au gré de son caprice, et elle ravit aux justes le bien qu'elle prodigue aux pervers. Cette déesse inconstante, cette divinité mobile [...] dispose du temps au gré de sa volonté ; elle nous élève, nous renverse sans pitié, sans loi et sans raison. [...] En un clin d'œil, elle change d'aspect et de figure, [...] vous abandonne au milieu du chemin, [...] va changeant, tantôt ici et tantôt là, la face de ce monde[17]. »

*

16. A. Warburg, « Über Planetengötterbilder in niederdeutschen Kalender von 1519 » (1908), *Gesammelte Schriften, I, 1-2, op. cit.*, p. 483-486.
17. N. Machiavel, « Capitolo de la Fortune » (vers 1513), trad. E. Barincou, *Œuvres complètes*, Paris, Gallimard, 1952, p. 82-83 et 85.

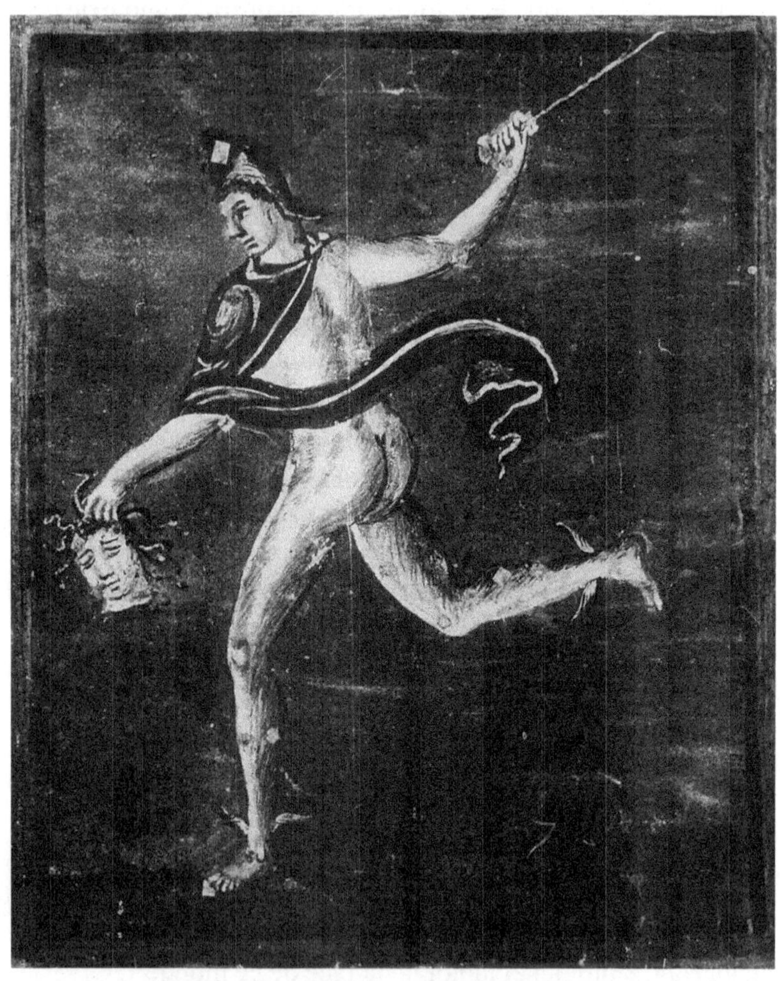

**Fig. 14.** Anonyme du royaume de Lotharingie,
*La Constellation de Persée*, vers 830-840.

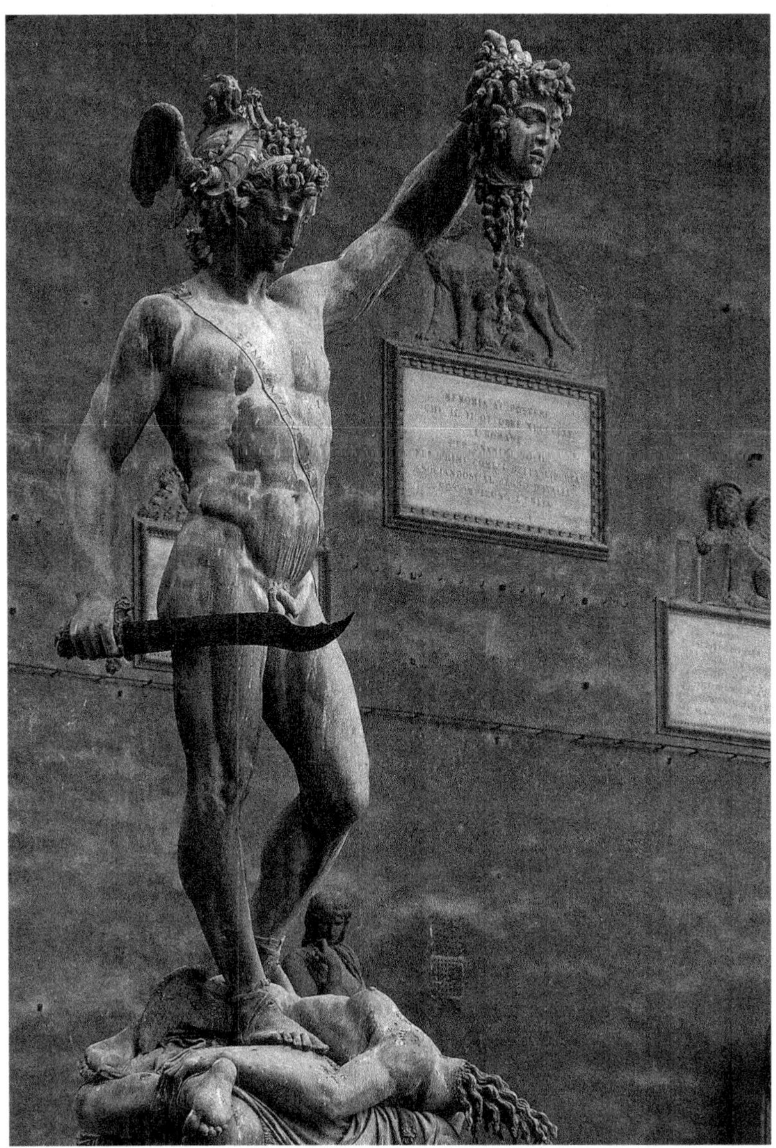

**Fig. 15.** Benvenuto Cellini, *Persée tenant la tête de Méduse*, 1554.

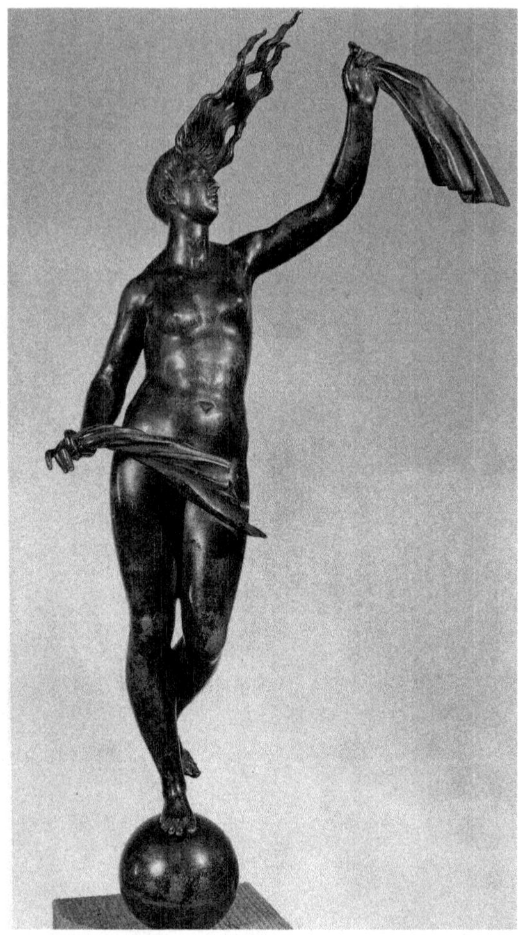

**Fig. 16.** Danese Cattaneo, *Fortuna*, vers 1547.

Le *Génie de la Liberté* n'est certainement pas à confondre avec l'« Ange de l'Histoire » imaginé par Walter Benjamin à travers l'aquarelle — si éthérée, si fragile, si peu sculpturale — de Paul Klee. L'ange benjaminien a « le visage tourné vers le passé » tandis que « souffle une tempête qui s'est prise dans ses ailes, si violemment que l'ange ne peut plus les refermer[18] ». Dans l'esprit de ses commanditaires, en revanche — comme dans celui de Miguel Abensour lui-même —, le *Génie de la*

18. W. Benjamin, « Sur le concept d'histoire », art. cit., p. 434.

*Liberté* faisait partie de ces figures révolutionnaires actives et excessives auxquelles la collection « Critique de la politique » aura consacré un certain nombre de ses volumes[19]. Qu'on le prenne dans le sens mythologique (comme dans le cas de Persée) ou dans le sens historique (en relation avec les révolutions de 1830 et de 1848), le *Génie de la Liberté* n'est autre qu'une *figure héroïque* de la liberté à conquérir sans relâche.

La notion de « héros » *(hèrôs),* dans la Grèce antique, répondait fondamentalement à ce même *désir de liberté.* Elle concernait, chez Homère, l'« homme ordinaire », et ce n'est que chez Hésiode que le « héros » se vit attribuer le statut du demi-dieu[20]. C'est aussi dans le contexte homérique que le désir de liberté était devenu *un geste* (corporel, mais aussi formel : une *Pathosformel,* donc), lui-même inscrit dans *une geste* (c'est-à-dire une narration épique). Or il y a de cela dans deux figures héroïques, au moins, qui ont beaucoup intéressé Miguel Abensour. La première est historique : c'est celle de Saint-Just dont le philosophe, avec Anne Kupiec, a établi en 2004 l'édition des *Œuvres complètes*[21]. Dès 1966, Abensour s'était penché sur la « philosophie politique » de Saint-Just et sur sa nouveauté radicale, notamment par rapport au courant rousseauiste et à la vision originale qu'il proposait des « relations du législateur et du peuple[22] ».

---

19. Cf. notamment M. Walzer, *Régicide et Révolution. Le procès de Louis XVI* (1988), trad. J. Debouzy et A. Kupiec, Paris, Payot, 1989. S. Wahnich, *La Longue Patience du peuple. 1792, naissance de la République,* Paris, Payot & Rivages, 2008. *Id., La Révolution française n'est pas un mythe,* Paris, Klincksieck, 2017. P. Riviale, *L'Impatience du bonheur. Apologie de Gracchus Babeuf,* Paris, Payot & Rivages, 2001.
20. Cf. R. B. Onians, *Les Origines de la pensée européenne sur le corps, l'esprit, l'âme, le monde, le temps et le destin* (1951), trad. B. Cassin, A. Debru et M. Narcy, Paris, Le Seuil, 1999, p. 23 et 361.
21. A.-L. de Saint-Just, *Œuvres complètes,* éd. M. Abensour et A. Kupiec, Paris, Gallimard, 2004 (avec une longue préface de M. Abensour, « Lire Saint-Just », *ibid.,* p. 7-100).
22. M. Abensour, « La philosophie politique de Saint-Just » (1966), *Le Cœur de Brutus,* Paris, Sens&Tonka, 2019, p. 23-78. *Id.,* « La théorie des institutions et les relations du législateur et du peuple » (1968), *ibid.,* p. 79-136.

Mais un paradoxe — une aporie, peut-être — traverse l'héroïsme lui-même. Puisque le héros est une figure épique, il relève d'une très ancienne *tradition*... alors qu'il se donne comme une disruption, une *nouveauté* radicale qu'Abensour aimait qualifier de « sans modèle[23] ». Mais une autre aporie, plus redoutable encore, voit soudain le jour : « L'action politique ne peut pas se passer du courage, voire de l'héroïsme, mais la forme héroïque, l'intrigue de l'héroïsme, ne conduisent-elles pas souvent à une sortie du politique, à la dénégation de la logique qui lui est propre[24] ? » L'*utopie politique* — ici, l'héroïsme compris sous l'angle d'une « prophétie de la liberté » — serait-elle donc ce que suggère alors Abensour : une « sortie du politique » ou, tout au moins, un « *écart dans la politique*[25] » ? Qu'en est-il de ce héros révolutionnaire, Saint-Just, qui se « rit des lois » ? Comment inclure dans une philosophie politique le fait que, riant des lois, il en appelle à cet étrange excès qu'est le « désordre fraternel[26] » ?

Or il n'y a peut-être qu'un pas du « désordre fraternel » prôné par Saint-Just au « désordre amoureux » de Charles Fourier et des héros de romans, avant tout les « romans romantiques »... C'est là qu'aura surgi, chez Miguel Abensour, cette autre figure héroïque — non dénuée de dimension historique, mais littéraire de part en part — qu'est le Julien Sorel de Stendhal dans *Le Rouge et le Noir.* Roman de la « révolte héroïque » et non de l'ambition comme on le dit en général. Écrit sur fond d'époque « crépusculaire » et post-révolutionnaire, le roman de Stendhal dressait, selon Abensour, un « espace imaginaire » fonctionnant comme une « matrice pour un ensemble de gestes » où se

23. *Id.,* « Le cas Saint-Just » (1989), *ibid.,* p. 229-254. *Id.,* « Rire des lois, du magistrat et des dieux » (2005), *ibid.,* p. 255-329. *Id.,* « Le triangle héroïque » (2006), *ibid.,* p. 331-385.
24. *Id.,* « Le cœur de Brutus (le cas Saint-Just) » (2001), *ibid.,* p. 443.
25. *Id.,* « Philosophie politique, héroïsme et prophétie de la liberté » (1986), *ibid.,* p. 155.
26. Cf. S. Wahnich, « Relever Saint-Just avec Miguel Abensour », art. cit., p. 183-203. G. Labelle, *L'Écart absolu, op. cit.,* p. 27-97.

creusait, en effet, un « écart dans la politique » cependant innervé par une très vive mémoire de la Révolution française[27].

Abensour faisait ainsi l'hypothèse selon laquelle « *Le Rouge et le Noir* se construirait sur la transposition, dans le champ de l'amour, de postures héroïques singulières, sinon opposées, apparues au moment de la Révolution française[28] ». N'était-ce pas l'énoncé d'une intuition d'ordre anthropologique, voire psychanalytique, capable de rendre perceptible le fait qu'il en va du *désir de liberté* comme du désir tout court ? Et que *l'érotique* innerve peut-être bien *l'héroïque* — comme on le voit si clairement, par exemple, dans le tableau de David sur *La Mort de Bara* —, fût-ce pour creuser dans la « logique du politique » un écart scandaleux mais politiquement fécond ?

27. M. Abensour, *La Lumière et la Boue.* Le Rouge et le Noir *à l'ombre de 1793 ?,* éd. A. Kupiec et H. Tonka, Paris, Sens&Tonka, 2019, p. 18, 26, 39 et 93.
28. *Ibid.,* p. 93.

## LES DÉSIRS ÉCHAPPENT AUX PRISONS

S'il en va du désir de liberté comme du désir en général — mais un désir toujours *mêlé* car toujours *fêlé*, divisé par son revers de « servitude volontaire » —, alors un *geste critique* devrait se concevoir, justement, comme une mise au jour de cette « mêlée » et de cette « fêlure » qui ne cessent d'agiter les pensées comme les actions du politique. Produire un geste critique serait alors, fondamentalement, prendre conscience d'une dialectique de désirs. Aussi Miguel Abensour s'est-il moins intéressé à la littérature utopique sous l'angle habituel de la viabilité ou de l'applicabilité concrète de ce qui s'y trouve imaginé, que sous l'angle de l'imagination en tant que *processus désirant,* engageant non seulement une idée générale du corps social, mais encore une attitude précise vis-à-vis du corps, de la sensibilité et du désir d'émancipation.

D'où la part belle accordée, dans la collection « Critique de la politique », aux *imaginaires sociaux* dont témoignent, notamment, les travaux de Bronislaw Baczko. En 1978, Abensour présentait son livre *Lumières de l'utopie* en rappelant les « rapports complexes entre utopie et histoire » : ils ne se résument absolument pas à l'opposition entre l'imaginaire et la réalité, puisqu'ils montrent que l'histoire tout entière est innervée d'un « imaginaire âprement disputé par le Pouvoir et le Bonheur[1] ». En 1984 il publia, du même auteur, *Les Imaginaires sociaux. Mémoires et espoirs collectifs* et rappela, pour présenter

1. M. Abensour, [Texte de présentation de] B. Baczko, *Lumières de l'utopie,* Paris, Payot, 1978, p. 4 de couverture.

l'ouvrage, le lien fondamental — si bien formulé et développé par Ernst Bloch — entre l'utopie et la question d'un *espoir* politique lui-même innervé de *mémoire* culturelle[2].

Il fallait aussi entrer dans le détail des luttes révolutionnaires portées par les imaginaires utopiques : par exemple revisiter quelques textes fondamentaux de la Commune de Paris ; interroger l'histoire des premières communautés libertaires aux États-Unis ; entrer dans la langue folle de Charles Fourier — « une percée aux sources de la parole et de l'affect », commentera Miguel Abensour — ; ou encore poser à la littérature utopique du XIX^e siècle la question des rapports cruciaux entre la *sensibilité,* qui engage la sphère esthétique, et la *résistance* politique aux conformismes de toutes sortes[3]. Façon de découvrir tout un paysage de pensée qu'Abensour nommait, par différence avec les utopies de la Renaissance ou de l'âge baroque, le « nouvel esprit utopique » — qui se développa surtout à partir de 1848 — de Pierre Leroux, Charles Fourier, William Morris ou Auguste Blanqui… et jusqu'à Walter Benjamin lui-même[4].

Plutôt que d'opposer systématiquement cette histoire de l'utopie à l'histoire de la lutte contre l'exploitation économique que représente, pour Marx, le mouvement ouvrier — l'une supposément menée par des « rêveurs » en chambre, l'autre par des syndicalistes en usine —, il serait sans doute plus pertinent, plus dialectique, de faire résonner l'*histoire des exploités*

---

2. *Id.,* [Texte de présentation de] B. Baczko, *Les Imaginaires sociaux. Mémoires et espoirs collectifs,* Paris, Payot, 1984, p. 4 de couverture.
3. Cf. G. Lefrançais, *Étude sur le mouvement communaliste à Paris en 1871.* Suivi de *La Commune et la Révolution* (1871-1874), Paris, Klincksieck, 2018. A. Arnould, *Histoire populaire et parlementaire de la Commune de Paris. Notes et souvenirs personnels* (1878), Paris, Klincksieck, 2018. R. Creagh, *Laboratoires de l'utopie. Les communautés libertaires aux États-Unis,* Paris, Payot, 1983. S. Debout-Oleszkiewicz, *« Griffe au nez ». Fourier, Burroughs,* Paris, Payot & Rivages, 1999. F. Perrier, *Topeaugraphies de l'utopie. Esquisses sur l'art, l'utopie et le politique,* Paris, Payot & Rivages, 2015.
4. Cf. M. Abensour, « L'histoire de l'utopie et le destin de sa critique », art. cit., p. 11-78. *Id.,* « L'utopie socialiste : une nouvelle alliance de la politique et de la religion » (1981), *Utopiques II, op. cit.,* p. 97-157.

avec ce que Benjamin, dans ses thèses de 1940, a voulu nommer la « *tradition des opprimés*[5] » *(Tradition der Unterdrückten).* Celle-là combat contre un système aliénant, celle-ci lutte pour sa propre sensibilité émancipatrice. Il apparaît qu'entre cette *histoire* au grand jour des luttes sociales et cette *tradition* cachée ou marginale, le rapport à la temporalité ne sera sans doute jamais tout à fait le même. On pourrait dire, par exemple, qu'il est toujours possible de réprimer une grève ou d'interdire un syndicat, alors qu'il est impossible aux institutions d'État de réprimer un désir ou d'interdire un rêve. Ce sont souvent les choses les plus minoritaires — « choix du petit » — qui survivent le mieux aux tentatives d'asservissement ou d'anéantissement.

*

On pense quelquefois qu'une histoire se définit par sa finalité : qu'elle doit, en conséquence, connaître le moment de sa *fin,* que celle-ci soit « réalisation absolue » ou, au contraire, « échec sans recours ». Il en va tout autrement d'une tradition, toujours appelée à survivre, quitte à se modifier — à balayer ses propres conformismes — sur la base de ses propres échecs provisoires. Armés de la leçon hégélienne du savoir absolu, les philosophes français, Victor Cousin par exemple, ont souvent prétendu avoir, du haut de leurs chaires académiques, « achevé la philosophie ». Miguel Abensour, contre cette idée qui traîne encore de nos jours, n'a pas manqué de publier l'archive des mises en question de tout cela, par exemple avec l'ardent pamphlet de Joseph Ferrari contre les « philosophes salariés[6] ».

Le cas de Pierre Leroux a revêtu, pour Miguel Abensour, une importance particulière dans ce paysage utopique. Peut-être parce que l'œuvre de Leroux ressemble à celle de La Boétie, dans la mesure où elle traverse telle une comète le ciel philosophique de son temps : elle est à la fois majeure, apparaissante,

5. W. Benjamin, « Sur le concept d'histoire », art. cit., p. 433.

6. J. Ferrari, *Les Philosophes salariés.* Suivi de *Idées sur la politique de Platon et d'Aristote et autres textes* (1842-1849), Paris, Payot, 1983.

*illuminante* — et inaperçue, passée sous silence, *disparaissante.* Elle forme cependant, à elle seule, une configuration pour le moins complète et complexe : « L'"astre" Leroux se décompose en rayons multiples : philosophie de l'histoire, histoire de la philosophie, histoire des grandes religions, métaphysique, critique de l'économie politique, théorie de l'art et de la modernité, philosophie politique, histoire des sectes socialistes, utopie sociale, etc[7]. » Particularités non négligeables : « Leroux fut, sinon l'inventeur, du moins le vulgarisateur [en 1833] du mot "socialisme" » ; et Karl Marx en vint même à le qualifier d'auteur « génial[8] ».

Abensour concluait son étude de 1972 sur la pensée de Pierre Leroux avec la question de ce que nous pourrions faire, politiquement, d'une telle *exigence radicale* : « Aux yeux de Leroux, comme de nombre de ses contemporains, le socialisme sera un phénomène social total ou ne sera pas, le socialisme sera palingénésique ou ne sera pas. Sous peine de retomber dans ce que Marx appelait le "vieux fumier", il faut au socialisme, dans son déploiement, investir et transformer de façon unitaire le monde de la sensation, le monde du sentiment, le monde de la connaissance. Ainsi formulée, une telle exigence mène à la question : de quelle revanche de la rationalité classique procède le rétrécissement du socialisme, sa transformation en science de la société, science sans cœur, sans énergie, sans passion[9] ? »

Il est vrai que l'émergence des utopies socialistes fut contemporaine — et résolument antagoniste — au développement d'une idéologie réactionnaire, scientiste et positiviste. Contre celle-ci, Pierre Leroux attaqua frontalement les « philosophes fonctionnaires » de l'université française : la philosophie, pour lui, n'existait pas pour avoir une *fonction,* mais pour inventer une *éthique* faite de solidarité, d'association, d'amitié. Et cela même déterminait toute l'hétéronomie de son discours, ce « style barbare » en

7. M. Abensour, « Pierre Leroux et l'utopie socialiste » (1972), *Utopiques I, op. cit.,* p. 97-98.
8. *Ibid.,* p. 93 et 98.
9. *Ibid.,* p. 136.

philosophie sur lequel Miguel Abensour aura voulu porter toute son attention[10]. Il semble étonnant qu'il ait fallu un tel « style barbare » pour faire passer, en ces temps de retour à l'ordre post-révolutionnaire, la parole même d'une éthique sociale. Mais Abensour, qui constate ce paradoxe chez Leroux, le fait remonter à Robert Owen qui, dès 1813, avait inauguré « la tradition mal connue et surtout mal comprise d'un *socialisme éthique* qui vise non pas à une nouvelle éducation morale de l'humanité sous forme de répression des passions, mais qui cherche à inventer, à imaginer, à élaborer de "bonnes rencontres", c'est-à-dire d'autres relations entre les hommes qui, grâce au règne des passions joyeuses, augmentent leur puissance d'agir[11] ».

*

C'est dans le même esprit que Miguel Abensour publia avec Valentin Pelosse, en 1973 — donc avant la création de sa collection « Critique de la politique » —, les *Instructions pour une prise d'armes,* ainsi que *L'Éternité par les astres* d'Auguste Blanqui, textes qui datent des années 1868-1872 et comprennent l'époque où ce grand insurgé était captif dans une geôle à Morlaix[12]. Blanqui était présenté comme « une des grandes figures de l'hétérogène », associée à celles de Friedrich Nietzsche, de Georges Bataille ou, même, de Walter Benjamin[13] (qui fut, on le sait, grand lecteur de *L'Éternité par les astres*). Sa façon de penser

10. *Id.,* « Philosophie politique et socialisme : Pierre Leroux, ou du "style barbare" en philosophie » (1985), *ibid.,* p. 173-194. Cf. P. Leroux, *Aux philosophes, aux artistes, aux politiques* (1927-1841), Paris, Payot & Rivages, 1994.
11. M. Abensour, « Lire Owen » (1986), *Utopiques IV, op. cit.,* p. 137.
12. A. Blanqui, *Instructions pour une prise d'armes. L'Éternité par les astres, hypothèse astronomique et autres textes* (1868-1872), éd. M. Abensour et V. Pelosse, Paris, La Tête de feuilles, 1973 (rééd. Paris, Sens&Tonka, 2000). Cf. V. Pelosse, « La bifurcation. Tours et détours de la réédition (1972 et 2000) de *L'Éternité par les astres* d'Auguste Blanqui », *Lignes,* n° 56, 2018, p. 141-150.
13. M. Abensour et V. Pelosse, *Libérer l'Enfermé. Auguste Blanqui* (1973), Paris, Sens&Tonka, 2004, p. 11, 17 et 43.

était décrite comme la mise en œuvre d'une « imagination grisée par l'impression de pouvoir multiplier indéfiniment les combinaisons » qui présidaient à son heuristique, par exemple dans une séquence de mots tels que « avenir – futur – arr. neveux – descendants – descendante – utopie – rêve – chimère – système – théorie – fantaisie – hypothèse – invention – vision[14] ».

Ce qui apparaît de façon frappante chez Blanqui est que *plus on l'enfermait, plus il s'évadait* : « L'élan inconditionnel de Blanqui se donne pour objet la pensée même de l'excès sous la forme de l'infini ou, plutôt, donne à la pensée la tâche de penser ce qui excède la possibilité de penser. Blanqui prend pour objet possible l'impossible[15]. » *L'Éternité par les astres* pourrait alors être considérée comme une expérience de pensée grâce à laquelle le prisonnier — dans le temps même où il était condamné à l'isolement — opérait, comme l'écrivent Abensour et Pelosse, « le passage du politique et de l'historique au cosmique, [comme une] remontée de l'histoire vers le système du monde[16] ». Le résultat sera une pensée de l'éternel retour en tant que « désordre en permanence » et « tourmente perpétuelle » dont les paradigmes semblent puiser aux sources du matérialisme antique[17]. Comme si la puissance du désir — qu'il s'agisse du *clinamen* au sens de Lucrèce ou du *conatus* au sens de Spinoza — n'était pas un fait psychologique, mais la façon même dont bat le cœur du monde entier : un phénomène originaire qu'aucune prison ne saurait jamais contenir.

*

Il ne faut pas s'étonner, dans ces conditions, que Miguel Abensour ait voulu publier, après l'analyse magistrale du système national-socialiste par Franz Neumann dans son livre *Béhémoth* — une réponse implicite au *Léviathan* de Hobbes tel qu'il avait

14. *Ibid.*, p. 36-37.
15. *Ibid.*, p. 34.
16. *Ibid.*, p. 40-41.
17. *Ibid.*, p. 45.

été commenté en 1938 par Carl Schmitt[18] —, le recueil de récits de rêves collectés par Charlotte Beradt entre 1933 et 1939, *Rêver sous le III^e Reich*[19]. Livre extraordinaire fondé sur l'intuition que l'*évasion* dans le rêve n'en est pas une tout à fait, en ce sens qu'elle ouvre non à un pur territoire d'irréalité, mais à une autre façon d'*écoute* du réel : le rêve « ouvre l'oreille des humains », comme Charlotte Beradt, citant le *Livre de Job,* l'inscrivit en exergue de son recueil[20]. L'évasion dans le rêve serait donc moins une fantaisie personnelle et débridée que le retour aigu à la fêlure du désir répondant aux conditions mêmes de l'existence vécue par le sujet rêvant.

C'est ce que Charlotte Beradt nommait un « phénomène politico-psychologique » : comme si, en cette période national-socialiste — où la menace totalitaire n'investissait pas seulement la vie publique, mais aussi la sphère privée de chaque personne —, les rêves étaient « dictés par la dictature » jusque dans leurs sensations corporelles d'effroi, de paralysie ou, au contraire, de fuite éperdue sous la menace[21]. Ce qui frappa Charlotte Beradt au cours de son enquête, ce fut notamment que l'angoisse d'être enfermé dans un système totalitaire pouvait aller de pair avec l'image d'une abolition des murs, comme en témoigne ce rêve raconté par un médecin en 1934 : « Après mes consultations, vers neuf heures du soir, au moment où je m'apprête à m'allonger tranquillement sur mon sofa avec un livre sur Matthias Grünewald, la pièce, mon appartement perdent brusquement leurs murs. Effrayé, je regarde autour de moi : aussi loin que porte le regard, plus de murs aux appartements. J'entends un haut-parleur hurler : "Conformément au décret sur la suppression

18. F. Neumann, *Béhémoth. Structure et pratique du national-socialisme, 1933-1944* (1942-1944), trad. G. Dauvé et J.-L. Boireau, Paris, Payot, 1987. Cf. C. Schmitt, *Le Léviathan dans la doctrine de l'État de Thomas Hobbes. Sens et échec d'un symbole politique* (1938), trad. D. Trierweiler, Paris, Le Seuil, 2002.

19. C. Beradt, *Rêver sous le III^e Reich* (1966), trad. P. Saint-Germain, Paris, Payot & Rivages, 2002 (éd. 2004).

20. *Ibid.,* p. 45.

21. *Ibid.,* p. 48 et 51.

des murs du 17 de ce mois”… » Ensuite de quoi le rêveur cherchait à s’échapper quand même, quitte à devoir vivre tout au fond de l’océan : « Je vis au fond de la mer pour demeurer invisible après l’ouverture publique des appartements[22]. »

Cette condition *fêlée* du désir et de ses productions imaginaires n’introduit-elle pas une tension structurelle dans l’idée à se faire, désormais, des rapports entre *sensibilité* esthétique et *résistance* politique ou, énoncé sur un autre plan — celui que Herbert Marcuse avait convoqué et où Miguel Abensour avait trouvé l’incitation première de son intérêt pour les utopies — entre principe de plaisir et principe de réalité ? Sous quelles formes, selon quels mouvements ferons-nous l’épreuve des limites entre les deux ?

22. *Ibid.*, p. 61-62.

# ALLER AUX LIMITES, AUX NON-FRONTIÈRES

Sa vie durant, Miguel Abensour a guetté les gestes — ou les textes — capables d'*aller aux limites* de cette chose si difficile à définir, à cerner, qu'est la chose politique. Penseur des utopies et, donc, des incidences imaginaires du politique, il lui arriva d'être fortement contesté ou ignoré, taxé d'irréalisme, voire d'extravagance. Mais, comme souvent, il s'avère aussi éclairant que nécessaire d'assumer cela même qu'on vous reproche sans nuances (ce que firent, par exemple, les « impressionnistes » accusés de ne peindre que leurs impressions subjectives devant le monde visible). Il fallait donc *assumer l'extravagance* en politique, à savoir ce mouvement par lequel on sort du chemin, on quitte le territoire, on franchit la frontière. Or Abensour avait une conception très généreuse des limites : c'est aux limites que *tout peut s'ouvrir.* C'est aux limites que la chose politique à la fois révèle sa finitude, sa fêlure, et le cœur vivant de sa vérité. Dès les premières pages de sa *Dialectique négative,* Theodor Adorno n'avait-il pas écrit que « ce que les concepts touchent de vérité par-delà leur extension abstraite ne peut avoir d'autre théâtre que ce qui est opprimé, méprisé, rejeté par les concepts[1] » ?

Entendons : la vérité du politique se trouverait véritablement — se toucherait du doigt — par-delà l'extension abstraite de son concept, puisque ce concept justement vise, plus ou moins consciemment, à « opprimer, mépriser ou rejeter » une dimension de l'expérience et de l'exigence politiques située aux limites de sa « logique » même, comme de son « principe de

1. T. W. Adorno, *Dialectique négative, op. cit.,* p. 16.

réalité ». C'est ce qu'Abensour, dès ses premières confrontations avec le marxisme althussérien, aura voulu mettre en question contre toutes les notions « abstraites », supposément rigoureuses, de la chose politique. D'où, par contraste, son intérêt pour le « désordre fraternel » selon Saint-Just, le « désordre amoureux » selon Fourier ou le passage de l'héroïque à l'érotique dans *Le Rouge et le Noir* de Stendhal. Nommant tout cela un « écart dans la politique[2] », qu'entendait-il donc par le mot *écart* ? Sans doute ces deux processus à la fois : d'abord une *fêlure* intérieure, comme s'ouvrent les lèvres d'une même blessure — une grande douleur, donc ; ensuite une *sortie* hors des chemins prescrits, comme une tentative d'évasion vers les limites — un fol espoir, donc.

*

C'est ainsi que la collection « Critique de la politique » pourrait être considérée comme une *archive des écarts* de la politique ou dans la politique. Non que la « voie royale » philosophique eût été négligée, comme en témoigne la publication des écrits de Fichte sur la Révolution française, le *Système de la vie éthique* de Hegel ou les *Recherches sur la liberté humaine* de Schelling[3]. Mais il fallait ouvrir aussi, diagonalement à cette histoire philosophique majeure, les chemins de traverse que représentent, par exemple, les *Anecdotes et petits écrits* de Heinrich von Kleist, que Miguel Abensour présentait comme des « textes unis par le même esprit de révolte [...]. Contre l'histoire monumentale, l'humour, la volonté de subversion mènent la “guérilla de l'insignifiant” » — autre façon de dire le *choix du petit* et la *voie oblique* caractéristiques de l'utopie : « La pratique des

2. M. Abensour, « Philosophie politique, héroïsme et prophétie de la liberté », art. cit., p. 155.
3. Cf. J. G. Fichte, *Considérations destinées à rectifier les jugements du public sur la Révolution française, op. cit.* G. W. F. Hegel, *Système de la vie éthique* (1802-1803), trad. J. Taminiaux, Paris, Payot, 1976. F. W. Schelling, *Recherches sur la liberté humaine* (1809), trad. M. Richir, Paris, Payot, 1977.

petits récits n'est-elle pas la voie oblique qu'emprunte la poésie pour redécouvrir à son tour un art d'écrire oublié, défi à toutes les censures[4] ? »

Dans une certaine mesure, donc, cette voie oblique — par rapport à l'« extension abstraite » du concept de politique, mais aussi par rapport à son appréhension purement factuelle ou stratégique — rejoignait, dans l'esprit de Miguel Abensour, la *voie littéraire* en général, et la voix poétique en particulier. Deux ouvrages de la collection « Critique de la politique » manifestent exemplairement cette tendance : le premier est celui de Dolf Oehler *Le Spleen contre l'oubli* qui analysait, de façon très benjaminienne, le passage du romantisme vers la modernité à la lumière — lumière noire — des massacres de juin 1848, dont le traumatisme demeura longtemps ineffacé[5]. Le second est celui de Michael Löwy et Robert Sayre *Révolte et mélancolie,* où le courant romantique était analysé sous l'angle d'une « résistance au mode de vie dans la société capitaliste moderne[6] » : au point nodal ou au carrefour exact, pourrait-on dire, de l'histoire politique et de l'histoire littéraire. Ce dont les études successives d'Anne Kupiec sur Charles Nodier ou de Louis Janover sur Nerval, Lautréamont et *La Révolution surréaliste* confirmeront l'importance cruciale pour cette *politique des écarts* — inhérente aux écarts dans la politique — dont Miguel Abensour avait très tôt formulé l'exigence[7].

*

4. M. Abensour, [Texte de présentation de] H. von Kleist, *Anecdotes et petits écrits, op. cit.,* p. 4 de couverture.
5. D. Oehler, *Le Spleen contre l'oubli. Juin 1848 : Baudelaire, Flaubert, Heine, Herzen* (1988), trad. G. Petitdemange et S. Cornille, Paris, Payot & Rivages, 1996.
6. M. Abensour, [Texte de présentation de] M. Löwy et R. Sayre, *Révolte et mélancolie. Le romantisme à contre-courant de la modernité,* Paris, Payot, 1992, p. 4 de couverture.
7. Cf. L. Janover, *La Révolution surréaliste, op. cit. Id., La Généalogie d'une révolte. Nerval, Lautréamont,* Paris, Klincksieck, 2020. A. Kupiec, *Charles Nodier, le politique masqué,* Paris, Klincksieck, 2018.

Politique des écarts ou écarts dans la politique : voilà justement qui, au cours de l'époque moderne en Europe, se sera développé à l'ombre de la Révolution française, en particulier chez les poètes-critiques du romantisme allemand. Or, à l'exemple de la grande césure qui avait précédemment divisé les Lumières — entre « Lumières modérées » et « Lumières radicales[8] » —, le XIX^e^ siècle et une bonne partie du XX^e^ se seront âprement divisés, mais selon d'autres lignes de partage, autour de l'héritage hégélien. Hegel lui-même n'avait-il pas montré deux visages ? D'un côté celui de l'amitié avec Hölderlin et Schelling, mettant tous ses espoirs dans la poésie ? Et, de l'autre, celui de la rupture avec Schelling et de la mise en œuvre du « réel rationnel », voire du savoir absolu ?

On ne s'étonnera pas que Miguel Abensour se soit penché sur une controverse ayant opposé, dans les années 1840, le philosophe « socialiste-romantique » Pierre Leroux, ardent défenseur de Schelling contre l'idéalisme de Victor Cousin — qu'il surnommait « le singe de Hegel » —, mais aussi au matérialisme des Jeunes Hégéliens, adversaires de Schelling au nom de quelque chose que l'on pourrait déjà nommer, anticipant Engels, un « socialisme scientifique ». Dans cette polémique, Karl Marx lui-même joua un rôle de premier plan. Pierre Leroux, qui était en quête d'une anthropologie plus que d'une stratégie politique, n'avait pas craint d'explorer cet « espace indéterminé [ouvert par Schelling] entre l'utopie et la religion », espace susceptible selon lui de permettre l'exercice d'un socialisme tout à la fois « expérimental » et « métapolitique », comme Abensour voulut le qualifier[9].

Contre cela, justement, Marx élevait une dure critique fondée sur un *rejet de l'imagination* en matière de philosophie comme de politique : « La pensée sincère de Schelling dans sa jeunesse », écrivait-il à Ludwig Feuerbach dans une lettre du 3 octobre 1843,

8. Cf. J. Israel, *Une révolution des esprits. Les Lumières radicales et les origines intellectuelles de la démocratie moderne, op. cit.*

9. M. Abensour, « L'affaire Schelling. Une controverse entre Pierre Leroux et les Jeunes Hégéliens » (1991), *Utopiques I, op. cit.*, p. 198-199 et 211.

« pour la réalisation de laquelle il ne possédait cependant d'autre outil que l'imagination *(Imagination),* d'autre source d'énergie que la vanité, d'autre moteur que l'opium, d'autre organe que l'irritabilité d'une réceptivité féminine *(weibliche Rezeptionsvermögen)*, cette pensée sincère de sa jeunesse [est] restée chez lui un rêve fantastique[10] *(phantastiche Jugendtraum)* ». Marx concluait qu'il faut en finir avec cette « philosophie imaginaire » ou imaginative, et lui substituer la « philosophe véritable[11] », tout simplement (ce qui, dans le texte original, était rendu par l'expression d'un « combat entre l'imagination de la philosophie *[Imagination von der Philosophie]* et la philosophie elle-même *[Philosophie selbst]* »).

Or nous savons qu'Abensour, dès sa critique du « socialisme scientifique » défendu par Engels contre tout « socialisme utopique », a voulu contester ce type d'opposition fort peu dialectique entre *imagination* d'une part et *philosophie* ou *politique* d'autre part. Voilà pourquoi la notion d'« imagination exacte », formulée par Adorno, lui fut si précieuse, justifiant à elle seule l'importance d'une position du *sujet* dans tout établissement de l'*objet* politique : « Dans *Minima Moralia,* Adorno écrit : "Il est permis de penser que quelque chose des possibilités émancipatrices de la société a reflué dans la sphère de l'individu." Et dans *Dialectique négative,* il reconnaît la possibilité d'une individuation de la connaissance critique : "L'imagination exacte d'un dissident peut voir plus que mille yeux auxquels on a mis les lunettes roses de l'unité." À l'individu reviendrait alors de répondre à la sommation utopique de notre temps, en résistant au réel, en refusant de tomber sous son emprise, en un mot en procédant à un déplacement du réel grâce à la fantaisie de l'imagination[12]. »

On voit déjà ce qui sous-tend cette position philosophique exprimée par Miguel Abensour à travers sa lecture d'Adorno : on voit, derrière tout cela, l'*image dialectique* selon Walter

10. Cité *ibid.,* p. 229-230.
11. Cité *ibid.,* p. 230.
12. *Id.,* « L'homme est un animal utopique », art. cit., p. 277.

Benjamin (notion avec laquelle l'« imagination exacte » entretient, ce n'est pas douteux, des rapports profonds) et même, un peu en amont, le « don visionnaire transposé » *(versetzte seherische Begabung)* décelé par Ernst Bloch dans toute activité artistique conséquente[13]. Or, là où Bloch défendait — contre le marxisme rigoriste de son ami Georg Lukács — ce « don visionnaire » des artistes expressionnistes, Walter Benjamin aura pris la même mesure du rôle émancipateur de l'imagination dans le chemin qui mène du romantisme au surréalisme, *via* l'anarchisme lui-même, les utopies socialistes du XIXe siècle ou la décision de relire Marx de façon — comme chez Bloch — résolument non orthodoxe[14].

Louis Janover, dans un bel article sur Miguel Abensour, définissait sa position philosophique et politique de la manière la plus simple et la plus directe qui fût : « Être critique, c'est avoir choisi les critères puisés dans un imaginaire fait des valeurs autres, négatrices de l'existant[15]. » Non par hasard, la convergence des chemins suivis par les deux amis, outre leur travail initiatique sur l'œuvre de Marx, aura suivi une trajectoire qui, comme chez Benjamin, transitait volontiers du romantisme au surréalisme. Par exemple, Janover participa, dès 1978, à l'épais volume coordonné par Liliane Abensour sur le *Romantisme noir*[16]. Puis il explora la poésie romantique — Heine ou Baudelaire reconnus comme des « phares » pour la pensée utopique[17] — avant d'en venir à *La Révolution surréaliste*[18].

---

13. Cf. W. Benjamin, *Paris, capitale du XIXe siècle. Le Livre des passages, op. cit.*, p. 473-507. E. Bloch, *L'Esprit de l'utopie* (1918-1923), trad. A.-M. Lang et C. Piron-Audard, Paris, Gallimard, 1977, p. 142.
14. W. Benjamin, « Le surréalisme. Le dernier instantané de l'intelligentsia européenne » (1929), trad. M. de Gandillac, revue par P. Rusch, *Œuvres, II, op. cit.*, p. 113-134.
15. L. Janover, « Miguel Abensour, mémoire de l'utopie », art. cit., p. 13.
16. *Id.*, « Les trembleurs de la poésie », *Romantisme noir*, dir. L. Abensour et F. Charras, Paris, L'Herne, 1978, p. 341-350.
17. *Id.*, « L'utopie, une question au présent », préface à M. Abensour, *Utopiques I, op. cit.*, p. 41-42.
18. *Id.*, *La Révolution surréaliste, op. cit.*, p. 101-125.

*

Dans le grand entretien de 2014 avec Michel Enaudeau, Abensour a rappelé le rôle important joué par la poésie dans son travail, y compris au plan politique. Dans le cadre de la revue *Passé-Présent,* en 1982, il avait notamment sollicité la collaboration de Pierre Pachet, auteur d'une étude remarquable — et très benjaminienne — sur Baudelaire[19]. Claude Mouchard y avait aussi introduit le poète américain John Ashbery, Michel Deguy donnant pour sa part quelques poèmes et proses du futur recueil *Gisants*[20]. Et Abensour de commenter : « Question littéraire et question politique, loin de mener une existence séparée, ne cessent de s'enchevêtrer l'une l'autre. De même, si l'on suit Louis Janover, les rapports entre utopie et poésie restent à explorer[21]. »

Façon d'assumer la nécessaire « extravagance » du désir d'émancipation, ce qui impliquait, au niveau même de l'écriture, une rupture avec les cadres discursifs établis — ceux de la « philosophie politique » universitaire, par exemple —, comme certains grands penseurs de ce temps, Bataille ou Merleau-Ponty, Blanchot ou Derrida, l'avaient exprimé en cherchant les *dehors* de la philosophie instituée. Cette exigence rejoignait d'ailleurs l'interdisciplinarité exemplaire — ou l'extraterritorialité — en usage dans la Théorie critique, ce que Miguel Abensour aura tenté de mettre en pratique durant sa gestion « associative » du Collège international de philosophie, entre 1985 et 1987 : « J'y trouvais d'abord l'idée d'une collégialité, d'un travail philosophique mené en commun, jusqu'à une étude des textes en commun éventuellement. Plus profondément, j'ai retrouvé au Collège ce qui me paraît un trait fondamental de la Théorie critique, à savoir l'ouverture de la philosophie à son extérieur

19. Cf. P. Pachet, *Le Premier Venu. Essai sur la politique baudelairienne,* Paris, Denoël, 1976.

20. Cf. M. Deguy, *Gisants,* Paris, Gallimard, 1985.

21. M. Abensour, *La Communauté politique des « tous uns », op. cit.,* p. 27.

et non pas le repli sur soi, bref ce que Merleau-Ponty appelait “le rapport de la philosophie à la non-philosophie[22]”. »

Il s’agissait au fond, comme à l’époque des premiers romantiques, de libérer l’imagination politique et, avec elle, des *gestes critiques et créatifs* — affirmatifs, joyeux, poétiques —, loin des réflexes critiques mûs par le rejet, le ressentiment ou la volonté d’hégémonie. À la même époque, par exemple, Gilles Deleuze et Félix Guattari donnaient leur propre version de ce qu’est un geste critique : « Critiquer, c’est seulement constater qu’un concept s’évanouit, perd de ses composantes ou en acquiert qui le transforment, quand il est plongé dans un nouveau milieu. Mais ceux qui critiquent sans créer, ceux qui se contentent de défendre l’évanoui sans savoir lui donner les forces de revenir à la vie, ceux-là sont la plaie de la philosophie. Ils sont animés par le ressentiment, tous ces discuteurs et communicateurs. Ils ne parlent que d’eux-mêmes en faisant s’affronter des généralités[23]. »

Miguel Abensour ne fut pas très éloigné de cet *éthos* de la critique capable de « donner force » à de nouvelles idées, fussent-elles issues d’un passé refoulé. Aussi Louis Janover aura-t-il vu dans son œuvre une façon exemplaire de pratiquer la « critique créatrice » : ce qui supposait, au cœur même d’une parole politique, quelque chose se développant comme un « élargissement de la sensibilité artistique, du saut qualitatif porteur de promesse » utopique[24]. Aux toutes premières lignes de son « Avant-propos » au recueil des *Utopiques I,* Abensour rappela lui-même le lien — justement documenté par son ami Janover — ou le « pont jeté entre deux rives, celle de la poésie et celle de l’utopie[25] ». Et là, très spontanément, surgissait la figure d’André Breton, avec son appel lancé dans *Arcane 17,*

22. *Ibid.,* p. 38-39.
23. G. Deleuze et F. Guattari, *Qu’est-ce que la philosophie ?,* Paris, Les Éditions de Minuit, 1991, p. 33.
24. L. Janover, « Miguel Abensour, mémoire de l’utopie », art. cit., p. 10 et 27.
25. M. Abensour, « Avant-propos » (2013), *Utopiques I, op. cit.,* p. 11.

« demandant que justice soit rendue aux grandes figures utopiques du XIXe siècle[26] ».

« Un fil relie André Breton à Pierre Leroux », avait écrit Abensour, dès 1972, dans sa longue étude sur le philosophe utopiste[27]. On pense immédiatement au Breton bouleversé par ce « drapeau tour à tour rouge et noir » décrit, dans *Arcane 17,* comme flottant au-dessus des « points d'incandescence inoubliables » qui surgissaient, pour le poète, de la manifestation politique à laquelle il avait assisté dans sa jeunesse et où, précisait-il, « le flambeau de la Commune de Paris était loin d'être éteint[28] ». Mais il s'agit également, peut-on conjecturer, du Breton intitulant superbement, en 1936-1937, une de ses conférences « Limites non-frontières du surréalisme[29] ». Ce texte prend quelque relief dans notre questionnement de l'œuvre d'Abensour parce qu'il fut certainement partagé, voire discuté par le philosophe avec son épouse Liliane, qui devait le citer en ouverture de son livre *La Tentation psychotique*[30].

« Limites non-frontières » ? Breton parlait au nom d'un mouvement poétique et artistique, sans doute. Mais son propos s'orientait d'emblée vers une *frontière* — la frontière espagnole, avec ce qu'il voyait alors de « bouleversant » dans le « visage de [son] actualité : une offensive de la contre-révolution [qui] met en péril tout ce qui, par-delà les Pyrénées, vient seulement d'être arraché de bien-être, de liberté et d'espoir aux haineux durcissements des siècles[31] ». Le premier geste du poète surréaliste était donc de regarder ce qui se passe *réellement,* historiquement et politiquement, du côté de la guerre d'Espagne : « Rien ne peut faire qu'aux yeux du surréalisme le dernier regard des hommes et des femmes tombés en juillet 1936 devant Saragosse ne mire

26. *Ibid.,* p. 11.
27. *Id.,* « Pierre Leroux et l'utopie socialiste », art. cit., p. 94.
28. A. Breton, *Arcane 17, op. cit.,* p. 42-43.
29. *Id.,* « Limites non-frontières du surréalisme » (1937), *Œuvres complètes, III, op. cit.,* p. 659-671.
30. L. Abensour, *La Tentation psychotique,* Paris, PUF, 2008, p. 11.
31. A. Breton, « Limites non-frontières du surréalisme », art. cit., p. 660.

à lui seul tout l'avenir» — un avenir tendu entre le développement irrésistible du fascisme en Europe et «l'espoir absolu de libération» qui jamais ne devrait quitter le genre humain[32].

Ainsi le premier regard assumé était-il un regard *réaliste,* le premier geste un geste *critique.* Mais un geste critique capable, en tant que tel, d'*ouverture* et d'*imagination.* Ce qu'André Breton revendiquait, au-delà du désespoir que la réalité semblait imposer, fut donc nommé un «*réalisme ouvert* ou *surréalisme*» capable de «bouleverse[r] de fond en comble la sensibilité[33]». Il fallait, en somme, savoir *ouvrir les frontières,* les franchir ou les nier dans la sensation, justement, d'*atteindre les limites,* de travailler dans l'épaisseur même de ces limites dont la réalité jusque-là ignorait qu'elle fût porteuse. Ce qu'engagent les poètes, les artistes, ne donnerait-il pas, dès lors, un modèle possible pour ce qu'on peut attendre, en politique, d'un geste critique ? N'est-ce pas dans le champ de l'imagination et du sensible que peuvent exemplairement s'amorcer les «réactivations» d'un tel geste[34] ?

---

32. *Ibid.,* p. 661.
33. *Ibid.,* p. 663.
34. Cf. J. Abensour (dir.), *Réactivations du geste,* Angers-Tours, Le Gac Press-Écoles supérieures des Beaux-Arts, 2011.

## « GUETTEURS DE RÊVES » ET IMAGES DIALECTIQUES

Miguel Abensour a donc, d'emblée, compris le rôle crucial de ce que Jacques Rancière, plus tard, aura nommé le *partage du sensible* en tant que dimension centrale de la pensée, de l'expérience et de l'action politiques. Il avait compris que les attaques sectaires contre l'esthétique ou l'« esthétisme » de Walter Benjamin puis de Theodor Adorno ne constituaient qu'un déni crispé du rôle fondamental de l'imagination dans l'exercice même de ce qu'on appelle la politique. L'un des aspects qui frappait le plus Abensour dans sa lecture de la Théorie critique, c'est qu'elle avait réussi à échapper au sectarisme, justement : à fonder sa rigueur en-dehors de toute idée d'« école », de « dogme » ou d'« orthodoxie ». « À aucun moment, ce mouvement n'a cherché à définir une orthodoxie susceptible de constituer le ciment doctrinal d'un nouveau mouvement social », écrit Abensour. « Plutôt qu'une école, il s'agit d'un *cercle* ou, mieux, d'un *mouvement,* au sens où l'on parle d'un mouvement d'avant-garde », comparable en cela au projet d'« Institut critique » des romantiques allemands ou, proche du surréalisme, du « Collège de sociologie » fondé par Georges Bataille[1].

Critiquer ne se réduit pas au geste de la *négation* : il y faut articuler celle-ci à une *imagination* alternative — utopique, c'est-à-dire non synthétique, non résolutive — par-delà toutes les conditions effectives d'une existence dominée ou « mutilée ». Et, sans doute, en-deçà de toutes les bonnes *raisons* d'agir dans un sens ou dans l'autre pour une finalité posée à l'avance.

1. M. Abensour, « La Théorie critique », art. cit., p. 180.

La première énergie politique délivrée par l'utopie sera donc celle que Florent Perrier, se référant à l'œuvre magistrale de Peter Weiss, a voulu nommer une *esthétique de la résistance*[2]. C'est en ce sens qu'au XIXe siècle Edgar Quinet ou Jules Michelet avaient pu évoquer l'histoire révolutionnaire comme un milieu *innervé de rêves,* ce qui aura incité Abensour à scruter de près les analyses phénoménologiques des puissances de l'imagination, depuis la *phantasia* des Grecs anciens jusqu'à la clinique existentielle de Ludwig Binswanger[3].

*

Exempt de la peur d'imaginer — variante de la peur d'être libre —, l'utopiste regarde l'histoire comme un astronome regarde le ciel. Il ne cherche pas fatalement à prédire l'avenir, comme s'en vanterait un astrologue : simplement il observe les *cycles* temporels à travers les *constellations* spatiales. Il y découvre et, au besoin, y invente des *passages* entre les points apparemment fixes des étoiles, ce que Walter Benjamin appelait : produire, soulever des *idées.* On comprendra, dès lors, le rôle germinatif, absolument déterminant, qu'a pu prendre, pour Miguel Abensour, la pensée de Benjamin en tant que théorie de l'image et, même, en tant que *politique de l'imagination.* Voilà qui apparaît clairement, par exemple, dans l'ouvrage intitulé *L'Utopie de Thomas More à Walter Benjamin,* recueil qui parvient à conjuguer la « voie oblique » chère à l'inventeur du genre utopique moderne à l'art paradoxal, chez Benjamin, du « guetteur de rêves[4] ».

---

2. F. Perrier, *Topeaugraphies de l'utopie, op. cit.,* p. 378-379. Cf. P. Weiss, *L'Esthétique de la résistance* (1975-1981), trad. É. Kaufholz-Messmer, Paris, Klincksiek, 1989-1993 (éd. 2017)
3. Cf. M. Richir, *Phantasia, imagination, affectivité. Phénoménologie et anthropologie phénoménologique,* Grenoble, Jérôme Millon, 2004. *Id.,* « Y a-t-il du sens dans l'histoire ? L'expérience collective du sublime », *Critique de la politique. Autour de Miguel Abensour, op. cit.,* p. 521-536.
4. M. Abensour, *Utopiques III. L'utopie de Thomas More à Walter Benjamin, op. cit.,* p. 21-62 (Thomas More) et 63-118 (Walter Benjamin).

*Guetteur de rêves* ? Abensour s'explique : « L'expression est de Victor Hugo dans *L'Homme qui rit* pour définir la *position critique* d'Ursus, philosophe cynique et saltimbanque — nomade — à l'égard des rêveries de justice sociale de son élève Gwynplaine qu'il juge dangereuses dans une société reposant sur la domination des Lords. [...] Guetteur de rêves, [Benjamin], s'il nous enseigne à tourner notre regard vers les rêves du collectif au XIXe siècle, travaille parallèlement à nous détourner de la fascination néfaste qu'ils sont encore susceptibles d'exercer sur nous[5]. » Qu'est-ce à dire, sinon qu'il faut, sans rejeter l'imagination comme telle — parce qu'elle est féconde, riche de pensée et d'avenir —, pratiquer sans relâche cette *critique de l'imagination* de laquelle apparaîtront plus clairement les mouvements contradictoires — le « double régime[6] » — à discerner, à discriminer dans la même production imaginaire.

Ce qu'Abensour nomme la « position critique » du philosophe imaginé par Victor Hugo recouvre exactement, dans son esprit, une position que Walter Benjamin aura rendu opératoire jusqu'au bout. Qu'est-ce donc qu'un *guetteur de rêves* ? C'est quelqu'un qui ne rêve plus, puisqu'il guette avec lucidité, avec précision. Mais c'est quelqu'un qui assume aussi la tâche d'observer — et d'interpréter — ses propres rêves avec ceux des autres. Ce n'est donc ni un *rêveur* intégral (emporté par le flux des images), ni un *éveillé* à tout crin (rétif à toute dérive de l'imagination) : mais un *réveillé aux rêves.* Il prend le risque d'éprouver ce clivage psychique dont l'avantage « méthodologique » se révélera, pourtant, considérable : ce qu'il gagne en lucidité, il ne le perdra pas en rêverie, et inversement. Il ose associer librement, il découvre des affinités électives et des correspondances secrètes : il continue donc d'utiliser son imagination et, ce faisant, met au jour des idées

5. *Ibid.,* p. 68-69. Je souligne.
6. Sur cette notion, cf. G. Didi-Huberman, *Devant le temps. Histoire de l'art et anachronisme des images,* Paris, Les Éditions de Minuit, 2000, p. 85-155 et 233-260.

— des constellations — qui auront quelque chance, justement, d'atteindre la profondeur anthropologique, historique, voire politique, d'une situation donnée.

Dans le vocabulaire du *Livre des passages,* ce processus se concentrait autour du mot proustien par excellence, le mot « réveil » *(Erwachen).* Le « guetteur de rêves », est donc celui qui est en train de se réveiller, s'ouvre à la clarté du monde sans avoir tout à fait quitté le clair-obscur de ses songes. Ce n'est ni le pur métaphysicien du *rêve* (il ne sera donc pas jungien), ni le pur matérialiste du *réel* (il ne sera donc pas marxiste) : dans les fragments célèbres de la section « N » du *Livre des passages,* en effet, Benjamin renvoie dos à dos l'*image mythique* (l'archétype insondable, primitif, supposément éternel) selon Jung et la *dialectique concrète* (supposément débarrassée de toute illusion, donc de toute imagination) selon Marx[7]. Le coup de maître du « guetteur de rêves » aura consisté à dialectiser cette antinomie elle-même sous la notion, fameuse désormais, de l'*image dialectique*[8]. Cela signifie que la position benjaminienne demeure aussi *critique* vis-à-vis d'une hypostase mythifiée de l'image que d'une ignorance « réaliste » quant aux puissances de l'image. Et Miguel Abensour d'en appeler, logiquement, à une « véritable transformation de l'utopie en image dialectique[9] ».

Voici comment le philosophe envisageait cet accès de l'*image* à la dimension *dialectique* : « Une image, en tant que telle, ne défie-t-elle pas la contradiction, et du même coup n'échappe-t-elle pas à la dialectique ? À vrai dire, dans le champ des images, la dialectique se définit sous la forme de l'ambiguïté. Une image dialectique, c'est d'abord une image ambiguë, ou plutôt une image qui a été ambiguë et qui, au moment de "l'arrêt", devient subitement dialectique. L'arrêt sur image, pourrait-on dire. À l'arrêt, en effet, l'ambiguïté se cristallise et la contradiction

7. W. Benjamin, *Paris, capitale du* XIX*e siècle. Le Livre des passages, op. cit.,* p. 477-489.

8. *Ibid.,* p. 490-494.

9. M. Abensour, *Utopiques III. L'utopie de Thomas More à Walter Benjamin, op. cit.,* p. 111.

explose, libérant toute la virtualité émancipatrice, voire révolutionnaire, de l'image. Un double processus s'opère, à la fois destructeur et libérateur, processus fulgurant qu'il arrive à Benjamin de comparer à la fission de l'atome[10]. » Et Abensour de conclure: «Le guetteur de rêves à la manière de Walter Benjamin? Celui qui, sans repos, lutte pour arracher l'utopie au mythe, celui dont la vigilance sait percevoir la petite faille, la brèche par où s'engouffrer pour s'arracher au sommeil et connaître le réveil[11]. »

*

On pourrait dire que le lien entre la pensée de Miguel Abensour et celle de Walter Benjamin avait, dès le départ, quelque chose de consubstantiel. Ce furent bien deux «guetteurs de rêves» — aussi rêveurs que précis, aussi rigoureux que courageux, et jusqu'à une apparente «extravagance». Leur pulsation commune n'était-elle pas celle de la *temporalité* elle-même (il ne faut jamais oublier, notamment, que l'image dialectique exprime avant tout un certain paradoxe du temps historique)? N'ont-ils pas exploré tous deux, patiemment, des traditions — cachées, opprimées, marginales — tout en n'ayant eu de cesse «d'inventer un nouveau rapport à l'Autrefois[12]»? N'ont-ils pas été, tous deux, fascinés par le modèle hétérodoxe d'éternel retour proposé par Blanqui[13]? Ce que Louis Janover a nommé la «fonction d'anticipation critique» chez Abensour pourrait directement renvoyer non seulement à un penseur tel que Karl Korsch, mais encore à tout ce que Benjamin disait de la prophétie chez Kafka, par exemple[14].

---

10. *Ibid.,* p. 113-114.
11. *Ibid.,* p. 118.
12. *Ibid.,* p. 67. Cf. *id.,* «Le nouvel esprit utopique», art. cit., p. 213-226. *Id.,* «La conversion utopique: l'utopie et l'éveil», art. cit., p. 27-60.
13. *Id., Les Passages Blanqui. Walter Benjamin entre mélancolie et révolution* (1986), Paris, Sens&Tonka, 2013 (éd. remaniée).
14. L. Janover, «Miguel Abensour, mémoire de l'utopie», art. cit., p. 24. Cf. également É. Escoubas, «Imagination, utopie, émancipation», *Critique de*

On ne s'étonnera pas que la collection « Critique de la politique » ait publié l'essai fondamental de Benjamin sur Baudelaire[15], puis un recueil de textes moins célèbres sur la nécessaire — et radicale — critique de la civilisation capitaliste moderne, qu'Abensour présentait en ces termes : « Que ce soit à propos des armes chimiques des guerres futures ou de la condition des ouvriers dans l'Allemagne nazie, la plupart de ces écrits portent un regard lucide, ironique ou tragique, sur le monde "civilisé" du XXe siècle — et parfois sur ses origines dans les guerres de conquête du XVIe siècle. Cette critique peut prendre des formes diverses, littéraires, théologiques ou philosophiques ; elle puise à trois "sources" principales : le messianisme juif, le romantisme allemand et — à partir de 1925 — un marxisme non étranger à l'esprit de l'utopie ; cultivant avec soin une certaine forme d'inactualité, l'approche de Walter Benjamin n'est pas moins chargée de *Jetztzeit,* d'actualité, de présent, une actualité qui ne demande qu'à exploser en ce début de XXIe siècle[16]. »

Évoquant ainsi les « formes diverses » de la critique benjaminienne à travers la constellation apparemment très hétérogène de ses « sources », Abensour se référait lui-même, comme directeur de collection, à la nécessaire mise en constellation des auteurs qu'il désirait publier. D'où, en amont de Benjamin, la grande *Philosophie de la modernité* de Georg Simmel, présentée par Abensour, d'abord sous l'angle d'une « sociologie pratiquée comme l'un des beaux-arts [et qui] ne peut se dissocier de l'interrogation philosophique sans cesse relancée sur l'essence du social », puis d'une « mise en évidence des valeurs esthétiques en jeu dans les principes de socialisation propres au monde moderne[17] ». D'où, aussi, la publication des œuvres d'Ernst

*la politique. Autour de Miguel Abensour, op. cit.,* p. 237-243.

15. W. Benjamin, *Charles Baudelaire. Un poète lyrique à l'apogée du capitalisme, op. cit.*

16. M. Abensour, [Texte de présentation de] W. Benjamin, *Romantisme et critique de la civilisation* (1913-1937), trad. C. David et A. Richter, Paris, Payot & Rivages, 2010, p. 4 de couverture.

17. M. Abensour, [Textes de présentation de] G. Simmel, *Philosophie de la modernité, I. La femme, la ville, l'individualisme* (1903-1923), trad.

Bloch, fortement lié à Benjamin — comme l'a analysé Jean Lacoste, leur inestimable traducteur[18] —, telles qu'*Héritage de ce temps* ou *Experimentum Mundi*[19]. Sans oublier d'autres auteurs de cette même constellation, que furent Siegfried Kracauer ou Georg Lukács[20] (et pour ne pas mentionner, une fois de plus, Adorno).

*

Pourquoi tous ces auteurs, bouleversants au plan de leur intelligence philosophique comme de leur destin, souvent tragique, face aux pires phénomènes historiques qui soient — fascisme, nazisme, antisémitisme —, n'ont-ils jamais cessé de parler d'art et de littérature ? Ils n'étaient pourtant pas de ceux qui « se réfugient dans l'art », non. Ils affrontaient la persécution politique au jour le jour et y répondaient par leurs gestes critiques. Or ces gestes eux-mêmes, y compris sur le plan politique, ils les savaient innervés de teneur esthétique. Pourquoi cela ? Sans doute parce qu'ils avaient pris la mesure du fait qu'il n'y aura pas d'*imagination politique,* alternative à la domination, sans une *politique de l'imagination* : donc des images, de l'art et de la littérature. D'où leur obstination à se situer, amoureusement ou polémiquement, dans le monde esthétique, pour y « arracher

J.-L. Vieillard-Baron, Paris, Payot, 1989, p. 4 de couverture, et de *Philosophie de la modernité, II. Esthétique et modernité, conflit et modernité, testament philosophique* (1903-1923), trad. J.-L. Vieillard-Baron, Paris, Payot, 1990, p. 4 de couverture.

18. J. Lacoste, « Ernst Bloch et Walter Benjamin : une amitié utopique », *Critique de la politique. Autour de Miguel Abensour, op. cit.*, p. 227-236.

19. E. Bloch, *Héritage de ce temps, op. cit. Id., Droit naturel et dignité humaine* (1961), trad. D. Authier et J. Lacoste, Paris, Payot, 1976. *Id., Experimentum Mundi, op. cit.* Cf. également G. Raulet (dir.), *Utopie – marxisme selon Ernst Bloch. Un système de l'inconstructible. Hommages à Ernst Bloch pour son 90e anniversaire,* Paris, Payot, 1976.

20. Cf. S. Kracauer, *Le Roman policier. Un traité philosophique* (1922-1925), trad. G. et R. Rochlitz, Paris, Payot, 1981. N. Tertulian, *Modernité et antihumanisme. Les combats de Georg Lukács,* éd. P. Rusch, Paris, Klincksieck, 2019.

de nouveau la tradition au conformisme qui est sur le point de la subjuguer[21] ».

Miguel Abensour a éprouvé, lui aussi, cette exigence depuis le cœur de son enquête sur les utopies politiques. Que cette expérience fût à la fois *esthétique et critique,* voilà sans doute qui explique sa colère au moment — à l'allure millénariste — de l'exposition *Utopie* organisée en 2000 à la Bibliothèque nationale de France et sous-titrée : *La quête de la société idéale en Occident*[22]. Passe encore que le mot « idéal » ait été employé hors de toute élaboration philosophique ; passe encore qu'Abensour, qui se consacrait au problème de l'utopie depuis la fin des années 1960, ait été tenu à l'écart de cette manifestation très officielle, absent de l'index et, même, de la bibliographie du catalogue. Ce qui apparaissait scandaleux, aux yeux du philosophe, était que le mot « utopie » avait été complètement déconnecté du désir d'émancipation et, du coup, dilué dans un fourre-tout politique incluant — et même se concluant sur — les figures de la domination, du fascisme et du nazisme[23].

Depuis Diderot au moins, les bonnes esthétiques auront été conduites par des gestes critiques. Abensour s'est attaché, pour en donner un contre-exemple, à scruter l'esthétique d'Albert Speer, l'architecte de Hitler. Une esthétique autoritaire, fût-elle supportée par un discours sur la beauté des formes, et qui incitait le philosophe à poser la question : « Un discours à prétention esthétique suffirait-il à réintroduire en douceur le nazisme sur la scène culturelle ? [...] Le rapport à la culture parviendrait-il à effacer le lien au pouvoir[24] ? » La réponse était négative, bien sûr, incitant Miguel Abensour à s'inscrire, une fois encore, dans les pas de Walter Benjamin lorsque celui-ci, peu après l'accession

---

21. W. Benjamin, « Sur le concept d'histoire », art. cit., p. 431.
22. L. T. Sargent et R. Schaer (dir.), *Utopie. La quête de la société idéale en Occident,* Paris, Bibliothèque nationale de France-Fayard, 2000.
23. *Ibid.,* p. 316-352. Cf. M. Abensour, « Utopie et émancipation », art. cit., p. 48-49.
24. M. Abensour, *De la compacité. Architectures et régimes totalitaires : le cas Albert Speer* (1996), Paris, Sens&Tonka, 2013, p. 10.

de Hitler au pouvoir, en appelait à une « politisation de l'art » marquée, à l'époque, par l'alternative communiste[25].

Attentif à l'esprit de finesse benjaminien, Abensour était prévenu contre toute lecture grossière de cette proposition qui entendait opposer, à la nécessaire « politisation de l'art », l'« esthétisation de la politique que pratique le fascisme[26] ». Ce que montre l'essai d'Abensour sur l'architecture d'Albert Speer, ce n'est évidemment pas qu'elle était « fasciste » parce qu'elle était « esthétique ». *Guernica* aussi était « esthétique », comme l'avaient été les *Désastres* de Goya. Ce n'est pas le caractère de beauté formelle, voire la tendance « esthétisante », qui auront fait le caractère fasciste de cette architecture : c'est, affirmait Miguel Abensour, sa *compacité* intrinsèque. On voyait alors La Boétie s'inviter en sous-main dans l'analyse de ce très détestable art de bâtir. Si la force qui asservit les peuples est bien, comme on le lit dans le *Discours de la servitude volontaire,* ce qui les rend « fascinés et, pour ainsi dire, ensorcelés par le seul nom d'*un*[27] », alors la *compacité* donnerait la version ou la conversion spatiale de ce processus mortifère, fétichisé, de fixation sur l'*un.* Rappelant les analyses de Roger Caillois et de Franz Neumann sur la domination charismatique, Abensour en venait donc à qualifier l'architecture compacte de Speer — n'admettant d'extension qu'à travers l'usage d'une symétrie obsessionnelle — comme une monumentalisation ou une « rétention du charisme » dictatorial[28].

Tout à l'opposé de ces choix esthétiques, Walter Benjamin — qu'Abensour allait de nouveau citer[29] — s'était passionné pour les vertus spatiales de la *porosité* architecturale et sociale découverte au cours de ses déambulations dans les rues

25. W. Benjamin, « L'œuvre d'art à l'ère de sa reproductibilité technique [première version] » (1935), trad. R. Rochlitz, *Œuvres, III, op. cit.,* p. 113.
26. *Ibid.,* p. 113.
27. É. de La Boétie, *Discours de la servitude volontaire, op. cit.,* p. 195 (éd. 1993) et 48 (éd. 2022).
28. M. Abensour, *De la compacité, op. cit.,* p. 38-42.
29. *Ibid.,* p. 51.

misérables et somptueuses de Naples, en 1925 : « Poreuse comme cette roche [volcanique] est l'architecture. Édifice et action s'enchevêtrent dans des cours, des arcades et des escaliers. En tout on préserve la marge qui permet à ceux-ci de devenir le théâtre de nouvelles constellations imprévues. [...] Le jour de fête pénètre irrésistiblement chaque jour ouvrable. Porosité est la loi de cette vie qu'on redécouvre inlassablement [...]. La misère est parvenue à une dilatation des limites qui est le reflet de la plus rayonnante liberté d'esprit[30]. »

Et c'est encore dans le sillage de l'esthétique benjaminienne que Miguel Abensour aura voulu rendre justice à la production visuelle de William Morris : elle revitalisait, à ses yeux, la tradition utopique par sa propre « novation technique » artisanale qui faisait fi de tous les critères industriels propres à la production capitaliste[31]. C'est un peu comme si la porosité, que Benjamin avait observée au niveau d'une architecture vernaculaire — et fort ancienne —, se retrouvait dans la disposition *all over* des motifs ornementaux conçus dans les ateliers de William Morris. Se déployait alors une sorte d'*atmosphérisation* des surfaces que l'on trouvera, par ailleurs, dans les tableaux de Vuillard : capable de porter la dimension esthétique jusqu'à cette « non-frontière » que la compacité fasciste, de son côté, aura tout fait pour abolir.

*

Benjamin, on le sait, collectionnait les cartes postales. Abensour aura fait de même. La pratique n'en est, certes, pas très rare chez les écrivains qui ont l'occasion de voyager. Mais elle prend ici un caractère spécial, dans la mesure où elle représente une mise en pratique directe et imagée de la « connaissance par constellations » que nous interrogeons ici en tant que « geste

30. W. Benjamin, « Naples » (1925), trad. J.-F. Poirier, *Images de pensée*, Paris, Christian Bourgois, 1998, p. 11, 15 et 20.
31. M. Abensour, *La Communauté politique des « tous uns », op. cit.*, p. 299-327. Pour d'autres textes, cf. G. Labelle, *L'Écart absolu : Miguel Abensour, op. cit.*, p. 258-281.

critique». La très belle exposition des archives de Benjamin, présentée à Berlin en 2006 et reprise à Paris en 2011, réservait ainsi une place de choix à ce qui reste de la collection d'images — ou «cartes avec vues» — réunies par l'auteur du *Livre des passages*[32]. Rappelons, soit dit en passant, que le passage des Panoramas à Paris, site benjaminien par excellence, représente un haut-lieu du commerce des cartes postales en France et, sans doute, en Europe. La collection de ces cartes — comme, chez Aby Warburg, la collection de tirages photographiques réunie dans de grands fichiers — constituait en fait, pour Benjamin, un dispositif heuristique tout à fait particulier: un dispositif à la fois *expérimental* et *sentimental.*

Dans «Chronique berlinoise», texte autobiographique écrit en 1932, la passion en était située du côté de la grand-mère maternelle qui, selon l'expression de Benjamin, aurait légué à son petit-fils l'«envie de voyager» (déjà une attitude *épistémique*: se déplacer pour mieux voir et comprendre le monde) doublée de l'«envie d'offrir[33]» (déjà une attitude *éthique*: envoyer une image pour donner à voir et à comprendre). Avec ce texte, Benjamin donnait donc une clef *destinale* pour cette passion, typique de sa conception de la temporalité comme de sa notion d'image dialectique. Voilà en effet une pratique qui lui venait d'une *mémoire* très proustienne, sa grand-mère, et qui se rendait capable de prendre aussi valeur de *prophétie*: «Il y a des gens qui croient trouver la clef de leur destinée *(Lebensschicksale)* dans l'hérédité, d'autres dans l'horoscope, d'autres encore dans leur éducation. Moi-même, je crois que, si je pouvais la feuilleter aujourd'hui encore une fois, ma collection de cartes postales illustrées *(Ansichtspostkartensammlung)*

---

32. U. Marx, G. et M. Schwarz et E. Wizisla E. (dir.), *Walter Benjamin, archives. Images, textes, signes* (2006), trad. P. Ivernel, dir. F. Perrier, Paris, Klincksieck, 2011, p. 170-195 et 309-313.

33. W. Benjamin, «Chronique berlinoise» (1932), trad. C. Jouanlanne et J.-F. Poirier, *Écrits autobiographiques,* Paris, Christian Bourgois, 1990, p. 298.

m'apporterait beaucoup de lumières sur ma vie ultérieure[34] *(Aufklärung über mein späteres Leben).* »

Gudrun Schwarz, dans le catalogue de l'exposition berlinoise, a signalé que Benjamin projetait, en 1924 ou 1925, d'écrire un essai sur « L'esthétique de la carte avec vue[35] ». Façon, en tout cas, de parcourir ses propres constellations d'images comme on fait une « réussite » : comme on se *tire les cartes* ou les tarots. Ou comme on prétend *lire le temps,* le prédire ou le prophétiser. Ne nous étonnons pas, avec ce statut tout à la fois mémoratif et prophétique de la collection d'images, du fait qu'un ensemble particulièrement significatif y ait concerné la famille des Sibylles : une série de vues reprenant une à une les fameuses mosaïques du pavement de la cathédrale de Sienne[36] *(fig. 17).*

Alors que la totalité de l'archive d'Abensour se trouve aujourd'hui déposée à l'Imec — l'Institut Mémoires de l'édition contemporaine —, sa collection de cartes postales est demeurée chez sa fille Judith, au titre, sans doute, d'archive sentimentale plus qu'intellectuelle[37]. Mais, avec un penseur tel que Miguel Abensour, le « sentimental » et l'« intellectuel » méritent sans doute de n'être pas séparés. Cette collection était recueillie dans des boîtes en carton, mais également disséminée sur les rayonnages de la bibliothèque. Certaines des cartes postales particulièrement chères au philosophe étaient épinglées au mur *(fig. 18).* Leur ensemble comprend environ cinq cent cinquante images et quelques livrets touristiques provenant de Venise, Prague, Jérusalem, Delphes… De la Chine ou du Mexique, par exemple. On y trouve beaucoup de reproductions d'œuvres picturales : Holbein, Titien, Goya, Manet, Picasso… Des portraits d'auteurs admirés ou des lieux qu'ils ont habités : Spinoza, Rousseau, Fourier, Stendhal, Byron, Morris, Freud et — en plus d'exemplaires que les autres — Kafka.

34. *Ibid.,* p. 298.
35. U. Marx, G. et M. Schwarz et E. Wizisla (dir.), *Walter Benjamin, archives, op. cit.,* p. 172.
36. *Ibid.,* p. 308-313.
37. Je remercie chaleureusement Judith Abensour de m'y avoir donné accès.

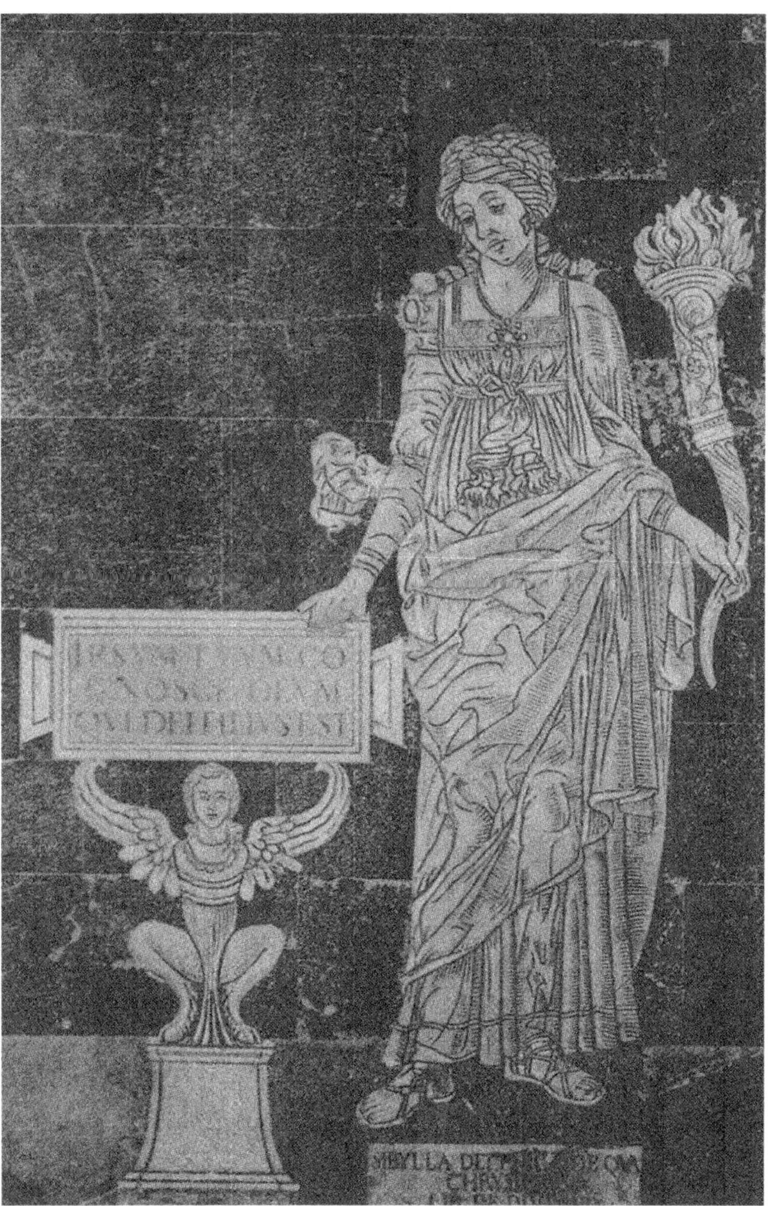

**Fig. 17.** Giovanni di Stefano ou Antonio Federighi (dessin), Giuliano di Biagio et Vito di Marco (exécution), *Sibylle de Delphes*, 1482.

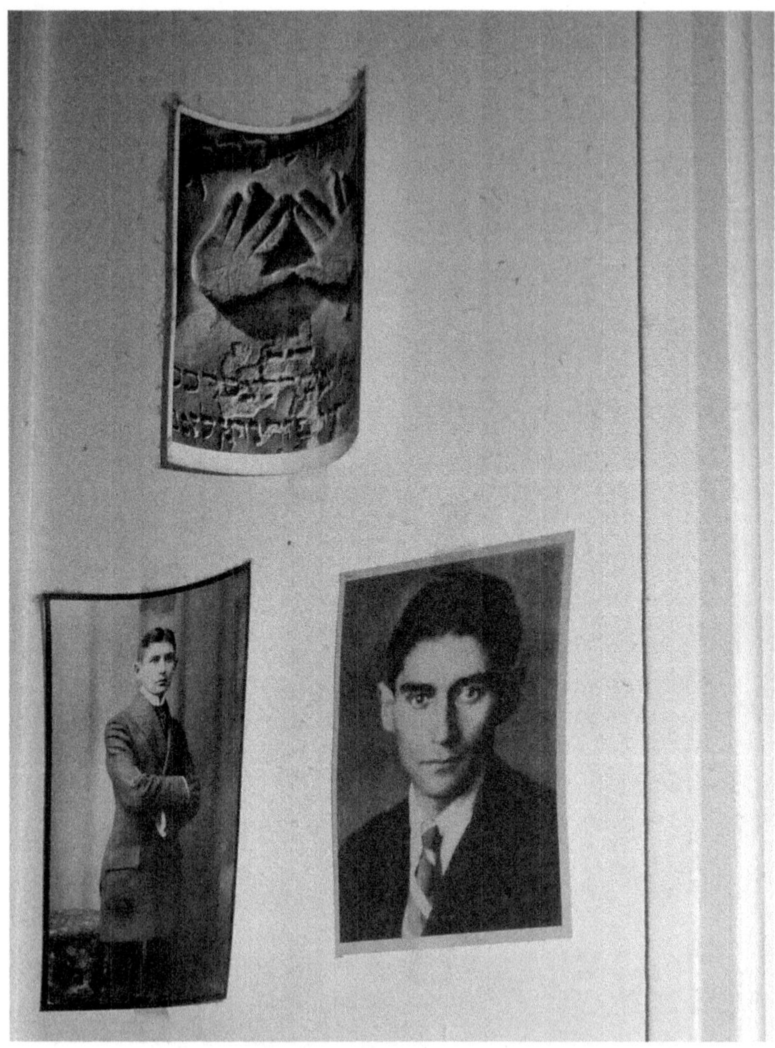

**Fig. 18.** *Mur de l'appartement de Miguel Abensour : cartes postales* (Franz Kafka, stèle funéraire juive), 2017.

On demeure frappé, dans cette collection, par deux autres traits supplémentaires qui ne sont pas sans rapports, une fois de plus, avec le ton benjaminien. D'une part, un ensemble lié au *judaïsme,* comme si Abensour, partout où il allait, avait cherché quelque trace d'une communauté enfuie, enfouie ou demeurée discrète : synagogues de Tolède, Venise, Djerba, Carpentras,

Cavaillon, cimetière juif de Prague, *Synagogue* de la cathédrale de Strasbourg… D'autre part, un ensemble d'*allégories* : le philosophe-mendiant ou l'*Ésope* de Velázquez, *Le Prophète Jérémie* de Rembrandt, *La Parabole des aveugles* de Bruegel ou *Le Fils prodigue* de Jérôme Bosch… Mais aussi les figures menaçantes de Goya et les gravures satiriques de Grandville. Sans oublier, bien sûr, et à de nombreux exemplaires — comme si Abensour se proposait de l'adresser aussi souvent que possible à ses amis— le *Génie de la Liberté* de la place de la Bastille *(fig. 11)*. N'était-il pas important, afin de porter son geste critique vers l'avenir, de se souvenir de certaines images faisant office de prophéties politiques ?

## POLITIQUE DES PLURALITÉS ET DES RECOMMENCEMENTS

Pourquoi relancer toujours nos gestes critiques ? Pourquoi changer constamment de positions plutôt que s'en tenir à la stabilité d'un état de moindre incertitude ? Pourquoi des atlas d'images, des collections éparses et jamais terminées, plutôt que des ensembles finis réglés par une même procédure d'intelligibilité ? Pourquoi des constellations à réinventer chaque fois plutôt que des totalités, des blocs correctement achevés devant lesquels on saurait à quoi « s'en tenir » ? Où trouver une justification philosophique à cette *connaissance par constellations* qu'ont pratiqué, chacun à sa façon, Aby Warburg et Walter Benjamin ? La réponse se trouve peut-être dans *Dialectique négative* — ouvrage capital pour comprendre la démarche d'Abensour —, et particulièrement dans cette proposition d'Adorno selon laquelle le « Tout » se révèle, dans sa « force opérante » d'*assimilation intégrale,* comme une fabrication du « non-vrai » — une véritable violence faite à la vérité : « La violence du rendre-semblable reproduit la contradiction qu'elle élimine[38]. »

C'est parce qu'elle refuse d'*imaginer autre chose,* disait aussi Adorno, que la pensée du « Tout » manifeste régulièrement « sa haine contre la pensée utopique, qui est la pensée de la différence par rapport à ce qui existe[39] ». La pensée du « *grand Tout* », pourrait-on dire, aboutit immanquablement à faire du « *grand Autre* » — au sens de Lacan, à savoir la condition même de notre existence psychique d'êtres parlants, sociaux et politiques — une

38. T. W. Adorno, *Dialectique négative, op. cit.,* p. 116-117.
39. *Ibid.,* p. 245.

sorte de Léviathan : un « *grand Un* ». Voilà où, suivant la leçon inestimable de La Boétie, se situerait le fondement de ce qu'on nomme si bien le *totalitarisme*. Prolongeant alors les analyses de Hannah Arendt et de Claude Lefort, Miguel Abensour envisageait cette forme de domination comme la « nouveauté » politique à quoi toute sa génération, après celle de ses parents, aura été confrontée : « Dans l'histoire de la domination, [le totalitarisme] manifeste une forme radicalement nouvelle en ce qu'elle ne vise rien de moins qu'à effacer la condition politique des hommes[40]. »

Parmi les différents textes de Lefort consacrés à cette question, l'article de 1979 intitulé « L'image du corps et le totalitarisme » occupait, aux yeux d'Abensour, une place cardinale : s'il y a de l'« instinct de mort » dans le totalitarisme, comme le disait Lefort, c'est avant tout parce qu'il nie la « division constitutive de la société » en imposant une « intégrité » du corps politique réduit — mortifié — à l'*unité absolue* ou au « *grand Un* » du pouvoir et du peuple[41]. Et Abensour d'analyser ce fantasme totalitaire sous l'espèce d'un « social pleinement positif, substantiel, coïncidant enfin avec lui-même dans le dépassement de son écartèlement [par une] "belle totalité" à tout jamais promise à rester telle[42] ». Ainsi, lorsque l'*Un* supprime ou subsume l'*Autre* — et, avec lui la division constitutive, et bénéfique, par quoi l'altérité nous transforme —, alors la domination du « *Tout-Un* » s'exerce comme un absolu sur chacun des sujets pourtant *tous autres*[43].

Non seulement *le Tout* ne manifeste, comme disait Adorno, que du « non-vrai », mais encore il *détruit tout, tous et chacun.* Le totalitarisme n'est donc pas, comme on le dit souvent,

40. M. Abensour, « Réflexions sur les deux interprétations du totalitarisme selon Claude Lefort » (1993), *Pour une philosophie politique critique, op. cit.,* p. 83.

41. C. Lefort, « L'image du corps et le totalitarisme » (1979), *L'Invention démocratique. Les limites de la domination totalitaire,* Paris, Fayard, 1981 (éd. 1994), p. 159-176.

42. M. Abensour, « Réflexions sur les deux interprétations du totalitarisme selon Claude Lefort », art. cit., p. 106.

43. *Ibid.,* p. 109.

« le politique porté à son excès » mais, au contraire, « la disparition du politique, sa destruction [par une] fantastique tentative de détruire le lien politique » réel, qui est fait de pluralité et de division entre les sujets[44]. Or voilà, précisément, ce qui faisait le cœur des analyses du totalitarisme par Hannah Arendt. Il fallait donc, aux yeux de Miguel Abensour, s'employer à une relecture approfondie de ces analyses, pour mieux les relancer à nouveaux frais.

*

Relire Arendt, donc. D'abord pour mieux comprendre, philosophiquement, en quoi *imaginer* constitue sans doute notre faculté politique première : « La critique du totalitarisme d'Arendt est d'ordre philosophique [en ce qu'elle] fait jouer l'imagination, l'imagination politique si l'on veut, [ce qui la distingue] de la critique libérale ou de la critique empirico-analytique du totalitarisme auxquelles ont eu recours la science politique ou la science juridique[45]. » Façon, pour Abensour, de redire la nécessité d'une *critique imaginative* ou « créative » de l'histoire sociale — motif également développé dans l'œuvre, contemporaine, de Cornelius Castoriadis — et de justifier l'interprétation *politique,* par Hannah Arendt, de la notion *esthétique* de « jugement » chez Emmanuel Kant[46]. Une telle interprétation se révélait aussi fondamentale qu'elle semblait paradoxale, car elle donnait à comprendre le rapport indissociable entre *sociabilité* et *sensibilité,* ouvrant ainsi le champ théorique pour envisager la fameuse question, reformulée ensuite par Jacques Rancière, du « partage du sensible[47] ».

44. *Id.,* « D'une mésinterprétation du totalitarisme et de ses effets », art. cit., p. 168.
45. *Id., La Communauté politique des « tous uns », op. cit.,* p. 160-161 (et, en général, p. 159-209).
46. H. Arendt, *Juger. Sur la philosophie politique de Kant, op. cit.,* p. 118-126.
47. M. Abensour, *Hannah Arendt contre la philosophie politique ?,* Paris, Sens&Tonka, 2006, p. 186-202.

Il ne s'agissait évidemment pas, dans ces propositions, de sacrifier à une « esthétisation de la politique » telle que la pratiquent les totalitarismes. Quoi, alors ? Quelle différence ? La réponse est que l'esthétique totalitaire ne va jamais sans l'imposition — immobilisante, fétichisante — d'un conformisme : une sorte de *liberté surveillée,* à tout le moins. Elle refuse la pluralité des points de vue, elle déteste les expérimentations, elle dévaste les formes nouvelles, elle compacifie le monde sensible et, depuis son fantasme de solidité, elle se croit une et unique pour l'éternité[48]. Tout autre avait été, à l'époque révolutionnaire, la notion de *liberté esthétique* chez Schiller[49] puis chez Kant, ainsi que Françoise Proust l'énonça clairement au début de son livre *Kant, le ton de l'histoire* : « La troisième *Critique* voit en effet la conquête par Kant d'une nouvelle idée : celle de la *liberté pratique politique.* La deuxième *Critique* avait arrimé la liberté, découverte par la première *Critique* comme son horizon, à la moralité, à la pratique morale. Il revenait à la troisième *Critique* d'affranchir la liberté de sa tutelle éthique, de penser une liberté pure, telle qu'elle se révèle dans les époques et les expériences républicaines [...]. Et il est bien vrai que la troisième *Critique* découvre un tout autre concept de liberté que celui qu'avait établi la deuxième *Critique* : une liberté non plus *de* mais *pour,* une liberté non plus d'obligation mais d'expérimentation, une liberté non plus sous la loi, mais de position[50]. »

L'idée de *position* se révèle, ici encore, fondamentale. Non seulement elle se différencie — se libère — de la prise de *parti* unilatéralement exigée dans tous les conformismes, qu'ils soient moraux, esthétiques ou politiques. Mais encore elle autorise un mode heuristique de la pensée, de la recherche, qui se différencie de toute axiomatique préalable et inamovible. Dans l'esprit de Miguel Abensour, relire Arendt — elle-même relisant Kant —, ce n'était rien d'autre que libérer l'imagination politique des

48. Cf. É. Michaud, *Un art de l'éternité. L'image et le temps du national-socialisme,* Paris, Gallimard, 1996.
49. Cf. F. Schiller, *Lettres sur l'éducation esthétique de l'homme, op. cit.*
50. F. Proust, *Kant, le ton de l'histoire, op. cit.,* p. 18-19.

contraintes imposées et permettre une compréhension de celle-ci sous l'angle de cette cruciale possibilité : toujours *recommencer.* Faire de la politique, n'est-ce pas, en effet, savoir recommencer ? N'est-ce pas avoir compris que la lutte contre la domination — celle-ci s'adaptant à tout et se métamorphosant sans cesse, surtout en régime capitaliste — est infinie ? N'est-ce pas prendre en compte que les formes d'émancipation n'obéissent jamais à des modèles uniques ou clairement prévisibles ?

Relire Arendt, donc : pour oser imaginer, et pour savoir recommencer. Abensour aima citer cette phrase par laquelle Arendt se situait explicitement dans une position critique par rapport à Heidegger : « Les hommes, bien qu'ils soient mortels, ne sont pas nés pour mourir, mais pour commencer[51]. » Ce sera tout le leitmotiv d'un chapitre consacré par Abensour à la capacité, chez Arendt, de « substituer la natalité à la mortalité » en tant que meilleure façon de « penser autrement la question politique[52] ». C'est-à-dire en tant que la meilleure voie pour engager les « opérations critiques » nécessaires à tout cheminement émancipateur[53]. Il s'agissait pour Hannah Arendt, dans cette « faculté de commencer » — ou plutôt, dirai-je, de recommencer —, d'effectuer ce déplacement susceptible d'émanciper la pensée politique hors de l'autorité philosophique platonicienne et heideggérienne : relation sur laquelle les ouvrages *La Fille de Thrace et le penseur professionnel* de Jacques Taminiaux et *Arendt et Heidegger* de Dana Villa, tous deux publiés par Miguel Abensour, apporteront de remarquables lumières[54].

*

51. Cité par M. Abensour, *La Communauté politique des « tous uns », op. cit.*, p. 208.
52. *Id., Hannah Arendt contre la philosophie politique ?, op. cit.*, p. 115-150.
53. *Ibid.*, p. 23.
54. *Ibid.*, p. 49-150. Cf. J. Taminiaux, *La Fille de Thrace et le penseur professionnel. Arendt et Heidegger*, Paris, Payot, 1992. D. R. Villa, *Arendt et Heidegger. Le destin du politique* (1996), trad. C. David et D. Munnich, Paris, Payot & Rivages, 2008.

Une autre raison justifiait, chez Miguel Abensour, la nécessité de relire Hannah Arendt. Imaginer, recommencer, certes. Mais, aussi : savoir l'*exprimer.* La liberté chez Arendt ne constitue pas seulement un motif de pensée ou un enjeu pour l'action : comme chez Kant elle va *donner le ton,* ce qu'Abensour voudra nommer, justement, « le ton de la politique[55] ». Un ton fait de colères assumées parce que légitimes, de flèches critiques en direction de ce qui avait pu sembler le plus évident et le moins critiquable… et, encore, un ton fait de cet « étonnement admiratif face au réseau des relations humaines[56] », caractéristique de l'écriture arendtienne. Il supposait à la fois un *courage* politique face à l'adversité — courage dont la figure emblématique n'était autre, pour l'auteure du *Totalitarisme,* que Rosa Luxemburg — et une *confiance* fondamentale. Confiance en quoi ? En l'*inter-esse* des sujets sociaux, ce qu'Abensour nomma, pour sa part, le « miracle de la condition plurielle des hommes, relié étroitement au miracle de la liberté[57] ».

Il était déjà clair pour Abensour que la critique du totalitarisme — lue à la lumière du phénomène par lequel les peuples sont asservis, « fascinés et, pour ainsi dire, ensorcelés par le nom d'*un* » — supposait qu'y fût diagnostiquée à la fois une « destruction de l'expérience », comme l'avait suggéré Benjamin, et une « négation de la pluralité » humaine, selon les termes d'Arendt elle-même[58]. Aristote n'avait-il pas déjà prévenu, dans ses *Politiques,* que « si elle s'avance trop sur la voie de l'unité, une cité n'en sera plus une, car la cité a sa nature d'être une certaine sorte de multiplicité[59] » ? Rappelant cette admirable leçon aristotélicienne, Abensour voulut donc la prolonger en direction de Kant — c'est-à-dire d'une esthétique pensée comme « partage

---

55. M. Abensour, *Hannah Arendt contre la philosophie politique ?, op. cit.,* p. 227-260.
56. *Ibid.,* p. 233.
57. *Ibid.,* p. 61.
58. *Id.,* « Hannah Arendt : la critique du totalitarisme et la servitude volontaire ? », *Pour une philosophie politique critique, op. cit.,* p. 137-165.
59. Aristote, *Les Politiques,* II, 2, 1261a, trad. P. Pellegrin, *Œuvres complètes, op. cit.,* p. 2346.

du sensible » et mise en *pluralité* que ce partage suppose —, puis de Hannah Arendt[60].

Kant et Arendt devaient donc être relus ensemble à la lumière de cette vocation philosophique à *pluraliser* : à penser le multiple, c'est-à-dire les constellations innombrables que forment les relations psychiques et sociales, historiques et politiques. « Le monde naît de l'espace entre les hommes, de l'espace intermédiaire entre les hommes qui habitent la terre au pluriel. Espace qui fait lien et sépare tout à la fois, mieux, espace qui relie parce que d'abord il sépare. [...] Car, à vrai dire, ce n'est pas tant l'homme qui est par essence un animal politique, *zoon politikon,* que l'espace reliant et séparant les hommes qui rend ceux-ci dignes de la qualification d'êtres politiques[61]. » Par un retournement naturel de cette dimension *plurielle* vers la condition *imaginative* de la pensée toujours « recommençante », on ne pourra dès lors que comprendre la structure *constellée* du savoir politique d'Abensour, manifeste dans ses écrits ou dans sa collection « Critique de la politique », à l'instar de ce qu'elle avait été dans l'*Atlas Mnémosyne* d'Aby Warburg ou dans le *Livre des passages* de Walter Benjamin.

C'est, en effet, l'imagination qui fait d'abord le lien entre les sujets non assujettis. Comme l'écrit Abensour : « Kant a su concevoir une condition essentielle de possibilité du jugement, à savoir l'espace public. [...] Les spectateurs au pluriel font, constituent un public. C'est au sein de ce public que peut se déployer le mode de pensée élargie grâce à l'imagination. C'est en fait cette dernière qui rend possible de "se mettre à la place du tout autre" et qui, du même coup, fait lien entre les hommes[62]. » *Le Trésor perdu* du bonheur public, qui a donné son titre à la

60. M. Abensour, « Hannah Arendt : la critique du totalitarisme et la servitude volontaire ? », art. cit., p. 160-161. *Id., Hannah Arendt contre la philosophie politique ?, op. cit.,* p. 179-182.
61. *Id., Hannah Arendt contre la philosophie politique ?, op. cit.,* p. 202.
62. *Ibid.,* p. 209-210.

remarquable étude d'Étienne Tassin sur Arendt[63], ce trésor n'est fait que d'une pluralité innombrable de liens symboliques et de libertés d'imaginer. Il n'est pas enfermé dans un coffre unique à un endroit précis, non : il est épars, disséminé. Mais cela veut dire aussi qu'il est ici et là, partout sous nos pas, accessible si on se donne la peine de bien regarder. Et de se baisser, bien sûr.

---

63. É. Tassin, *Le Trésor perdu. Hannah Arendt, l'intelligence de l'action politique,* Paris, Payot & Rivages, 1999 (rééd. Paris, Klincksieck, 2017). *Id.,* « De la pluralité », *Critique de la politique. Autour de Miguel Abensour, op. cit.,* p. 499-517.

# UNE ANTHROPOLOGIE DE LA « DIVISION PARTAGÉE »

Les trésors, souvent, semblent perdus parce qu'ils nous viennent d'une « tradition opprimée », ainsi que la nommait Walter Benjamin : une tradition recouverte par le spectacle despotique dont la domination a tellement besoin pour fasciner les peuples, les « mobiliser » (en réalité : les immobiliser) et les « ensorceler par le seul nom d'*un* ». Les trésors se perdent, non parce qu'ils sont cachés ou enfouis trop profondément dans la terre, mais parce que nous avons été persuadés que nous ne les méritions pas, qu'ils ne s'adressaient pas à nous. C'est là ce que Hannah Arendt, convoquant la sentence bien connue de René Char — « Notre héritage n'est précédé d'aucun testament » —, a voulu nommer la malfaisante « brèche entre le passé et le futur[1] ». Si les trésors se révèlent, non pas *perdus,* mais simplement *perdus de vue,* cela vient d'abord du fait qu'ils sont à reconnaître comme « notre héritage » et, donc, à extraire de notre propre sol. Mais à condition que nous en explorions, comme pour faire acte de *relecture historique,* l'épaisseur temporelle. Les trésors de l'émancipation ne sont pas perdus dans un espace d'indifférence ou dans notre environnement technique contemporain, par exemple. Ils sont perdus — et, donc, à retrouver — dans notre propre *sensibilité historique.*

C'est un trait frappant de la collection « Critique de la politique » que les auteurs contemporains publiés par Abensour aient tous manifesté une attention déclarée, primordiale, aux questions du passé, de l'histoire, de la mémoire : c'était le cas,

1. H. Arendt, *La Crise de la culture, op. cit.,* p. 11.

par exemple, de Giorgio Agamben avec son livre *Enfance et histoire,* de Cornelius Castoriadis à travers l'étude approfondie que lui consacra Nicolas Poirier, ou encore de Marc Richir avec ses essais, tous ancrés dans une histoire précise, de « phénoménologie du lien social[2] ». Le défi consistait, pour toute une génération de penseurs qui s'étaient initiés à l'*existentiel* heideggérien, à ne pas perdre de vue la responsabilité politique que seule une relation à la dimension *historique* permet de maintenir. Voilà justement en quoi consistait la position de Hannah Arendt par rapport à Heidegger, analysée par Jacques Taminiaux dans l'un des livres marquants de la collection « Critique de la politique[3] ».

Mais Arendt n'était pas isolée : tous les autres élèves juifs de Heidegger furent aussi amenés à critiquer sa pensée — c'est-à-dire à réinterroger, peu ou prou, les rapports de l'être et du temps —, qu'il s'agît de Herbert Marcuse ou de Günther Anders, de Karl Löwith ou d'Emmanuel Levinas[4]. C'est pourquoi on ne devra pas s'étonner que Miguel Abensour, lui-même doublement impliqué dans une tradition phénoménologique issue de Merleau-Ponty et dans une relecture politique de Marx ou des utopistes, se soit attaché à publier nombre de travaux issus de ces grands débats, notamment chez Karl Löwith, sans oublier les deux grands pourfendeurs de l'ontologie heideggérienne que furent Ernst Bloch et Theodor Adorno[5]. Or, deux ans avant que

---

2. Cf. G. Agamben, *Enfance et histoire. Destruction de l'expérience et origine de l'histoire* (1978), trad. Y. Hersant, Paris, Payot, 1989. N. Poirier, *L'Ontologie politique de Castoriadis. Création et institution,* Paris, Payot & Rivages, 2011. M. Richir, *Du sublime en politique,* Paris, Payot, 1991. *Id., La Contingence du despote,* Paris, Payot & Rivages, 2014.

3. J. Taminiaux, *La Fille de Thrace et le penseur professionnel. Arendt et Heidegger, op. cit.*

4. Cf. G. Didi-Huberman, *Imaginer recommencer, op. cit.,* p. 69-137.

5. Cf. K. Löwith, *Max Weber et Karl Marx* (1932), trad. M. Dautrey, Paris, Payot & Rivages, 2009. E. Donaggio, *Karl Löwith et la philosophie. Une sobre inquiétude* (2004), trad. P. Audegean, Paris, Payot & Rivages, 2013. E. Bloch, *Héritage de ce temps, op. cit.,* p. 246-273. T. W. Adorno, *Jargon de l'authenticité. De l'idéologie allemande* (1964), trad. É. Escoubas, Paris, Payot, 1989.

celui-ci ne publie *Jargon de l'authenticité,* Heidegger lui-même avait fait, sous le titre *Séjours,* le récit de son voyage en Grèce à la recherche — déçue, évidemment — de « la Grèce elle-même », c'est-à-dire de la Grèce originaire : cette matrice de toute la pensée philosophique européenne et, donc, cette condition de toute pensée de l'être[6].

D'où le rôle crucial tenu par la Grèce antique dans la mise en place des grandes positions politiques modernes — à commencer par les relectures de Platon, d'Aristote ou de Thucydide par les auteurs de la Renaissance — puis contemporaines : qu'il s'agisse de la « Grèce blanche » dont le mythe aura culminé à l'époque nazie mais perduré dans tout le discours de l'extrême-droite contemporaine ; ou qu'il s'agisse, à l'inverse, de la réflexion menée, dans un dialogue avec les travaux de Jean-Pierre Vernant et de Pierre Vidal-Naquet, par Cornelius Castoriadis sur l'invention démocratique[7]. Face à l'enjeu considérable porté par tous ces champs de tension philologiques et philosophiques, esthétiques (pensons seulement à Nietzsche ou à Warburg) et politiques, Miguel Abensour aura choisi, me semble-t-il, la meilleure voie, ou voix, pour s'orienter rigoureusement dans cette histoire.

C'est la voix de Nicole Loraux, dont Abensour aura publié deux ouvrages majeurs dans sa collection : *L'Invention d'Athènes,* en 1993, et *La Cité divisée* en 1997, cette fidélité se trouvant accomplie en 2021 avec le grand recueil *La Grèce hors d'elle* publié sous la responsabilité de Michèle Cohen-Halimi[8]. Nicole Loraux abordait la Grèce antique par-delà les

6. M. Heidegger, *Séjours* (1962), trad. F. Vezin, Monaco, Éditions du Rocher, 1992, p. 21.

7. Cf. P. Jockey, *Le Mythe de la Grèce blanche. Histoire d'un rêve occidental,* Paris, Belin, 2013. C. Castoriadis, *La Cité et les lois. Ce qui fait la Grèce, 2. Séminaires 1983-1984 (La Création humaine, 3),* éd. E. Escobar, M. Gondicas et P. Vernay, Paris, Le Seuil, 2008. *Id., Thucydide, la force et le droit. Ce qui fait la Grèce, 3. Séminaires 1984-1985 (La Création humaine, 4),* éd. E. Escobar, M. Gondicas et P. Vernay, Paris, Le Seuil, 2011.

8. N. Loraux, *L'Invention d'Athènes, op. cit. Id., La Cité divisée. L'oubli dans la mémoire d'Athènes,* Paris, Payot & Rivages, 1997. *Id., La Grèce hors d'elle et autres textes, op. cit.*

simples descriptions anthropologiques menées en termes de « rites », de « mœurs » ou de « croyances » : elle élaborait — à travers ses admirables relectures de textes que l'on avait crus évidents, « résolus » une fois pour toutes — une *anthropologie critique* qui était résolument politique et politisée. Relire Homère, Platon ou les auteurs tragiques, ce n'était pas retrouver la source majestueuse d'une supposée « civilisation occidentale ». C'était, tout au contraire, découvrir un ensemble de *phénomènes tourbillonnaires,* suivant l'image que Walter Benjamin s'était lui-même formée de ce qu'il nommait, avec Goethe, les « phénomènes originaires ».

Au-delà, donc, de toutes les représentations idéalisées, Nicole Loraux avait décidé d'innerver ses enquêtes philologiques de principes empruntés — comme chez Castoriadis, bien que fort différemment — à la *critique freudienne.* Parler d'*imaginaire,* pour la Grèce antique comme pour nous-mêmes aujourd'hui, ne pouvait donc que subir l'épreuve de cette faille ou de ce *clivage* dont Freud avait fait le « socle » bien paradoxal de sa théorie du psychique. D'où que la politique elle-même exigeât d'être observée dans ses failles, dans ses clivages, dans ses conflits, dans ses symptômes. La cité grecque, par conséquent, se révélait comme *cité divisée* et non plus comme « cité idéale » ou « ébauche de la démocratie » européenne : plutôt un tourbillon où avaient régné la discorde, la sédition, la guerre civile, la *stasis*... mais tout cela faisant, justement, *lien* politique. Ce que Loraux appelait, magnifiquement : « le lien de la division[9] ». Et que Miguel Abensour aura voulu, pour sa part, résumer ainsi : « [La division] manifeste l'ambivalence de l'ordre civique. N'est-ce pas dans la division partagée que prend son origine ce qui est commun[10] ? »

*

9. *Id., La Cité divisée, op. cit.,* p. 90-120.
10. M. Abensour, [Texte de présentation de] N. Loraux, *La Cité divisée, op. cit.,* p. 4 de couverture.

Une *division partagée,* donc. Voilà bien un paradigme politique des plus fondamentaux. Mais il fallait faire un pas de plus, dont Nicole Loraux avait déjà montré la direction : si la division ne peut se partager qu'en-dehors de tout effet de bloc ou de compacité, alors elle ne se partagera jamais mieux que dans des espaces impurs ou interstitiels, minoritaires ou marginaux, voire incompris ou opprimés. D'où l'importance, chez Nicole Loraux, de cet « opérateur féminin » que les sources antiques ne mentionnent souvent que sous l'angle de la négativité, de la simple privation. Michèle Cohen-Halimi, dans sa présentation du recueil *La Grèce hors d'elle,* écrit que cet opérateur féminin doit être « compris comme facteur de subversion de l'ordre politique de la cité, dominé par le masculin », ce qui engageait Nicole Loraux dans une « approche originale et novatrice de la tragédie[11] ». Approche que l'on retrouve, notamment, dans ses essais fondamentaux sur les lamentations tragiques[12].

Une anthropologie n'a de sens qu'à déconstruire sans relâche toutes les *réductions à la mêmeté* qu'un point de vue surplombant — colonialiste, notamment — voudrait imposer à ses objets de savoir. Ce qui, bien sûr, n'empêche pas qu'il faille établir des *relations* non réductrices, qu'elles soient de ressemblance ou de contrariété, entre les phénomènes observés. Le regard anthropologique, y compris celui que nous devons porter sur nous-mêmes, ne doit jamais rien compacifier : son exigence est d'engager une constante *ouverture à l'altérité.* Mais voilà qui énonce justement sa teneur d'emblée politique : celle que Miguel Abensour aura exemplairement trouvée dans l'œuvre de Pierre Clastres.

« Ce fut pour moi une rencontre intellectuellement bouleversante », écrit Abensour sur l'œuvre de l'anthropologue. « Pierre Clastres nous permettait de penser autrement l'institution

11. M. Cohen-Halimi, [Texte de présentation de] N. Loraux, *La Grèce hors d'elle et autres textes, op. cit.,* p. 4 de couverture.
12. N. Loraux, *La Voix endeuillée. Essai sur la tragédie grecque,* Paris, Gallimard, 1999. Cf. G. Didi-Huberman, *Ninfa dolorosa. Essai sur la mémoire d'un geste,* Paris, Gallimard, 2019.

politique du social dans les sociétés dites primitives[13]. » Ailleurs, Abensour osait parler d'« une émotion, une émotion intellectuelle à la lecture émerveillée de l'article "Copernic et les sauvages" publié dans la revue *Critique* en 1969[14] ». Outre qu'elle introduisait une nouvelle dimension par rapport aux « structures élémentaires » de l'échange selon Lévi-Strauss, l'anthropologie politique de Pierre Clastres renversait en effet toute la hiérarchie marxiste alors en usage : il fallait « ranger désormais le politique du côté de l'infrastructure et l'économique du côté de la superstructure, ce qui aboutirait [...] à une détermination de l'économique par la politique » et non l'inverse[15].

Abensour voyait ainsi en Pierre Clastres une figure majeure de ce qu'il nommait la tradition politique du « contre-Hobbes » : à savoir la critique nécessaire de cet enchaînement soi-disant fatal entre la doctrine de l'« homme loup pour l'homme » et celle du « contrat-Léviathan »... créateur de la non moins soi-disant fatale autorité de l'État[16]. Clastres montrait, de façon vivante, qu'il y avait une manière radicalement différente de penser l'institution politique du social. Voilà aussi pourquoi il était, aux yeux d'Abensour, capable de comprendre La Boétie mieux que quiconque[17]. Et voilà enfin pourquoi Abensour ne dirigea pas moins de deux colloques ou recueils en hommage à l'anthropologue décédé prématurément[18]. Il écrivait, en préambule au second : « La nouvelle anthropologie politique de Pierre Clastres,

13. M. Abensour, *La Communauté politique des « tous uns », op. cit.*, p. 50.
14. *Id.*, « Avant-propos » (2009), art. cit., p. 15.
15. *Ibid.*, p. 16. Cf. P. Clastres, *La Société contre l'État. Recherches d'anthropologie politique,* Paris, Les Éditions de Minuit, 1974 (éd. 2011), p. 7-24 et 172.
16. M. Abensour, *La Communauté politique des « tous uns », op. cit.*, p. 69-84.
17. Cf. P. Clastres, « Liberté, malencontre, innommable », dans É. de La Boétie, *Discours de la servitude volontaire, op. cit.*, p. 247-267 (éd. 1993). Repris dans *Recherches d'anthropologie politique,* Paris, Le Seuil, 1980, p. 111-125.
18. Cf. M. Abensour (dir.), *L'Esprit des lois sauvages. Pierre Clastres ou une nouvelle anthropologie politique,* Paris, Le Seuil, 1987. *Id.* et A. Kupiec (dir.), *Pierre Clastres,* Paris, Sens&Tonka, 2011.

en rupture avec l'anthropologie classique, nous invite à opérer une révolution copernicienne dans notre manière de penser l'État et, au-delà, l'institution politique du social, et leur place dans l'histoire des hommes. [...] Au lieu de penser, à l'exemple de Hegel, l'histoire comme celle des États et de renvoyer du côté de la non-histoire les sociétés "sans État", Pierre Clastres nous engage à effectuer un virage radical qui consiste, en abandonnant la thèse des sociétés sans État, à faire graviter les sociétés à État autour de ce qu'il appelle les sociétés sauvages ou sociétés contre l'État, [qui sont des] sociétés à pouvoir politique non coercitif[19]. »

*

Des « sociétés à pouvoir politique non coercitif » ? Des « sociétés contre l'État » ? On a peine, vu depuis nos « nations » constituées, à concevoir cela. Et pourtant, c'est ce que de nombreuses utopies politiques auront bel et bien *imaginé* en Occident. Utopies *anarchistes,* dira-t-on[20]. Mais qui ne demeurent « utopiques » qu'au regard d'une « nature humaine » et sociale dont Marshall Sahlins — proche ici de Pierre Clastres autant que de David Graeber — a bien montré le caractère idéologique et trompeur[21]. Il vaudra donc mieux considérer, avec Miguel Abensour, que l'homme, anthropologiquement parlant, est un « animal utopique » et qu'il reste urgent de « s'interroger sur la pluralité des traditions utopiques pour rendre vie à cette forme de pensée sauvage et à sa foisonnante

19. M. Abensour, « Pierre Clastres et nous. La révolution copernicienne et la question de l'État », *Pierre Clastres, op. cit.,* p. 11. Cf. *id.,* « La voix de Pierre Clastres », préface à P. Clastres, *Entretien avec « l'Anti-mythes »,* Paris, Sens&Tonka, 2012, p. 7-12.
20. Cf. A. Kupiec, « L'œuvre de Pierre Clastres et le renouveau de la pensée anarchiste », *Pierre Clastres, op. cit.,* p. 299-310.
21. M. Sahlins, *La Nature humaine, une illusion occidentale* (2008), trad. O. Renaut, Paris, Éditions de l'Éclat, 2009.

luxuriance[22] ». Pensées *sauvages* en ce qu'elles ont toutes, pour élément vital, quelque forêt *(silva)* réelle ou métaphorique… Or, là où la forêt des Guayaki rencontrés par Pierre Clastres pouvait encore sembler bien loin de l'Européen des années 1970, on sait aujourd'hui à quel point elle nous était, et même continue de nous être, vitale : ne serait-ce que dans sa grande respiration partagée, planétaire, menacée.

Imaginer de telles sociétés, voilà donc ce que les utopistes auront osé faire, quitte à s'entendre taxer d'extravagants ou de « barbares[23] ». Et voilà comment Miguel Abensour, encouragé par les observations de Pierre Clastres, en sera venu à défendre, par-delà Claude Lefort qui l'avait d'abord énoncée, l'hypothèse d'une « démocratie sauvage » : cela pour dire à la fois qu'elle était non domesticable — une politique sans police, pourrait-on dire — et rétive à toute autorité, que celle-ci fût subie par un autre ou exercée sur les autres. Pourquoi *sauvage* ? D'abord pour dénoncer « l'illusion d'un accomplissement du social sous la forme de l'indivision[24] ». Ensuite pour en appeler à « l'idée de grève sauvage, c'est-à-dire qui surgit spontanément, commence de soi et se déploie de façon “anarchique”, indépendamment de tout principe *(archè),* de toute autorité[25] ».

Il ne s'agissait donc de rien d'autre que de « se forger une “idée libertaire” de la démocratie [dans une conjonction] où s'entrecroisent le libertaire et le sauvage[26] ». Et Abensour de justifier son choix — surprenant pour quelques-uns, sans aucun doute — de garder, et le « principe » *démocratique,* et le « non-principe » *libertaire* (cela à travers une longue discussion

22. M. Abensour, « L'homme est un animal utopique. Entretien », art. cit., p. 280.
23. *Id.,* « Philosophie politique et socialisme : Pierre Leroux, ou du “style barbare” en philosophie », art. cit., p. 173-194.
24. *Id.,* « “Démocratie sauvage” et “principe d'anarchie” » (1994), *Pour une philosophie politique critique, op. cit.,* p. 321.
25. *Ibid.,* p. 323.
26. *Ibid.,* p. 324.

sur le « principe d'anarchie » selon Reiner Schürmann[27]). Ayant clairement anticipé ce que Jacques Rancière nommera la « haine de la démocratie », Miguel Abensour a donc fait du *sauvage* et de l'*anarchique* le cœur fécond de cette démocratie dont l'énergie politique consisterait, précisément, à se manifester sans relâche contre l'État, ses lois et son autorité. D'où sa conclusion quant au choix terminologique de la « démocratie sauvage » : « Ce paradoxe n'est-il pas celui de la démocratie même, que révèle au mieux le qualificatif de sauvage ? La démocratie que tant et tant domestiquent et banalisent pour mieux l'apprivoiser n'est-elle pas une forme étrange d'expérience politique qui, se déployant dans la durée et dans l'effectivité, se donne des institutions politiques, mais qui, dans le même mouvement, ne cesse de se dresser contre l'État, comme si dans son opposition à l'État et dans son effervescence il s'agissait non pas d'atteindre la fin de la politique, mais d'élaborer de la façon la plus féconde et la plus paradoxale un "désordre nouveau" qui soit une invention de la politique, toujours renouvelée, au-delà de l'État voire contre lui[28]. »

Abensour, en d'autres contextes, parlait aussi de « *démocratie insurgeante* ». Parce qu'elle vise « la disparition de l'État » — motif qui se trouve dans les écrits mêmes de Karl Marx en 1844 —, la « critique de la politique » devrait donc aboutir à une *politique* qui ne coïncide en rien avec l'*étatique*[29]. « La nature de la vraie démocratie est la non-domination », écrit Abensour : c'est justement ce qui la porte à se rendre « sauvage », c'est-à-dire fondamentalement « oppositionnelle », selon le mot d'Oskar Negt dont un livre fut publié en 2007 dans la collection « Critique de la politique[30] ». La démocratie ne va donc

27. *Ibid.*, p. 329-345 (cf. R. Schürmann, *Le Principe d'anarchie. Heidegger et la question de l'agir*, Paris, Le Seuil, 1982).
28. *Ibid.*, p. 345-346.
29. *Id.*, *La Communauté politique des « tous uns »*, *op. cit.*, p. 119-124. Cf. *id.*, « Avant-propos » (2009), art. cit., p. 21-30.
30. O. Negt, *L'Espace public oppositionnel* (1976-2001), trad. A. Neumann, Paris, Payot & Rivages, 2007.

pas sans un décisif « désordre démocratique » à entendre, selon Abensour, comme « disponibilité à l'insurrection » et constant « désir d'utopie », tout cela mû par un fondamental « désir d'altérité[31] ». C'est, en quelque sorte, dans une terminologie calquée sur La Boétie, une démocratie en mouvement des « *tous uns* » contre l'État immobile des « *tous Un*[32] ».

Au terme de ce parcours, Abensour n'hésitait pas à soutenir l'idée d'une *démocratie utopique* en rupture avec les inlassables et trop lassants, les très minables et intolérables petits arrangements que nos « démocraties » actuelles entretiennent avec le pire, par exemple concernant le sort des migrants. Il s'agissait donc bien, pour lui, de « récuser l'alternative fallacieuse » entre *utopie* et *démocratie*[33]. Mais « comment tisser un lien de l'une à l'autre [...], comment féconder l'une par l'autre en prenant pour hypothèse que, dans notre modernité, utopie et démocratie sont deux forces, deux impulsions indissociables, que le mouvement émancipateur moderne s'est nourri, se nourrit de leur rencontre, des eaux mêlées de leur double tradition[34] ? »

*

Tous ces paradoxes se réunissent peut-être dans le nœud étrange — ou le nœud d'étrangetés — que forme déjà l'expression de « division partagée ». C'est une *division* : donc ce n'est pas un bloc, une compacité, le triomphe de l'Un. Il y a faille et, donc, du Deux au moins, voire une pluralité indéfinie produite par divisions enchaînées. Il y a division parce que le social et le politique ne se mobilisent qu'à travers le jeu permanent, la

31. M. Abensour, *La Communauté politique des « tous uns », op. cit.*, p. 125-138.
32. *Ibid.*, p. 117.
33. *Id.*, « Utopie et démocratie » (2001), *Pour une philosophie politique critique, op. cit.*, p. 349.
34. *Ibid.*, p. 350. Cf. M. Boireau-Rouillé, « La réduction libérale de la démocratie », *Critique de la politique. Autour de Miguel Abensour, op. cit.*, p. 61-78. M. Breaugh, « Le lien social entre utopie et démocratie », *ibid.*, p. 79-92.

dialectique ou le zigzag, entre conflits et attractions, ruptures et solidarités. Venus d'espaces hétérogènes, les morceaux du social se rencontrent, coopèrent éventuellement, mais ne collent jamais pour de bon, en viennent souvent à se séparer, voire à se confronter. Mais c'est une division *partagée* dans la mesure où, ce faisant, elle assume sa fonction de *lien* qui est tout autre chose, précise Abensour, que l'« ordre » prôné à partir du point de vue contractuel de Hobbes[35]. C'est une question d'*attrait,* une force d'attraction. Par conséquent c'est une question de *désir* — voilà sans doute le plus important. On découvre alors que toute cette imagination politique ou cette *imagination du politique* ne saurait exister sans quelque chose qui en fait le fond, ou la pointe, souvent indiscernable : je veux dire un point de vue, une position ou un *travail du psychique.*

De sa formation philosophique française, Miguel Abensour savait bien qu'on ne peut plus, y compris lorsqu'on s'intéresse à la phénoménologie, faire l'impasse sur la psychanalyse freudienne. Il avait lu, de Gilles Deleuze, le petit recueil *Instincts et institutions,* où l'on comprend déjà comment la question sociale est innervée de désirs inconscients, voire de pulsions, tout cela mêlé aux décisions conscientes de l'agir politique[36]. Un livre comme *Différence et répétition* — avant les critiques ultérieures sur l'Œdipe — n'était-il pas tout entier traversé par la « répétition dans l'inconscient[37] » ? Plus encore que Deleuze, Merleau-Ponty avait soigneusement intégré la perspective freudienne dans sa réflexion, notamment dans le séminaire qu'il consacra à la vie psychique en 1954-1955, parallèlement au problème très politique de *L'Institution*[38].

Il en était de même — et de façon plus explicitement politique, peut-être — dans la formation qu'Abensour était allé

35. M. Abensour, *La Communauté politique des « tous uns », op. cit.,* p. 95-97.
36. G. Deleuze, *Instincts et institutions, op. cit.*
37. *Id., Différence et répétition,* Paris, PUF, 1968, p. 128-153.
38. M. Merleau-Ponty, *L'Institution dans l'histoire personnelle et publique. Le problème de la passivité : le sommeil, l'inconscient, la mémoire, op. cit.,* p. 155-294.

chercher du côté de la Théorie critique. Il suffirait pour cela de rappeler le rôle séminal de la lecture d'*Éros et civilisation,* livre que Marcuse avait voulu sous-titrer: *Contribution à Freud*[39]. Loin de tout triomphalisme hégémonique dont les doctrines politiques sont si souvent marquées, Abensour n'aura jamais oublié, non plus, cette leçon d'Adorno dans *Dialectique négative* : « Le besoin de faire s'exprimer la souffrance est condition de toute vérité[40]. » Façon de dire, en toute logique freudienne, que les peuples façonnent leurs propres conduites politiques entre l'expression de leurs souffrances et celle de leurs utopies : entre symptômes endoloris et désirs à accomplir, pourrait-on dire. Ce qui avait incité Walter Benjamin à déclarer qu'à l'apparition de toute image dialectique — moment fécond du devenir historique, entre un Autrefois et un Maintenant, une mémoire et un présent désirant —, « l'historien assume, pour cette image, la tâche de l'interprétation des rêves[41] *(die Aufgabe der Traumdeutung)* ».

On pouvait ainsi trouver, sans surprise, quelques ouvrages importants de psychanalyse dans la bibliothèque personnelle d'Abensour : des livres de Freud ou de Ferenczi, de Bettelheim ou de Winnicott, de Binswanger ou de Fédida, de Lacan ou de Legendre[42]... Par ailleurs, on trouve certains témoignages d'une « dialectique de la raison et de l'irraison » dans quelques livres de la collection « Critique de la politique », tel celui de Charlotte Beradt sur les rêves en période nazie[43], ou encore celui de Michèle Ansart-Dourlen, *Freud et les Lumières,* qu'Abensour présentait en ces termes : « La dualité est inhérente au moi [depuis Rousseau jusqu'à Freud] et l'accès à la raison n'est pas nécessairement corrélatif d'un désir de liberté[44]. » Plus importante encore aura été, sans doute, l'expérience même de Miguel

39. H. Marcuse, *Éros et civilisation, op. cit.*
40. T. W. Adorno, *Dialectique négative, op. cit.*, p. 22.
41. W. Benjamin, *Paris, capitale du* XIX*e siècle, op. cit.*, p. 481.
42. Cf. A. Kupiec, D. Munnich et H. Tonka, *La Bibliothèque de Miguel Abensour, op. cit., passim.*
43. C. Beradt, *Rêver sous le IIIe Reich, op. cit.*
44. M. Abensour, [Texte de présentation de] M. Ansart-Dourlen, *Freud et les Lumières. Individu, raison, société,* Paris, Payot, 1985, p. 4 de couverture.

Abensour en tant qu'analysant, ainsi que son dialogue — tout aussi discret — avec les travaux psychanalytiques de son épouse Liliane Abensour.

Inspirée par les travaux de Donald Winnicott, l'ouvrage de celle-ci, intitulé *La Tentation psychotique,* dessinait un mouvement dialectique, une sorte de pulsation entre deux positions antinomiques : d'un côté un état de « haine originaire », et d'un autre la « pensée [comme] créatrice d'images[45] ». Ne pourrait-on pas, dès lors, voir dans ce mouvement une condition psychique essentielle pour la *division* politique, jusqu'à ses manifestations extrêmes dans le choc entre les pouvoirs *accablants* et les puissances *soulevantes* de l'émancipation politique ? Division dont la seule chance d'échapper à la compacité, donc d'être *partagée,* se ferait sur la base de l'imagination, non seulement en tant que « créatrice d'images », mais aussi en tant que faculté politique au sens de Hannah Arendt ?

Une *division partagée* impliquerait donc, au niveau psychique, que les « déchirures du moi » dont parle Liliane Abensour au début de son livre[46] puissent conduire le sujet vers un choix destinal — éthique notamment — qui se déciderait devant cette bifurcation décisive : d'un côté le pouvoir de la *forclusion* psychotique, de l'autre la puissance émanée de l'*imagination* utopique. C'est comme si, à l'instar du dialogue secret entretenu par l'« imaginaire » politique de Cornelius Castoriadis avec l'économie du « pictogramme » selon la psychanalyste Piera Aulagnier[47], Abensour avait, à l'écoute des notions freudiennes, envisagé les utopies politiques comme une façon de ne pas subir les — malheureusement si efficaces — folies politiques de la domination paranoïaque et totalitaire, cette « tentation psychotique » par excellence.

On ne s'étonnera donc pas de rencontrer assez régulièrement, dans la prose d'Abensour, les traces d'un vocabulaire

---

45. L. Abensour, *La Tentation psychotique, op. cit.,* p. 28-34 et 196-206.
46. *Ibid.,* p. 9-21.
47. Cf. P. Aulagnier, *La Violence de l'interprétation. Du pictogramme à l'énoncé,* Paris, PUF, 1975, p. 45-80.

psychanalytique d'autant plus nécessaire que l'histoire des utopies lui était apparue, d'emblée, comme un grand *refoulement à lever* dans notre culture politique contemporaine. C'est bien ce « refoulement » qu'il voyait à l'œuvre dans une tradition marxiste — au-delà de Marx lui-même — ayant perdu, selon lui, le sens du « désir socialiste » : « De quelle revanche de la rationalité classique procède le rétrécissement du socialisme, sa transformation en science de la société, science sans cœur, sans énergie, sans passion ? Sur quel appauvrissement ou, plus, sur quel refoulement de cette exigence globale se fonde l'épigonisme de Marx qui porte le nom de marxisme[48] ? »

Parlant du totalitarisme, Abensour convoquait également les notions psychanalytiques de « résistance » et de « dénégation[49] ». Il sera question de « retour du refoulé » et de l'« inquiétante étrangeté » dans l'entretien de 2014, ainsi que de l'« Autre scène » — formulation freudienne puis lacanienne, reprise par Octave Mannoni pour parler de l'imaginaire — dans l'étude sur *Le Rouge et le Noir* de Stendhal[50]. Sans compter les nombreuses occurrences des « traumatismes » psychiques décelés par Abensour à chaque soulèvement écrasé, par exemple celui des massacres de juin 1848 et de leur rôle dans la conscience moderne de l'histoire[51].

S'agissant de la servitude volontaire, Abensour s'est quelquefois élevé contre certaines « réductions analytiques » — entendons : psychanalytiques — trop rapides de ce phénomène, en termes de masochisme par exemple[52]. Il n'en reconnaissait pas moins l'essentielle teneur psychique de la servitude volontaire

48. M. Abensour, « Pierre Leroux et l'utopie socialiste », art. cit., p. 136.
49. *Id.,* « Réflexions sur les deux interprétations du totalitarisme selon Claude Lefort », art. cit., p. 85.
50. *Id., La Communauté politique des « tous uns », op. cit.,* p. 14 et 104. *Id., La Lumière et la Boue, op. cit.,* p. 26 (cf. O. Mannoni, *Clefs pour l'Imaginaire ou l'Autre scène,* Paris, Le Seuil, 1969).
51. *Id.,* [Texte de présentation de] D. Oehler, *Le Spleen contre l'oubli, op. cit.,* p. 4 de couverture.
52. *Id.,* « Hannah Arendt : la critique du totalitarisme et la servitude volontaire ? », art. cit., p. 164.

inhérente, chez La Boétie, au vocabulaire du « charme » ou de la « fascination ». Voilà pourquoi, dans les lettres et les notes inédites publiées récemment par Michèle Cohen-Halimi, on peut suivre la pensée d'Abensour s'interrogeant sur ce mystère anthropologique en termes de désir ou, plus exactement, de *défaillance du désir* : « Ne faut-il pas plutôt penser la S.V. [servitude volontaire] comme une *panne du conatus,* comme une interruption du *conatus,* et qui dans certains cas a tendance à durer[53] [?] »

Proche de ces notes inédites dans l'édition du *Discours de la servitude volontaire,* un texte très intense de Pascal Quignard situait la « panne du *conatus* » dans une perspective aussi éclairante que résolument freudienne : « Pourquoi la tyrannie (la violence exercée par *Unus* sur *Plures*) donne-t-elle un tel sentiment de protection à celui qui s'y soumet ? La Boétie met au jour un pacte humain silencieux. Chacun avant d'être intégré dans le groupe des *plures* a connu la honte originaire, la dépendance absolue, ce que Winnicott appelle la *Help-less-ness,* ce que Freud appelle la *Hilflosigkeit,* l'absence totale de secours et de recours, la naissance vivipare prématurée, post-génitale, animale. La vie sociale est éduquée (tu devrais avoir honte, sois propre, retiens ton urine, réponds quand on te parle) comme la langue du groupe est lentement, péniblement, finalement *volontairement* acquise. Là, on touche au fond, à l'abîme anthropologique. Nous naissons au bord de cet abîme[54]. »

Il y avait, dans la bibliothèque de Miguel Abensour, un essai de psychanalyse dû à Monique Schneider et consacré à la question du trauma en tant que fondateur d'une « filiation paradoxale[55] ». C'est en parfaite cohérence avec cette double

53. *Id.,* « Lettres et notes inédites sur La Boétie », art. cit., p. 110.

54. P. Quignard, « Lettre sur La Boétie. Sur la dépendance passionnée de l'âme à sa parole », dans dans É. de La Boétie, *Discours de la servitude volontaire, op. cit., p.* 93 (éd. 2022).

55. M. Schneider, *Le Trauma et la filiation paradoxale. De Freud à Ferenczi,* Paris, Ramsay, 1988 (cf. A. Kupiec, D. Munnich et H. Tonka, *La Bibliothèque de Miguel Abensour, op. cit., p.* 205).

question — qui, aux yeux d'Abensour, pouvait rejoindre celle, politique, de la « tradition des opprimés » — que Monique Schneider, par la suite, aura voulu approfondir les prolongements de cette « détresse » *(Hilflosigkeit)* pertinemment convoquée par Pascal Quignard à propos de la servitude volontaire. Or la trajectoire dessinée par la psychanalyste avait tout pour intéresser Abensour puisqu'elle partait de cette détresse originaire théorisée par Freud pour qu'advienne, *in fine,* la question éthique de la proximité d'autrui selon Emmanuel Levinas[56]. Et c'est alors comme si la notion anthropologique de « division partagée » rencontrait sa possibilité de sortie hors de toute servitude volontaire : entendons par là son possible destin historique et politique instauré à travers une *décision éthique,* c'est-à-dire une assomption de l'altérité. Depuis cette décision éthique, le désir humain parviendrait alors à trouver la liberté de sa forme, de ses gestes et, donc, l'*ouverture utopique* de ses possibilités d'émancipation.

56. *Id., La Détresse, aux sources de l'éthique,* Paris, Le Seuil, 2011, p. 7-25 et 286-377.

# ÉTHIQUE DE L'ALTÉRITÉ : LA TRADITION CACHÉE

Il est extraordinaire, si l'on y pense un peu, que la revendication utopique ait été très souvent jugée *extravagante* là même où elle ne lâchait rien sur la plus grande évidence qui fût, et que l'on pourrait nommer une *évidence éthique.* Elle consiste, tout simplement, à reconnaître chaque être humain comme un *semblable.* Au rebours de l'anthropologie issue de Hobbes — selon laquelle *l'homme est un loup pour l'homme* —, l'utopiste serait d'abord celui qui a décidé de tenir bon sur l'évidence selon laquelle *l'homme est un homme pour l'homme* (cela dit sur un mode générique, bien sûr, et non pas genré). Les pragmatismes politiques, sans doute, auront tôt fait de ne voir là que naïveté ou « maladie infantile du communisme » : comme si l'adage populaire « on ne fait pas d'omelette sans casser des œufs » devait imposer, au plan social et historique, stratégique et politique, l'idée qu'« on ne fait pas d'humanité sans détruire des hommes ».

Miguel Abensour est de ceux qui auront tenu bon devant ce soi-disant « principe de réalité » ne camouflant, somme toute, qu'un grand « principe de domination ». Il s'est, obstinément, mis à l'écoute du « contenu éthique de la revendication utopique », comme l'appelait Louis Janover[1]. À l'écoute, pourrait-on dire, de cette évidence qu'auront portée toutes ces « voix oubliées » de l'utopie — voix qui s'insurgeaient justement contre cet *oubli de l'éthique* dont les doctrines politiques sont si souvent porteuses jusque dans leur « ton réaliste » et leur rejet,

1. L. Janover, « Miguel Abensour, mémoire de l'utopie », art. cit., p. 26.

leur mépris de tout « humanisme ». Lorsque Miguel Abensour fait resurgir, par exemple, le point de vue révolutionnaire de Pierre Leroux, c'est bien une *expérience éthique,* humaine et inter-humaine, dont il veut nous parler d'abord : « La cité révolutionnaire, "organisation nouvelle de la vie collective", constitue ce que l'on pourrait définir comme une *expérience d'humanité.* Entendons que, pour Pierre Leroux, la Révolution française s'analyse avant tout comme une formidable et première reconnaissance de l'homme par l'homme. L'autre n'est plus rencontré, conformément à la logique d'une société d'ordres, comme le supérieur ou l'inférieur, il est désormais reconnu, avant toute autre détermination, comme le *semblable.* [...] C'est dire qu'au-delà de l'égalité juridique, politique, surgit une dimension beaucoup plus profonde de l'égalité, une qualité anthropologique — la venue de l'*homo aequalis* —, voire une dimension ontologique nouvelle. Quelque chose en est bouleversé dans l'économie de l'être[2]. »

Un paradoxe surgit alors et rend compte, pour une bonne part, des relations complexes qu'entretiennent dans l'histoire les *actions politiques* avec les *gestes éthiques.* Dans la réflexion de Leroux sur la Révolution française, en effet, l'égalité entre les hommes est bien présentée comme le résultat d'une action politique, seule capable de renverser un régime de gouvernement (monarchique, hiérarchique) et de lui substituer le principe de l'égalité entre les citoyens. Mais cette égalité obtenue sur le plan politique et juridique ne suffit pas à instituer l'égalité sous l'angle de cette « qualité anthropologique » qu'Abensour veut ici mettre en jeu. Bref, l'éthique est indissociable de la politique et, cependant, lui est attachée comme « latence » ou « inquiétance », soit comme une qualité spectrale de son *intime étrangeté* : « Une philosophie de l'humanité [comme celle de Pierre Leroux] peut conduire à penser les manifestations de la vie dans le champ politique — cité, État, république — en rapport

2. M. Abensour, « Comment une philosophie de l'humanité peut-elle être une philosophie politique moderne ? » (1994), *Pour une philosophie politique critique, op. cit.,* p. 211.

avec l'invisible qui les hante, qui ne cesse d'y intervenir, avec cet être à l'état de latence, l'infini-humanité[3]. »

L'éthique, donc, colle à la politique. Mais non pas sous une forme de consubstantialité : plutôt comme cette hantise — mémoire inconsciente, inquiétante étrangeté — qui colle à la réalité de nos actions volontaires. *L'éthique hante la politique,* et vouloir se défaire jusqu'au bout d'une telle hantise n'aboutit, probablement, qu'à la « folie politique » comme telle : sa forclusion sur soi-même, sa « fabrique des émotions disjointes[4] », bref sa « tentation psychotique ». Reconnaître, à l'inverse, le rôle fondamental de cette « latence » reviendrait, chez Miguel Abensour comme autrefois chez Pierre Leroux, à engager les dimensions éthiques de la « solidarité » ou de l'« amitié » : « Il ne suffira pas de penser le rapport de Leroux à la philosophie politique classique ; mais il faudra aussi voir jusqu'à quel point il recherche dans une ontologie de la solidarité — ou dans une solidarité comme dimension ontologique — un niveau originaire de *koïnonia* tel qu'il pourrait permettre de relier la question de la démocratie au problème d'autrui[5] » — c'est-à-dire au problème éthique tel que Levinas le formulera, d'ailleurs, comme excédant le point de vue ontologique lui-même. Abensour ira jusqu'à parler de l'amitié chez Leroux en termes d'« expérience épiphanique de l'autre », voire en termes d'« humanisme de l'autre homme[6] ».

*

3. *Ibid.,* p. 217.
4. Cf. G. Didi-Huberman, *La Fabrique des émotions disjointes. Faits d'affects, 2,* Paris, Les Éditions de Minuit, 2024.
5. M. Abensour, « Philosophie politique et socialisme : Pierre Leroux, ou du "style barbare" en philosophie », art. cit., p. 194.
6. *Id.,* « L'utopie socialiste », art. cit., p. 157. *Id.,* « Comment une philosophie de l'humanité peut-elle être une philosophie politique moderne ? », art. cit., p. 229.

L'apparition de l'éthique selon Levinas, dans le contexte d'une philosophie politique — ou, mieux, d'une « critique de la politique » — issue du jeune Marx, voilà qui signe le geste de Miguel Abensour dans ce qu'il a de plus étrangement radical. Étrangement, dis-je, puisque personne ne peut s'attendre à voir Levinas surgir dans une histoire de la gauche contestataire nourrie de Saint-Just, de Marx ou de Rosa Luxemburg. La forte présence de Levinas dans l'éventail théorique d'Abensour explique sans doute, en grande partie, le silence d'une gauche conformiste, fût-elle « extrême », à l'égard de ce grand penseur de l'*imagination politique.* Inversement, elle éclaire ce que j'ai nommé, depuis le début de cet essai, l'importance cruciale que revêt une pensée de l'émancipation capable de *délicatesse critique.*

Pourquoi donc Levinas ? Il n'apparaît pas comme cela, d'un bloc, dans la pensée d'Abensour. Il arrive par le chemin de toute une tradition — de toute une traversée —, à la fois manifeste et cachée. C'est d'abord, dans les stricts termes d'une philosophie politique, ce qu'Abensour nomme la *tradition du contre-Hobbes* : la réfutation du présupposé anthropologique de « l'homme loup pour l'homme », puis la contestation du caractère contractuel de la relation politique qui en découle, avec la domination qui la caractérise finalement. Avant Levinas, pourrait-on dire, il y a Spinoza et, à sa suite, toute une pléiade de penseurs « héroïques » ayant poussé le marxisme par-delà ses prétentions à se constituer comme « science du social » à travers, notamment, les lois économiques. Dans cette pléiade ou constellation, on reconnaîtra Heinrich Heine ou Ernst Bloch, Gustav Landauer ou Walter Benjamin… et tant d'autres encore. On reconnaîtra Hannah Arendt pour qui, déclare Abensour, « la position éthique est posée comme la condition de possibilité de la perception du réel[7] ». Et cela continuerait, au moins, jusqu'aux admirables *Minima Moralia* de Theodor Adorno.

7. *Id., La Communauté politique des « tous uns », op. cit.,* p. 164.

Une singularité a bien dû frapper Abensour, à quelque moment, dans cette constellation : c'est que beaucoup des tenants de cette *tradition politique,* issue de Spinoza et de son *Éthique,* s'inscrivait aussi dans une *tradition opprimée* elle-même liée, fût-ce de façon paradoxale, à la *tradition juive.* Tradition qui aura connu un moment aussi fécond que méconnu à travers ce « judaïsme libertaire » d'Europe centrale étudié par Michael Löwy et, plus tard, par Pierre Bouretz[8]. Abensour lui-même n'aura pas hésité à inscrire son propre cheminement dans cette sorte de *tradition errante* à travers les siècles et les territoires : « Je veux bien reconnaître quelque chose de personnel dans cette obstination [utopique], la fidélité à une part de la tradition rabbinique, celle qui oppose à Alexandre "la haine du pouvoir et de l'autorité[9]". » D'où le rappel significatif — *via* le texte de Hannah Arendt sur « Le Juif comme paria » — de la légende des « trente-six justes inconnus » qui apparaîtront, sous la plume d'Abensour, comme l'image même de la communauté furtive des utopistes anciens et modernes[10].

À la fin de son entretien de 2014 avec Michel Enaudeau, Abensour voulut revenir une fois de plus sur ce motif : « Je tenterai une hypothèse. Le nouvel esprit utopique, tout au moins celui qui est issu de gestes philosophiques, de nature à ouvrir une nouvelle intelligence de l'utopie, ne constituerait-il pas ce que Hannah Arendt appelle une "tradition cachée" ? De même que le judaïsme, après l'avènement du christianisme, a survécu — et pas seulement en tant que témoin aveugle — et résisté à l'impérialisme chrétien en produisant des œuvres originales et multiples, de même le nouvel esprit utopique, dans ses figures juives, n'a-t-il pas survécu et résisté à l'exclusivisme marxiste, à distinguer de Marx ? Il est assez facile d'épeler les noms qui

8. Cf. M. Löwy, *Rédemption et utopie. Le judaïsme libertaire en Europe centrale : une étude d'affinité élective,* Paris, PUF, 1988. P. Bouretz, *Témoins du futur. Philosophie et messianisme,* Paris, Gallimard, 2003.
9. M. Abensour, *La Communauté politique des « tous uns », op. cit.,* p. 92.
10. *Ibid.,* p. 163 (cf. H. Arendt, « Le Juif comme paria : une tradition cachée » [1944], trad. S. Courtine-Denamy, *Écrits juifs,* Paris, Fayard, 2011, p. 433-457).

constitueraient cette tradition cachée. Ernst Bloch, Gustav Landauer, Martin Buber, Karl Mannheim, Walter Benjamin, Adorno et, pour finir, Levinas[11]. »

Le dialogue d'Abensour avec Levinas n'est donc à considérer ni comme une « dérive éthique » de sa pensée politique, ni, au contraire, comme un « sauvetage » de dernier recours métaphysique. Il relève bien de son *geste critique* le plus constant. De la même façon qu'Adorno avait pu dire, quelque part, que les mots étrangers, dans un livre, passent un peu comme les « Juifs errants du discours », Abensour se sera risqué, selon ses propres termes, à « faire de l'utopie "l'idée juive" dans le champ de la théorie sociale [en ce qu'elle survit comme] la revendication de son inaltérable différence[12] ». Voilà pourquoi il n'y a rien de superfétatoire — de « hors-sujet » ou de purement « personnel » — dans le fait que la bibliothèque d'Abensour ait réuni autant d'ouvrages sur le judaïsme : depuis les *Aggadoth* du Talmud de Babylone jusqu'à Martin Buber, depuis Maïmonide jusqu'à Gershom Scholem, depuis Heine jusqu'à Elias Canetti, ou depuis Primo Levi jusqu'à Abraham Yehoshua, Yosef Yerushalmi ou Yirmihahu Yovel[13]... Anne Kupiec et David Munnich, décrivant les rayonnages de cette bibliothèque, remarquaient ainsi que « des livres consacrés au judaïsme se serrent les uns contre les autres[14] ». Ne pourrait-on pas, à ce propos, risquer une association d'idées en rapprochant ces livres des stèles funéraires serrées les unes contre les autres, dans le vieux cimetière juif de Prague, et dont Abensour fut tellement impressionné qu'il en conservait toute une série de cartes postales *(fig. 19)* ?

*

11. *Ibid.*, p. 359.
12. *Id.*, « Le nouvel esprit utopique », art. cit., p. 201.
13. Cf. A. Kupiec, D. Munnich et H. Tonka, *La Bibliothèque de Miguel Abensour, op. cit., passim.*
14. A. Kupiec et D. Munnich, « Miguel Abensour. Une bibliothèque », *ibid.*, p. 14.

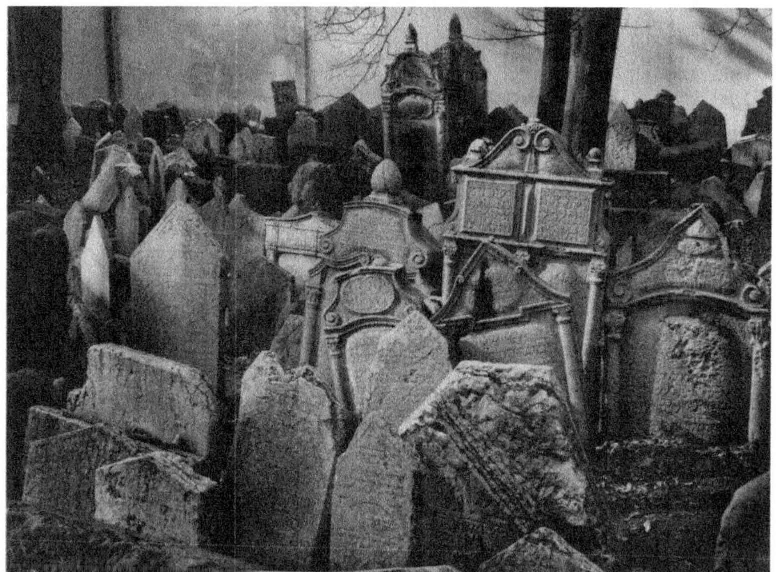

**Fig. 19.** Photographe anonyme, *Cimetière juif de Prague*, non daté.

Il n'est jamais facile, pour qui que ce soit, d'assumer la tâche exigée par Walter Benjamin dans ses thèses « Sur le concept d'histoire » : « À chaque époque, il faut arracher de nouveau la tradition au conformisme qui est sur le point de la subjuguer[15]. » Il ne faut pas perdre de vue que Miguel Abensour dut se heurter, comme beaucoup au sortir de la Shoah, à cette difficulté concernant la tradition juive dont il pensait n'avoir rien appris dans son enfance. Parmi les archives d'Abensour déposées aujourd'hui à l'Institut Mémoires de l'édition contemporaine, on trouve par exemple cette note manuscrite : « Un autre élément qui m'est personnel : j'ai trouvé dans Levinas des éléments de l'éducation juive que je n'ai pas reçue enfant[16]. » C'est un peu, comprend-on, comme si la pensée de Levinas était venue, pour Abensour, lancer un pont par-dessus la « brèche entre le passé et le futur » ouverte dans sa propre histoire par le fait que son héritage juif n'avait été précédé d'aucun testament précis.

15. W. Benjamin, « Sur le concept d'histoire », art. cit., p. 431.
16. M. Abensour, [Notes manuscrites pour le] « 11e entretien (9 avril 2011) », *Archives Miguel Abensour,* Caen, Imec, boîte 754 MBS, p. 2.

Abensour, dans un texte sur Spinoza publié en 2003 dans la revue *Tumultes,* a donné me semble-t-il une clef pour comprendre sa propre position dans cet « héritage » juif marqué d'une grande « brèche ». C'est un texte sur la notion de *paria* et sur le marranisme de Spinoza[17]. Or il y évoque, sans la développer, la notion spinoziste de *fluctuatio animi* sur laquelle une précision s'impose ici, dans la mesure où Spinoza y mettait lui-même en relation deux passages de son *Éthique.* Le premier se trouve dans le livre II, proposition XLIV, où le premier corollaire et la scolie développent l'idée que « l'imagination seule nous fait contempler les choses, tant du passé que du futur, comme contingentes[18] ». N'est-il pas évident, en effet, que nous ne pouvons qu'*imaginer le temps* passé ou futur, ce qui rend les contenus de cette imagination « contingents », c'est-à-dire jamais totalement avérés dans leur nécessité ?

Spinoza développait alors la conséquence d'une telle fragilité inhérente à notre imagination du temps : devant deux passés ou deux destins possibles, « l'Esprit imaginera l'un ou l'autre » *(alterutrum imaginabitur)*, en sorte qu'il sera nécessaire de parler, concernant ces temporalités qui échappent à notre saisie actuelle et rationnelle, d'une « imagination flottante[19] » *(fluctuabitur... imaginatio).* Puis, dans le second texte convoqué par Spinoza dans son système de renvois, cette *imagination flottante* — productrice de contenus contingents, bien qu'elle-même soit nécessaire en tant que faculté — sera mise en relation, au plan des émotions, avec quelque chose comme une affectivité clivée, un *affect divisé* : « Cet état de l'Esprit qui naît de deux affects contraires s'appelle un flottement d'âme *(animi fluctuatio),* lequel, partant, est à l'affect ce qu'est le doute à l'imagination[20]. »

17. *Id.,* « Au-delà de la *fluctuatio animi* marrane. Spinoza en quête de l'universel », *Tumultes,* n° 21-22, 2003, p. 107-139.
18. B. de Spinoza, *Éthique, op. cit.,* II, proposition XLIV, corollaire I, p. 705.
19. *Ibid.,* p. 705-706.
20. *Ibid.,* III, proposition XVII, scolie, p. 735.

Telle est bien la situation de l'utopiste : il exerce une « imagination flottante » qui va et vient entre le passé et le futur — *via* un refus certain de la réalité présente —, moyennant quoi il ne produira que des vérités d'exigence, mémorielles ou optatives, c'est-à-dire non certaines. Par ailleurs, il ne ressentira que des « affects divisés », notamment entre espérance et pessimisme. Or, dans son texte sur Spinoza, Abensour parle de la situation du marrane dans les mêmes termes exactement. Deux affects, deux mouvements contraires l'agitent en effet : d'un côté le sentiment d'appartenance, de l'autre celui du retrait critique. Abensour appelle cela « désir d'appartenance au peuple juif » et, à l'opposé, « désir de retrait » ou de « distance critique[21] ». C'est aussi un mélange de joies et de tristesses, de décisions intellectuelles et d'incertitudes imaginaires. Le *désir d'appartenance* revient à assumer la condition juive en tant que celle du *peuple paria* et de sa « tradition cachée ». Mais le *désir de retrait,* que manifeste l'activité critique, consiste à refuser la condition juive en tant que celle du *peuple élu* — position spinoziste ouvrant, comme les appelle Abensour, les « chemins de l'universel » et, au-delà, les perspectives critiques de l'âge des Lumières[22].

Or voici que cette tension antagonique appelle — comme par quelque signe adressé vers un processus dialectique — une troisième position qui prendra valeur, non pas de synthèse ou de réconciliation, mais d'*échappée* ou d'évasion. Échappée paradoxale puisque, par un mouvement d'ouverture spiralée, elle se donne aussi l'exigence d'un *retour* dans lequel ce n'est pas au « même » qu'il s'agira de faire retour, mais à un lieu natif réinvesti de toutes nouvelles *différences.* Revenir à la tradition juive n'aurait donc d'intérêt, dans cette perspective, qu'à retenir d'abord et pour finir — car il est bien difficile d'en être à la hauteur — cette fondamentale leçon du Deutéronome : « Accueille l'étranger, car nous aussi nous fûmes étrangers et asservis en Égypte[23]. » Voilà bien comment se sera mise en

21. M. Abensour, « Au-delà de la *fluctuatio animi* marrane », art. cit., p. 107.
22. *Ibid.,* p. 114-139.
23. *Ibid.,* p. 139.

place l'exigence éthique chez Abensour : exigence d'hospitalité, accueil de l'étranger — comme chez Jacques Derrida, dédicataire en 2006 du texte sur Stendhal[24] — et, d'abord, *rencontre de l'autre* au sens radical que lui aura conféré Emmanuel Levinas.

*

*Accueillir l'étranger* : l'accueillir chez nous, accueillir en nous son étrangeté en tant qu'elle serait la forme même, inattendue, de notre commun *être-semblable.* Voilà bien l'injonction éthique par excellence. Celle qui, au rebours de la cruauté politique décrite — ou décrétée — par Hobbes, ne considère pas l'homme comme un loup pour l'homme, mais comme *un homme pour un autre homme.* Cette éthique, Miguel Abensour l'aura donc reconnue chez Emmanuel Levinas dans toute la *puissance* de son fondement anthropologique. Dans toute son *extravagance* politique aussi : c'est « l'extravagante hypothèse » d'une « extravagante générosité du pour-autrui[25] ». C'est-à-dire d'une extravagante — utopique — politique de « l'État de justice[26] ». Là où la philosophie politique, depuis Hobbes, faisait reposer l'histoire humaine sur la fatalité des guerres et le conflit entre des Empires toujours avides d'élargir encore leurs pouvoirs sur autrui, l'éthique selon Levinas nous reconduit à l'imagination d'une « fraternité première » et d'une puissance de paix[27].

N'y a-t-il pas, dans cette hypothèse, quelque chose comme un humanisme angélique, donc suspect car conduisant directement à l'irresponsabilité politique ? L'utopie n'aurait-elle pas

---

24. *Id.,* « *Le Rouge et le Noir* à l'ombre de 1793 ? », *Critique de la politique. Autour de Miguel Abensour, op. cit.,* p. 553 (dédicace non reprise dans l'édition posthume de *La Lumière et la Boue, op. cit.*).

25. *Id.,* « Éthique et politique : le contre-Hobbes d'Emmanuel Levinas » (1998), *Levinas,* éd. A. Kupiec et H. Tonka, Paris, Sens&Tonka, 2021, p. 176. *Id.,* « L'extravagante hypothèse » (1998), *ibid.,* p. 61-102.

26. *Id.,* « L'État de justice chez Levinas » (2005), *ibid.,* p. 285-295.

27. *Id., Emmanuel Levinas, l'intrigue de l'humain : entre métapolitique et politique. Entretiens avec Danielle Cohen-Levinas,* Paris, Hermann, 2012, p. 70.

fini, avec Levinas, de faire basculer Abensour dans une *antipolitique* ? À cela, on devra répondre que la *discrétion* pragmatique de cette politique *a minima* que Levinas proposait — comme les *minima* de la morale selon Adorno — trouvait sa contrepartie dans sa propre *puissance* optative : son *exigence politique,* bien loin de toute fuite « antipolitique ». C'est ainsi qu'Abensour n'hésitait pas à situer la pensée de Levinas sur cette bordure délicate : « entre métapolitique et politique ». Façon de dire que son exigence quant au politique n'était finalement rien d'autre qu'un *anarchisme* philosophique[28]. Une utopie anarchiste, donc ? Sans doute, puisqu'il s'agissait, depuis le début pour Abensour, de penser une politique qui ne fût pas enfermée dans la seule question du *pouvoir pour soi,* contre les autres, mais qui pût déployer une véritable *puissance pour l'autre*[29].

« Il s'agit d'un pas hors de la politique qui, paradoxalement, y reconduit pour la penser autrement », écrivait Abensour du geste philosophique de Levinas[30]. Un *pas* qu'il faudrait comprendre selon l'ouverture du mot lui-même : entre le geste d'avancer un pied, de dire *oui* à autre chose devant soi, et celui de dire *non* à la situation d'où le *pas* cherche justement à s'extraire. C'est donc un *geste critique* par excellence : ainsi lorsque Levinas — relu par Abensour — critiquait la notion de *projet* le plus souvent lié à l'action politique, pour lui substituer le *désir* inhérent au moindre geste, le geste de soulèvement en particulier[31]. Mais pourquoi prendre les choses par le « moindre geste » d'anarchie plutôt que par le grand « projet révolutionnaire », par exemple ? La réponse tient peut-être, en premier lieu, à la situation historique où vécurent Levinas puis, dans une autre mesure, Abensour lui-même.

Cette situation est celle d'une « tradition des opprimés » particulière. Elle n'était pas organisée comme pouvait l'être

28. *Id.,* « L'an-archie entre métapolitique et politique » (2002), *Levinas,* art. cit., p. 235-260.
29. *Id., Emmanuel Levinas, l'intrigue de l'humain, op. cit.,* p. 28-29.
30. *Id., La Communauté politique des « tous uns », op. cit.,* p. 88.
31. *Id.,* « Penser l'utopie autrement » (1991), *Levinas, op. cit.,* p. 30.

la classe ouvrière si durement exploitée, néanmoins guidée et encadrée dans ses luttes par les syndicats et les partis communistes européens. Il s'agit ici de la tradition de ces vaincus qui furent les pourchassés de la Shoah, tradition à travers laquelle aura survécu, étrangement, quelque chose comme une « utopie des vaincus », ainsi que l'appelait Abensour en conclusion de son entretien de 2012 sur *L'Intrigue de l'humain*[32]. C'est alors qu'il faudrait replacer Levinas lui-même dans la constellation de ces penseurs juifs ayant à la fois beaucoup appris de la phénoménologie heideggérienne et ayant réfléchi sur ce que Heidegger avait lui-même produit en matière de « *Mal élémental* » : d'où le magnifique commentaire d'Abensour sur « l'explication de Levinas avec Heidegger » à partir de l'hitlérisme lui-même[33]. Nul doute, disait-il, que Levinas soit à « situer par rapport à la césure, à l'abîme de la Shoah »[34].

Nul doute, également, que « de la catastrophe [ait] surgi une nouvelle "sommation utopique" [...] comme si la catastrophe dévoilait *a contrario* la nécessité impérieuse de l'utopie[35] ». Voilà pourquoi il ne faut pas s'étonner du lien très profond que Levinas aura entretenu, dans la longue durée, avec l'« utopie socialiste » selon Martin Buber ou avec l'« esprit de l'utopie » selon Ernst Bloch, ainsi que Miguel Abensour n'aura pas manqué de l'analyser, fût-ce en y débusquant les différences[36]. Il reste cependant que, là où l'auteur du *Principe Espérance* avait substitué au *pas* purement négatif de Heidegger le *pas-encore* du désir utopique, l'auteur d'*Éthique et infini* aura fini par engager, semblablement, toute sa philosophie sur la voie d'une « évasion » ou « sortie »

32. *Id., Emmanuel Levinas, l'intrigue de l'humain, op. cit.,* p. 122.
33. *Id.,* « Le Mal élémental » (1997), *Levinas, op. cit.,* p. 103-162.
34. *Id.,* « Lire Levinas aujourd'hui ? » (2001), *ibid.,* p. 192.
35. *Id., Emmanuel Levinas, l'intrigue de l'humain, op. cit.,* p. 61-62.
36. *Ibid.,* p. 86-89. *Id.,* « Utopie et démocratie », art. cit., p. 359-362. *Id.,* « Persistante utopie », art. cit., p. 164-181. *Id.,* « Utopie : futur et/ou altérité ? », art. cit., p. 227-255 (cf. E. Levinas, « Sur la mort dans la pensée de Ernst Bloch », *Utopie – marxisme selon Ernst Bloch, op. cit.,* p. 318-325. *Id.,* « Préface » à M. Buber, *Utopie et socialisme,* trad. P. Corset et F. Girard, Paris, Aubier Montaigne, 1977 [rééd. revue, Paris, L'Échappée, 2016], p. 23-27.).

— un « exil », voire une « *excendance* » — hors de toute ontologie de cet « être rivé » (enraciné, jaloux de son « état » comme de son « État ») que l'on trouve chez Heidegger[37]. Et c'est ainsi qu'une nouvelle pensée de l'éthique, aux yeux d'Abensour, ouvrait la possibilité d'une « conception renouvelée, voire révolutionnaire », de la politique elle-même[38].

Non seulement, chez Heidegger, « le *Dasein* n'a jamais faim », comme le disait Levinas[39], mais encore son fameux « chemin de campagne » n'était décidément pas fait pour l'éventuelle *rencontre avec un étranger,* Juif, Tsigane ou migrant venu d'ailleurs. Tout à l'opposé, la politique selon Levinas mettait la *rencontre* à son « principe » qui, comme on l'aura vite compris, n'en était pas un puisqu'une véritable rencontre ne se construit sur aucun fondement préalable, aucune prémisse formulée, aucun axiome ni postulat. Il n'y a, dans une authentique rencontre, *aucune raison* que cette rencontre soit advenue. Par nature, pourrait-on dire, la rencontre est *an-archique* : elle n'est précédée ni surplombée par rien qui ressemblerait à un « commencement » de principe ou à un « commandement », selon le double sens du mot grec *archè.* La rencontre est l'avènement inattendu d'une proximité. Or, commente Abensour, « la proximité n'est ni un état, ni un repos, mais une inapaisable inquiétude. Elle est un non-lieu (utopie ?), hors le lieu du repos, car insuffisamment proximité, comme si son impulsion la plus propre et la plus profonde était d'éprouver sans relâche un "jamais assez proche" [soit] l'instauration de l'*un-pour-l'autre*[40]. »

Il est important de noter que, si forte qu'ait pu constituer la « rafale de vent » ressentie par Abensour à la lecture de Levinas[41], la lecture de Hannah Arendt l'avait déjà mené vers

37. *Id.*, « Rencontre, silence » (1988), *Levinas, op. cit.,* p. 11-21. *Id.,* « Penser l'utopie autrement », art. cit., p. 37-59.
38. *Id., Emmanuel Levinas, l'intrigue de l'humain, op. cit.,* p. 41.
39. Cité *ibid.,* p. 45.
40. *Id.,* « L'an-archie entre métapolitique et politique », art. cit., p. 247.
41. Cf. C. Chalier, « La rafale de vent qui a poussé Miguel Abensour dans le dos : Levinas et l'utopie », *Lignes,* n° 56, 2018, p. 35-45.

de semblables conclusions : « Arendt ne participe-t-elle pas d'un "principe d'anarchie", et la déconstruction du politique à laquelle elle invite ne libère-t-elle pas l'action de la domination des principes, de la théorie et des fins ? Ne conçoit-elle pas une action libre de toute *archè*[42] ? » Est-ce à dire qu'Abensour cherchait une « convergence impossible » entre ces deux pensées apparemment si dissemblables d'Arendt et de Levinas[43] ? Ou bien n'y faut-il pas voir cette cohérence profonde et originale d'une pensée capable de dessiner, pour la politique, des constellations nouvelles issues de rencontres inévidentes ? On ne voit certes pas ce que vient faire Levinas dans une tradition de pensée qui va du jeune Marx à la Théorie critique, mais tout change si l'on veut bien remarquer à quel point celle-ci fut ancrée dans un judaïsme libertaire, notamment très présent chez Walter Benjamin et que l'on retrouve, en effet, chez Hannah Arendt.

Dans un texte de 1991 intitulé « Penser l'utopie autrement », Miguel Abensour faisait la très simple remarque selon laquelle « le premier geste d'Emmanuel Levinas consiste à faire émigrer l'utopie des lieux où elle s'égare et à la rendre à son élément premier, la relation interhumaine, mieux le *lien humain*[44] ». Façon de dire que l'utopie politique est moins à chercher *au-delà* d'une réalité sociale existante qu'*entre* les hommes, s'ils le veulent bien. La première utopie, en ce sens, consisterait à s'extraire, à faire le *pas,* hors de la *fascination pour l'Un* en quoi consiste la servitude volontaire. Et, tout simplement — bien que rien, en l'espèce, ne soit si simple : difficile est l'hospitalité comme difficile est la liberté —, à trouver la forme de cette *approche de l'autre* que dit, fondamentalement, l'éthique levinassienne.

---

42. M. Abensour, « D'une mésinterprétation du totalitarisme et de ses effets », art. cit., p. 198.
43. Cf. J. Taminiaux, « Arendt et Levinas, convergence impossible ? », *Critique de la politique. Autour de Miguel Abensour, op. cit.,* p. 303-320.
44. M. Abensour, « Penser l'utopie autrement », art. cit., p. 27.

# L'UTOPIE DES LIVRES, OU LA SOMMATION SANS SOMME

Qu'est donc devenu, pour finir, l'enfant menacé des années d'occupation nazie ? Un lecteur et un utopiste. Un penseur critique, un philosophe insurgé imaginant de nouvelles voies pour pratiquer une politique émancipatrice. L'enfant d'autrefois aura donc beaucoup lu, beaucoup écrit, publié beaucoup de livres écrits par d'autres que lui. Il aura voulu dédier, en 2014, la synthèse de sa pensée — consacrée à la notion de communauté politique — aux enfants et aux éducateurs d'Izieu, arrêtés le 6 avril 1944, déportés et exterminés à Auschwitz[1]. Dans le même temps, il s'interrogeait sur la possibilité d'une « utopie après Auschwitz » : une utopie qui serait devenue « impossible » ou « inimaginable », comme on l'a pensé spontanément et comme on l'a formulé bien souvent. Mais il répondait, tout au contraire : « Cette opinion, aveuglée par une pseudo-évidence et plutôt soulagée de se débarrasser de l'utopie, méconnaît un renversement inattendu de la question. En effet, comme l'ont perçu à des degrés divers Etty Hillesum, Adorno, Levinas, loin de ruiner l'utopie, cette situation sans précédent aurait pour effet surprenant de faire naître, de susciter une sommation utopique d'un genre nouveau[2]. »

Une nouvelle *sommation utopique,* donc. Un appel à s'acquitter d'une tâche restée inaccomplie, ce *pas-encore* dont avait parlé Ernst Bloch. Mise en demeure non pas juridique et contraignante, mais éthique et placée « sous le signe

1. *Id., La Communauté politique des « tous uns », op. cit.*, p. 372.
2. *Ibid.*, p. 373.

de la non-souveraineté » ou, dit autrement : « Peut-être la sommation utopique qui émerge de la catastrophe nous intimera-t-elle le plus impérieusement possible de libérer les hommes de la peur, sans pour autant les lancer, les engager dans la recherche mortifère d'une nouvelle souveraineté, [façon de] pratiquer la politique autrement, à savoir [de] ne pas attaquer frontalement les opinions qui soutiennent un ordre établi, mais [de] les prendre de biais, par ce que More lui-même appelait la "voie oblique[3]". » Un nouvel *art de la critique,* donc. Un « style critique » dont le *gestus* fondamental serait de ne jamais laisser le dernier mot à la domination ou à la mort.

La sommation utopique commencera donc avec ce mouvement qui consiste à affirmer l'indestructibilité du désir de liberté et l'urgence — à imaginer — de toujours recommencer : contre le *Dasein* heideggérien de l'« être-pour-la-mort », mais aussi contre le désespoir confortable d'une pensée qui s'inclinerait devant la victoire supposément intégrale de la domination. On peut bien, aujourd'hui comme hier, constater la catastrophe en cours. Mais, justement, celle-ci ne fait, selon Abensour, que « dévoil[er] *a contrario* la nécessité de l'utopie. Sommation utopique qui trouve dans la souffrance extrême une impulsion historique spécifique provenant de ce que Hegel appelle "la conscience du malheur". La persistance de la souffrance contraint l'utopie non réalisée à ne pas se saborder, malgré les invitations qui lui sont faites. Voilà pourquoi Adorno introduit à la fin de son essai "Éduquer après Auschwitz" le nom emblématique de Charles Fourier. On peut prendre le problème autrement. Si Auschwitz est l'emprise du maître absolu qu'est la mort, la sommation utopique post-génocidaire n'a-t-elle pas pour caractère de réveiller la quintessence de l'utopie, à savoir le refus de la mort[4] ? »

De même que Walter Benjamin entendait arracher l'« image dialectique » à toute espèce d'« image mythique », de même

3. *Ibid.,* p. 373 et 380.

4. *Id.,* « L'homme est un animal utopique », art. cit., p. 276. Cf. également *id.,* « La conversion utopique », art. cit., p. 60.

Miguel Abensour aura travaillé à extraire l'utopie des mythifications que représentent, en quelque sorte, les conformismes de ce qu'on a souvent appelé ses « idéaux ». Une *sommation utopique,* en ce sens, consisterait à ne jamais oublier, depuis son *exigence* même — voire son « insurgeance » et sa « radicalité » —, la *discrétion* dont toute l'éthique d'Abensour était, dès le départ, constituée : d'où la forme « interro-négative » qu'il assumait souvent dans l'intitulé même de ses articles. La sommation utopique n'a rien d'un idéal bien dessiné auquel il faudrait chercher à se conformer : elle est, d'abord, *insistance de la question,* ce qu'Irving Wohlfarth, parmi d'autres, aura reconnu comme l'authentique relais, chez Abensour, d'une Théorie critique dont Jürgen Habermas, de son côté, a fini par croire qu'elle avait épuisé sa propre énergie utopique[5].

L'insistance de la question révèle la survivance du désir autant que la cohérence de la pensée philosophique. Que la satisfaction du vœu, ou la « réalisation de l'utopie », ne soit pas atteinte, voilà qui, justement, ne saurait en aucun cas porter atteinte à l'énergie propre de ce désir. Telle serait, alors, la *lumière paradoxale* de l'utopie — sa *lueur* —, si l'on en croit le rapprochement que faisait Irving Wohlfarth entre la sommation utopique selon Abensour et ce passage du *Méridien* de Paul Celan où il était, justement, *question des images* :

> « Et que seraient alors les images ?
> Ce qui, une fois, et c'est chaque fois la seule fois, c'est seulement ici et seulement maintenant, est aperçu et à percevoir [...] à la lumière de l'u-topie[6] *(im Lichte der U-topie).* »

*

5. I. Wohlfarth, « La possibilité de l'impossible », art. cit., p. 170.
6. *Ibid.,* p. 157. P. Celan, « Le Méridien. Discours prononcé à l'occasion de la remise du prix Georg Büchner à Darmstadt, le 22 octobre 1960 » (1960), trad. J. Launay, *Le Méridien et autres proses,* Paris, Le Seuil, 2002, p. 79.

À écouter ces quelques paroles de Paul Celan, on devrait comprendre que, si les images authentiques apparaissent le plus souvent « à la lumière de l'u-topie », inversement les utopies authentiques se forment peut-être bien à la façon des images elles-mêmes. En tout cas selon une *dynamique de l'imagination.* C'est à partir de son imagination singulière, en effet, que l'enfant menacé d'autrefois aura pu devenir ce lecteur si attentif, si aigu, du monde social et politique. Il fallait aussi de l'imagination — puissance expansive de l'esprit, puissance de multiplicité, de pluralité — pour que Miguel Abensour en vînt à critiquer avec autant de pertinence toute forme totalisante, unifiante ou unificatrice de la politique. Il avait fallu que l'enfant s'insurgeât, sans doute, mais d'une insurrection utopique, c'est-à-dire créatrice, généreuse, imaginative.

C'est, donc, dans la mesure où elle sera *imaginative* que la « démocratie insurgeante » selon Abensour affirmera jusqu'au bout sa puissance singulière : elle « n'est pas une variante de la démocratie conflictuelle, mais son exact opposé. Tandis que la démocratie conflictuelle pratique le conflit à l'intérieur de l'État [...], la démocratie insurgeante situe le conflit dans un autre lieu, à l'extérieur de l'État, contre lui[7] ». C'est là son « impulsion anarchique qui se dresse en priorité contre la manifestation classique de l'*archè* — à la fois commencement et commandement —, à savoir l'État[8] ». Une telle démocratie peut être dite imaginative ou *inventive* en ce qu'elle fait du conflit, non pas un rapport frontal, haineux et imitatif de l'ennemi — enfermé, par conséquent, dans le modèle même qu'elle affronte —, mais une « façon plus féconde [d'ouvrir] une brèche qui permette l'invention de la politique toujours renouvelée, au-delà de l'État, voire contre lui[9] ».

Ainsi, pour Miguel Abensour, « le propre de la démocratie insurgeante est de *déplacer* sensiblement les enjeux » de

7. M. Abensour, *La Démocratie contre l'État, op. cit., p.* 27.
8. *Ibid., p.* 28.
9. *Ibid., p.* 238.

l'affrontement politique classique[10]. Manière non duelle et non brutale de s'insurger, une telle politique *imagine des chemins de traverse,* obliques ou diagonaux, afin d'échapper au pouvoir unificateur des pensées unilatéralement partisanes qui sont, à leur propre échelle, des volontés étatiques en formation : des dispositifs orthogonaux et symétriques, « droits dans leurs bottes » comme on dit. Afin, donc, d'échapper à la domination et à ses cadres d'intelligibilité, il faudrait en quelque sorte « prendre la tangente » : ce qui n'équivaut en rien à un refus de la réalité — plutôt à un simple refus d'y être captif ou asservi. La première puissance de l'imagination tiendrait alors dans cette possibilité que l'on se donne, en toute audace et liberté, de se mouvoir : de se déplacer. De produire de *l'autre en tant qu'écart.* Geste par lequel Abensour se voyait « dessinant les lignes d'une dialectique négative » inspirée de la Théorie critique[11]. Écart radical en ce qu'il produisait non de simples alternatives, mais de réelles altérités[12].

Mais l'imagination s'autorise une seconde liberté, une puissance non moins fondamentale que la première. Il ne lui suffit pas de « prendre la tangente » et de créer un écart : il lui faut aussi multiplier les tangentes ou les dérives, les obliques ou les diagonales. Les écarts, en effet, n'ont d'intérêt qu'à se pluraliser pour que varient constamment — expérimentalement, heuristiquement — nos points de vue, nos focales ou nos cadrages sur la réalité. C'est alors que les écarts formeront des constellations, la faculté imaginative se développant pour produire de *l'autre en tant que lien.* Abensour, en particulier, aura reconnu là cette grande vertu du travail d'Ernst Bloch qui avait « révélé combien étaient nombreux, multiples et hétérogènes les objets qu'est susceptible d'investir l'utopie, la fonction utopique[13] ».

10. *Ibid., p.* 28. Je souligne.

11. *Ibid., p.* 242.

12. Cf. F. Perrier, « Insurgente insurgeante. Miguel Abensour ou la persistance de l'écart absolu », *Lignes,* n° 56, 2018, p. 91-101. M. Rouillé-Boireau, « Miguel Abensour, penseur libertaire », *ibid., p.* 103-114.

13. M. Abensour, « L'utopie des livres » (2008), *Utopiques II, op. cit., p.* 68 (repris dans *Levinas, op. cit., p.* 303).

La « sommation utopique » invoquée par Miguel Abensour n'aura eu de sens qu'à travers cette multiplicité, à condition de bien comprendre que *sommation* ne veut pas dire la *somme* — le résultat, le tout — ni le *sommet* de quoi que ce soit.

Commentant la notion politique de « pluralité » dans l'œuvre d'Abensour comme dans celle d'Arendt, Étienne Tassin avait cru bon d'introduire son propos par ces quelques phrases de Maurice Blanchot dans *L'Entretien infini* : « Je pense à cette affirmation d'Apollon, lorsque, par la bouche du poète Bacchylide, il dit à Admète : "Tu n'es qu'un mortel ; aussi ton esprit doit-il nourrir deux pensées à la fois". Donc parler plusieurs paroles en une simultanéité de langage. [...] Mais parler selon la nécessité d'une irréductible pluralité, comme si chaque parole était le retentissement indéfini d'elle-même au sein d'un espace multiple, est trop lourd pour un seul : le dialogue doit nous aider à partager cette dualité ; nous nous mettons à deux pour porter la double parole, alors moins pesante d'être divisée et surtout moins pesante d'être rendue successive par l'alternance qui se déplie dans le temps[14]. » La nécessité humaine d'une parole plurielle — seuls les dieux et les tyrans pouvant se prévaloir de la parole *une* ou *toute* — aurait-elle donc pour corollaire la « sommation » *plurielle* des imaginations politiques ?

*

L'utopie étant plurielle, la pensée politique elle-même devrait en conséquence s'appréhender comme cet *entretien infini* dont parlait si bien Maurice Blanchot. Entretien infini parce que le dialogue entre nous, fût-il conflictuel, ne devrait jamais cesser. Mais aussi parce que les livres sont là pour que ce dialogue, diffracté dans l'espace entre les sujets, puisse également perdurer et se démultiplier dans le temps. L'idée de Blanchot se révèle, ici, fort proche de celle émise par son ami Levinas à propos de

14. M. Blanchot, *L'Entretien infini, op. cit., p.* 114. Cité par É. Tassin, « De la pluralité », art. cit., p. 499.

l'*utopie des livres*: la rencontre ou le dialogue, disait celui-ci, est « solidaire de cette reconnaissance de l'autre dans l'amour du prochain que les Écritures enseignent. On peut le voir à condition, bien entendu, de ne pas aborder l'utopie des livres à partir d'une philosophie désuète [et conformiste] ; à condition d'être à l'égard de l'utopie au moins aussi moderne et philosophe qu'Ernst Bloch, le marxiste[15] ».

Miguel Abensour a aimé recopier ces lignes, faisant sienne la belle idée d'une utopie des livres. Et lorsqu'il parle de Levinas sous l'angle de la nécessité, pour chacun de nous, d'incessamment devenir « l'enfant de son désir », il justifie, en quelque sorte, son propre travail de toute une vie consacrée aux utopies : « "L'utopie des livres" ? Cette expression, cette si belle expression n'apparaît-elle pas d'abord comme une formation onirique que le dormeur trouverait tel un présent à son réveil et qui l'accompagnerait le jour durant ? Pour peu que l'homme éveillé aime les livres depuis l'enfance — celui qui l'a forgée n'était-il pas fils de libraire —, pour peu qu'il ait consacré ses veilles à l'étude des utopies, que la lecture l'ait entraîné vers le pays où tout est bien *(eutopos)* ou vers le pays de nulle part *(outopos)*, comment ne reconnaîtrait-il pas dans "l'utopie des livres" l'enfant de son désir, de la conjonction inattendue de deux désirs s'enflammant l'un l'autre[16] ? »

Les livres seraient en effet — pour Celan comme pour Blanchot, Levinas ou Abensour lui-même — l'utopie par excellence. Ils sont le toujours survivant, le tenace, l'obstiné *enfant du désir et de l'imagination.* Ils tiennent bon devant les tyrannies, telles des « barricades de papier[17] ». On n'arrive que très rarement à les brûler tous, et il suffira d'un seul exemplaire rescapé de

15. E. Levinas, *L'Au-delà du verset. Lectures et discours talmudiques,* Paris, Les Éditions de Minuit, 1982, p. 13.
16. M. Abensour, « L'utopie des livres », art. cit., p. 63 (repris dans *Levinas, op. cit., p.* 297).
17. Cf. G. Didi-Huberman, *Imaginer recommencer, op. cit., p.* 167-191. *Id., Éparses. Voyage dans les papiers du ghetto de Varsovie,* Paris, Les Éditions de Minuit, 2020.

l'autodafé pour que toute l'intensité de son soulèvement renaisse d'un coup et se reproduise de proche en proche. Les livres seraient ainsi plus forts que la mort (celle de leurs auteurs en particulier). Ils maintiennent intacte leur enfantine « audace d'ouvrir un lieu à l'utopie », comme l'écrit Abensour en rappelant comment l'*Utopie* de Thomas More pouvait rejoindre, dans un dialogue anachronique, le *Livre des passages* de Walter Benjamin[18].

Il ne faudrait évidemment pas s'empresser de déduire de cette expression, « l'utopie des livres », qu'écrire serait une activité hors-sol, déliée de toute action, « esthétisante » et, pour le dire d'un mot négatif, antipolitique. L'idée d'une utopie des livres se fonde chez Abensour sur une prise de position tout à la fois anthropologique et politique : elle réalise la conjonction de l'homme en tant qu'« animal politique » selon Aristote et de l'homme en tant qu'« animal symbolique » selon Cassirer. Elle s'épanouit enfin dans l'idée de l'homme en tant qu'« animal utopique », ce qui peut être spécifié à travers l'observation selon laquelle un tel être serait, par l'ensemble de ses gestes critiques, tout à la fois un « animal littéraire » et un « animal prophétique[19] ». Une grande partie du travail d'Abensour, en tant qu'artisan de la collection « Critique de la politique », n'aura-t-elle pas consisté à *libérer des textes*[20] ? Publier, par exemple, le *Béhémoth* de Franz Neumann, n'était-ce pas libérer un pan d'histoire — par sa remarquable analyse du nazisme — et, en même temps, *avertir les lecteurs* par son côté prophétique, pour nous aujourd'hui, pour demain aussi[21] ?

18. M. Abensour, « L'utopie des livres », art. cit., p. 64 (repris dans *Levinas, op. cit., p.* 298-299).
19. *Id.,* « La conversion utopique », art. cit., p. 17-19. Sur la question du prophétisme en lien avec la pensée politique émancipatrice, cf. notamment C. Chalier, « L'utopie sous le signe d'Abraham », *Critique de la politique. Autour de Miguel Abensour, op. cit., p.* 245-258. G. Didi-Huberman, *Imaginer recommencer, op. cit., p.* 591-661.
20. Cf. H. Gonzalez, « Le processus de libération des textes », *Critique de la politique. Autour de Miguel Abensour, op. cit., p.* 29-34.
21. F. Neumann, *Béhémoth. Structure et pratique du national-socialisme, op. cit.*

Il ne s'agissait pas tant, dans cette « utopie des livres », de convaincre les lecteurs de telle ou telle opinion. Il s'agissait, plutôt, de tracer de nouvelles diagonales, des lignes de fuite — ou de faille — reliant certaines régions inexplorées du savoir et de l'histoire, et solliciter ainsi une imagination politique renouvelée par l'esquisse de montages inédits : des constellations de pensée inattendues. « L'audace d'un philosophe, écrivait Abensour, est spécifique ; elle ne réside pas dans ses opinions, mais dans son pouvoir de faire des brèches dans le savoir du monde, de révéler un autre savoir, ou mieux encore un autrement que savoir[22]. » *Donner à lire,* c'est déjà offrir la possibilité d'ouvrir de telles brèches : « Lit-on Saint-Just ? Avez-vous lu Saint-Just[23] ? » Lisez-le donc, ou relisez-le hors de vos préjugés d'autrefois, et peut-être alors qu'une brèche s'ouvrira dans la masse de vos conformismes politiques. Elle vous permettra de *redonner sens aux mots* : à savoir, dans la foulée de votre décision — relire, recommencer la lecture —, de réengager la tâche infinie du penseur critique. Non pas s'attacher à définir les mots une fois pour toutes mais, au contraire, à les délivrer, les ouvrir, les consteller : pour que le langage politique lui-même libère son imagination — ses propres « images de pensée ».

*

Je n'ai pas connu, personnellement comme on dit, Miguel Abensour. Mais il m'a suffi d'entrer dans ses textes pour éprouver le sens de l'hospitalité qui, selon ses amis, le caractérisait si fortement[24]. Il m'a suffi de le lire pour comprendre comment un *geste critique* peut être délicat, généreux, ouvert, inventif. Si j'avais connu Miguel Abensour, j'aurais sans doute beaucoup moins erré, j'aurais compris bien plus vite certaines choses — positives

22. M. Abensour, « N'oubliez pas que je suis phénoménologue ! » (2002), *Levinas, op. cit., p.* 233.

23. *Id.,* « Lire Saint-Just », art. cit., p. 9.

24. Cf. notamment I. Wohlfarth, « La possibilité de l'impossible », art. cit., p. 158.

et négatives — de la politique. Si je l'avais rencontré, j'aurais aimé lui faire un cadeau, comme on offre simplement une carte postale en manière d'allégorie pour ce genre de reconnaissance que l'on ne sait pas trop comment exprimer envers autrui. Je lui aurais soumis une, ou deux, ou plusieurs images de Francisco Goya : histoire de solliciter chez lui de nouvelles variantes de son imagination politique. Lui qui avait passé beaucoup de temps à dessiner la constellation philosophique du « contre-Hobbes », de Spinoza jusqu'à Levinas ou Pierre Clastres, je lui aurais montré ce qu'est devenue la figure du Léviathan *(fig. 9)*... chez Goya : un Saturne dévorant ses enfants, un colosse terrifiant des populations entières ou, dans une version célèbre à l'aquatinte, un géant assez mélancolique qui semble avoir finalement tourné le dos au monde. C'est d'ailleurs sur cette dernière image que se terminait, pratiquement, l'analyse iconologico-politique de Horst Bredekamp sur les figures du Léviathan[25].

Mais, par rapport à cette iconographie « colossale », assez bien connue, de la domination et de l'effroi, Goya aura décidé, un jour dans sa vieillesse — il devait avoir près de quatre-vingts ans — de faire un pas décisif. Il s'agit d'un dessin au crayon lithographique intitulé *Gran coloso durmido* (« Grand colosse endormi »). Il faisait partie d'une collection berlinoise et on l'a longtemps cru détruit par les bombardements de 1945 jusqu'à ce qu'il réapparaisse dans les catalogues du musée de l'Ermitage à Saint-Pétersbourg. Il met en scène une tête colossale couchée sur le sol, et sur laquelle grimpe en désordre toute une foule grouillante, extrêmement mouvementée : en bas, les gens ont installé des échelles, et ils tentent de pénétrer directement dans la bouche, les narines et, même, les yeux du géant ; tout en haut, ils semblent faire la fête avec de grands gestes de victoire *(fig. 20)*.

Dans son catalogue des dessins de Goya, Pierre Gassier écrivait qu'à la différence des précédentes représentations où le peuple était pris de panique devant l'apparition du colosse,

25. H. Bredekamp, *Stratégies visuelles de Thomas Hobbes, op. cit., p.* 136. Cf. par ailleurs *id., Der Behemoth. Metamorphosen des Anti-Leviathan,* Berlin, Duncker & Humblot, 2016.

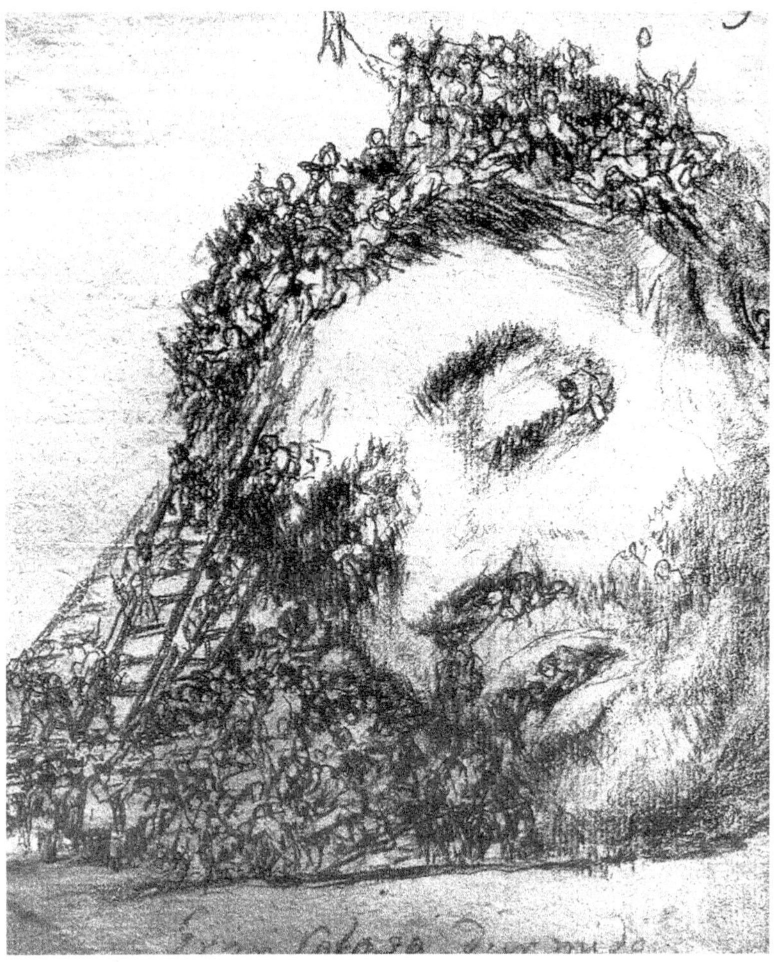

**Fig. 20.** Francisco de Goya, *Gran coloso durmido* («Grand colosse endormi»), vers 1825.

ici l'espace « grouille de minuscules personnages venus explorer [sa tête] à l'aide d'échelles. [...] Ce visage endormi semble avoir été inspiré à Goya par les *Voyages de Gulliver* de Swift dont il existait plusieurs traductions espagnoles au XVIII^e siècle. [...] On remarque, au sommet de la tête, une agglomération de lilliputiens dont l'un brandit un drapeau[26]. » Le fait que cette

26. P. Gassier, *Les Dessins de Goya, I. Les albums,* Fribourg-Paris, Office du Livre-Éditions Vilo, 1973, p. 559-560.

image de Goya, comme bien d'autres, ait puisé dans le trésor satirique de Swift ou des gravures anglaises depuis Hogarth doit être complété par l'observation de ce qui, en elle, apparaît le plus frappant : à savoir son *sens insurrectionnel.* C'est ici le « petit » qui a envahi et investi le « grand ». C'est ici qu'a eu lieu un renversement d'ordre hiérarchique : un soulèvement du « bas peuple » (on disait, en espagnol : *pueblo bajo* ou *humilde*) contre son propre maître et tyran.

Voici donc le colosse à terre, endormi, saisi par une sorte d'*apathéia* ou de « mélancolie du prince », cette affection du tyran dont Walter Benjamin traita longuement — pour l'Allemagne, mais aussi à propos de Shakespeare et des dramaturges espagnols — dans son livre sur le drame baroque[27]. Ce qui aura facilité, en quelque sorte, le *soulèvement du peuple* dans le cas de la scène imaginée par Goya. Et qui pourrait, en conséquence, s'appréhender comme l'allégorie même du « contre-Hobbes » : n'est-il pas toujours de mauvais augure, pour un tyran, de fermer sur son peuple dominé ne serait-ce qu'un seul œil ? Comme l'ont remarquablement établi Victor Stoichita et Anna-Maria Coderch, l'éthique de Goya — avec sa teneur *critique,* à la fois mordante et grave— n'a pas cessé de conjoindre la fête populaire carnavalesque, qui inverse tous les signes sociaux pour créer satiriquement un « monde à l'envers », avec l'enjeu politique révolutionnaire d'un renversement des hiérarchies sociales préexistantes[28]. Sans compter l'implication bouleversée de Goya dans la guerre d'indépendance du peuple espagnol contre l'invasion impériale française[29].

27. W. Benjamin, *Origine du drame baroque allemand, op. cit., p.* 149-156 et *passim.*

28. Cf. V. I. Stoichita et A.-M. Coderch, *Le Dernier Carnaval. Goya, Sade et le monde à l'envers* (1999), Paris, Hazan, 2016.

29. Cf. notamment G. Dufour, *Goya durante la guerra de la Independencia,* Madrid, Cátedra, 2008. M. B. Mena Marqués (dir.), *Goya en tiempos de guerra,* Madrid, Museo Nacional del Prado, 2008. H. C. Jacobs, *Gegen den Krieg. Francisco de Goyas* Desastres de la guerra *(Die Schrecken des Krieges),* Würzburg, Königshausen & Neumann, 2023.

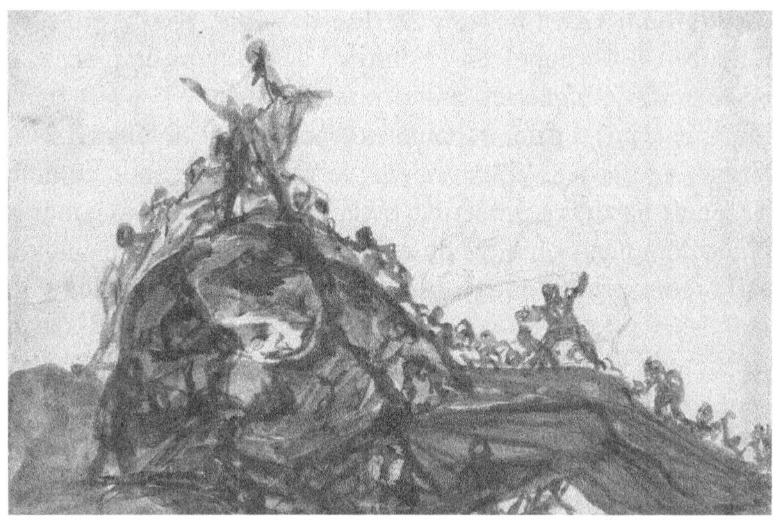

**Fig. 21.** Francisco de Goya,
*Personnages grimpant sur un géant couché*, vers 1824.

Or voilà qui, chez l'auteur des *Désastres de la guerre,* se sera souvent traduit par l'alternance dramatique de gestes d'accablement et de gestes de soulèvement[30]. Dans un dessin isolé au lavis rouge, peut-être lié à la série des *Disparates,* Goya a imaginé une autre version du motif en question. Pierre Gassier, qui l'intitulait *Personnages grimpant sur un géant couché* — réitérant ainsi l'idée d'une source swiftienne, le directeur du Prado, Francisco Javier Sánchez Cantón, ayant préalablement donné comme titre *Gulliver y los enanos* —, décrivait ainsi ce dessin admirable : « Goya ne s'attarde pas à fignoler les détails : les coups de pinceau sont larges et suggèrent plus qu'ils ne décrivent. […] Le géant […] apparaît couché, comme prisonnier d'une foule de petits hommes qui l'escaladent à la manière d'une montagne. L'un d'eux, arrivé au sommet de la tête, prend même une pose de vainqueur, bras et jambes écartés[31] » *(fig. 21).*

30. Cf. J. Blas et J. M. Matilla, *El libro de los Desastres de la Guerra [de] Francisco de Goya,* Madrid, Museo Nacional del Prado, 2000.
31. P. Gassier, *Les Dessins de Goya, II,* Fribourg-Paris, Office du Livre-Éditions Vilo, 1975, p. 470.

Pourquoi Goya ne « s'attarde »-t-il donc pas ? Pourquoi renonce-t-il à « fignoler » ? Pourquoi des « coups de pinceau » assénés sur le papier en gestes non seulement « larges », mais impatients jusqu'à une certaine violence ? Parce qu'alors il s'intéresse au *geste de soulèvement* : le soulèvement non comme « scène » narrative à décrire, mais comme geste à sismographier, comme dynamique du renversement que subit le colosse et du redressement que réalise, contre lui, le « bas peuple ». On voit des bras levés et, même, quelque chose comme un drapeau de victoire tenu à bout de bras. Ne sommes-nous pas, ici, au seuil de cette tradition qui verra très bientôt fleurir les gestes de *La Liberté guidant le peuple* de Delacroix en 1830, ceux du *Génie de la Liberté* place de la Bastille, ou ceux du révolutionnaire de 1848 dessiné par Courbet, jusqu'aux poings levés dans *La Grève* d'Eisenstein, dans *Le Fond de l'air est rouge* de Chris Marker ou dans les soulèvements contemporains[32] ? Souvenons-nous que Goya fut, quant à lui, le contemporain de la Révolution française et, aussi, des trois *Critiques* kantiennes. Que nous montre-t-il, avec ses propres gestes d'images — ses « coups de pinceau » si véhéments —, si ce n'est que l'activité *critique*, aussi méthodiquement à élaborer en *raison*, commence toujours par un *geste* n'ayant sens qu'à se voir prolongé, enrichi, fécondé, mis en forme par l'*imagination,* cette toute première faculté politique ?

*(20.09.2023)*

32. Cf. G. Didi-Huberman, *Désirer désobéir, op. cit., p.* 9-45 et 499-523.

# « CRITIQUE DE LA POLITIQUE » : LISTE CHRONOLOGIQUE

1974

Max Horkheimer, *Éclipse de la raison. Suivi de Raison et conservation de soi* (1947), trad. J. Debouzy et J. Laizé, Paris, Payot, 1974.

Johann Gottlieb Fichte, *Considérations destinées à rectifier les jugements du public sur la Révolution française (1793-1794)*, trad. J. Boni, introduction de M. Richir, Paris, Payot, 1974.

Maximilien Rubel, *Marx critique du marxisme. Essais*, Paris, Payot, 1974.

Max Horkheimer, *Les Débuts de la philosophie bourgeoise de l'histoire. Suivi de Hegel et le problème de la métaphysique (1930-1932)*, trad. D. Authier, Paris, Payot, 1974.

1975

Ferdinand Domela Nieuwenhuis, *Le Socialisme en danger* (1897), éd. J.-Y. Bériou, Paris, Payot, 1975.

Jürgen Habermas, *Théorie et pratique*, trad. et préface de G. Raulet, Paris, Payot, 1975 (2 volumes).

1976

G. W. F. Hegel, *Système de la vie éthique (1802-1803)*, trad. et préface de J. Taminiaux, Paris, Payot, 1976.

Étienne de La Boétie, *Le Discours de la servitude volontaire*, éd. P. Léonard, préface de M. Abensour et M. Gauchet, essais de Lamennais, P. Leroux, A. Vermorel, G. Landauer, S. Weil, P. Clastres et C. Lefort, Paris, Payot, 1976.

Gérard Raulet (dir.), *Utopie – marxisme selon Ernst Bloch. Un système de l'inconstructible. Hommages à Ernst Bloch pour son 90e anniversaire*, Paris, Payot, 1976.

Denis Authier et Jean Barrot, *La Gauche communiste en Allemagne (1918-1921)*, Paris, Payot, 1976.

Ernst Bloch, *Droit naturel et dignité humaine*, trad. D. Authier et J. Lacoste, Paris, Payot, 1976.

1977

Christopher Hill, *Le Monde à l'envers. Les idées radicales au cours de la Révolution anglaise*, trad. S. Chambon et R. Ertel, Paris, Payot, 1977.

Pierre Manent, *Naissances de la politique moderne : Machiavel, Hobbes, Rousseau*, Paris, Payot, 1977.

Friedrich Wilhelm Schelling, *Recherches sur la liberté humaine* (1809), trad., introduction et postface de M. Richir, Paris, Payot, 1977.

Martin Jay, *L'Imagination dialectique. Histoire de l'école de Francfort et de l'Institut de recherches sociales (1923-1950)*, trad. E. E. Moreno et A. Spiquel, préface de M. Horkheimer, Paris, Payot, 1977.

1978

Jürgen Habermas, *L'Espace public. Archéologie de la publicité comme dimension constitutive de la société bourgeoise*, trad. M. B. de Launay, Paris, Payot, 1978.

Max Horkheimer, *Théorie critique. Essais* (1930-1970), trad. dirigée par L. Ferry et A. Renaut, Paris, Payot, 1978.

Louis Mercier-Vega, *La Révolution par l'État. Une nouvelle classe dirigeante en Amérique latine*, préface de M. Abensour, Paris, Payot, 1978.

Bronislaw Baczko, *Lumières de l'utopie*, Paris, Payot, 1978.

Jürgen Habermas, *Raison et légitimité. Problèmes de légitimation dans le capitalisme avancé*, trad. J. Lacoste, Paris, Payot, 1978.

Theodor W. Adorno, *Dialectique négative*, trad. G. Coffin, J. Masson, O. Masson, A. Renaut et D. Trousson, Paris, Payot, 1978.

Ernst Bloch, *Héritage de ce temps*, trad. J. Lacoste, Paris, Payot, 1978.

1979

Luc Ferry, Jean-Pierre Pesron et Alain Renaut (dir.), *Philosophies de l'Université. L'idéalisme allemand et la gestion de l'Université. Textes de Schelling, Fichte, Schleiermacher, Humboldt, Hegel*, trad. collective du séminaire au Collège de Philosophie, Paris, Payot, 1979.

Joseph R. Strayer, *Les Origines médiévales de l'État moderne*, trad. M. Clément, Paris, Payot, 1979.

Theodor W. Adorno, *Trois études sur Hegel*, trad. collective du séminaire au Collège de Philosophie, Paris, Payot, 1979.

1980

Theodor W. Adorno, *Minima Moralia. Réflexions sur la vie mutilée*, trad. É. Kaufholz et J.-R. Ladmiral, Paris, Payot, 1980.

Trent Schroyer, *Critique de la domination. Origines et développement de la Théorie critique*, trad. J. Debouzy, Paris, Payot, 1980.

1981

Siegfried Kracauer, *Le Roman policier. Un traité philosophique*, trad. G. et R. Rochlitz, avant-propos de R. Rochlitz, Paris, Payot, 1981.

Heinrich von Kleist, *Anecdotes et petits écrits*, trad. et préface de J. Ruffet, Paris, Payot, 1981.

Johann Gottlieb Fichte, *Machiavel et autres écrits philosophiques et politiques (1806-1807)*, trad. L. Ferry et A. Renaut, Paris, Payot, 1981.

Ernst Bloch, *Experimentum Mundi. Question, catégories de l'élaboration, praxis*, trad. G. Raulet, Paris, Payot, 1981.

1982

Leo Strauss, *Pensées sur Machiavel*, trad. M.-P. Edmond et T. Stern, Paris, Payot, 1982.

Walter Benjamin, *Charles Baudelaire. Un poète lyrique à l'apogée du capitalisme*, trad. et introduction de J. Lacoste, Paris, Payot, 1982.

1983

Joseph Ferrari, *Les Philosophes salariés. Suivi de Idées sur la politique de Platon et d'Aristote et autres textes* (1842-1849), préface de S. Douailler et P. Vermeren, Paris, Payot, 1983.

Ronald Creagh, *Laboratoires de l'utopie. Les communautés libertaires aux États-Unis*, Paris, Payot, 1983.

1984

Jacques Taminiaux, *Naissance de la philosophie hégélienne de l'État. Commentaire et traduction de la Realphilosophie d'Iéna (1805-1806)*, Paris, Payot, 1984.

Theodor W. Adorno, *Modèles critiques. Interventions, répliques,* trad. M. Jimenez et É. Kaukholz, Paris, Payot, 1984.

Bronislaw Baczko, *Les Imaginaires sociaux. Mémoires et espoirs collectifs*, Paris, Payot, 1984.

1985

Michèle Ansart-Dourlen, *Freud et les Lumières. Individu, raison, société*, Paris, Payot, 1985.

1986

Theodor W. Adorno, *Prismes. Critique de la culture et de la société*, trad. G. et R. Rochlitz, Paris, Payot, 1986.

1987

Franz Neumann, *Béhémoth. Structure et pratique du national-socialisme, 1933-1944*, trad. G. Dauvé et J.-L. Boireau, Paris, Payot, 1987.

1989

Theodor W. Adorno, *Jargon de l'authenticité. De l'idéologie allemande*, trad. et préface d'É. Escoubas, postface de G. Petitdemange, Paris, Payot, 1989.

Georg Simmel, *Philosophie de la modernité, I. et II. La femme, la ville, l'individualisme*, trad. et introduction de J.-L. Vieillard-Baron, Paris, Payot, 1989.

Michael Walzer, *Régicide et Révolution. Le procès de Louis XVI*, trad. J. Debouzy et A. Kupiec, Paris, Payot, 1989.

Giorgio Agamben, *Enfance et histoire. Destruction de l'expérience et origine de l'histoire*, trad. Y. Hersant, Paris, Payot, 1989.

1990

Georg Simmel, *Philosophie de la modernité, II. Esthétique et modernité, conflit et modernité, testament philosophique*, trad. et introduction de J.-L. Vieillard-Baron, Paris, Payot, 1990.

1991

Marc Richir, *Du sublime en politique*, Paris, Payot, 1991.

Françoise Proust, *Kant, le ton de l'histoire*, Paris, Payot, 1991.

Michel-Pierre Edmond, *Le Philosophe-roi. Platon et la politique*, Paris, Payot, 1991.

1992

Michael Löwy et Robert Sayre, *Révolte et mélancolie. Le romantisme à contre-courant de la modernité*, Paris, Payot, 1992.

Jacques Taminiaux, *La Fille de Thrace et le penseur professionnel. Arendt et Heidegger*, Paris, Payot, 1992.

1993

Max Horkheimer, *Notes critiques sur le temps présent (1949-1969)*, trad. et introduction de S. Cornille et P. Ivernel, Paris, Payot & Rivages, 1993.

Jean Borreil, *La Raison nomade (1976-1991)*, éd. C. Buci-Glucksmann, G. Fraisse et J. Rancière, préface de J. Rancière, Paris, Payot & Rivages, 1993.

Nicole Loraux, *L'Invention d'Athènes. Histoire de l'oraison funèbre dans la « cité classique »*, nouvelle éd. abrégée, augmentée d'une préface, Paris, Payot & Rivages, 1993.

1994

Pierre Leroux, *Aux philosophes, aux artistes, aux politiques*, préface de J.-P. Lacassagne, postface de M. Abensour, Paris, Payot & Rivages, 1994.

Max Horkheimer, *Crépuscule. Notes en Allemagne (1926-1931)*, trad. et préface de S. Cornille et P. Ivernel, Paris, Payot & Rivages, 1994.

1995

Theodor W. Adorno, *Kierkegaard. Construction de l'esthétique*, trad. et préface d'É. Escoubas, Paris, Payot & Rivages, 1995.

1996

Dolf Oehler, *Le Spleen contre l'oubli. Juin 1848: Baudelaire, Flaubert, Heine, Herzen*, trad. G. Petitdemange et S. Cornille, Paris, Payot & Rivages, 1996.

1997

Nicole Loraux, *La Cité divisée. L'oubli dans la mémoire d'Athènes*, Paris, Payot & Rivages, 1997.

1999

Simone Debout-Oleszkiewicz, *« Griffe au nez ». Fourier, Burroughs*, Paris, Payot & Rivages, 1999.

Étienne Tassin, *Le Trésor perdu. Hannah Arendt, l'intelligence de l'action politique*, Paris, Payot & Rivages, 1999.

2000

Michel-Pierre Edmond, *Aristote. La politique des citoyens et la contingence*, Paris, Payot & Rivages, 2000.

Antonia Birnbaum, *Nietzsche. Les aventures de l'héroïsme*, Paris, Payot & Rivages, 2000.

2001

Philippe Riviale, *L'Impatience du bonheur. Apologie de Gracchus Babeuf*, Paris, Payot & Rivages, 2001.

Nicolas Israël, *Spinoza. Le temps de la vigilance*, Paris, Payot & Rivages, 2001.

2002

Charlotte Beradt, *Rêver sous le III^e Reich*, trad. P. Saint-Germain. Préface de M. Leibovici. Postfaces de R. Koselleck et F. Gantheret. Paris, Payot & Rivages, 2002.

Baise Bachofen, *La Condition de la liberté. Rousseau, critique des raisons politiques*, Paris, Payot & Rivages, 2002.

2003

Joseph Ferrari, *Machiavel, juge des révolutions de notre temps*, préface de G. Navet, Paris, Payot & Rivages, 2003.

2004

Géraldine Muhlmann, *Du Journalisme en démocratie*, Paris & Rivages, Payot, 2004.

2006

Nicolas Israël et Laurent Gryn, *Généalogie du droit moderne. L'état de nécessité*, Paris, Payot & Rivages, 2006.

Theodor W. Adorno, *Métaphysique. Concept et problèmes*, trad. et introduction de C. David, Paris, Payot & Rivages, 2006.

2007

Oskar Negt, *L'Espace public oppositionnel*, trad. et introduction de A. Neumann, Paris, Payot & Rivages, 2007.

Martin Breaugh, *L'Expérience plébéienne. Une histoire discontinue de la liberté politique*, Paris, Payot & Rivages, 2007.

2008

Sophie Wahnich, *La Longue Patience du peuple. 1792, naissance de la République*, Paris, Payot & Rivages, 2008.

Antonia Birnbaum, *Bonheur Justice Walter Benjamin. Le détour grec*, Paris, Payot & Rivages, 2008.

Dana R. Villa, *Arendt et Heidegger. Le destin du politique*, trad. C. David et D. Munnich, Paris, Payot & Rivages, 2008.

2009

Edgar Quinet, *Philosophie de l'histoire de France*, postface de J.-M. Rey, Paris, Payot & Rivages, 2009.

Karl Löwith, *Max Weber et Karl Marx*, trad. M. Dautrey, préface de E. Donaggio, Paris, Payot & Rivages, 2009.

2010

Jean-Baptiste Cousin de Grainville, *Le Dernier Homme*, préface de J. Michelet, postface de A. Kupiec, Paris, Payot & Rivages, 2010.

Walter Benjamin, *Romantisme et critique de la civilisation*, trad. C. David et A. Richter, préface de M. Löwy, Paris, Payot & Rivages, 2010.

Gilles Moutot, *Essai sur Adorno*, Paris, Payot & Rivages, 2010.

2011

Nicolas Poirier, *L'Ontologie politique de Castoriadis. Création et institution*, Paris, Payot & Rivages, 2011.

Theodor W. Adorno, *Société : intégration, désintégration. Écrits sociologiques (1942-1969)*, trad. P. Arnoux, J. Christ, G. Felten et F. Nicodème, préface de A. Honneth, Paris, Payot & Rivages, 2011.

Theodor W. Adorno, *Contribution à une métacritique de la théorie de la connaissance. Études sur Husserl et les antinomies de la phénoménologie*, trad. C. David et A. Richter, Paris, Payot & Rivages, 2011.

2012

Jean-Marie Guyau, *Esquisse d'une morale sans obligation ni sanction*, préface et postface de J. Riba, textes de F. Nietzsche et P. Kropotkine, note de L. Janover, Paris, Payot & Rivages, 2012.

Philippe Riviale, *Johann Fichte. Éveil à l'autonomie : le moi et le monde*, Paris, Payot & Rivages, 2012.

2013

Katia Genel, *Autorité et émancipation. Horkheimer et la Théorie critique*, Paris, Payot & Rivages, 2013.

Enrico Donaggio, *Karl Löwith et la philosophie. Une sobre inquiétude*, trad. P. Audegean, Paris, Payot & Rivages, 2013.

Theodor W. Adorno, *Beaux Passages. Écouter la musique (1927-1969)*, trad. et présentation de J. Lauxerois, Paris, Payot & Rivages, 2013.

2014

Marc Richir, *La Contingence du despote*, Paris, Payot & Rivages, 2014.

Michèle Cohen-Halimi, *Stridence spéculative. Adorno, Lyotard, Derrida*, Paris, Payot & Rivages, 2014.

2015

Emmanuel Kant, *Le Conflit des facultés et autres textes sur la Révolution (1773-1794)*, trad. et postface de C. Ferrié, Paris, Payot & Rivages, 2015.

Florent Perrier, *Topeaugraphies de l'utopie. Esquisses sur l'art, l'utopie et le politique*, Paris, Payot & Rivages, 2015.

2016

Christian Ferrié, *La Politique de Kant: un réformisme révolutionnaire*, Paris, Payot & Rivages, 2016.

Theodor W. Adorno, *Le Conflit des sociologies. Théorie critique et sciences sociales (1940-1969)*, trad. P. Arnoux, J.-O. Bégot, J. Christ, G. Felten et F. Nicodème, Paris, Payot & Rivages, 2016.

## La collection « Critique de la politique » aux éditions Klincksieck :

Louis Janover, *La Révolution surréaliste*, Paris, Klincksieck, 2016.

Maximilien Rubel, *Karl Marx. Essai de biographie intellectuelle*, préface de L. Janover, Paris, Klincksieck, 2016.

Giuseppe Pelli, *Contre la peine de mort. Précédé de Correspondance avec Beccaria*, trad. et présentation de P. Audegean, Paris, Klincksieck, 2016.

2017

Alexandre Berkman, *Le Mythe bolchevik. Journal, 1920-1922*, trad. P. Haas, préface de M. Abensour et L. Janover, Paris, Klincksieck, 2017.

Sophie Wahnich, *La Révolution française n'est pas un mythe*, Paris, Klincksieck, 2017.

Ernst Bloch, *Héritage de ce temps*, trad. et préface de J. Lacoste, Paris, Klincksieck, 2017.

Yohan Dubigeon, *La Démocratie des conseils. Aux origines modernes de l'autogouvernement*, Paris, Klincksieck, 2017.

Étienne Tassin, *Le trésor perdu. Hannah Arendt, l'intelligence de l'action politique*, Paris, Klincksieck, 2017.

Géraldine Muhlmann, *Du journalisme en démocratie*, Nouvelle préface de l'auteur, Paris, Klincksieck, 2017.

Leo Strauss, *Pensées sur Machiavel*, Paris, Klincksieck, 2017.

2018

(les titres précédés d'un astérisque signalent désormais les livres qui étaient programmés par Miguel Abensour et qui ont été publiés conformément à ses vœux, après sa mort.)

André Pessel, *Dans l'*Éthique *de Spinoza*, Paris, Klincksieck, 2018.

*Gustave Lefrançais, *Étude sur le mouvement communaliste à Paris en 1871. Suivi de La Commune et la Révolution*, préface de J. Rougerie, Paris, Klincksieck, 2018.

*Daniel Payot, *Constellation et utopie. Theodor W. Adorno, le singulier et l'espérance*, Paris, Klincksieck, 2018.

Arthur Arnould, *Histoire populaire et parlementaire de la Commune de Paris. Notes et souvenirs personnels*, préface de B. Noël, Paris, Klincksieck, 2018.

*Anne Kupiec, *Charles Nodier, le politique masqué*, Paris, Klincksieck, 2018.

*Joseph R. Strayer, *Les Origines médiévales de l'État moderne*, préface de Jean-Philippe Genet, Paris, Klincksieck, 2018.

2019

*Detlev Claussen, *Theodor Adorno, un des derniers génies*, trad. L. Cantagel, Paris, Klincksieck, 2019.

*Sylwia D. Chrostowska, *Feux croisés. Propos sur l'histoire de la survie*, trad. J. Gayraud, préface d'A. Kluge, Paris, Klincksieck, 2019.

Nicolas Tertulian, *Modernité et antihumanisme. Les combats de Georg Lukács*, éd. et présentation de P. Rusch, Paris, Klincksieck, 2019.

2020

*Louis Janover, *La Généalogie d'une révolte. Nerval, Lautréamont*, Paris, Klincksieck, 2020.

André Pessel, *Les versions du sujet. Étude de quelques arguments sceptiques au XVII*^e^ *siècle*, Paris, Klincksieck, 2020.

2021

*Theodor W. Adorno, *Esthétique 1958/59*, éd. E. Ortland, trad. A. Birnbaum et M. Métayer, Paris, Klincksieck, 2021.

Nicole Loraux, *La Grèce hors d'elle et autres textes. Écrits 1973-2003*, éd. M. Cohen-Halimi, préface de J.-M. Rey, Paris, Klincksieck, 2021.

2022

Lise Foisneau (avec la collaboration de Valentin Merlin), *Les Nomades face à la guerre, 1939-1946*, Paris, Klincksieck, 2022.

*Theodor W. Adorno, *Terminologie philosophique*, éd. H. Lonitz, trad. M. de Launay, Paris, Klincksieck, 2022.

Étienne de La Boétie, *Le Discours de la servitude volontaire*, éd. M. Cohen-Halimi, préfaces d'A. Jouanna, A. Pessel et F. Markovits, postfaces de J. C. Scott, P. Quignard et M. Abensour, Paris, Klincksieck et Droz, 2022.

Philippe Ivernel, *Walter Benjamin, critique en temps de crise*, éd. et préface de F. Perrier, postface de I. Wohlfarth, Paris, Klincksieck, 2022.

2023

Jean Daive & Marcel Czermak, *De plus loin que la mélancolie*, Paris, Klincksieck, 2023.

*Theodor W. Adorno, *Problèmes de la philosophie morale*, éd. Th. Schröder, trad. I. Kalinowski, Paris, Klincksieck, 2023.

Anatole Lucet, *Communauté et révolution chez Gustav Landauer*, Paris, Klincksieck, 2023.

2024

Theodor W. Adorno, *La « Critique de la raison pure » de Kant*, éd. R. Tiedemann, trad. M. Cohen-Halimi, Paris, Klincksieck, 2024.

Siegfried Kracauer, *L'0rnement de la masse*, éd. O. Agard et Ph. Despoix, trad. S. Cornille, préface de O. Agard, Paris, Klincksieck, 2024.

Theodor W. Adorno, *Trois études sur Hegel*, trad. Groupe du Collège de Philosophie, Paris, Klincksieck, 2024.

*Theodor W. Adorno, *Leçons sur l'histoire et sur la liberté*, éd. R. Tiedemann, trad. L. Cantagrel, Paris, Klincksieck, 2024.

Georges Didi-Huberman, *Gestes critiques,* Paris, Klincksieck, 2024.

Franz Neumann, *Béhémoth. Structure et pratique du national-socialisme 1933 – 1944*, trad. G. Dauvé avec la collaboration de Jean-Louis Boireau, préface d'A. Söllner, Paris, Klincksieck, 2024.

# INDEX DES NOMS PROPRES

# TABLE DES FIGURES

## TABLE DES MATIÈRES

### I
### ESQUISSES
### EN FORME DE COMÈTES :
### QUELQUES GESTES D'INSERVITUDE

## II
## MONTAGES
## EN FORME DE CONSTELLATIONS :
## LA CRITIQUE SELON MIGUEL ABENSOUR

## DU MÊME AUTEUR

*Invention de l'hystérie. Charcot et l'Iconographie photographique de la Salpêtrière,* Paris, Macula, 1982 (édition augmentée d'une postface inédite, 2012).

*Mémorandum de la peste. Le fléau d'imaginer,* Paris, Christian Bourgois, 1983 (réédition augmentée d'une postface, 2006).

*Les Démoniaques dans l'art,* suivi de *La Foi qui guérit,* de J.-M. Charcot et P. Richer (édition et présentation, avec Pierre Fédida), Paris, Macula, 1984.

*La Peinture incarnée,* Paris, Les Éditions de Minuit, 1985.

*Devant l'image. Question posée aux fins d'une histoire de l'art,* Paris, Les Éditions de Minuit, 1990.

*Régions de dissemblance,* Rochechouart, Musée départemental d'Art contemporain, 1990.

*Fra Angelico — Dissemblance et figuration,* Paris, Flammarion, 1990 (rééditions en 1995 et 2009).

*À Visage découvert* (direction et présentation), Paris, Flammarion, 1992.

*Ce que nous voyons, ce qui nous regarde,* Paris, Les Éditions de Minuit, 1992

*Le Cube et le visage. Autour d'une sculpture d'Alberto Giacometti,* Paris, Macula, 1993.

*Saint Georges et le dragon. Versions d'une légende* (avec Riccardo Garbetta et Manuela Morgaine). Paris, Adam Biro, 1994.

*L'Empreinte du ciel,* édition et présentation des *Caprices de la foudre,* de Camille Flammarion. Paris, Antigone, 1994.

*La Ressemblance informe, ou le gai savoir visuel selon Georges Bataille,* Paris, Macula, 1995 (édition augmentée d'une postface inédite, 2019).

*L'Empreinte,* Paris, Éditions du Centre Georges Pompidou, 1997.

*Phasmes. Essais sur l'apparition,* Paris, Les Éditions de Minuit, 1998.

*L'Étoilement. Conversation avec Hantaï,* Paris, Les Éditions de Minuit, 1998.

*La Demeure, la souche. Apparentements de l'artiste,* Paris, Les Éditions de Minuit, 1999.

*Ouvrir Vénus. Nudité, rêve, cruauté (L'Image ouvrante, 1),* Paris, Gallimard, 1999.

*Être crâne. Lieu, contact, pensée, sculpture,* Paris, Les Éditions de Minuit, 2000.

*Devant le temps. Histoire de l'art et anachronisme des images,* Paris, Les Éditions de Minuit, 2000.

*L'Homme qui marchait dans la couleur,* Paris, Les Éditions de Les Éditions de Minuit, 2001.

*Génie du non-lieu. Air, poussière, empreinte, hantise,* Paris, Les Éditions de Minuit, 2001.

*Fables du lieu,* Tourcoing-Paris, Le Fresnoy Studio national des Arts contemporains-Les Éditions de Minuit, 2001.

*L'Image survivante. Histoire de l'art et temps des fantômes selon Aby Warburg,* Paris, Les Éditions de Minuit, 2002.

*Ninfa moderna. Essai sur le drapé tombé,* Paris, Gallimard, 2002.

*The Power of the Figure. Exegesis and Visuality in Christian Art,* trad. K. Burman et R. Spolander, Umea [Suède], Department of History and Theory of Art-Umea University, 2003.

*Images malgré tout,* Paris, Les Éditions de Minuit, 2003.

*Mouvements de l'air. Étienne-Jules Marey, photographe des fluides* (avec Laurent Mannoni), Paris, Gallimard-Réunion des Musées nationaux, 2004.

*Gestes d'air et de pierre. Corps, parole, souffle, image,* Paris, Les Éditions de Minuit, 2005.

*In silenzio a voce alta* (avec Jean-Luc Nancy), trad. A. Serra, Modène, Fondazione Collegio San Carlo, 2005.

*Le Danseur des solitudes,* Paris, Les Éditions de Minuit, 2006.

*Ex voto. Image, organe, temps,* Paris, Bayard, 2006.

*Solitudine sonora : la notte, i sensi, la danza, il pericolo,* Modène, Fondazione Collegio San Carlo di Modena, 2006.

*L'Image ouverte. Motifs de l'incarnation dans les arts visuels,* Paris, Gallimard, 2006.

*La imagen mariposa,* trad. J. J. Lahuerta, Barcelone, Edición Mudito, 2007.

*Das Archiv brennt* (avec Knut Ebeling), Berlin, Kulturverlag Kadmos, 2007.

*La Ressemblance par contact. Archéologie, anachronisme et modernité de l'empreinte,* Paris, Les Éditions de Minuit, 2008.

*Quand les images prennent position. L'œil de l'histoire, 1,* Paris, Les Éditions de Minuit, 2009.

*Survivance des lucioles,* Paris, Les Éditions de Minuit, 2009.

*Remontages du temps subi. L'œil de l'histoire, 2,* Paris, Les Éditions de Minuit, 2010.

*Atlas. ¿Cómo almacenar el mundo?,* Madrid, Museo Nacional Centro de Arte Reina Sofía, 2010.

*L'Expérience des images* (avec Marc Augé et Umberto Eco), Bry-sur-Marne, INA Éditions, 2011.

*Atlas ou le gai savoir inquiet. L'œil de l'histoire, 3,* Paris, Les Éditions de Minuit, 2011.

*Écorces,* Paris, Les Éditions de Minuit, 2011.

*Peuples exposés, peuples figurants. L'œil de l'histoire, 4,* Paris, Les Éditions de Minuit, 2012.

*Les Grands Entretiens d'Artpress,* Paris, IMEC Éditeur-Artpress, 2012.

*Blancs soucis,* Paris, Les Éditions de Minuit, 2013.

*Sur le fil,* Paris, Les Éditions de Minuit, 2013.

*Cuando las imágenes tocan lo real,* trad. I. Bértolo, Madrid, Círculo de Bellas Artes, 2013 (avec Clément Chéroux et Javier Arnaldo).

*L'Album de l'art à l'époque du « Musée imaginaire »,* Paris, Louvre Éditions-Hazan, 2013.

*Phalènes. Essais sur l'apparition, 2,* Paris, Les Éditions de Minuit, 2013.

*Quelle émotion ! Quelle émotion ?,* Paris, Bayard Éditions, 2013.

*Essayer voir,* Paris, Les Éditions de Minuit, 2014.

*Sentir le grisou,* Paris, Les Éditions de Minuit, 2014.

*Atlas, suite* (avec Arno Gisinger), livre d'artiste, 2014.

*Sortir du temps,* Athènes, Megaron-KIKPE, 2014.

*Sprechen über Bilder, Sprechen in Bildern. Studien zum Wechselverhältnis von Bild und Sprache* (direction et presentation, avec Lena Bader et Johannes Grave), Munich, Deutscher Kunstverlag-Deutsches Forum für Kunstgeschichte, 2014.

*Passés cités par JLG. L'œil de l'histoire, 5,* Paris, Les Éditions de Minuit, 2015.

*L'Histoire de l'art depuis Walter Benjamin* (direction et présentation, avec Giovanni Careri), Sesto San Giovanni, Éditions Mimésis, 2015.

*La Mémoire brûle,* Pékin, OCAT Institute 2015.

*Sortir du noir,* Paris, Les Éditions de Minuit, 2015.

*Ninfa fluida. Essai sur le drapé-désir,* Paris, Gallimard, 2015.

*Il passo leggero dell'ancella. Sul sapere eccentrico delle immagini,* trad. F. Massa, Bologne, Edizioni Dehoniane Bologna, 2015.

*Peuples en larmes, peuples en armes. L'œil de l'histoire, 6,* Paris, Les Éditions de Minuit, 2016.

*Soulèvements,* Paris, Gallimard-Jeu de Paume, 2016.

*Hubert Damisch, l'art au travail* (direction et présentation, avec Giovanni Careri), Sesto San Giovanni, Éditions Mimésis, 2016.

*Des lucioles. Amélie Jackowski dessine Georges Didi-Huberman,* Marseille, Éditions l'Initiale, 2017.

*Ninfa profunda. Essai sur le drapé-tourmente,* Paris, Gallimard, 2017.

*À livres ouverts,* Paris, Institut national d'Histoire de l'Art, 2017.

*Passer, quoi qu'il en coûte* (avec Niki Giannari), Paris, Les Éditions de Minuit, 2017.

*Antres-temps (ritournelle de Bâmiyân),* avec des images de Pascal Convert (livre d'artiste), Paris, Galerie Éric Dupont, 2017.

*Aperçues,* Paris, Les Éditions de Minuit, 2018.

*Wo Es war. Vier Briefe an Gerhard Richter,* trad. H. Brühman, Dresde-Cologne, Gerhard Richter Archiv-Verlag der Buchhandlung Walther König, 2018.

*Désirer désobéir. Ce qui nous soulève, 1,* Paris, Les Éditions de Minuit, 2019.

*Ninfa dolorosa. Essai sur la mémoire d'un geste,* Paris, Gallimard, 2019.

*Le Soulèvement infini* (direction et présentation, avec Louise Déry), Montréal, Galerie de l'UQAM, 2019.

*Écorces — Il y avait, il y eut, il y a,* avec Pascal Convert. Paris, Galerie Éric Dupont, 2019.

*Pour commencer encore. Dialogue avec Philippe Roux,* Paris, Argol Éditions, 2019.

*La dama duende,* trad. L. Montes Sánchez, Madrid, Avarigani Editores, 2019.

*Éparses. Voyage dans les papiers du ghetto de Varsovie,* Paris, Les Éditions de Minuit, 2020.

*Image, histoire, poème,* Pékin, OCAT, 2020.

*Imaginer recommencer. Ce qui nous soulève, 2,* Paris, Les Éditions de Minuit, 2021.

*A vertical das amoções: as Crônicas de Clarice Lispector,* trad. E. Jorge de Oliveira, Belo Horizonte, Relicário Edições, 2021.

*Le Témoin jusqu'au bout,* Paris, Les Éditions de Minuit, 2022.

*Pour quoi obéir ?,* Paris, Bayard, 2022.

*Tenter raconter,* Paris, Yvon Lambert, 2022.

*L'Humanisme altéré. La ressemblance inquiète, 1,* Paris, Gallimard, 2023.

*Tables de montage. Regarder, recueillir, raconter,* Caen, Éditions de l'Imec, 2023.

*L'Atelier, ici et ailleurs,* Caen, Éditions de l'Imec, 2023.

*Brouillards de peines et de désirs. Faits d'affects, 1,* Paris, Les Éditions de Minuit, 2023.

*La Fabrique des émotions disjointes. Faits d'affects, 2,* Paris, Les Éditions de Minuit, 2024.

*Des visages entre les draps. La ressemblance inquiète, 2,* Paris, Gallimard, 2024.

## Collection Critique de la politique

*Fondée par Miguel Abensour*
*et dirigée par Michèle Cohen-Halimi*

*Grand Format*

Giuseppe Pelli, *Contre la peine de mort.*
Préface de Philippe Audegean.

Louis Janover, *La Révolution surréaliste.*
Nouvelle préface de l'auteur.

Louis Janover, *La Généalogie d'une révolte, Nerval, Lautréamont.*

Maximilien Rubel, *Karl Marx. Essai de biographie intellectuelle.*
Préface de Louis Janover.

Ernst Bloch, *Héritage de ce temps.*
Préface de Jean Lacoste.

Alexandre Berkman, *Le Mythe bolchevik.*
Préface de Miguel Abensour et de Louis Janover.

Sophie Wahnich, *La Révolution française n'est pas un mythe.*

Yohan Dubigeon, *La Démocratie des conseils.*

André Pessel, *Dans l'*Éthique *de Spinoza.*

André Pessel, *Les versions du sujet.*

Gustave Lefrançais, *Étude sur le mouvement communaliste.*
Préface de Jacques Rougerie.

Daniel Payot, *Constellation et utopie.*
*Theodor W. Adorno, le singulier et l'espérance.*

Arthur Arnould, *Histoire populaire et parlementaire*
*de la Commune de Paris.*
Préface de Bernard Noël.

Anne Kupiec, *Charles Nodier. Le politique masqué.*

Detlev Claussen, *Theodor W. Adorno, un des derniers génies.*

Sylwia Chrostowska, *Feux croisés.*
Préface d'Alexander Kluge.

Nicolas Tertulian, *Modernité et antihumanisme,*
texte établi et présenté par Pierre Rusch.

Nicole Loraux, *La Grèce hors d'elle et autres textes. Écrits 1973-2003.*
Préface de Jean-Michel Rey.

Theodor W. Adorno, *Esthétique 1958/59.*

Lise Foisneau, *Les Nomades face à la guerre (1939-1946).*

Theodor W. Adorno, *Terminologie philosophique.*

Étienne DE LA BOÉTIE, *Discours de la servitude volontaire.*
Préfaces d'Arlette Jouanna, André Pessel et Francine Markovits ;
Postfaces de James C. Scott, Pascal Quignard et Miguel Abensour.

Philippe IVERNEL, *Walter Benjamin. Critique en temps de crise.*
Préface de Florent Perrier et postface d'Irving Wohlfarth.

Marcel CZERMAK & Jean DAIVE, *De plus loin que la mélancolie.*

Theodor W. ADORNO, *Problèmes de la philosophie morale.*

Anatole LUCET, *Communauté et révolution chez Gustav Landauer.*

Theodor W. ADORNO, *La « Critique de la raison pure » de Kant.*

Siegfried KRACAUER, *L'Ornement de la masse.*

Theodor W. ADORNO, *Trois études sur Hegel.*

*Moyen Format*

Étienne TASSIN, *Le Trésor perdu.*
Nouvelle préface de l'auteur.

Géraldine MUHLMANN, *Du journalisme en démocratie.*
Nouvelle préface de l'auteur.

Leo STRAUSS, *Pensées sur Machiavel.*

J. R. STRAYER, *Les Origines médiévales de l'État moderne.*
Préface de Jean-Philippe Genet.

*Composition et mise en pages :*
*Flexedo (prepresse@flexedo.com)*

*Cet ouvrage,*
*le trente-quatrième de la collection « Critique de la politique »,*
*publié aux Éditions Klincksieck,*
*a été achevé d'imprimer en août 2024*
*sur les presses de*
*La Manufacture Imprimeur,*
*52200 Langres, France*

*N° d'éditeur : 432*
*N° d'imprimeur : 240629*
*Dépôt légal : octobre 2024*